GB/T 19001—GB/T 50430
工程建设施工企业

质量管理体系

北京中建协认证中心有限公司 主编

中国建筑工业出版社

图书在版编目（CIP）数据

质量管理体系/北京中建协认证中心有限公司主编．
北京：中国建筑工业出版社，2012.7
GB/T 19001—GB/T 50430 工程建设施工企业
ISBN 978-7-112-14434-1

Ⅰ．①质… Ⅱ．①北… Ⅲ．①建筑企业-质量管理体系-中国 Ⅳ．①F426.9

中国版本图书馆 CIP 数据核字（2012）第 138389 号

本书共 7 章，分别是：质量管理体系、GB/T 19001：2008 标准理解与实施、工程建设施工企业质量管理规范、施工企业质量管理体系转换、质量管理体系内部审核、《规范》引申的相关法规要求、练习题。文后还有附录。

本书内容广泛，理论明晰、结构严谨，文字简明。具有较高的理论水平和较强的实用性。

本书可供工程建设施工企业的技术人员、质量检查人员和质量管理人员使用，也可供认证行业的质量管理体系咨询人员、内审员培训教师、认证机构的审核员使用。

* * *

责任编辑：胡明安
责任设计：赵明霞
责任校对：王誉欣　王雪竹

GB/T 19001—GB/T 50430
工程建设施工企业
质量管理体系
北京中建协认证中心有限公司　主编

*

中国建筑工业出版社出版、发行（北京西郊百万庄）
各地新华书店、建筑书店经销
北京红光制版公司制版
北京云浩印刷有限责任公司印刷

*

开本：787×1092 毫米　1/16　印张：27　字数：669 千字
2012 年 7 月第一版　2012 年 7 月第一次印刷
定价：68.00 元
ISBN 978-7-112-14434-1
（22503）

版权所有　翻印必究
如有印装质量问题，可寄本社退换
（邮政编码　100037）

编 委 会

主　任：王海山

主　编：王　丽　曹云峰

主　审：于　斌

编　委：曹继明　程同庆　张文义　谢耀京　赵洪朋　程　俊
　　　　韩　菲　李雨坤　倪　超　王　燕　伊　雪　戴秋棠
　　　　田冬妮　于　艺

前　言

　　工程建设行业是国民经济的重要支柱产业之一，全国建筑业 2010 年全年完成工业总产值 95206 亿元，同比增长 24%；2010 年全国固定资产投资累积施工项目 471863 个，同比增加 20601 个。工程建设的质量关系到国家的经济健康发展和人民生命财产安全。建筑行业历来重视工程质量，在我国已有 36557 家工程建设施工企业通过了质量管理体系认证，是我国认证企业数量最多的行业。

　　自 1992 年 ISO 9000 系列质量管理标准引入我国以来，我国建筑业质量管理体系认证工作取得了较快的发展。截至 2010 年 10 月底，建筑企业获得 ISO 9001 质量管理体系认证，占全部建筑企业的 52.2%，从事建筑施工领域认证的认证机构 96 家。质量管理体系认证对于建筑施工领域质量管理和质量水平的提升起到了重要的促进作用。国家重点工程及大型基础设施工程质量水平显著提高，一大批"高、深、大、难"的工程在质量方面取得重大突破，青藏铁路、三峡水利枢纽工程、西气东输工程、上海环球金融中心、杭州湾跨海大桥等工程高质量地建成并投入使用，代表了当今世界的质量先进水平。

　　经过多年的努力，建筑行业逐渐形成了具有行业特点的质量管理模式，为了进一步提高工程建设质量，规范施工行业的质量管理，住房和城乡建设部与国家质量监督检验检疫总局联合发布了《工程建设施工企业质量管理规范》GB/T 50430—2007（以下简称《规范》）。它是关于工程建设施工企业质量管理的第一个国家标准。相对于技术标准、技术规范而言，《规范》是关于施工企业质量管理的第一个管理标准。其具有以下特点：

　　1.《规范》的基本思想与 ISO 9001 系列标准是一致的，但又不同于 ISO 9001 系列标准，是 ISO 9001 标准行业化、专业化、本土化的体现，《规范》以 ISO 9001 标准为理论依据，紧密结合建筑行业法律、法规要求和建筑施工领域的过程特点编制而成。《规范》从行业角度出发，从国内建筑施工企业的管理现状出发，对目前国内建筑企业管理方面普遍存在的、与工程质量相关的活动、管理过程和流程形式，作出明确的、基本的规定。标准术语更多地使用了建筑施工术语、行业语言，因此，更适合建筑施工企业的实际情况，便于所有建筑施工企业理解、操作和贯彻执行。

　　2. 企业实施《规范》与实施 ISO 9001 并不排斥，而是更有利于解决企业 ISO 9001 贯标、认证和企业质量管理实际的"两张皮"现象；《规范》不会给企业增加负担，已经通过 ISO 9001 认证的企业，可以结合《规范》完善和改进企业质量管理体系，使制定的方针、政策、程序更贴近建筑企业特点和实际，没有要求企业再搞一个质量管理体系。

　　建筑企业既要满足 ISO 9001 的一般要求，更要符合《规范》的专业要求。同时也要求各认证机构自 2010 年 11 月 1 日起，在中国境内对建筑施工企业实施质量管理体系认证时，应当依据《质量管理体系　要求》和《规范》开展认证审核活动。认证证书标注的认证依据标准应为：GB/T 19001—2008/ISO 9001：2008 和 GB/T 50430—2007。对按照《质量管理体系　要求》标准已获得质量管理体系认证的企业，在到期换证时，通过《工程建设施工企业质量管理规范》GB/T 50430—2007 和《质量管理体系 要求》GB/T 19001—2008"双标认证"(以下简称"双标")转换。

3.《规范》明确企业最高管理者在企业质量管理体系中的重要职责，要求企业的最高管理者应制定质量方针，对质量管理体系进行策划，负责质量管理体系的建立、实施和改进活动，其核心是质量责任的落实，加强对于分包、转包的质量管理责任。

4.《规范》的应用。《规范》主要用于建筑施工企业内部质量管理，是企业经营管理自律的基本要求，同时适用于有关各方对企业质量管理进行评价。国家认监委与住房和城乡建设部对《规范》的实施要求带有一定的强制性，有利于主管部门依据《规范》对认证有效性进行检查和管理，能够透过企业的外在表现，看到其实际的质量管理状况。

在建筑施工领域质量管理认证体系实施《规范》认证，这是国内质量管理体系认证行业的重要里程碑，是以 ISO 9001 标准的基本原则为前提，结合建筑施工企业质量管理的特点，在建筑施工领域质量管理体系认证中的创新，它将会对我国工程建设行业的质量、安全并对认证从业机构走向专业化发展的道路产生深远的意义和影响，将会对国内建筑工程质量的稳定和提高产生深远的影响，从而促进国内建筑业的可持续发展。

按照国家认监委、住房和城乡建设部公告的要求，所有获证的施工企业均需要依据 GB/T 50430—2007 对本企业的质量管理体系进行完善。企业需要重新编写相关质量管理制度，并按照 GB/T 50430—2007 运行质量管理体系，按 GB/T 19001 和 GB/T 50430 进行质量管理体系认证转换。这也给获得认证的施工企业或将来要申请质量管理体系认证的施工企业带来了新的难度和大量的工作。

本书正是考虑工程建设施工企业的质量管理体系转换要求，对获得质量管理体系认证的企业如何正确理解《工程建设施工企业质量管理规范》GB/T 50430—2007 的要求，如何编写和修订管理体系文件（包括《质量管理体系说明书》和至少 15 个《质量管理制度》），如何实施依据两个标准的内部审核而编写的。

为帮助施工企业全面、系统理解质量管理体系，本书从质量管理体系基础入手，对《质量管理体系 要求》GB/T 19001—2008、GB/T 50430—2007 进行了详细的、专业化的讲解，并结合建筑施工企业相关法律法规、标准规范进行说明，比较了 GB/T 19001 和 GB/T 50430 的区别，对获证组织需要开展的工作和提供的证据进行了说明。同时，为方便企业修订文件，本书以建筑施工总承包企业为例，给出了一套符合两个标准、同时包含了环境和职业健康安全管理体系要求的管理体系模版（范例）15 个《质量管理制度》；为了方便企业转换认证，还对如何转换以及如何开展"双标"的审核的关注重点。书中还对标准理解中涉及的法律法规和规范的主要条文进行了摘录，对所有施工企业实施转换将起到重要的帮助。

本书按建筑工程产品生产和施工企业质量管理的特点，借鉴参考了若干建筑施工企业管理成熟度较高的管理成果案例进行编制，突出了"过程方法"的管理原则和卓越绩效管理模式的相关思想，相信本书将更好地促进施工企业不断完善质量管理体系，规范质量管理行为，为全面提高工程建设质量管理水平作出贡献。

为帮助准确理解 19001 标准、《规范》的要求，本书第 7 章编写了大量的习题（判断题、单选题、多选题、案例和标准判别题），同时提供了参考答案，供大家学习、练习使用。

前 言

本书由北京中建协认证中心有限公司组织编写，北京中建协认证中心有限公司是 GB/T 50430—2007 的唯一参编认证机构，是国内首批获得 GB/T 50430 国家认可的专业性机构。参与本书编写的人员有来自建筑行业的高级审核员、专业技术人员，同时全国质量奖的质量管理评审专家也参与了本书的编写策划和审定工作，为本书编写提供了富有价值的素材和案例。

本书可供工程建设施工企业的技术人员、质量检查人员和质量管理人员、认证行业的质量管理体系咨询人员、内审员培训教师、认证机构的审核员使用。

由于水平有限，书中不足之处，敬请读者批评指正。

编 者

2012 年 5 月 5 日北京

目 录

第1章 质量管理体系 ... 1
1.1 质量管理体系的产生和发展 ... 1
1.1.1 ISO 9000族标准的产生 ... 1
1.1.2 ISO 9000族标准的修订 ... 2
1.1.3 ISO 9000族标准的结构 ... 2
1.1.4 实施质量管理体系标准的意义 ... 3
1.2 ISO 9000：2005 质量管理体系 基础和术语 ... 4
1.2.1 8项质量管理原则 ... 4
1.2.2 12项质量管理体系基础 ... 7
1.2.3 质量术语和术语解释 ... 13

第2章 GB/T 19001：2008标准理解与实施 ... 18

第3章 工程建设施工企业质量管理规范 ... 56
3.1 《工程建设施工企业质量管理规范》出台的背景和意义 ... 56
3.1.1 《工程建设施工企业质量管理规范》出台的背景 ... 56
3.1.2 《规范》编制的原则 ... 57
3.1.3 《规范》实施的意义 ... 57
3.1.4 住房和城乡建设部、国家认监委关于实施《规范》的要求 ... 57
3.2 GB/T 19001和GB/T 50430—2007之间的关系、差异 ... 59
3.2.1 《规范》关注的要点 ... 59
3.2.2 《规范》与ISO 9001标准的关系 ... 59
3.2.3 《规范》与ISO 9001标准要求的差异 ... 59
3.3 《工程建设施工企业质量管理规范》的条文理解 ... 75
3.3.1 《规范》的内容框架 ... 75
3.3.2 《规范》的条文理解 ... 76

第4章 施工企业质量管理体系转换 ... 214
4.1 体系策划 ... 214
4.2 体系文件 ... 215
4.2.1 GB/T 50430—2007《规范》特点 ... 215
4.2.2 用"过程方法"再造管理体系 ... 216
4.2.3 施工企业质量管理制度编写和范例 ... 228
4.3 转换认证的实施 ... 298
4.3.1 基本要求 ... 298

4.3.2　认证转换 ·· 299

　附录4.1　方针目标管理流程 ·· 300

　附录4.2　人力资源规划和员工绩效考核流程 ······························ 305

第5章　质量管理体系内部审核 ··· 314

5.1　内部审核指南 ··· 314

5.2　内部审核要点 ··· 320

　　5.2.1　审核方法 ·· 320

　　5.2.2　审核要点 ·· 322

5.3　内部审核流程 ··· 322

　　5.3.1　一般要求 ·· 322

　　5.3.2　审核准备 ·· 324

　　5.3.3　现场审核 ·· 324

　附录5.1　内部审核计划（样式） ··· 325

　附录5.2　施工企业一般审核过程 ··· 332

第6章　《规范》引申的相关法规要求 ·· 353

6.1　《规范》章节中涉及的相关法规、标准要求 ······························ 353

6.2　适用于《规范》中"过程管理"的有关法规条文 ······················ 354

　　6.2.1　适用"组织机构和职责"的相关法规条文 ······················ 354

　　6.2.2　适用"人力资源管理"的相关法规条文 ·························· 356

　　6.2.3　适用"施工机具管理"的相关法规条文 ·························· 359

　　6.2.4　适用"投标与合同管理"的相关法规条文 ······················ 361

　　6.2.5　适用"建筑材料、构配件和设备管理"的相关法规条文 ····· 362

　　6.2.6　适用"分包管理"的相关法规条文 ································ 363

　　6.2.7　适用"工程项目施工质量管理"相关法规条文 ················ 364

　　6.2.8　适用"施工质量检查与验收"有关要求 ·························· 366

第7章　标准和《规范》理解练习 ··· 370

附录1：关于在建筑施工领域质量管理体系认证中应用《工程建设
　　　　施工企业质量管理规范》的公告 ································· 403

附录2：《工程建设施工企业质量管理规范》GB/T 50430—2007 ······· 404

附录3：《工程建设施工企业质量管理规范》GB/T 50430—2007 与
　　　　《质量管理体系　要求》GB/T 19001—2008 条款对照表 ······ 419

附录4：《质量管理体系　要求》GB/T 19001—2008 与《工程建设施
　　　　工企业质量管理规范》GB/T 50430—2007 条款对照表 ········ 421

第1章 质量管理体系

1.1 质量管理体系的产生和发展

1.1.1 ISO 9000 族标准的产生

1. 质量管理发展阶段

ISO 9000 族标准是质量管理标准，它和质量管理理论的发展存在密切的关系。质量管理经历了以下几个发展阶段。

（1）质量的检验阶段

该阶段是针对最终产品质量，组织设立专职的质量检查部门，对产品进行检验，从成品中将废品剔除，以保证销售产品合格。称为传统的质量管理阶段。

（2）统计质量管理阶段

该阶段是针对产品的形成过程，用数理统计的方法来控制生产过程并作为产品质量的管理方法。称为统计质量管理阶段。

（3）全面质量管理阶段

该阶段是"以质量为中心，全员参与为基础"的管理方法，即把组织中人的质量意识、经营管理、专业技术和数理统计方法有机地结合起来，形成完整的质量管理体系。是质量管理的高级阶段（从 20 世纪 60 年代起）。称为全面质量管理阶段。

（4）综合的质量管理

这是近些年提出的，其特点是将企业作为管理对象，以卓越绩效模式为标志的管理。

质量管理概念的发展，即对质量管理能力的判别，从对质量形成末端结果产品的管理，到对产品形成过程表象质量的统计学意义，最终质量形成的主观动因和各种要素的协调，成为对企业的综合管理，即质量管理的三个阶段。

2. ISO 9000 族标准的产生

第二次世界大战后，美国军方在生产武器的活动中，向生产厂家明确提出了产品的技术要求，产品生产后通过了最终检验试验，然而在产品的使用中却经常发生故障。美国军方经过调研之后，除完善上述环节外，还要求生产厂家对产品的每一个生产环节进行控制，并提供相应的控制证据。这样的要求使美国军方获得空前成功。据此美国军方编制了 MAL9858 质量保证大纲，成为产品技术标准的重要补充。这一行动引起其民用工业和其他西方国家竞相效仿，均取得了极大的成功。各国纷纷建立了各自的产品质量管理标准，以规范质量管理行为。

然而，随着国际贸易的发展，在涉及产品的责任问题时，则缺少了在质量管理方面的共同语言。国际标准化组织 1979 年成立了 TC176 技术委员会（质量管理和质量保证技委员会），组织制定质量管理方面的国际标准。1987年TC176技术委员会颁布了87系列ISO 9000标准，该系列标准的颁布，开启了世界质量管理的先河，对世界的质量管理工作产生了深远影响。由ISO/TC176编制的所有国际标准统称为ISO 9000族标准。

3. 我国对ISO 9000族标准的采用

我国等同采用ISO 9000族标准，即在标准的编写格式、技术内容、语言的使用等方面完全一致，编号为GB/T 19000族标准。

1.1.2 ISO 9000族标准的修订

国际标准化组织对国际标准定期评估和更改以满足相关方的期望。质量管理本身就是一个动态和不断发展的过程。87系列标准自颁布以来迄今，共进行了三次修订，以ISO 9001标准来举例说明：

1. 第一次修订

针对87系列标准的技术内容，仅作局部修改，总体结构和思路不变。引入一些新的概念，如过程、过程网络、质量改进等，为下一步修订做好准备。其修订的结果是ISO 9001：1994标准。

2. 第二次修订

这次修改在识别并理解质量管理和质量保证领域中顾客的要求基础上，制定有效反映顾客期望的标准；支持这些标准的实施，并促进对实施效果的评价。是在第一次修改的基础上进行总体结构、指导原则和技术内容等多方面的全新修改。其修订的结果是ISO 9001：2000标准。这次修改将当今世界范围内质量界普遍接受的八项质量管理原则全面融合在标准中；将ISO 9001标准和ISO 9004标准的编写结构一致化；所采用的基本结构语言与ISO 14000系列标准保持一致。使得标准更通用、更适用、更简练、更协调。

3. 第三次修订

国际标准化组织经过了广泛的调查，经过8年的实践证明，2000版标准适应于组织当前的质量管理要求。所以本次修订没有引入新的要求；只是增强对ISO 9001：2000标准一些要求的澄清、明晰，并增强与ISO 14001：2004标准的兼容性（包括GB/T 28001：2001标准），其修订的结果是ISO 9001：2008标准。

1.1.3 ISO 9000族标准的结构

1. 核心标准

（1）ISO 9000：2005—GB/T 19000：2008《质量管理体系 基础和术语》

该标准阐述了8项质量管理原则和12项质量管理体系基础；规定了质量管理体系使用的共10个部分84个术语。该标准是ISO 9000族标准的理论标准。

（2）ISO 9001：2008—GB/T 19001：2008《质量管理体系 要求》

该标准阐述了建立一个有效的管理体系所需要的最基本要求；使用该标准的目的是有能力、稳定地提供满足顾客和适用的法律法规要求的产品，并不断增强顾客的满意度；标准的结构是"过程模式"；建立以满足顾客要求为工作核心的过程导向模式。

（3）ISO 9004：2009《质量管理体系 业绩改进指南》

该标准是提高组织管理体系完善和成熟程度的标准；标准以8项质量管理原则为基

础，使组织理解并应用，从而改进组织的业绩；标准以提高质量管理体系的有效性和效率为目的，给出了质量改进中的自我评价方法。与 ISO 9004：2000 标准有较大变化。

(4) ISO 19011：2002—GB/T 19011：2003《质量和（或）环境管理体系审核指南》

该标准适合于所有运行质量和（或）环境管理体系及其他管理体系的组织，指导其内审和外审的管理工作；在内容和术语方面，兼容了 QMS 和 EMS（包括 OHSMS）的共同点；提出了审核原则、审核方案的管理、审核员的管理以及审核实施等方面的要求，其目的要使审核成为一项增值的活动。

2. 其他标准

ISO 10012：2003 测量控制系统。

3. 技术报告

(1) ISO/TR 10005：2005 质量计划编制指南。

(2) ISO/TR 10006：1997 项目管理质量指南。

(3) ISO/TR 10007：2003 技术状态管理指南。

(4) ISO/TR 10013：2002 质量管理体系文件编制指南。

(5) ISO/TR 10014：2006 质量经济性管理指南。

(6) ISO/TR 10015：1999 质量管理培训指南。

(7) ISO/TR 10017：1997 统计技术指南。

4. 小册子

质量管理原理选择和使用指南（小型企业的应用）。

1.1.4 实施质量管理体系标准的意义

理解和认识实施质量管理体系标准的意义对于提高贯彻标准的自觉性，克服"两张皮"现象具有重要的作用。实施标准的意义概括为：

(1) 质量管理体系是组织风险管理的工具，它服务于组织的经营活动。

(2) 贯彻质量管理体系标准并获得认证证书既是市场的商业性需要，更是组织质量管理的需要。

(3) 质量管理体系标准仅仅是组织建立质量管理体系的一种规范性的指南，其适用于组织业务并控制其风险。标准提供了如何对企业的固有质量管理模式加以变革的方法。

(4) 质量管理体系的建立应是围绕组织的业务流程，研究业务流程所需的职责、运行、监视测量与改进活动，而不是根据标准条款要求，把本来完整的业务流程分解成一些孤立的程序。管理体系应是组织业务流程实现与管理的有益工具。

(5) 质量管理体系强调系统管理和体系作用，强调围绕目标、全员参与、管理部门互相协调和 PDCA 逻辑步骤循环，不断总结持续改进。

(6) 质量管理体系只有在长期有效运行的基础上，才会取得成效。

(7) 企业文化是潜在的并持续不断产生影响的力量。先进的管理理论在促进企业由合格向优秀迈进方面具有很高的价值。

(8) 在当前的情况下，市场经济要求组织按标准的要求建立质量管理体系，另一方面有些组织没有完全放弃或转变多年来形成的与管理体系标准不相适应的管理思想、经验和管理习惯。所以克服"两张皮"现象是组织在实施质量管理体系标准中的一项重要工作。

(9) 质量管理体系认证主要解决产品质量的稳定性问题。质量管理体系标准是组织管理能力的基础，但不是管理的最高要求。质量管理体系认证并不直接决定产品质量水平的高低，组织只有不断的改进其质量管理绩效，才能在不断提高管理水平的同时，有效地提高其产品的质量。

1.2　ISO 9000：2005 质量管理体系　基础和术语

1.2.1　8 项质量管理原则

1. 8 项质量管理原则的意义

为有效指导组织实施质量管理，帮助组织实现预期的质量方针和目标，必须有一套完善的、行之有效的、普遍适用、且能在全世界范围内被接受的管理理论。

ISO/TC 176 的 SC2 征集了世界上一批最受尊重的质量管理专家的意见，归纳成八项质量管理原则。8 项质量管理原则的意义是：

(1) 质量管理的基本理念；

(2) 质量管理实践经验的高度概括总结；

(3) 最基本、最适用的质量管理一般性规律；

(4) 建立质量管理体系标准的基础。

8 项原则为组织建立质量管理体系提供了理论基础，是组织领导者有效实施质量管理工作必须遵循的原则，8 项质量管理原则也用于指导审核员、质量工作者学习、理解、掌握标准。

2. 8 项原则的理解和应用

(1) 以顾客为关注焦点

> 组织依存于顾客。因此组织应当理解顾客当前和未来的需求，满足顾客要求并争取超越顾客期望。

顾客是组织的上帝，失去顾客的组织必遭淘汰。

顾客关注的焦点就是其产品的质量和服务的全过程。因此，组织应识别顾客的需求和期望，把它作为组织在质量方面的追求，以此建立质量方针、目标，并通过一系列的活动，实现质量方针、目标，满足顾客的要求。

组织还应测量顾客的满意程度，并根据测量结果采取相应的活动或措施。

顾客的需求和期望是不断变化的，组织还应识别顾客潜在的需求，并具备满足顾客潜在要求的能力，以增强顾客的满意度。组织优秀的产品质量、到位的服务及诚信是增强顾客满意度的最主要内容。

(2) 领导作用

> 领导者应确保组织的目的与方向的一致。他们应当创造并保持良好的内部环境，使员工能充分参与实现组织目标的活动。

从某种意义上说，组织领导对建立质量管理体系工作的看法和态度，几乎可以决定一个企业质量管理工作的动机、态度、方式、力度乃至成效。领导重视并认真推动，则企业质量管理体系的建立工作就会顺利，并通过体系的运行而受益。

领导者应考虑所有相关方的需求、期望，明确企业战略地位与发展方向；通过建立质量方针为员工描绘清晰的远景，并确定富有挑战性的质量目标。

领导者应在组织的所有层次上建立价值共享，公平公正的道德伦理观念，和谐的人际关系，宽松的工作氛围，良好的企业文化，增强企业的凝聚力，以有助于带领员工为实现组织的方针、目标而奋斗。

领导者应为员工提供所需资源和培训，并赋予其职责范围内的自主权，以充分调动员工的积极性，发挥其主观能动性，为员工的发展提供条件，使员工更好地参与企业的运作和发展。

（3）全员参与

> 各级人员都是组织之本，唯有其充分参与，才能使他们为组织的利益发挥其才干。

该原则与领导作用密切相关，是领导作用的展开，其主要表现为全体员工应：
1）了解自己岗位工作的重要性及其在组织中的角色；
2）能够识别对其活动的约束条件和对自身素质的要求；
3）自觉接受赋予的权力和职责并解决各种问题；
4）自主地分享知识和经验；
5）能清楚各自承担的目标并评估其业绩；
6）主动寻找机会增强自身的能力、知识和经验。

该原则主要是通过对全体员工进行质量意识、职业道德、敬业精神的教育，激发全体员工的积极性和责任心，以及提高其能力来实现组织的目标。

（4）过程方法

> 将活动和相关的资源作为过程进行管理，可以更高效地得到期望的结果。

过程是质量管理活动研究的基本单元，对质量管理体系的管理就是对每个过程的管理。标准将质量管理体系的构成分为四个主要过程（管理职责、资源管理、产品实现、测量分析和改进）；每个主要过程又由一系列相关过程组成，而每个相关过程又可能由更具体的子过程组成。

过程是一组将输入转化为输出的相互关联或相互作用的活动。

该原则强调要识别并管理过程的输入、输出、所配备的资源、所进行的活动。

过程方法的重点就是要有效地管理过程中所涉及的一组活动。

（5）管理的系统方法

> 将相互关联的过程作为系统来看待、理解和管理，有助于组织提高实现目标的有效性和效率。

相互关联和相互作用的一组要素，称为体系或系统。

管理学基本原则：任何管理都是对系统的管理，系统具有集合性、层次性和相关性。

管理体系就是建立方针和目标并实现这些目标的体系，而质量管理体系就是制定质量方针和质量目标，然后通过建立、实施和控制一个由诸多过程或过程网络构成的质量管理体系来实现这个方针和目标的体系。

管理的系统方法认为系统不是过程的简单总和，过程之间是相互关联、相互作用的。

管理的系统方法强调的是要管理体系中的一组过程，尤其要注意过程之间的接口和联系。

管理的系统方法应明确以下一些内容：

1) 使用系统方法的主要目的是对组织的相关过程和体系进行整合，在确定所需过程的基础上，明确各过程的相互关系，从而充分利用组织的资源，提高管理体系整体的有效性和效率，为持续改进提供充分依据。

2) 组织存在若干过程和子过程，过程又构成过程网络或系统，从而成为组织的管理体系。过程是管理体系的基本单元。

3) 组织的产品质量特性（包括环境因素、危险源等）存在于过程之中，并通过过程的实施加以控制，以实现预期的目标。因此组织应对过程进行充分识别，确定并控制所需活动。

4) 过程之间存在内在联系和相互影响，一个过程的输出可以成为其他过程的输入，并链接到整个网络或系统。管理的系统方法要求打破各职能部门之间、各过程和岗位之间的界限，尤其需要关注各个过程之间的接口关系。

5) 将这些相互影响的过程网络构成系统，实施系统的管理和控制。这个网络运行称为管理的系统方法。

6) 虽然各管理体系关注的重点不同，但产品质量、环境因素的控制，安全事故的预防等同时发生在已识别和控制的过程之中，故应通过对过程方法的应用，同时对这些相关因素加以识别和控制。

（6）持续改进

> 持续改进总体业绩应当是组织的永恒目标。

1) 持续改进是增强满足要求的能力的循环活动，是不断螺旋式上升的活动。

2) 持续的顾客满意是质量管理的动力，促使组织通过日常渐进的或突破性的改进，致力于提高管理的有效性和效率；以满足不断变化的顾客要求。

3) 改进的对象是产品、过程、体系。

4) 改进不必同时发生在组织的各个方面。

5) 改进是循环活动，是没有止境的，持续改进是一项方向性原则；

（7）基于事实的决策方法

> 有效决策建立在数据和信息分析的基础上。

1) 组织应采取措施收集与实现组织目标有关的数据和信息，并确保收集的数据和信息足够准确、可靠；

2) 使用合理的方法（如使用统计技术等）分析数据和信息，发现有价值的内容，作为决策的重要依据；

3) 在事实分析的基础上，权衡经验和直觉判断，作出决策。

(8) 与供方互利的关系

> 组织与供方相互依存，互利的关系可增强双方创造价值的能力。

1) 经济利益是组织与供方最紧密的关系，任何一个组织都会有自己的供方。
2) 组织应识别和选择关键的供方，并确定控制和管理的方法。
3) 建立供方关系时，要考虑组织的眼前利益与长远利益。
4) 与关键的供方或合作伙伴进行有益的公开交流，共享专门技术和资源。
5) 建立清晰和开放的沟通渠道，确定联合改进活动。
6) 鼓励、激发供方的改进和承认其成果。

(9) 8 项质量管理原则的相互关系，8 项质量管理原则中：
1) 以顾客为关注焦点、持续改进是两项方向性原则，是建立体系的根本依据；
2) 领导作用是关键性原则；
3) 过程方法、管理的系统方法、基于事实的决策方法是 3 项方法性原则；
4) 全员参与、与供方互利的关系是两项关联性原则。

1.2.2　12 项质量管理体系基础

8 项质量管理原则与 12 项质量管理体系基础及 ISO 9000 族标准的关系：

8 项质量管理原则是质量管理的基本理念；12 项 QMS 基础是应用 8 项原则为建立 QMS 提出的原则性要求；ISO 9000 族标准是以 8 项原则为理念，并充分运用 12 项 QMS 基础，阐明质量管理活动的具体要求。

12 项 QMS 基础中，第 1、3、4 项是建立 QMS 的基本思路；第 2、11、12 项强调的是关系；第 5、6、7、8、9、10 项是建立体系的主要内容。

1. 质量管理体系的理论说明
(1) 说明质量管理体系的目的就是要帮助组织增进顾客满意；
(2) 说明顾客对组织的重要性；
(3) 说明顾客对组织持续改进的影响；
(4) 说明质量管理体系的重要作用。

阐明质量管理体系概念；明确质量管理体系研究的目的、对象和内容。

2. 质量管理体系要求与产品要求

QMS 要求是满足质量管理的需要而提出的通用性要求，其不受组织情况、产品类别的影响；

产品要求是指产品本身的外观、功能特性、物理特性等一些特定的要求，不同的产品有不同的产品要求（经常被包含在技术规范、产品标准、合同协议、法规要求等文件中）；

QMS 要求是对产品要求的补充，对顾客而言，产品要求和质量管理体系要求互为补充，缺一不可。

3. 质量管理体系方法

为组织建立质量管理体系提供的一套系统而严谨的逻辑步骤和运作程序，是管理的系统方法在质量管理中的具体应用。

QMS 方法的逻辑步骤：

(1) 确定顾客需求和期望；

(2) 制定方针和目标；

(3) 确定过程和职责；

(4) 确定和提供资源；

(5) 确定过程的测量方法；

(6) 应用测量方法，确定过程有效性（以上步骤体现以顾客为关注焦点）；

(7) 确定防止不合格并消除产生原因的措施；

(8) 寻找提高过程有效性和效率的机会；

(9) 确定优先改进的过程或活动；

(10) 策划质量改进；

(11) 实施改进计划；

(12) 监控改进结果；

(13) 评价实际结果；

(14) 评审改进活动，确定适宜的后续措施（以上步骤体现持续改进）。

这些方法使组织对其过程能力和产品质量树立信心，为持续改进提供基础，从而增进顾客和相关方满意，而使组织成功。

4. 过程方法

组织应系统地确定和管理组织所应用的过程，特别是这些过程之间的相互作用。

标准采用过程方法模式图来描述质量管理体系：

四大过程，其中产品实现过程是直接过程；管理职责、资源管理、测量、分析和改进是间接过程；四大过程是标准的核心内容；

过程方法模式图中的四个箭头表示的 PDCA 是要达到 QMS 持续改进；两个虚线箭头表达的是改进的重要的信息来源，其中顾客的满意度是重要的内容；产品实现是由一系列相关过程来完成，其中顾客的需求是重要的输入，输出应实施相关的测量、分析、改进活动，最终要达到顾客满意。该过程模式图（见图 1-1）体现了管理的系统方法。

过程方法和 PDCA 在管理体系建立、运行、控制和改进活动中起着至关重要的作用，体现的是过程模式。

称为 PDCA 的方法适用于所有过程，这一模式反应过程控制的基本规律。关于 PDCA 循环涉及以下一些观念：

(1) 策划

1) 管理体系策划

将各管理体系实施有机整合，而非简单拼凑。其内容有：确定总方针、目标、指标，统筹安排组织结构、分配职责权限，整合资源的使用，对所有过程进行确定，统一协调运作。

2) 产品实现过程的策划

对产品实现的全过程所作的总体安排。其内容有：了解顾客、法规要求，确定产品目标，配备必要的资源，给出文件和记录的要求，对监视和测量活动作出规定，确定产品接收准则，对产品设计，采购，生产和服务提供产品验证，销售，交付和售后服务过程的控制。确定删减过程。

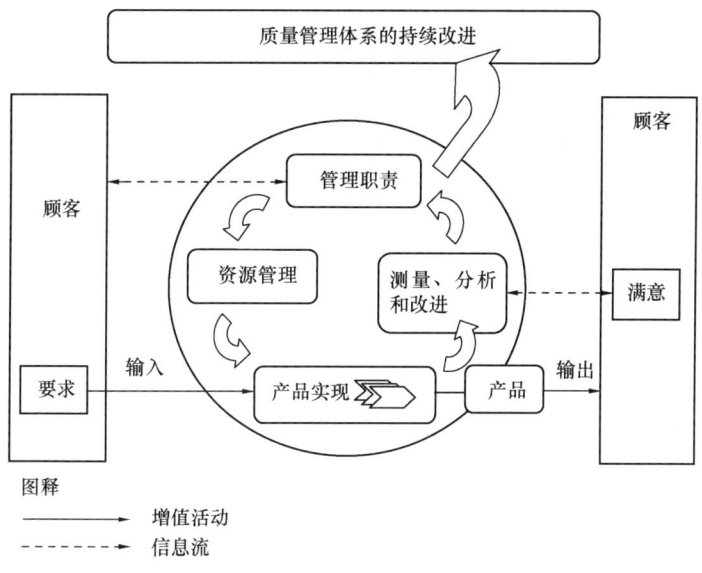

图 1-1 以过程为基础的质量管理体系模式

3）其他方面的策划

如测量分析和改进等过程。

（2）实施

1）对过程的控制就是控制过程的输入、转换的活动、输出、过程所需资源。

2）过程输入就是过程操作的依据和要求，包括目标指标、过程控制提供的相关依据（工艺文件、设备操作规程、施工组织设计、管理方案等）；过程转换就是使用所配备的资源，实施本过程需要开展的活动。如按作业指导书、工艺文件的要求操作；实现制定的指标。

过程的输出是过程实施的结果，实现预先制定的目标指标，是通过对过程的控制以达到增值的目的。

3）过程的控制应包括有形产品的控制，也包括无形产品的控制。过程的输出应包括预期提供给顾客的产品和任何中间产品。它们都属于过程的结果。

4）对过程的控制应以产品实现过程为主，同时也应对其他管理过程实施控制。如，方针目标、资源配置、检测设备、测量分析改进、内审、管理评审等。

5）注意过程之间的顺序和过程之间的相互作用。

6）注意控制过程之间的接口，在过程控制中权衡各方面的相互关系及相互衔接是十分重要的环节，应作为过程管理的重要内容实施控制。

（3）检查

1）检查的对象应包括组织管理体系的所有过程。

2）检查的目的是评定组织管理体系的总体业绩和相关过程的有效性和效率。应依据所收集到的相关数据和信息，通过分析和汇总，发现管理体系和各过程运作中的规律和趋势，为改进提供充分依据。

3）识别过程控制和过程业绩的监视和测量准则，包括产品接收准则、供方评价准则、顾客要求、过程成本分析、组织总体业绩综合评定等。依据准则对过程的有效性和效率及管理体系的总体业绩进行综合评价。

4）检查方法依据组织的实际需要，针对不同过程作出具体安排。如通过管理评审或内审或顾客满意度调查评定检查组织总体业绩；对产品符合性通过检验试验方法进行；对过程能力通过内审、各种监督检查等方式进行。

5）检查的结果应做好记录，作为管理体系运行综合效果和持续改进的依据。

（4）改进

1）组织依据监视和测量所获得的数据和信息，与规定的过程要求进行比较确定管理体系总体业绩及各过程运作的有效性和效率。利用汇总和统计技术，找出过程运作的规律和发展趋势，为改进提供依据。

2）针对已识别影响过程运作有效性和效率的项目或存在的不符合等问题采取纠正和预防措施。

3）按照持续改进的理念，不断实施持续改进。改进目标的提高应以组织的实际需要和产品具体特点为准，目标不是越高越好，应掌握在适宜水平，同时考虑国家法律法规要求和组织实际状况。

5. 质量方针和质量目标

质量方针：就是"由组织的最高管理者正式发布的该组织总的质量宗旨和方向"。

质量目标："在质量方面所追求的目的"。

（1）质量方针和质量目标的作用

1）指出组织在质量方面所追求的目标，使组织的各项质量活动都能围绕这个方针和目标来进行，让全体员工都来关注它的实施和实现。

2）质量方针指出了组织满足顾客要求的意图和策略，而质量目标就是实现这些意图和策略的具体要求。两者都确定了要想达到的预期结果，使组织利用其资源来实现这些结果。

（2）质量方针和质量目标间的关系

质量方针为建立和评审质量目标提供了框架。质量目标在此框架内确定、展开和细化。质量方针还要具体体现组织对持续改进的承诺。质量目标应和质量目标保持一致，不能脱节。

（3）对质量目标的其他要求

1）质量目标应适当展开；

2）质量目标的实现程度是可以测量的。

（4）实现质量目标的好处

1）对产品质量、运行有效性、财务业绩（即经济效益）都会产生积极的影响。

2）对相关方的满意也会产生积极的作用。

建立 QMS 的前提是制定质量方针和质量目标，以明确组织关注的焦点，确定组织应达到的结果，从而为体系的运行提出具体要求。

最高管理者确定的质量方针、目标应体现 8 项原则，并包括其在质量方面作出的承诺。

质量方针为建立和评审质量目标提供了框架。质量目标在此框架内确定、展开和细化。质量方针还要具体体现组织对持续改进的承诺。质量方针应和质量目标保持一致，不能脱节。

6. 最高管理者在质量管理体系中的作用

最高管理者——组织的最高领导人,具有决策、指挥和控制的职责和权利。最高管理者应发挥作用的 9 个方面:

(1) 建立组织的质量方针和质量目标;

(2) 建立全员参与的环境,促进方针和目标的实现(两个建立);

(3) 确保整个组织满足顾客要求;

(4) 确保实施适宜的过程以满足顾客要求并实现质量目标;

(5) 确保建立、实施和保持一个有效的 QMS 以实现这些目标;

(6) 确保获得质量活动所必需的资源(四个确保);

(7) 定期评审 QMS(一个评审);

(8) 决定有关质量方针和质量目标的措施;

(9) 决定体系改进的措施(两个决定)。

7. 文件

文件:"信息及其承载媒体"

(1) 文件的价值

文件的价值是传递信息、沟通意图、统一行动。文件的具体用途是:

1) 满足顾客要求和质量改进;

2) 提供适宜的培训;

3) 重复性(或再现性)和可追溯性;

4) 提供客观证据;

5) 评价质量管理体系的有效性和持续适宜性。

(2) 质量管理体系中使用的文件类型:

1) 质量手册:规定组织质量管理体系的文件;

2) 质量计划:对特定的项目、产品、过程或合同,规定由谁及何时应该使用哪些程序和相关资源的文件;

3) 规范:阐明要求的文件;

4) 指南:即阐明推荐的方法或建议的文件;

5) 程序、指导书、图样:提供如何一致地完成活动和过程的信息的文件;

6) 记录:阐明所取得的结果或提供所完成活动的证据的文件。

(3) 文件的数量多少、详略程度、使用的载体视具体情况而定,一般取决以下因素:

1) 组织的类型和规模;

2) 过程的复杂性和相互作用;

3) 产品的复杂性;

4) 顾客要求;

5) 适用的法律法规;

6) 经证实的人员能力;

7) 满足体系要求所需证实的程度。

8. 质量管理体系评价

质量管理体系建立并实施后，可能会发现不完善或不适应环境变化的情况。所以需要对它的适宜性、充分性和有效性进行系统的、定期的评价。

(1) 质量管理体系过程评价

由于体系是由许多相互关联和相互作用的过程构成的，所以对各个过程的评价应该是体系评价的基础。评价质量管理体系时，应对每一个被评价的过程提出如下四个问题：

1) 过程是否已被识别并适当规定？

2) 职责是否已被分配？

3) 程序是否得到实施并保持？

4) 在实现所要求的结果方面，过程是否有效？

前两个问题，一般可以通过文件审核得到答案。而后两个问题则必须通过现场审核和综合评价才能得到结论，综合上述问题的结果可以确定评价结果。

(2) 质量管理体系审核

审核：为获得审核证据并对其进行客观的评价，以确定满足审核准则的程度进行系统的、独立的并形成文件的过程。

审核准则：一般是指 GB/T 19001 标准、质量手册、程序及适用的法规等；

1) 体系审核用于确定符合质量管理体系的要求的程度。审核发现用于评定质量管理体系的有效性和识别改进的机会。

2) 审核的三种形式：第一方审核、第二方审核、第三方审核。

(3) 质量管理体系评审

最高管理者的一项重要工作就是要主持、组织质量管理体系评审，就质量方针和质量目标对质量管理体系的适宜性、充分性、有效性和效率进行定期的（按计划的时间间隔）、系统的评价。这种评审可包括考虑修改质量方针和质量目标的需求以响应相关方需求和期望的变化。评审包括确定采取措施的需求。

(4) 自我评定（不做要求）

组织的自我评定是一种参照质量管理体系或优秀模式对组织的活动和结果所进行的全面和系统的评审。

9. 持续改进

是建立质量管理体系的一项基本原则，注重通过不断提高管理的效率和有效性实现其方针、目标；

采取的方法有：过程改进、纠正措施、预防措施等。

10. 统计技术的应用

研究产品和过程的变异性；

管理体系的评价一般采用描述性的统计性抽样，即推断性抽样，以抽取的样本调查结果推断总体情况；

运用统计技术可以寻找有效方法解决现存的问题，提高工作效率；利用相关数据进行分析作出决策，实现持续改进。

11. 质量管理体系与其他管理体系的关注点

质量管理体系关注的是产品质量，是为了通过体系的有效运行而增强顾客满意度；其他管理体系可能关注的是环境管理、职业健康安全管理、财务管理、组织的经营利润等。

不同的管理体系可能存在共同的管理要求，如文件管理、记录管理、体系审核、纠正措施、持续改进等，所以，不同的管理体系可以整合为一个一体化的管理体系。

12. 质量管理体系与卓越绩效模式之间的关系

卓越绩效模式指的是国际上先进国家的著名管理模式。如美国的鲍德里奇奖、欧洲的质量奖、日本的戴明奖、我国的全国质量奖等均采用卓越绩效模式作为企业管理评价的准则。

如国家标准《卓越绩效评价准则》GB/T 19580—2004 强调组织在追求卓越的过程中应承担的社会责任，要求组织遵守法律法规和商业道德，评价环境绩效和职业健康安全绩效，平衡和满足相关方的利益，积极应对产品服务和运营中的风险，应对当前和未来在环境保护、能源消耗、资源综合利用、安全生产等方面的影响。实施卓越绩效模式有利于管理简约化，增强管理体系生命力，有利于管理系统化。它是当代企业管理先进理论和成功实践的集中体现，具有鲜明的时代特征，是组织实施卓越管理，实现卓越绩效的有效途径，是评价组织管理成熟度和整体绩效的系统方法。

质量管理体系与卓越管理模式具有相同的质量管理原则；而不同点是各自的应用范围不同：QMS 是对管理体系提出要求并为改进提供指南；卓越模式是一种水平比较的模式，它包含定量评价组织业绩的准则。

1.2.3 质量术语和术语解释

1. 概念

概念：客观事物的本质在人们头脑中的反映。

术语：用言简意赅的语言表达的概念，是专门用语，有严格规定的含意。标准共给出了 10 大类，84 个术语。

2. 术语的理解和使用方法

（1）术语内容

一个术语表述一个概念，若某个术语概念的一些相关信息是重要的，但又不是基本特性的，则在定义表述之后加上注解。

举例：

顾客满意：顾客对其要求已被满足的程度的感受。

注 1：顾客抱怨是一种满意程度低的最常见的表达方式，但没有抱怨并不一定表明顾客很满意。

注 2：即使规定的顾客要求符合顾客的愿望并得到满足，也不一定确保顾客很满意。

（2）替代原则

当某个术语的定义中包含有另外的术语时，如用被包含的术语定义替代时，术语原意不应有变化。如：

要求：明示的、通常隐含的或必须履行的需求或期望。将"要求"定义带入"顾客满意"术语中，"顾客对其明示的、通常隐含的或必须履行的需求和期望已被满足的程度的感受"。术语的原意不变。

（3）术语、概念之间的关系

1）属种关系

下层概念继承上层概念的所有特性，并包含将其区别于同层和上层概念的特性。（图

1-2，树形图）如：

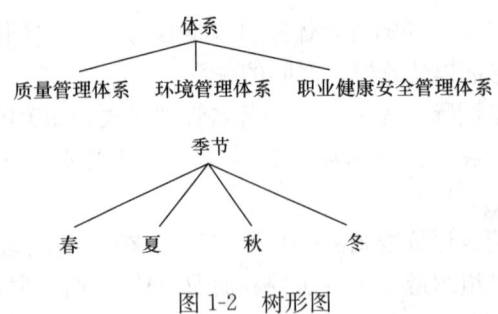

图 1-2 树形图

2）从属关系

下层概念是上层概念的组成部分（图 1-3，耙形图）。如：

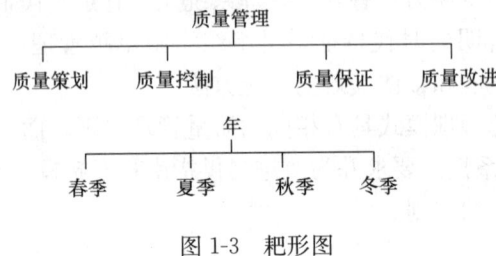

图 1-3 耙形图

3）关联关系

两个或多个术语概念之间存在因果关系，如活动和场所、工具和功能、材料和产品等关系（双箭头）。如图 1-4 所示。

过程 ←→ 产品　开会 ←→ 会场　阳光 ←→ 夏天

图 1-4 关联关系图

3. 几个重要术语理解

> 质量 quality：一组固有特性满足要求的程度。
> 注1：术语"质量"可使用形容词，如：差、好或优秀来修饰。
> 注2："固有的"（其反义是"赋予的"）是指本来就有的，尤其是那种永久的特性。

【术语理解】 包括产品质量、体系质量、过程质量；

固有特性是本身固有的，而不是人为赋予的；（对建筑物产品而言，其结构、层高、配套设施、外观、装饰等是固有特性，而地点、价格、交付期不是固有特性；对体系而言，其实现方针、目标的能力，管理的协调性等是固有特性；对过程而言，其过程能力、过程稳定性、可靠性、先进性等是固有特性。）

> 过程 process 将输入转化为输出的相互关联或相互作用的一组活动。
> 注1：一个过程的输入通常是其他过程的输出。
> 注2：组织（3.3.1）为了增值通常对过程进行策划并使其在受控条件下运行。
> 注3：对形成的产品（3.4.2）是否合格（3.6.1）不易或不能经济地进行验证的过程，通常称为"特殊过程"。

【术语理解】 过程三要素：输入、输出、管理与活动。相互关系见图 1-5。

过程的目的是增值的转换，是通过对活动的有效控制来实现的。

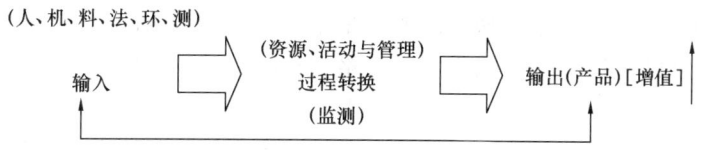

图 1-5　相互关系

过程和活动应加以区别：过程都具备明确的目标，而活动是过程转换中的组成部分，是过程转换中所实施的具体操作，是为实现过程目标所应开展的步骤。

> 产品 product：过程的结果。
> 注1：有下列四种通用的产品类别：
> (1) 服务（如运输）；
> (2) 软件（如计算机程序、字典）；
> (3) 硬件（如发动机机械零件）；
> (4) 流程性材料（如润滑油）。
> 许多产品由分属于不同产品类别的成分构成，其属性是服务、软件、硬件或流程性材料取决于产品的主导成分。例如：产品"汽车"是由硬件（如轮胎）、流程性材料（如：燃料、冷却液）、软件（如：发动机控制软件、驾驶员手册）和服务（如销售人员所作的操作说明）所组成。

【术语理解】
通用的产品类别：硬件、软件、服务、流程性材料或他们的组合。
标准对"产品"作出了更清晰的说明，指出产品不仅指预期提供给顾客所要求的产品，还指任何产品实现过程所导致的预期过程产品。

> 体系 system：相互关联或相互作用的一组要素。
> 管理体系 management system：建立方针和目标并实现这些目标的体系。
> 质量管理体系 quality management system：在质量方面指挥和控制组织的管理体系。

【术语理解】　质量管理体系就是围绕建立质量方针、目标并针对设定的质量目标，确定并管理一个相互关联或相互作用的一组要素。

> 有效性 effectiveness：完成策划的活动并得到策划结果的程度。

【术语理解】　ISO 9001 标准追求体系的有效性，指"做的事正确的程度"。

> 效率 efficiency：得到的结果与所使用的资源之间的关系。

【术语理解】　ISO 9004 标准强调的组织整体业绩改进，指"正确地做事的程度"。

> 合格 conformity：满足要求。
> 不合格 nonconformity：未满足要求。
> 缺陷 defect：未满足与预期或规定用途有关的要求。
> 注1：区分缺陷与不合格（3.6.2）的概念是重要的，这是因为其中有法律内涵，特别是在与产品责任问题有关的方面。因此，使用术语"缺陷"应当极其慎重。
> 注2：顾客（3.3.5）希望的预期用途可能受供方（3.3.6）信息的性质影响，如所提供的操作或维护说明。

【术语理解】 区分不合格与缺陷的概念是重要的，因为缺陷具有法律内涵，涉及法律责任问题，使用"缺陷"应极其慎重。不合格与缺陷的关系见图1-6。

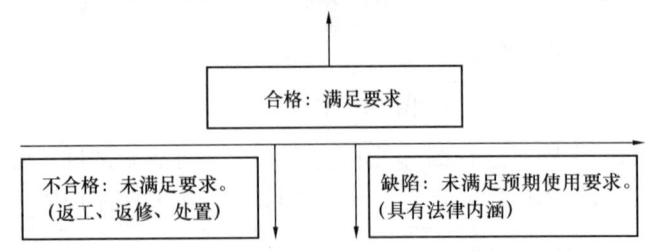

图1-6 不合格与缺陷的关系

> 质量策划 quality planning：致力于制定质量目标并规定必要的运行过程和相关资源以实现质量目标。

【术语理解】 标准中多次出现，主要围绕"活动、过程、产品、体系"四个方面。对于组织的策划活动要通盘考虑、相互对应、相互补充。

> 能力 capability：术语标准中关于"能力"的术语共3个，分别涉及"过程/或体系、员工和审核员"三个方面能力：
> 3.1.5 能力 capability 组织（3.3.1）、体系（3.2.1）或过程（3.4.1）实现产品（3.4.2）并使其满足要求（3.1.2）的本领
> 3.1.6 能力 competence：经证实的应用知识和技能的本领
> 3.9.14 能力 competence：（审核）经证实的个人素质以及经证实的应用知识和技能的本领

人们完成活动中表现出来的能力有所不同。能力，就是指顺利完成某一活动所必需的主观条件。能力是直接影响活动效率，并使活动顺利完成的个性心理特征。能力总是和人完成一定的活动相联系在一起的。离开了具体活动既不能表现人的能力，也不能发展人的能力。

【术语理解】 能力与知识、经验和个性特质共同构成人的素质，成为胜任某项任务的条件。

能力素质模型（Competency Model），也称为胜任力模型，是指担任某一特定的任务角色所需要具备的能力素质的总和。它是由美国著名的组织行为研究者大卫·麦克利兰（David McClelland）提出"能力素质"概念之后逐步发展起来的。麦克利兰将能力素质（Competency）界定为：能明确区分在特定工作岗位和组织环境中杰出绩效水平和一般绩效水平的个人特征。分5个层次：

（1）知识（Knowledge）；
（2）技能（Skill）；
（3）自我概念（Self-Concept）；
（4）特质（Traits）；
（5）动机（Motives）。

麦克利兰应用"冰山"理论，把属于海平面上的知识和技能称为通用性素质（Threshold Competencies），而真正能区分优秀者与一般人的深层次因素，是潜伏在海平面以下的自我概念、特质、动机，这些被称为鉴别性素质（Differentiation Competencies）。

> 纠正 correction：为消除已发现的不合格（3.6.2）所采取的措施。
> 纠正措施 corrective action：为消除已发现的不合格（3.6.2）或其他不期望情况的原因所采取的措施。
> 　注1：一个不合格可以有若干个原因。
> 　注2：采取纠正措施是为了防止再发生，而采取预防措施（3.6.4）是为了防止发生。
> 　注3：纠正（3.6.6）和纠正措施是有区别的。
> 预防措施 preventive action：为消除潜在不合格（3.6.2）或其他潜在不期望情况的原因所采取的措施。
> 　注1：一个潜在不合格可以有若干个原因。
> 　注2：采取预防措施是为了防止发生，而采取纠正措施（3.6.5）是为了防止再发生。

第 2 章　GB/T 19001：2008 标准理解与实施

ISO 9001—2008 标准在引言部分提出，采用质量管理体系应当是组织的一项战略性决策。组织质量管理体系的设计和实施受组织的环境及其变化、组织不断变化的需求、组织的目标和产品、组织的规模和组织结构等多种因素的影响。所以组织应在满足标准要求的基础上结合组织的实际情况建立质量管理体系。

为保证质量管理体系的有效运行以及持续改进，组织应采用以"PDCA"模式的"过程方法"建立并实施质量管理体系。

标准鼓励组织将自身的质量管理体系与相关的管理体系要求相协调整合，成为一体化管理体系。

【标准条文】

> **1　范　　围**
> **1.1　总　　则**
> ——本标准为有下列需求的组织规定了质量管理体系要求：
> ——需要证实其具有稳定地提供满足顾客要求和适用的法律法规要求的产品的能力；
> ——通过体系的有效应用，包括体系持续改进过程的有效应用，以及保证符合顾客要求和适用的法律法规要求，旨在增强顾客满意。
> 注1：在本标准中，术语"产品"仅适用于：
> —— 预期提供给顾客的或顾客所要求的产品；
> —— 产品实现过程所产生的任何预期输出。
> 注2：法律法规要求可称作法定要求。

【条文理解】

标准适用于组织的质量管理和对外提供质量保证；

适用于内部、外部评价组织满足自身要求的能力。

标准可证实组织稳定提供满足顾客和适用的产品法律法规要求的产品的能力；通过体系的有效应用和持续改进，保证符合顾客和适用的法律法规要求而增强顾客满意度。

标准对产品的概念作了进一步的明确，即产品不仅是提供给顾客的产品，而且包括产品实现过程中产生的如采购产品、中间产品等预期的过程产品。强调了组织要识别与产品有关的法定要求。

【标准条文】

> **1.2　应　　用**
> 本标准规定的所有要求是通用的，旨在适用于各种类型、不同规模和提供不同产品的组织。

> 由于组织及其产品的性质导致本标准的某些要求不适用时，可以考虑对其进行删减。
>
> 如果进行了删减，应仅限于本标准第 7 章的要求，并且这样的删减不影响组织提供满足顾客要求和适用法律法规要求的产品的能力或责任，否则不能声称符合本标准。

【条文理解】

组织因产品的性质与标准的某些要求不适用时，可以考虑进行删减。

删减的范围：仅限于第七章；

删减的条件：不因为删减而影响组织提供满足顾客要求和适用的产品法律法规要求的产品的能力或责任。

删减的细节和合理性，应在质量手册中表述。

实际操作时，确定质量管理体系的范围应包括两个方面：

（1）体系覆盖的产品范围；

（2）体系覆盖的产品实现的过程范围（即第七章是否删减，删减的条款及合理性）。

【标准条文】

> ### 2 规范性引用文件
>
> 下列文件中的条款通过本标准的引用而成为本标准的条款。凡是注日期的引用文件，其随后所有的修改单（不包括勘误的内容）或修订版均不适用于本标准，然而，鼓励根据本标准达成协议的各方研究是否可使用这些文件的最新版本。凡是不注日期的引用文件，其最新版本适用于本标准。
>
> 《质量管理体系 基础和术语》GB/T 19000—2008（idtISO 9000：2005，IDT）

【条文理解】

对引用文件的要求作了充分的说明。引用的标准：ISO 9000：2005《质量管理体系 基础和术语》。

【标准条文】

> ### 3 术 语 和 定 义
>
> 本标准采用 GB/T 19000 中所确立的术语和定义。
>
> 本标准所出现的术语"产品"，也可指"服务"。

【条文理解】

2000 版标准中关于供应链的说明仍适用本标准。

ISO 9000：2005《质量管理体系 基础和术语》标准中的术语和定义。

有关的服务也应视为产品。

【标准条文】

> ### 4 质 量 管 理 体 系
> #### 4.1 总 要 求
>
> 组织应按本标准的要求建立质量管理体系，将其形成文件，加以实施和保持，并

持续改进其有效性。
　　组织应：
　　——确定质量管理体系所需的过程及其在整个组织中的应用（见1.2）；
　　——确定这些过程的顺序和相互作用；
　　——确定这些过程的运行和控制有效，确定所需的准则和方法；
　　——确保可以获得必要的资源和信息，以支持这些过程的运行和监视；
　　——监视、测量（适用时）和分析这些过程；
　　——实施必要的措施，以实现策划的结果和对这些过程的持续改进。
　　组织应按本标准的要求管理这些过程。
　　组织如果选择将影响产品符合要求的任何外包过程，应确保对这些过程的控制。对此类外包过程控制的类型和程度应在质量管理体系中加以规定。
　　注1：上述质量管理体系所需的过程包括与管理活动、资源提供、产品实现以及测量、分析和改进有关的过程。
　　注2："外包过程"是为了质量管理体系的需要，由组织选择，并由外部方实施的过程。
　　注3：组织确保对外包过程的控制，并不免除其满足所有顾客要求和法律法规要求的责任。对外包过程控制的类型和程度可受诸如下列因素影响：
　　——外包过程对组织提供满足要求的产品的能力的潜在影响；
　　——对外包过程控制的分担程度；
　　——通过应用7.4条款实现所需控制的能力。

【条文理解】
　　该条款是组织开展质量管理体系活动应掌握的总原则，是建立、实施、保持、改进质量管理体系总的思路和要求。标准提出三个方面的要求：
　　（1）组织应建立并保持文件化的管理体系。组织的 QMS 由众多与质量有关的过程构成，建立体系就是系统的确定这些相互关联和相互作用的过程，并用文件的形式加以描述。
　　（2）4.1a～f 条是过程模式、PDCA 逻辑步骤方法在质量管理体系的具体体现（3个确定，一个确保，两个实施）。
　　标准要求组织应确定"质量管理体系所需的过程"包括与产品实现有关的过程，以及这些过程之间的相互关系，确定对这些过程测量的方法，确保资源的获得，实施并监视管理体系活动，不断寻求体系改进的机会。体现了要求组织应按照过程方法建立质量管理体系。
　　在标准的前言中强调了组织质量管理体系设计和实施要适合组织的经营环境，该环境的变化及与环境有关的风险。
　　即组织的质量管理体系应密切结合其业务流程，并随环境的变化而作出及时调整。
　　（3）识别组织的所有外包过程。只要是组织质量管理体系所需要，且由组织的外部方实施的过程（包括产品采购和服务采购），就应加以确定并实施有效管理。管理的类型和程度应根据其对提供符合要求产品的影响程度决定。（见7.4）
　　标准该条款明确了外包过程，并提出对外包过程管理的要求；标准7.4条款规定了对外包过程如何进行管理控制。

【标准条文】

> **4.2 文 件 要 求**
>
> **4.2.1 总则**
>
> 质量管理体系文件应包括：
>
> ——形成文件的质量方针和质量目标；
>
> ——质量手册；
>
> ——本标准所要求的形成文件的程序和记录；
>
> ——组织确定的为确保其过程有效策划、运行和控制所需的文件，包括记录。
>
> 注1：本标准出现"形成文件的程序"之处，即要求建立该程序，形成文件，并加以实施和保持。一个文件可包括对一个或多个程序的要求。一个形成文件的程序的要求可以被包含在多个文件中。
>
> 注2：不同组织的质量管理体系文件的多少与详略程度可以不同，取决于：
>
> ——组织的规模和活动的类型；
>
> ——过程及其相互作用的复杂程度；
>
> ——人员的能力。
>
> 注3：文件可采用任何形式或类型的媒介。

【条文理解】

该部分提出了对组织所建立的质量管理体系文件的通用要求。质量管理体系认为，只有形成文件化的体系，才是正规的，才具有可操作性、可检查性。

组织建立的质量管理体系文件包括：

（1）形成文件的质量方针、质量目标。以规定组织质量管理的宗旨和方向。

（2）质量手册。手册是对组织的质量管理体系进行纲领性描述的文件。

（3）标准要求的程序文件和记录。标准要求必须形成的程序文件有：文件控制、记录控制、不合格品控制、内审控制、纠正措施控制、预防措施控制程序。除此之外，组织还应结合行业和企业情况考虑建立必要的其他程序。

程序文件通常描述跨部门的活动。

明确这些程序活动所需的有关记录。规定记录的填写、归档、保存的要求还应确定这些记录的格式。

（4）为确保过程有效策划、运行、控制所需的文件及其相关记录。这部分文件可称为作业文件，是文件的重要组成部分，对该部分文件组织应进行认真策划。当标准中出现"规定"、"安排"、"方法"、"准则"、"方式"等要求时，组织应考虑是否需要编制文件，以规范行为。

此类文件对体系运行的作用非常重要，其涉及组织相当数量的文件，如：管理制度、规定、条例、办法、技术标准、规范、作业指导书、技术文件、图纸等。此类文件对管理体系运行重点的工程项目部很重要，作业文件中要明确活动控制的要求和方法。

一个好的文件应该既符合标准的要求，又结合组织的实际，具有较强的针对性、可操作性，在实施中便于监视和测量。

作业文件通常适用于某一职能内的活动。培训可以使作业文件得到简化，因为人员已通过培训获得了正确开展工作所需的必要信息。所以一些作业文件的内容完全可以纳入培训教材。

规定这些文件涉及活动所需的记录，规定记录的填写、归档、保存的要求还应明确这些记录的格式。

标准规定了质量管理体系的文件大致有上述四大类。

四类文件在质量管理中起着不同的作用，并从不同的侧面和层次描述质量管理体系，不同文件之间存在密切的关系。

组织编制的文件应具有以下特点：

1）适宜性：既满足标准要求，又适合组织自身具体情况。文件应结合组织的特点对标准的通用要求作出适合组织实际的具体规定；

2）有效性：按文件规定实施的结果，可确保达到活动或过程控制的目的；

3）可操作、可检查性：便于实施和检查。

4）文件应简约、有效、适用。

标准鼓励组织灵活的按过程控制要求并根据组织的实际情况编制文件。标准指出一个文件可以包括一个或多个程序的要求；一个形成文件的程序的要求也可以在多个文件中表达、体现。

组织建立的是一个文件化的 QMS，文件仅仅是工具，其目的是实施有效的质量管理。把文件的多少和其表面质量看得比 QMS 实际的有效性还重要是不对的。

文件的多少和详略程度由下列因素决定：

1）组织的规模，如人数的多少；

2）组织的类型，如建筑业、服务业等；

3）过程及过程间的相互作用的复杂程度；

4）人员能力，如教育程度高低、技能的熟练。

文件可以根据组织的实际采用多种形式：

1）纸质书面文件；

2）电子文件；

3）图片；

4）声像等。

【标准条文】

> **4.2.2 质量手册**
>
> 组织应编制和保持质量手册，质量手册包括：
>
> ——质量管理体系的范围，包括任何删减的细节和正当的理由（见 1.2）；
>
> ——为质量管理体系编制的形成文件的程序或对其引用；
>
> ——质量管理体系过程之间的相互作用的表述。

【条文理解】

质量手册一般是由组织的最高管理者批准发布的，是组织质量管理体系的纲领性法规文件，是对质量管理体系整体性描述的文件。

质量手册的内容应包括：

（1）阐述质量管理体系覆盖的产品、区域和过程范围，阐明删减的合理性；

（2）为质量管理体系编制的形成文件的程序或对其引用；

(3) 对质量管理体系各主要过程及过程间的相互作用的描述；
(4) 质量手册的使用和管理要求等。

【标准条文】

> **4.2.3 文件控制**
> 质量管理体系所要求的文件应予以控制。记录是一种特殊类型的文件，应依据 4.2.4 的要求进行控制。
> 应编制形成文件的程序，以规定以下方面所需的控制：
> ——为使文件是充分与适宜的，文件发布前得到批准；
> ——必要时对文件进行评审与更新，并再次批准；
> ——确保文件的更改和现行修订状态得到识别；
> ——确保在使用处可获得适用文件的有关版本；
> ——确保文件保持清晰、易于识别；
> ——确保组织所确定的策划和运行质量管理体系所需的外来文件得到识别，并控制其分发；
> ——防止作废文件的非预期使用，如果出于某种目的而保留作废文件，对这些文件进行适当的标识。

【条文理解】

标准要求建立文件控制程序，其控制应满足"两个批准、四个确保、一个防止"。

文件的类别可以包括：质量管理体系文件、技术文件、法律法规要求等。

文件是体系有效运行的工具，其作用是：沟通意图、传递信息、统一行动。

对文件控制的两项根本要求是：

(1) 文件发布、使用前必须得到批准，以确保文件是充分和适宜的；充分性是指文件的内容要点无遗漏、且与相关文件无矛盾；适宜性是指适合组织的情况具有可操作性。

(2) 确保在使用处可获得适用文件的有关版本。文件用于规范人员的行为，所以必须发放到位，并做到动态管理。

除此之外，文件的控制还应做到：

1) 对文件定期评审，必要时进行修改，评审、修改的文件再次得到批准；
2) 对于中长期稳定的体系文件，建立识别现行修订状态的途径；
3) 文件应适当标识，清晰、便于使用；
4) 确保与质量管理体系有关的外来文件的识别和发放；
5) 防止作废失效文件的非预期使用，保留的作废文件必须标识。

组织文件的具体管理要求，如分类、编制、审核、批准、标识、分发、修改、换版、归档、保管、作废等应在文件控制程序中作出规定。

【标准条文】

> **4.2.4 记录控制**
> 为提供符合要求及质量管理体系有效运行的证据而建立的记录，应得到控制。
> 组织应编制形成文件的程序，以规定记录的标识、贮存、保护、检索、保留和处

> 置所需的控制。
> 　　记录应保持清晰、易于识别和检索。

【条文理解】

组织应建立记录控制程序，对记录进行程序化的管理。标准中有 23 处提到了记录的要求。

记录是阐明所取得的结果或提供所完成活动的证据的文件。

记录的作用：提供产品符合要求的证据；提供体系有效运行的证据；记录还能作为采取纠正和预防措施的依据；用于可追溯场合的依据。

为确保记录起到证据并便于检索和使用，标准要求：

（1）记录的填写应字迹清楚，保持清晰，易于识别。所以记录应及时、真实、完整、不应随意涂改、并由授权人签字。

（2）记录的管理，包括标识、收集、分类、编目、组卷、贮存、保管，以便于检索、查阅、使用；记录应规定保存期，到期后妥善处置；记录的保存应有适宜的环境。

【标准条文】

> **5　管　理　职　责**
> **5.1　管　理　承　诺**
> 　　最高管理者应通过以下活动，对其建立、实施质量管理体系并持续改进其有效性的承诺提供证据：
> 　　——向组织传达满足顾客和法律法规要求的重要性；
> 　　——制定质量方针；
> 　　——确保质量目标的制定；
> 　　——进行管理评审；
> 　　——确保资源的获得。

【条文理解】

建立、实施、保持质量管理体系是一个系统工程，是全体员工都要参与的一项工作。其中最高管理者起着重要的作用。标准明确了最高管理者在质量管理体系中的五项职责。

（1）通过各种途径提高全体员工的质量意识是最高管理者的一项重要职责，5.1.a—5.5.2c—6.2.2d 条款都强调了要提高全体员工的意识。全体员工是组织之本，在体系中真正起作用的是全体员工的意识和能力。所以提高全体员工的意识和能力使之充分参与管理体系活动，是最高管理者的一项重要工作。

（2）最高管理者应确定组织的质量管理方针，明确组织质量管理的宗旨和方向。

（3）最高管理者应制定组织的质量管理目标，明确组织在质量方面要达到的总体目的。

（4）最高管理者要按照规定的时间间隔进行管理评审，评价组织的质量管理体系适宜性、充分性、有效性，并提出体系改进的要求。

（5）为确保产品质量符合要求和管理体系的有效运行，最高管理者要确保获得充分的资源。

最高管理者的作用就是通过开展所承诺的五项活动来实现,是通过"5.3、5.4、5.6、6、7.2、8.2.1"等条款的实施加以证实。该条款的有效性可通过与最高管理者谈话及有关条款的实施情况来进行综合性评价。

【标准条文】

> **5.2 以顾客为关注焦点**
>
> 最高管理者应以增强顾客满意为目的,确保顾客的要求得到确定并予以满足(见7.2.1和8.2.1)。

【条文理解】

以顾客为关注焦点是最高管理者应有的指导思想,体现在其确定的方针、目标中,更体现在其质量意识,尤其是领导的具体行动中。

最高管理者在组织中要确保识别、确定顾客的需求和期望;将顾客的需求和期望转化为组织的要求;通过7.2.1过程识别顾客的要求、5.4.1、7.1过程将顾客要求转化为组织的管理活动,通过质量管理体系过程实施结果以及8.2.1监视和测量顾客满意度,不断持续改进管理体系,以增强顾客满意度等一系列的活动展开体现这一原则的贯彻和实施。

【标准条文】

> **5.3 质 量 方 针**
>
> 最高管理者应确保质量方针:
> ——与组织的宗旨相适应;
> ——包括对满足要求和持续改进质量管理体系有效性的承诺;
> ——提供制定和评审质量目标的框架;
> ——在组织内得到沟通和理解;
> ——在持续适宜性方面得到评审。

【条文理解】

制定并确保质量方针的贯彻落实是最高管理者的一项重要职责。其要求是:

1. 质量方针的内容

方针应体现8项质量管理原则,方针应适合组织的实际情况并与组织总的经营方针一致,是组织在质量方面的宗旨和方向;

方针应作出满足顾客要求、遵守法律法规、持续改进管理体系的承诺;

方针应为质量目标的制定和评审提供框架;

质量管理方针应体现组织在市场经济条件下的定位,应体现组织的特色;

组织应对方针的内涵作出必要的解释,以便于员工统一认识,贯彻执行。质量方针是全体员工在质量管理方面的行为准则。

2. 质量方针的管理

质量方针应形成文件,在组织内传达沟通,使员工理解并贯彻执行;

质量方针还应适时进行评价,必要时予以修订,以保持其持续的适宜性。

举例:
（1）用我们的承诺和智慧雕塑时代的艺术品。
（2）优质高效、重信守诚、持续改进、顾客满意。
（3）关注顾客要求，遵守法律法规；持续改进，增强顾客满意度。以优质的服务，提升业主的生活质量，创造安全、温馨的居住环境。

【标准条文】

5.4 策 划

5.4.1 质量目标

最高管理者应确保在组织的相关职能和层次上建立质量目标，质量目标包括满足产品要求所需的内容（见7.1a）。质量目标应是可测量的，并与质量方针保持一致。

【条文理解】

制定质量目标是最高管理者的职责。

质量目标是组织在质量方面所追求的目的，其实现情况是评价质量管理体系有效性的重要依据，质量目标应充分策划并强化考核其实现的情况。

应对质量目标进行有效的管理，"目标管理"是由三个步骤组成的，即制定目标，指导目标的实施和衡量目标实现的结果。

质量目标的内容要求：

（1）目标应与方针保持一致（是方针的细化和展开）；
（2）目标应在有关的职能和层次上分解（建立目标管理体系）；
（3）目标应包含与产品有关要求（还可包括顾客满意度、返修处置率等）；
（4）目标应有可测量性（定量或定性的）；
（5）目标应具有激励性，是通过努力可以实现的，设定实现的时间，并建立激励机制。

对目标实施和实现的情况应定期进行评审，并定期评价其适宜性，必要时进行修订。

方针是组织中长期奋斗的方向，目标是中短期要实现的目的。组织要通过质量目标的实现确保质量方针的贯彻执行。

质量目标与工作标准是不同的，质量目标是在质量方面追求的目的，须经努力才能实现，是动态的，一个目标实现后，另一个新的质量目标将成为新的追求目的。而岗位职责、工作标准是对工作的要求，是应遵循的规范，是按计划完成某方面的工作，但不反映其实施的关键活动和过程所达到的程度。

组织应设定质量目标的管理部门，对整个组织质量目标的建立、分解、实施、实现情况进行有效的管理和控制，并作为管理评审的重要输入内容。

【标准条文】

5.4.2 质量管理体系策划

最高管理者应确保：
——对质量管理体系进行策划，以满足质量目标以及4.1的要求。
——在对质量管理体系的变更进行策划和实施时，保持质量管理体系的完整性。

【条文理解】

该条款要求对质量管理体系进行总的战略性策划,应由最高管理者负责。其目的是策划、实现质量目标,确定质量管理体系的过程及其相互关系,并形成分层次的质量管理体系文件。质量管理体系文件就是策划的结果。文件应满足4.1的总要求。

策划的具体内容有:确立适宜的质量方针、目标,分析生产流程,明确删减的要求,确定质量控制环节、控制方法,确定组织机构、职责分配、接口关系,配备适宜的资源,规定体系的运行规则,在实施的过程中进行有效的监测,评审目标实现情况,并根据评审结果不断寻求改进机会。这些活动应在相应的体系文件中规定。质量管理体系的策划应结合组织的实际情况,易于操作和检查。

在组织内部或外部的情况发生变化而引起体系变更前,组织应事先进行策划,以保证体系运行的完整性。而当组织的体制、管理体系发生变更时,组织更应加强对体系运行情况的控制和检查。

【标准条文】

> **5.5 职责、权限与沟通**
>
> **5.5.1 职责和权限**
>
> 最高管理者应确保组织内的职责、权限得到规定和沟通。

【条文理解】

职责、权限的规定和沟通是体系运行的组织保证。

最高管理者应确定组织的体制架构、各部门的管理职能及所设定的岗位。

组织应明确各职能部门、各层次及各岗位在质量管理体系中的职责和权限,并形成文件。注意将体系的、业务的活动完全融合在一个文件中加以规定。(尤其当建立整合性管理体系时,可在一个文件中明确不同管理体系的职责和权限)

明确职责和权限是组织建立管理体系首先要解决的问题,要避免出现职责不清、接口不明的问题。

各部门和岗位之间通过各种方式相互了解有关的职责和权限,以使职责和权限规定得更合理,不出现管理的空白,使质量活动开展得充分、有效。

【标准条文】

> **5.5.2 管理者代表**
>
> 最高管理者应在本组织管理层中指定一名成员,无论该成员在其他方面的职责如何,应使其具有以下方面的职责和权限:
>
> ——确保质量管理体系所需的过程得到建立、实施和保持;
>
> ——向最高管理者报告质量管理体系的绩效和任何改进的需求;
>
> ——确保在整个组织内提高满足顾客要求的意识。
>
> 注:管理者代表的职责可包括就质量管理体系有关事宜与外部方进行联络。

【条文理解】

最高管理者在管理层中指定一名管理人员为管理者代表,他可以是专职的、也可以是兼职的。管理者代表在质量管理体系活动中起着非常重要的作用,他代表最高管理者行使质量管理方面的职责。

管理者代表的职责有：
（1）按标准的要求建立、实施、保持、改进质量管理体系；
（2）向最高管理者报告体系运行情况，并提出改进的建议；
（3）提高全体员工的质量意识（与5.1a相呼应）；
（4）就质量管理体系的有关问题与外部的联络工作。

管理者代表一般还是组织审核方案的授权管理者。

【标准条文】

> **5.5.3 内部沟通**
> 最高管理者应确保在组织内建立适当的沟通过程，并确保对质量管理体系的有效性进行沟通。

【条文理解】

内部沟通与8.2监视和测量及8.4数据分析密切相关。

数据和信息是管理活动的重要载体，沟通的过程是一个信息交流的过程，是双向互动的，目的是使员工了解体系的运行情况，取得共识，必要时采取措施以提高体系运行的有效性。

沟通的内容是体系运行的有关信息，如质量要求、质量目标、过程的实施、产品中的问题、内审和管理评审活动、采取的纠正和预防措施等。

沟通的职责、方式、时机、内容、部门等，应在相关的文件中明确规定。

信息是有价值的数据。因此，其流程是：确定收集的数据（内容、方式）→分析处理（得到信息）→信息有效传递，提供改进的机会。

【标准条文】

> **5.6 管 理 评 审**
>
> **5.6.1 总则**
> 最高管理者应按策划的时间间隔评审质量管理体系，以确保其持续的适宜性、充分性和有效性。评审应包括评价改进的机会和质量管理体系变更的需求，包括质量方针和质量目标变更的需求。
>
> 应保持管理评审的记录。（见4.2.4）

【条文理解】

最高管理者按规定的时间间隔（不超过12个月）进行管理评审。

管理评审的目的：

适宜性：指质量管理体系适应内、外部环境变化的能力；

充分性：指质量管理体系满足市场、顾客潜在的和未来需求和期望的能力；以及质量管理体系各过程展开的充分情况；

有效性：指质量管理体系运行结果达到设定目标的程度，以及达到的结果与利用资源之间的关系。

管理评审应对管理体系作出全面的评价，并识别改进的机会和体系变更的需求。管理评审还包括对质量方针和质量目标的评审。

组织应保持管理评审的证据，包括：管理评审计划、管理评审输入、管理评审会议记录、管理评审报告、改进决议的落实及跟踪验证记录。

【标准条文】

> **5.6.2　评审输入**
> 管理评审的输入应包括以下方面的信息：
> ——审核结果；
> ——顾客反馈；
> ——过程的绩效和产品的符合性；
> ——预防措施和纠正措施的状况；
> ——以往管理评审的跟踪措施；
> ——可能影响质量管理体系的变更；
> ——改进的建议。

【条文理解】

管理评审输入应为评审活动提供充分和准确的依据，是确保管理评审有效性的前提条件。

标准列出了7个方面的信息：审核结果、顾客反馈、过程业绩和产品的符合性、纠正和预防措施、以往评审跟踪情况、体系变更需求、体系改进建议等。

组织在进行管理评审时输入的信息应尽可能的充分。另外组织还可根据实际情况增加一些新的管理评审输入信息。

【标准条文】

> **5.6.3　评审输出**
> 管理评审的输出应包括与以下方面有关的任何决定和措施：
> ——质量管理体系有效性及其过程有效性的改进；
> ——与顾客要求有关的产品的改进；
> ——资源需求。

【条文理解】

管理评审的输出为：管理评审报告及其改进措施的落实和跟踪。

管理评审报告应对质量管理体系的适宜性、充分性、有效性作出评价；并从评审输入的内容中找出体系运行与预期目标的差距，发现改进机会，最高管理者作出改进的决议。除标准要求的7个方面内容外，还可对组织在市场中所处地位及与竞争对手比较等问题进行评价。

组织应更加关注管理评审对体系提高所产生的实际效果，落实改进决议实施的部门和完成的时间，并提供对实施及有效性跟踪验证的证据。

【标准条文】

> **6　资　源　管　理**
> **6.1　资　源　提　供**

> 组织应确定并提供以下方面所需的资源：
> ——实施、保持质量管理体系并持续改进其有效性；
> ——通过满足顾客要求，增强顾客满意度。

【条文理解】

资源是建立质量管理体系并实现质量方针和质量目标，满足顾客要求的重要保障条件，是组织管理者的职责。

资源包括人力资源、基础设施、工作环境等方面。

资源的管理应是动态的，因为顾客的需求在变化，组织也需要持续满足要求。

资源不但指组织自有的，也可包括外来的，只要对组织质量管理活动产生影响的都应进行有效的管理。

【标准条文】

> **6.2 人 力 资 源**
>
> **6.2.1 总则**
>
> 基于适当的教育、培训、技能和经验，从事影响产品要求的符合性工作的人员应是能够胜任的。
>
> 注：在质量管理体系中承担任何任务的人员都可能直接或间接地影响产品要求符合性。

【条文理解】

人力资源是最重要的，从某种意义上讲企业的竞争就是人力资源的竞争。组织应确保与产品质量及质量管理体系有关的人员是能够胜任的。

组织根据其现状和未来的发展战略，对人力资源管理应作出安排。内容可包括：

（1）普查评价现有人力资源状况；

（2）根据组织经营的发展，对人力资源需求预测；

（3）确定具体的人力资源管理规划方案及实施计划；

（4）对计划的实施及有效性进行评审。

【标准条文】

> **6.2.2 能力、培训和意识**
>
> 组织应：
> ——确定从事影响产品要求符合性工作的人员所必要的能力；
> ——适用时，提供培训或采取其他措施以获得所需的能力；
> ——评价所采取措施的有效性；
> ——确保组织的人员认识到所从事活动的相关性和重要性，以及如何为实现质量目标作出贡献；
> ——保持教育、培训、技能和经验的适当记录（见4.2.4）。

【条文理解】

标准对全体人员的能力提出要求。能力指经证实的应用知识和技能的本领。人员的能力应从四个方面确定，即教育、培训、技能、经验。

标准要求:

(1) 确定岗位人员能力的要求;(与5.5.1相关)岗位能力的要求,应反映取得令人满意的工作绩效在客观上必须具备的条件;

(2) 识别现有人员与胜任要求的差距,采取措施以满足要求。(培训、选拔、招聘、竞争等)培训是一种满足能力要求的重要措施;

(3) 评价所采取措施的有效性,提供相关的证据,以证明人员的胜任情况;

(4) 通过培训和其他方法提高员工的质量意识和应具备的专项技术、技能(培训应包括专业技术以及有关质量管理意识两个方面)。

对培训的需求识别要全方位,考虑组织发展的需要,团队和员工个人发展的需求;考虑组织人员现状,所需要的质量意识、岗位技能知识等。培训应是全员的,包括:新员工、在职员工、管理层等。

组织应提供人力资源管理证据,包括:人力资源管理规划、实施计划及证据、人力资源管理台账、有关人员资格证明、人员能力胜任情况的评价、年度培训计划、培训实施评价记录等。

【标准条文】

6.3 基 础 设 施

组织应确定、提供并维护为达到符合产品要求所需的基础设施。适用时,基础设施包括:

——建筑物、工作场所和相关的设施;

——过程设备(硬件和软件);

——支持性服务(如运输、通信或信息系统)。

【条文理解】

为保证产品的符合性,应识别、提供和维护所应具备的基础设施。基础设施是管理体系运行的物质保证。

基础设施的提供应考虑:满足产品要求所需;满足员工工作所需;满足所有者和投资方所需;满足供方所需。包括基础设施的购置、配备等必要的投入;维护是通过一系列的维护保养活动,保持其过程能力。

基础设施包括三个方面,对于建筑施工企业有:

(1) 工作场所:如临时设施(办公区、生活区)、仓库、堆料场、施工便道、施工用水、用电、用气、混凝土搅拌站、现场加工厂等;

(2) 设备:包括硬件和软件。如施工生产设备、运输设施、周转材料、计算机及软件等;

(3) 支持性服务:维修服务机构及配套设施、有关的使用说明书,以及相关的信息等。标准明确了信息系统是重要的资源,其对质量管理体系的影响越来越大,成为组织提升管理的重要途径。

建筑施工企业基础设施中最重要的是设备部分(生产设备及软件设备),组织应建立设备的管理台账,提供设备的管理档案、设备的操作规程、设备维修保养计划、有关的记录等。该过程是对职能管理部门设备的配置管理要求,以确保组织提供保证满足产品要求的设备。

【标准条文】

> **6.4 工作环境**
>
> 组织应确定和管理为达到产品符合要求所需的工作环境。
>
> 注：术语"工作环境"是指工作时所处的条件，包括物理的、环境的和其他因素，如噪声、温度、湿度、照明或天气等。

【条文理解】

工作环境对产品质量直接或间接地产生影响。工作环境指人员作业时所处的一组条件和环境。不同组织的过程和产品不同，工作环境的要求也就不同。

工作环境主要涉及生产过程中对产品质量可能产生影响的因素。包括：

（1）直接影响产品特性的工作环境，如温度、湿度、照明度、清洁度、振动、防尘、防静电、周边环境等。

（2）设备正常使用所需环境，如振动、噪声、清洁度等。

（3）检测设备所需环境。

（4）提高生产效率降低劳动强度，考虑的人体功效，如设备定置的合理性、物流搬运路线等。

（5）提高员工满意程度的环境，如温度、通风、休息区域的舒适性、餐厅宿舍环境等。

（6）法规要求的环境。

这一条款的要求可能与环境、职业健康安全管理体系的要求相关联。

【标准条文】

> **7 产品实现**
>
> **7.1 产品实现的策划**
>
> 组织应策划和开发产品实现所需的过程。产品实现的策划应与质量管理体系其他过程的要求相一致（见4.1）。
>
> 在对产品实现进行策划时，组织应确定以下方面的适当内容：
>
> ——产品的质量目标和要求；
>
> ——针对产品确定过程、文件和资源的需求；
>
> ——产品所要求的验证、确认、监视、测量、检验和试验活动，以及产品接收准则；
>
> ——为实现过程及其产品满足要求提供证据所需的记录（见4.2.4）；
>
> ——策划的输出形式应适合于组织的运作方式。
>
> 注1：对应用于特定产品、项目或合同的质量管理体系的过程（包括产品实现过程）和资源作出规定的文件可称为质量计划。
>
> 注2：组织也可将7.3的要求应用于产品实现过程的开发。

【条文理解】

产品实现过程是质量管理体系中产品形成并提交给顾客的全过程，是直接影响产品质量的过程。该过程包括策划、设计、采购、生产直至交付及售后服务等一系列活动，这是一个直接增值的过程。

不同产品由于类型和复杂程度不同,其实现过程有非常大的差异,故允许根据产品的生产特点对本章进行删减。

产品实现策划活动是保证产品质量满足要求的重要手段,是整个质量管理体系过程中一个重要的组成部分,是质量管理体系运行及体系审核的重要内容。

产品实现的策划是对组织质量管理体系的过程控制如何应用于某项具体的产品以实现质量目标的策划,即将质量管理体系的通用性要求转换成针对产品项目的具体管理要求。

策划应由有关职能部门或项目负责人完成。策划的结果应形成文件,该策划文件可称为质量计划、施工组织设计或施工方案等。

产品实现的策划文件应满足标准的要求,并结合组织的实际情况。建筑施工企业工程项目的策划文件应确定以下方面的内容:

(1) 确定产品的质量目标和要求;
(2) 建立组织机构,明确部门和岗位人员的职责和权限;
(3) 明确资源的需求,包括人员、文件、设备、设施、环境等;
(4) 确定并有效的管理生产过程,尤其应界定关键过程、特殊过程,并明确对这些过程控制的办法;
(5) 确定产品所需的验证、检验、试验、确认、监视和测量活动,并明确产品接收准则;
(6) 为证实产品和体系符合要求所需的记录。

策划文件解剖了工程的重点和难点,明确了产品实现过程中质量管理体系活动的要求,包括生产中的支持过程和直接过程。

策划的文件应随情况的变化而得到及时修改和有效的管理。

【标准条文】

7.2 与顾客有关的过程

7.2.1 与产品有关的要求的确定

组织应确定:
——顾客规定的要求,包括对交付及交付后活动的要求;
——顾客虽然没有明示,但规定用途或已知的预期用途所必需的要求;
——适用于产品的法律法规要求;
——组织认为必要的任何附加要求。

注:交付后活动包括诸如保证条款规定的措施、合同义务(例如维护服务)、附加服务(例如回收或最终处置)等。

【条文理解】

组织在接收订单前要充分了解和确认与产品有关的要求,只有充分了解与产品有关的全部要求,才能通过满足要求达到顾客满意。这些与产品有关要求包括:

(1) 顾客规定的要求:可在招标文件、合同、设计文件、与顾客沟通文件中明确,其内容可以有固有特性(使用性能、可靠性、安全性),交付要求(包装、地点、期限),交付后的支持性活动（售后服务，如维修）等；

(2) 顾客隐含的要求：（与预期用途或规定的用途所必需的要求）组织可通过市场调查、与顾客沟通获得（如顾客满意度测评、顾客投诉分析等），还有民俗、惯例、地区环境要求、常理、常规等。该部分要求较难全面识别；

(3) 适用于产品的强制性标准、法律、法规的要求：包括国家、行业、地方的法律法规，尤其注意地域性的一些法规要求。遵守法律法规要求是对组织的最基本要求；

(4) 组织认为必要的附加要求：涉及的可有满足组织的质量方针、目标的要求，组织市场竞争的要求等。

产品交付后的活动应在合同中作出规定，并按规定实施。

【标准条文】

> **7.2.2 与产品有关要求的评审**
>
> 组织应评审与产品有关的要求。评审应在组织向顾客作出提供产品的承诺（如提交标书、接受合同或订单及接受合同或订单的更改）之前进行，并应确保：
> ——产品要求已得到规定。
> ——与以前表述不一致的合同或订单的要求已得到解决。
> ——组织有能力满足规定的要求。
> ——评审结果及评审所引起的措施的记录应予保持（见4.2.4）。
> ——若顾客提供的要求没有形成文件，组织在接受顾客要求前应对顾客要求进行确认。
> ——若产品要求发生变更，组织应确保相关文件得到修改，并确保相关人员知道已变更的要求。
>
> 注：在某些情况中，如网上销售，对每一个订单进行正式的评审可能是不实际的，作为替代方法，可对有关的产品信息，如产品目录、产品广告内容等进行评审。

【条文理解】

要求组织正确了解并明确确定产品要求，且确保有能力实现这些要求。

评审的内容是与产品有关的要求（7.2.1），不仅是合同、标书中的要求。

评审的时机应在组织向顾客作出提供产品的承诺之前（如投标前、签订合同前）。

评审的内容包括三个方面：

(1) 产品的要求得到明确规定，确保无遗漏；

(2) 产品要求中表述不一致的内容应取得一致，不能产生歧义；

(3) 确保组织有能力满足所有规定的要求。

评审时组织应从实际情况出发，可以采取不同的评审方式。如会议、会签、委托等。

若产品的要求发生变化，且涉及合同条款的修订时，组织应对变化的内容进行评审，将变化的信息传递给有关人员，并对相关文件进行有效的管理。

组织应建立提供有关获取产品信息的记录；建立招、投标台账，合同台账；保持产品评审的记录；合同条款修改评审的记录；合同履约情况的分析报告等。

确定和评审产品要求的目的是确保组织能正常履行合同，从法律意义上保护组织的利益。

【标准条文】

> **7.2.3 顾客沟通**
> 组织应对以下有关方面确定并实施与顾客沟通的有效安排：
> ——产品信息；
> ——问询、合同或订单的处理，包括对其修改；
> ——顾客反馈，包括顾客抱怨。

【条文理解】

顾客沟通过程与 8.2.1、8.4、8.5 过程密切相关。

为增强顾客满意度，组织和顾客（外部）的沟通应是充分的，即应确保在产品实现前、实现中、实现后全方位进行。

（1）产品实现前沟通的内容有：产品信息如组织的广告、宣传册、顾客的要求等；

（2）产品实现中沟通的内容有：问询、合同、订单的处理、产品符合要求的情况、产品要求的变更等；

（3）产品实现后沟通的内容有：顾客对产品信息的反馈，交付后活动的信息，顾客使用过程中的满意程度等。

组织应明确与顾客沟通信息的时机和内容，确定适宜的沟通方式，作出规定并加以实施。了解顾客对其要求的满意程度，并评价在何处可以改进质量管理体系的有效性。

【标准条文】

> **7.3 设计和开发**
>
> **7.3.1 设计和开发策划**
> 组织应对产品的设计和开发进行策划和控制。
> 在进行设计和开发策划时，组织应确定：
> ——设计和开发的阶段。
> ——适合于每个设计和开发阶段的评审、验证和确认活动。
> ——设计和开发的职责和权限。
> ——组织应对参与设计和开发的不同小组之间的接口实施管理，以确保有效的沟通，并明确职责分工。
> ——随设计和开发的进展，在适当时，策划的输出应予以更新。
> 注：设计和开发评审、验证和确认具有不同的目的，根据产品和组织的具体情况，可单独或以任意组合的方式进行并记录。

【条文理解】

标准中设计开发所指对象，是对产品的设计开发，适当时也包括产品实现过程的设计和开发。设计和开发过程是将产品的要求转化为产品特性和规范的过程，是产品实现的关键环节。

标准强调，在识别顾客要求的前提下，为确保设计和开发过程达到预期目标，而必须对设计和开发过程事先进行策划。

策划应形成文件（可称设计计划书），并经技术主管批准。其内容：

（1）根据方便管理和控制原则，明确划分设计过程的各阶段，规定每一阶段的工作内容及达到的标准（如初步设计、施工设计、中间设计、最终设计等）；

（2）规定每个阶段所需开展的评审、验证和确认活动；明确责任人、参加人员及资格、活动时机、活动要求；

（3）明确各阶段活动的进度安排和所需资源配置；

（4）规定各阶段参加设计活动的部门和人员的职责、权限，以及部门间、小组间的工作接口，包括与外部的接口。

如发生设计和开发活动的变化，应适时修改或更新该策划文件。

组织应提供产品设计和开发策划的文件，并动态管理。

标准指出设计和开发过程的评审、验证、确认三种监测活动虽然具有不同的目的，但这三种监测活动结合组织的实际情况可单独进行，也可以任意组合的方式进行。

【标准条文】

> **7.3.2 设计和开发输入**
>
> 应确定与产品要求有关的输入，并保持记录（见4.2.4）。这些输入应包括：
>
> ——功能要求和性能要求；
>
> ——适用的法律法规要求；
>
> ——适用时，来源于以前类似设计的信息；
>
> ——设计和开发所必需的其他要求。
>
> 应对这些输入的充分性和适宜性进行评审。要求应完整、清楚、并且不能自相矛盾。

【条文理解】

组织要明确在设计和开发产品时，应考虑有哪些要求与需求，准确确定设计和开发的依据。

明确与产品有关要求的输入，其信息要准确、全面和适宜。适宜是必要的，如提出的要求过高，设计的产品不容易实现，且提高了产品的成本；提出的要求过低，可能影响预期的产品设计目标。总之，都会影响产品的设计质量，为组织带来较大风险。输入应以文件的形式予以规定。

设计输入通常包括的内容有：

（1）设计依据，如顾客提供的基础资料、勘查资料、可行性报告、规划设计资料等；

（2）根据合同要求确定的质量特性，这是最重要的。如适用性、（功能、性能）安全性、经济性、可实施性（施工、安装及运行要求）、美学功能；

（3）法律法规等要求，适用的社会要求，如环保、规划等；

（4）适用的特殊专业技术要求；

（5）以前成功设计所能提供的相关信息和要求。

设计输入是设计过程中开展各项活动的依据，设计输入应形成文件。组织应对设计输入进行评审，确定参与评审的人员，确保输入内容是适宜的、一致的，不完整和含糊的要求应得到澄清和解决。评审应形成记录。

【标准条文】

7.3.3　设计和开发输出

设计和开发输出的方式应适合于对照设计和开发的输入进行验证，并应在放行前得到批准。

设计和开发输出应：

——满足设计和开发输入的要求；

——给出采购、生产和服务提供的适当信息；

——包含或引用产品接收准则；

——规定对产品的安全和正常使用所必需的产品特性。

注：生产和服务提供的信息可能包括产品防护的细节。

【条文理解】

设计和开发输出是设计开发的成果，并作为产品实现后续活动的重要依据。

组织应根据设计开发策划确定的不同阶段及实际需要，明确阶段性设计输出文件或相关信息，并可依据输入的要求得到验证的方式给出。设计输出应为后续的采购、生产和服务，以及产品防护等过程提供依据。

设计输出的方式可以是产品图纸、文件、产品规范、产品配方、产品计算书、样机等。设计输出在放行前必须经有关部门或责任人验证和批准。

设计输出的文件内容：

(1) 满足设计输入的要求（图纸）；

(2) 应给出采购、生产和服务所需的适当信息（订货清单、维修使用手册）；

(3) 产品接收准则；

(4) 规定产品安全和正常使用所必需的产品特性。应特别关注涉及产品安全和直接影响产品使用功能的质量特性。对关键和重要的质量特性应加以标注。

对设计输出应进行验证，保留验证以及随后采取措施的记录，见表2-1、图2-1。

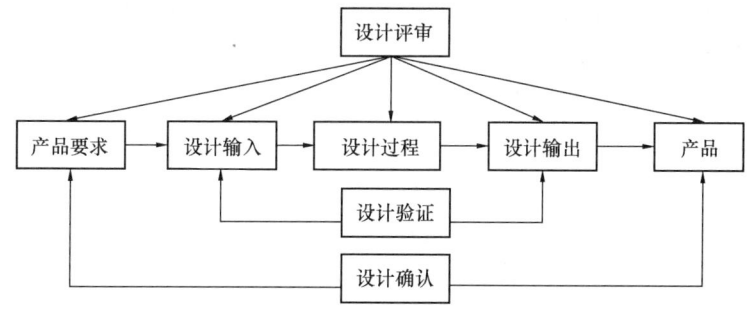

图2-1　设计评审

设计评审、设计验证、设计确认的关系　　　　　　　　表2-1

	设计评审	设计验证	设计确认
目的	评价设计结果满足要求的能力、识别问题	证实设计输出满足设计输入的要求	证实产品满足特定预期用途或使用要求已得到满足

续表

	设计评审	设计验证	设计确认
对象	阶段的设计结果	设计输出文件、图纸、样本等	通常是向顾客提供的产品（有时也可以是样品）
时机	在设计适当阶段	当形成设计输出时	只要可行，应在产品交付或生产和服务实施之前
方式	会议/传阅方式	试验、计算、对比、文件发布前的评审	试用、模拟

【标准条文】

7.3.4 设计和开发评审

应依据所策划的安排（见7.3.1），在适宜的阶段对设计和开发进行系统的评审，以便：

评价设计和开发的结果满足要求的能力；

识别任何问题并提出必要的措施。

评审的参加者应包括与所评审的设计和开发阶段有关的职能的代表。评审结果及任何必要措施的记录应予保持（见4.2.4）。

【条文理解】

评审是为确定主题事项达到规定目标的适宜性、充分性和有效性所进行的活动。

设计评审的对象是阶段性设计开发输出的文件或信息，经过评审以使设计和开发输出存在的问题消除在设计过程之中。

针对不同的产品，可能存在不同的设计和开发评审的实际需要。如较复杂的硬件产品可能要求进行设计输入、初步设计、技术设计、工作图设计、样机试制及鉴定后的改进、总体工艺方案等多次评审；而简单产品可能只需要进行设计输入和输出两次评审就可以满足要求。

评审的目的是评价设计结果满足要求的能力。以确保设计阶段或最终设计结果对内、外部资源的适宜性、满足总体设计输入要求的充分性及其达到设定目标的程度。

组织应按设计计划中明确的各阶段的评审要求开展评审，评审应是系统的，必要时也可安排计划外评审。

评审方式有：会议、专家、逐级、同行评审。

评审的人员：参加主要阶段设计的有关职能代表，且有明确的分工。

组织应保持设计评审的结果、决定采取的措施以及措施实施的记录。

【标准条文】

7.3.5 设计和开发验证

为确保设计和开发输出满足输入的要求，应依据所策划的安排（见7.3.1）对设计和开发进行验证。验证结果及任何必要措施的记录应予保持（见4.2.4）。

【条文理解】

验证是通过提供客观证据对规定要求已得到满足的认可。针对不同产品的实际需要应作出验证的具体规定。针对简单的产品可以规定一次验证,对复杂的产品可以安排多次验证。

设计验证是为了验证设计输出满足设计输入的要求,验证可通过观察、测量、试验、变换计算方法、与类似的设计对比等方法进行,也可采用文件发布前进行评审。

组织在设计过程中适时开展设计验证活动,设计策划中就应明确验证方式、验证阶段。当采用新材料、新工艺、新结构时更应明确验证的要求。

组织应保留验证记录及验证后采取的措施的记录。记录的内容应包括验证的阶段、时机、主要项目和内容,提出的主要问题和改进措施。

【标准条文】

> **7.3.6 设计和开发确认**
>
> 为确保产品能够满足规定的使用要求或已知的预期用途的要求,应依据所策划的安排(见7.3.1)对设计和开发进行确认。只要可行,确认应在产品交付或实施之前完成。确认结果及任何必要措施的记录应予保持(见4.2.4)。

【条文理解】

确认是通过提供客观证据对特定的预期用途或应用要求已得到满足的认定。

设计评审和设计验证都不能体现产品的实际操作和最终实际使用情况。

设计确认是针对最终产品实施确认,证实提交产品能满足预期的使用要求,其中使用要求可以是实际的,也可以是模拟的。可以是样机或样品。

组织应按照计划的安排进行设计确认(确认的方式、条件、时机)。确认可以是全部、也可以是局部,确认应在产品交付或实施之前完成。确认的方式应以顾客的实际使用为主,也可以在产品的实际使用条件下进行模拟试验或产品鉴定。

确认结果及发现设计产品不能完全满足预期使用要求时,采取的措施及其跟踪应保持记录。

工程设计一般情况下,即常规设计,可不进行设计确认。特殊工程设计通常确认活动有:方案设计的评标活动、初步设计的审批活动、施工与设计同时会审活动等。

设计开发的评审、验证、确认是对设计开发过程开展的三项重要监测活动。它们各具有不同的目的及活动特点。但根据组织和产品的特点,这些活动可分开进行、记录,也可合并实施、记录,只要能确保对设计开发过程实施有效的监测控制即可。标准对设计开发监测活动可根据组织的实际情况灵活加以控制作了清晰说明。

【标准条文】

> **7.3.7 设计和开发更改的控制**
>
> 应识别设计和开发的更改,并保持记录。应对设计和开发的更改进行适当的评审、验证和确认,并在实施前得到批准。设计和开发更改的评审应包括评价更改对产品组成部分和已交付产品的影响。

【条文理解】

设计更改范围通常只对已输出的设计产品,如已交付使用的施工图纸。

设计更改应在控制的条件下进行,以保持产品设计和开发阶段以及后续活动的一致性。更改的活动有:

(1) 评审更改要求，是否对产品功能、性能产生影响；
(2) 必要时进行验证和确认；
(3) 实施更改前应得到批准。

适当时组织应保持设计更改评审、验证、确认的记录，采取的措施和其后的跟踪活动记录。

设计更改有设计原因和非设计原因，要加以区别，如有：设计错误、评审确认验证错误、顾客合理要求、生产维修过程无法实现等情况。

【标准条文】

7.4 采 购

7.4.1 采购过程

组织应确保采购的产品符合规定的采购要求。对供方及采购的产品控制的类型和程度取决于采购的产品对随后的产品实现或最终产品的影响。

组织应根据供方按组织的要求提供产品的能力评价和选择供方。应制定选择、评价和重新评价的准则。评价结果及评价所引起的任何必要措施的记录应予保持（见4.2.4）。

【条文理解】

采购产品的质量是确保产品实物质量的重要环节。为保证采购的产品在质量要求、交付和服务等各方面符合规定要求，必须对采购过程进行控制。

采购分为物资采购部分（包括重要的施工生产设备采购）和工程/劳务分包等服务采购部分（包括委托检测、计量及设计和咨询服务、设备租赁等）。

组织应制定评价、选择供方的准则，以及重新评价供方的准则。确保在采购活动进行前对供方进行评价、选择，并定期对供方进行再评价。评价、选择和重新评价供方的准则应视其提供的产品对最终产品影响程度的不同而有所区别。即对供方进行分级分类控制。

选择、评价供方是根据其提供的产品和服务的质量保证能力、交付后的服务及组织认为必要的其他方面等内容。

如对新开发的物资采购供方评价的主要内容有：

(1) 供方产品生产许可证（或产品认证证书）及产品质量的近期检测报告或其他质量证明资料（如当地有关部门的准入证明）；
(2) 供方的质量管理体系对向组织提供产品的保证能力；
(3) 供方的顾客满意程度；
(4) 供方的业绩考察报告；
(5) 供方交付后的服务和支持能力；
(6) 其他方面，如价格、资信、财务状况等。

组织在向中间供应商采购产品时，对中间商的评价重点是：经营范围、供货渠道、信誉、服务、储运能力、资金等。

对工程质量有重要影响的材料，如钢材、水泥、防水材料、机电设备、焊条、电器元件等，应既评厂又评商，不应只对中间供应商评价。

对工程分包供方评价的主要内容有：

(1) 营业范围对分包内容的许可、资质等级；
(2) 分包范围工程的业绩考察；
(3) 质量管理体系与质量保证能力；
(4) 其人员、设备、技术能力等。

对劳务分包供方评价的主要内容有：操作人员的技能和技术素质，必要时的资格认可等。

组织应分类建立合格供方名录。对现有供方定期评价，评价其持续保持满足要求的能力。组织应保持评价记录。并定期发布最新的合格供方名录。

组织应在合格供方名录中选择供方进行采购。若超出名录采购时，应对新的供方进行评价。并将其纳入合格供方名录。

被选为合格的供方出现问题时，应采取相应的措施，并予以记录。

【标准条文】

> 7.4.2 采购信息
> 采购信息应表述拟采购的产品，适当时包括：
> ——产品、程序、过程和设备的批准要求；
> ——人员资格的要求；
> ——质量管理体系的要求。
> 在与供方沟通前，组织应确保规定的采购要求是充分与适宜的。

【条文理解】

为保证采购产品的质量符合要求，采购文件应提供必要的信息，明确规定采购产品的要求。

物资采购文件有采购计划、采购合同等，该文件中应提供的信息包括材质、规格、数量、价格、交付，以及服务要求。尤其要明确采购产品的质量要求或验收依据。

工程分包、劳务分包采购资料包括分包合同、补充协议等，文件中应提供的信息有：
(1) 分包工程范围、分包方式、工程款；
(2) 分包工程的工期、质量和安全要求；
(3) 分包工程的供货和服务要求；
(4) 分包工程的验收和交付要求；
(5) 有关供方的过程和质量管理体系要求；
(6) 有关供方的设备和人员要求。

采购文件发放前必须经授权人批准。

【标准条文】

> 7.4.3 采购产品的验证
> 组织应确定并实施检验或其他必要的活动，以确保采购的产品满足规定的采购要求。
> 当组织或其顾客拟在供方的现场实施验证时，组织应在采购信息中对拟采用的验证安排和产品放行的方法作出规定。

【条文理解】

此条款与标准 8.2.4 存在接口关系，但又有区别。

对采购产品的要求是否得到满足应进行验证，验证的要求在采购文件中应加以规定并保证实施。

物资采购产品的验证活动包括到供方现场的验证、进货时的验证、包括外观质量检查和按规定取样送检等，以及供方提供的合格文件。

服务采购产品的验证指对分包队伍施工产品的质量进行验评等。

组织应保持对采购产品的验证资料，作为对供方实施管理的依据。

【标准条文】

> **7.5 生产和服务提供**
>
> **7.5.1 生产和服务提供的控制**
>
> 组织应策划并在受控条件下进行生产和服务提供。适用时，受控条件应包括：
>
> ——获得表述产品特性的信息；
>
> ——必要时，获得作业指导书；
>
> ——使用适宜的设备；
>
> ——获得和使用监视和测量设备；
>
> ——实施监视和测量；
>
> ——实施产品放行、交付和交付后活动。

【条文理解】

该条款对硬件产品而言，指加工、制造直至交付后的服务全过程。该过程直接影响向顾客提供产品的符合性质量，组织应根据产品及过程的特点并结合组织自身的特点予以控制。建筑施工企业管理体系运行的重点在工程项目部，因为工程项目直接向顾客提供产品。组织应确保在工程项目质量管理体系的有效运行。

产品质量的控制应从"人、机、料、法、环、检"6 个方面考虑。

标准提出的控制要求有：

（1）产品的生产部门和人员应得到产品特性的信息（产品规范、图样等），对产品正常使用至关重要的特性和安全特性必须予以关注、控制；

（2）必要时获得作业指导书，当缺少作业指导文件可能会影响过程有效运作和控制时，应编制如工艺文件、质量控制规范、产品过程实现规范等作业文件；

（3）提供、使用适宜的设备、控制设备的使用及使用间隔，对设备按计划进行维护，以保持其运行能力；

（4）配置使用合适的监视和测量设备，检测产品特性、过程特性及变化，调整、修正将特性控制在规定范围内；

（5）对至关重要产品特性形成的过程监测，包括对特性、作业人员、作业过程、工作环境等；

（6）对产品放行与交付按规定实施，未经检验合格的产品不得放行、交付。按规定方式在交付期交付。策划实施适当的交付后活动，如维护维修服务等。

建筑施工企业应界定施工中的关键生产过程（即对产品质量、结构安全影响重要的过程，包括技术难度高的过程）。

建筑施工企业对如下关键管理过程应进行控制：

（1）对管理、技术、操作人员的能力胜任情况（包括资格）控制；

（2）设计交底制度和图纸会审制度的执行；

（3）施工现场的施工规范、标准、工艺文件、作业指导书的发放、使用和管理；

（4）图纸和设计变更的控制管理；

（5）分层次、分级别的技术交底制度的执行；

（6）现场采用样板制的技术交底或技艺评定；

（7）采购产品过程的控制；

（8）施工生产设备和监视测量设备的配备、使用和维护；

（9）施工生产环境的控制；

（10）生产班组自检、互检活动和施工员组织工序间交接检活动的开展；

（11）施工现场的预验（技术复核）工作的开展；

（12）对执行项目质量计划和施工组织设计情况的检查，工艺评定和监控活动的开展，特别是对关键/特殊工序；

（13）总包对分包的分阶段监控和交接检；

（14）技术资料（记录）的及时填写和保管；

（15）工程交验的控制管理，按规定方式和要求交付；

（16）交付后活动的开展，如维修服务活动。

建筑施工企业生产过程控制的一些关键文件及相关活动有：

（1）施工组织设计

建筑施工企业施工项目的总体策划文件，分为用于投标的施工组织设计；实施性施工组织设计。后者是为贯彻标书要求而编制的具有可操作性文件，目的是指导组织工程按规定进行。其主要内容包括：工程概况、质量目标、有关人员的职责权限、工期要求、主要（关键）工序施工方案、资源配置（包括主要机械设备、劳动力组织、主要材料等）、针对产品进行的检测活动、质量保证措施、安全措施、平面布置图、工程网络图等。要检查其编制的内容是否齐全及按要求实施情况。在建立三个管理体系的企业可在此文件中将 ISO 14001：2004 标准及 GB/T 28001：2001 标准要求的策划内容一并写入该文件中成为项目的管理大纲（或称项目管理计划）。

（2）图纸会审和设计洽商

目的是检查设计与合同的要求是否相符，设计图纸之间接口是否清楚，图纸各部位的尺寸是否表达清晰正确。在此过程中要将发现的问题记录下来，以便向设计方、甲方提出，并发布三方签字的图纸会审会议纪要，必须对施工单位提出的问题都有明确的答复。要审核是否进行了图纸审核并保存记录和图纸会审会议纪要，设计单位是否有了明确的答复；施工过程中的设计洽商，要在图纸上加以标识；要认真检查全部设计变更情况是否在图纸上标识，否则施工企业的图纸就不是现行有效版本。

（3）施工方案的编制

主要的施工工序应编制有较强可操作性的施工方案，使班组掌握主要工序如何操作。如混凝土施工方案，应包括混凝土强度等级；自制或商品混凝土；坍落度是多少，测量人员及测量频次，是否有开盘纪录；混凝土如晃灌注、振动，操作中应注意哪些问题等。审核要详细检查应编制的施工方案是否均已编制，内容是否符合规定要求、具有可操作性。

（4）技术交底

分为设计人员对技术人员交底，使之了解设计意图、介绍新技术、新工艺、新材料使用方法；工程技术人员对施工班组交底，使施工班组掌握如何组织分项工程的施工。如绑扎钢筋，要写清楚哪个部位的钢筋组，是主筋、辅筋还是加强筋，钢材的规格、型号、钢筋的间距，箍筋的材料和间距，端部要求等。技术交底要清楚，必要时应附图，要有交底人、被交底人签字。交底要有尺寸要求和工艺要求。交底应清楚具有可操作性，具有对施工过程的控制能力。

（5）作业指导书（或称工艺操作规程、工法）

与技术交底不同，作业指导书侧重于操作时的程序和步骤。其内容包括：该过程施工人员的职责、分工，施工先后顺序；每一施工步骤的要求。如屋面防水是关键过程，应编制的作业指导书中应明确参加施工的人员是否受过培训，每一位人员在施工中的职责，采用何种防水材料，如何找平屋面，如何涂刷冷底子油，如何铺卷材、长边短边应压多少，如何找平；遇到管道如何处理，墙角如何铺设，如何验收等。班组拿到作业指导书就会操作。进行技术交底和编制作业指导书是施工企业技术人员的两项重要工作。

（6）确认关键工序和特殊过程

建筑施工企业有自己的关键和特殊过程，必须加以明确，并确定具体的控制手段，避免失控情况出现。具体见 7.5.2 要求。技术标准、图纸、有关的资料、作业文件是施工中保证产品符合性要求的依据，项目部要按照文件管理的要求进行控制，保证是现行修订状态的。

（7）机械设备的维修和管理

这是保证工程进度和工程质量的必备设施。应从以下方面进行控制：按规定配备项目部所需的机械设备，安装严格按规范进行，如塔吊拆装由有资格的单位进行，检查塔吊的基础是否符合设计强度，在使用前是否经有关部门验收等；建立机械设备的管理台账；编制机械设备维修保养计划；按计划实施维修保养；每台设备应按规范填写运行记录，维修保养的时间和内容。

（8）配置并使用监视和测量设备开展检测活动

建立监测设备管理台账；确保使用的检测设备都经过检定、标识；使用人员具备相应能力，满足适宜的环境要求。适时进行产品的监测活动，保持产品的监测记录。

（9）施工生产过程控制活动

检查施工日志及施工情况的记录。如针对自拌混凝土的配合比记录，相邻的晴雨天配合比是否根据砂石的含水率做了调整，三检制是否认真执行；给水排水工程，抽查管道试压、冲洗验收记录、排水系统竣工后的通水通球记录。

施工现场的审核是审核员的重要工作内容，其主要内容是验证施工现场是否按规范施工，应检查验证施工方案、技术交底、作业指导书的具体实施情况。如在现场审核员查看模板安装是否符合要求，其强度、刚度、稳定性如何，平整度、垂直度如何；混凝土浇筑是否按要求实施，有无胀模、跑浆、钢筋移位现象；防水层施工是否按作业指导书实施；

是否如实填写监控记录。

工程竣工后,做好交付后的服务活动策划。包括制定回访计划、质量保证书,保存回访记录、维修记录、顾客反馈的信息等。

【标准条文】

> **7.5.2 生产和服务提供过程的确认**
>
> 当生产和服务提供的过程输出不能由后续的监视或测量加以验证,使问题在产品使用后或服务交付后才显现时,组织应对任何这样的过程实施确认。
>
> 确认应证实这些过程实现所策划的结果的能力。
>
> 组织应对这些过程作出安排,适用时包括:
>
> — 为过程的评审和批准所规定的准则;
> — 设备的认可和人员资格的鉴定;
> — 特定的方法和程序的使用;
> — 记录的要求(见4.2.4);
> — 再确认。

【条文理解】

当产品特性不能由过程结束时的测量、检验来验证是否达到了输出要求,其问题在后续生产过程或产品交付使用后才显露出来,组织应识别并确定是否存在这样的过程。这样的过程称为需要确认的过程,也称为特殊过程。

特殊过程指产品合格与否,不易或不能经济地进行验证的过程。

组织应识别质量管理体系所覆盖产品范围内需确认的过程。建筑工程中需确认的过程通常有:

现浇桩基、地基加固(挤密桩、旋喷桩)深基支护、地下连续墙、沉井封底浇灌、群桩土体开挖、降水、混凝土预制构件接头连接浇筑、混凝土地下结构防水、大体积混凝土基础、结构混凝土温度裂缝控制、预应力混凝土钢筋张拉、特殊钢结构焊接等。

是否是需要确认的过程,要根据产品的要求能否验证来判断。

对这些过程应采用过程确认方法,证实这些过程有能力达到过程策划中预期实现的结果。

对需要确认过程的控制要求:

(1)规定用于这些过程评审和批准的准则,如焊接工艺的评定批准、混凝土地下结构防水作业指导书的评审批准等;评审的重点是工艺流程、工艺参数、控制点的设置、检测要求以及设备和人员的要求;建筑施工企业的这些重要的施工方案要经监理审批,一些风险较大的方案还需专家评审;

(2)对设备的能力进行鉴定,对操作人员的资格进行考核认可;应保留这些内部确认的审批记录,可能包括分包报总包的审批记录、监理的审批记录、专家的评审等;

(3)按作业指导书的要求实施并进行监测;需提供的记录如:过程评审记录、设备认可记录、人员资格鉴定记录、过程的实施记录、过程的监测记录等;

(4)再确认要求,如当重要材料、设备、产品参数发生变更时应重新确认。

举例:压力容器焊接过程。

确认是事先的认定,使用的条件是模拟的,以确定实现过程所需的能力。

焊接过程的确认,应形成焊接工艺评定。即在产品进行正式焊接前进行,通过焊接并检验焊接工艺评定试验的办法来实现。根据《钢制压力容器焊接工艺评定》JB 4708 技术人员拟定焊接工艺指导书,由技术熟练的焊工根据焊接工艺指导书在实验室进行焊接,对预热温度、电流、电压、焊速等参数连续监控记录。之后对焊缝外观检查,无损检测,力学性能及弯曲试验,合格后,技术人员编制焊接工艺评定。经总工程师、责任工程师批准。通过与产品主体同牌号、同规格材料的试板完成检测项目。

从上面的过程获得经批准的作业文件(操作步骤及各种工艺参数);

对焊接设备及操作人员资格、能力进行鉴定;

对焊接方案的确认,并保持确认记录;

保持连续过程参数监控记录;

当原工艺改革(如手工电弧焊改为自动气保焊)或拓展范围或法规标准修订时需重新评定。

【标准条文】

> **7.5.3 标识和可追溯性**
>
> 适当时,组织应在产品实现的全过程中使用适宜的方法识别产品。
>
> 组织应在产品实现的全过程中,针对监视和测量要求识别产品的状态。
>
> 在有可追溯性要求的场合,组织应控制产品的唯一性标识,并保持记录(见4.2.4)。
>
> 注:在某些行业,技术状态管理是保持标识和可追溯性的一种方法。

【条文理解】

该过程的目的是防止生产过程中产品的混淆、误用,以及必要时实现产品的可追溯。

标识包括:产品标识、状态标识、用于可追溯性的唯一性标识。

(1)产品标识:自然身份的表示,生产过程中唯一不改变。产品标识的内容有材质、规格、数量、批号、生产厂家、生产日期等。

(2)状态标识:产品的检验和试验的情况,状态标识随检验实验情况在不断变化。包括未检、已检未判、合格、不合格四种状态。

(3)可追溯性标识:根据标识和相关的记录,可清楚地说明产品的来源、历程、现在所处场所。

可追溯性要求来自合同要求、法规要求或质量控制要求。不同的行业、企业可追溯性的要求不同,应确定需追溯的产品范围、标识、记录方式等。

建设施工企业实现可追溯的产品范围通常有:

(1)用于基础、结构施工的钢筋、水泥;

(2)防水、防火材料,重要的焊接材料;

(3)高压电缆、阀门、高强度螺栓;

(4)钢结构、压力容器使用的钢材;

(5)重要的分部、分项工程、隐蔽工程;

(6)新材料、新工艺;

(7) 关键、特殊工序等；

(8) 标识活动主要在生产现场开展，其形式有标牌、标签、记录等。

【标准条文】

> **7.5.4 顾客财产**
>
> 组织应爱护在组织控制下或组织使用的顾客财产。组织应识别、验证、保护和维护供其使用或构成产品一部分的顾客财产。若顾客财产发生丢失、损坏或发现不适用的情况，组织应向顾客报告，并保持记录（见4.2.4）。
>
> 注：顾客财产可包括知识产权和个人信息。

【条文理解】

顾客财产指顾客拥有的（产权是顾客的），包括供组织使用的和构成最终产品的两部分。

组织在接受顾客的财产时应进行验证、保持验证的记录、对顾客财产作出专门的标识，贮存时给予保护和维护，并得到正确使用。当发生丢失、损坏或不适用时，组织应做好记录并向顾客报告，协商解决。

建筑施工企业中供组织使用的顾客称产有：

(1) 办公设施、仓库；

(2) 提供的施工设备、工具、车辆；

(3) 顾客知识产权（图纸、规范等）。

构成最终产品的：

(1) 施工所用的材料，如水泥、钢材等；

(2) 构成产品的设备和部件等；

(3) 组织应提供对顾客财产管理控制的证据。

【标准条文】

> **7.5.5 产品防护**
>
> 组织应在产品内部处理和交付到预定的地点期间对其提供防护，以保持符合要求。适用时，这种防护应包括标识、搬运、包装、贮存和保护。
>
> 防护也应适用于产品的组成部分。

【条文理解】

应针对产品特性提供有效的防护措拴，防止交付前丧失、破坏或降低这些产品的特性。

应从产品接收、内部加工、放行、交付直到预期目的地的所有阶段进行防护。包括原材料、设备、配件、半成品、成品。

对采购产品的防护工作包括：

(1) 为现场搬运工作提供适宜的资源和作业条件（如方案、设备、人员教育）；

(2) 建立并保持适当的防护标识；

(3) 提供安全的贮存条件和环境适宜的场所或仓库；

(4) 产品堆放符合规定的技术要求；

（5）定期检查产品状况和控制贮存的期限；

（6）建立适当的入库验收、在库保管和出库复核制度等。

对施工过程中有关产品的防护：土建安装装修配合阶段有关产品的防护、交叉施工中产品的防护、下道工序施工时对上道工序的防护等，必要时应制定相应的防护措施方案。

产品已完成，尚未交付而由组织控制时，应采取保护措施。

【标准条文】

7.6　监视和测量设备的控制

组织应确定需实施的监视和测量以及所需的监视和测量设备，为产品符合确定的要求提供证据。

组织应建立过程，以确保监视和测量活动可行并以与监视和测量的要求相一致的方式实施。

为确保结果有效，必要时，测量设备应：

——对照能溯源到国际或国家标准的测量标准，按照规定的时间间隔或在使用前进行校准和（或）检定（验证）。当不存在上述标准时，应记录校准或检定（验证）的依据（见4.2.4）；

——必要时进行调整或再调整；

——具有标识，以确定其校准状态；

——防止可能使测量结果失效的调整；

——在搬运、维护和贮存期间防止损坏或失效；

——此外，当发现设备不符合要求时，组织应对以往测量结果的有效性进行评价和记录。组织应对该设备和任何受影响的产品采取适当的措施。

校准和检定（验证）结果的记录应予保持（见4.2.4）。

当计算机软件用于规定要求的监视和测量时，应确认其满足预期用途的能力。确认应在初次使用前进行，并在必要时予以重新确认。

注：确认计算机软件满足预期用途能力的典型方法包括验证和保持其适用性的配置管理。

【条文理解】

组织必须识别在产品实现过程中所需要的监视和测量活动，明确测量活动所需的测量和监视设备。监视和测量设备通常有：长度的、力学的、电学的、热学的等。

测量过程是确定量值的一组操作。测量设备应在准确度和精密度两个方面满足产品质量的测量要求，即具有与测量要求相一致的测量能力。

测量设备的控制要求：

（1）按测量设备规定的周期进行校准和（或）检定；或使用前校准（如新购置的、重新启用的、修复后的、长途搬运的精密设备等）；无国际或国家测量基准的，组织应自行建立检定或校准规程（含组织自校的）；并提供有关的自检记录；

（2）设备的使用人员应具备相应的能力，用正确的方法调整使用设备；

（3）测量设备应进行标识，明确其校准状态；

（4）使用和贮存测量设备应提供适宜的环境；

（5）当测量设备偏离了校准状态时，应评价测量结果的有效性，并对受影响的产品和测量设备采取相应的措施；

（6）当计算机软件用于测量时，应对其测量能力进行确认，尤其在首次使用前。

组织应建立测量设备管理台账，提供测量设备的校准记录，测量设备偏离校准状态时对测量结果的评价和采取的措施记录；保持对测量设备的标识，以及适宜的使用及贮存环境。

【标准条文】

8 测量、分析和改进
8.1 总则

组织应策划并实施以下方面所需的监视、测量、分析和改进过程：
—— 证实产品要求的符合性；
—— 确保质量管理体系的符合性；
—— 持续改进质量管理体系的有效性。

这应包括对统计技术在内的适用方法及其应用程度的确定。

【条文理解】

组织的质量管理体系应建立有效的自我监督和自我完善机制，及时获得有关产品、过程的信息，通过分析、评价、以识别存在的问题，并加以解决，确保产品、体系的持续改进。组织应策划监视、测量、分析和改进活动。

测量分析改进策划的职责应由有关的职能部门承担，策划的结果应体现在有关活动的程序文件中。

产品改进的策划可通过：监视和测量，不合格品控制，交付后产品质量问题的处理，采取的纠正和预防措施实现；体系的改进策划可通过：过程的监视和测量，内审，管理评审，顾客、市场信息的反馈，采取的纠正和预防措施实现。

【标准条文】

8.2 监视和测量
8.2.1 顾客满意

作为对质量管理体系绩效的一种测量，组织应监视顾客关于组织是否满足其要求的感受的相关信息，并确定获取和利用这种信息的方法。

注：监视顾客感受可以包括从诸如顾客满意度调查、来自顾客的关于已交付产品质量方面数据、用户意见调查、流失业务分析、顾客赞扬、索赔和经销商报告之类的来源获得输入。

【条文理解】

顾客满意信息的监视和测量是评价组织实施运行质量管理体系，以增强顾客满意为目标的能力，考核承诺兑现程度的活动。而且也是测量组织质量管理体系业绩的指标之一。

组织应建立监控系统，收集、分析和利用顾客满意、不满意的信息：

（1）识别与顾客有关的信息（对产品质量、交付与服务、直接或间接的、顾客需求和期望、市场信息、竞争对手的信息等）；

（2）确定获取信息的职责、时机、方式（接受顾客抱怨、与顾客沟通如走访、问卷调查、市场调研）内容（质量、工期、服务、技术等）并确保收集信息的连续性和信息的有效传递；

（3）明确职能部门汇总信息的方法，确定对信息的分析和评价；

（4）制定科学合理的测算方法，测算定量的顾客满意度；

（5）利用顾客满意度的分析结果找出差距，作为改进的依据。

在监测顾客满意信息时，应明确向顾客调查的内容，如质量、工期、技术、服务、价格等并根据顾客关注的程度不同赋予不同的权数；还应考虑不同项目对组织影响的程度不同，设定不同的权数，以使测量的结果更科学合理。

组织应提供有关监测顾客满意信息的有关证据，及其分析的结论和采取的措施。

【标准条文】

> **8.2.2 内部审核**
>
> 组织应按策划的时间间隔进行内部审核，以确定质量管理体系是否：
>
> —— 符合策划的安排（见7.1）、本标准的要求以及组织所确定的质量管理体系的要求；
>
> —— 得到有效实施与保持。
>
> 组织应策划审核方案，策划时应考虑拟审核的过程和区域的状况和重要性以及以往审核的结果。应规定审核的准则、范围、频次和方法。审核员的选择和审核的实施应确保审核过程的客观性和公正性。审核员不应审核自己的工作。
>
> 应编制形成文件的程序，以规定审核的策划、实施、形成记录以及报告结果的职责和要求。
>
> 应保持审核及其结果的记录（见4.2.4）。
>
> 负责受审核区域的管理者应确保及时采取必要的纠正和纠正措施，以消除所发现的不合格及其原因。后续活动应包括对所采取措施的验证和验证结果的报告（见8.5.2）。
>
> 注：作为指南，参见 GB/T19011。

【条文理解】

质量管理体系内部审核是组织对体系的一种重要评价方法。

内审的目的是评价质量管理体系的符合性、有效性。通过内审发现体系中的问题，实施纠正和纠正措施，以进一步提高质量管理体系的有效性。

组织应对审核方案进行管理，使审核过程按 PDCA 逻辑步骤运行。组织还应对内审员进行管理，通过各种途径提高审核员的能力，以提高审核质量。使审核活动真正成为一个增值过程。

组织应按 GB/T 19011 标准的要求进行内部审核，建立内审控制程序，确定年度审核计划。组织在进行体系审核策划时应考虑拟审核区域和活动的重要性及以往审核的结果。对运行问题较多、重要的区域应加大审核力度。

现场审核按照程序文件中的要求进行，确保审核的系统性、客观性、公正性。

对内审中发现的不符合，受审核区域的管理者要在规定的时间内制定并实施纠正和纠正措施。审核员应及时跟踪验证，确保纠正措施的有效性。

审核组长应编制并提交审核报告。

组织应提供内审实施的文件,包括年度审核方案、审核计划、审核检查表及审核记录、不符合报告、不符合的纠正措施及跟踪验证记录、审核报告等。还应提供有关对内审员能力的评价和对审核方案实施管理的证据。

【标准条文】

> **8.2.3 过程的监视和测量**
>
> 组织应采用适宜的方法对质量管理体系过程进行监视,并在适用时进行测量。这些方法应证实过程实现所策划的结果的能力。当未能达到所策划的结果时,应采取适当的纠正和纠正措施。
>
> 注:当确定适宜的方法时,建议组织根据每个过程对产品要求的符合性和质量管理体系有效性的影响,考虑监视和测量的类型与程度。

【条文理解】

过程的监视和测量是组织对质量管理体系日常活动的控制。

过程的监视和测量对象是质量管理体系的所有过程(即标准4.1所确定的过程),其目的是确认过程持续满足预期目的的能力。过程监测的责任是过程的主控部门。

过程监测的内容可以是过程输入、活动、资源、影响过程能力的因素以及过程输出结果满足预定目标的情况。

组织应根据过程对产品符合性、质量管理体系有效性影响的程度,确定对该过程监视和测量的类型和程度。

监视、测量可以采用过程审核、日常检查、信息反馈、数据分析等方法,测量监视的结果可用记录、图表、报告、程序等形式表示。

对监视、测量的结果应定期分析评价,评价实现过程预期目标的能力,评价过程持续稳定的能力。分析评价的结果应作为持续改进的输入,尤其当过程未能达到预期的目标时,应采取适当的纠正和纠正措施。

【标准条文】

> **8.2.4 产品的监视和测量**
>
> 组织应对产品的特性进行监视和测量,以验证产品要求已得到满足。这种监视和测量应依据所策划的安排(见7.1)在产品实现过程的适当阶段进行。应保持符合接受准则的证据。
>
> 记录应指明有权放行产品以交付给顾客的人员(见4.2.4)。
>
> 除非得到有关授权人员的批准,适用时得到顾客的批准,否则在策划的安排(见7.1)已圆满完成之前,不应向顾客放行产品和交付服务。

【条文理解】

产品的监视和测量记录是证实产品符合要求的证据。

组织应针对各阶段的产品监视和测量活动作出安排,这些安排与7.1的安排相一致,反映在质量计划和检验、试验计划中;并应针对各阶段的监测对象制定验收准则。

产品的监视测量的对象是产品的特性;目的是验证产品质量满足要求,包括采购产品、工序产品、半成品和交付的最终产品。

建筑施工行业的产品监视和测量均应按现行国家、地方、行业的工程质量验收规范，如检验批验收、分项工程验收（工序验收）、分部工程验收、隐蔽工程验收、单位工程验收等规定，开展以有关的检验和试验活动。

符合验收准则的监测证据应形成记录，记录应及时、完整、真实、经授权产品放行责任者签字。

所有监测活动均已完成且结果满足要求时，方可交付给顾客。特殊情况下，策划的监测活动未圆满完成时，经授权人批准，适用时得到顾客批准可交付产品，但不能违反有关法律法规要求。

另外，当发生采购物资紧急放行或过程产品例外转序时，要满足：能可靠追回，做好记录和标识，并经授权人批准的要求。

组织应按工程档案管理的规定，提供有关工程质量的监测记录。

【标准条文】

8.3 不合格品控制

组织应确保不符合产品要求的产品得到识别和控制，以防止其非预期的使用或交付。应编制形成文件的程序，以规定不合格品控制以及不合格品处置的有关职责和权限。

适用时，组织应通过下列一种或几种途径处置不合格品：

—— 采取措施，消除发现的不合格；

—— 经有关授权人员批准，适用时经顾客批准，让步使用、放行或接受不合格品；

—— 采取措施，防止其原预期的使用或应用；

—— 当在交付或开始使用后发现产品不合格时，组织应采取与不合格的影响或潜在影响的程度相适应的措施。

在不合格品得到纠正之后应对其再次进行验证，以证实符合要求。

应保持不合格的性质的记录以及随后所采取的任何措施的记录，包括所批准的让步的记录（见4.2.4）。

【条文理解】

不合格品的控制是确保产品质量符合要求的重要手段。组织应对不合格品实施有效控制，以防止不合格品的非预期使用和交付。

不合格品的控制范围包括：组织内产品和组织外部提供的产品、交付前的产品、交付后已使用的产品。应根据不合格的情况进行分类分级管理，并明确管理的有关职责、权限。建筑施工企业不合格品较多发生在工序检验中的自检、专检、工序交接过程中，应对此实施有效的控制。

对不合格品的控制活动有：识别不合格品、标识不合格品、记录不合格品、评审处置纠正不合格品、验证不合格的纠正结果等。

处置不合格品的方法：

(1) 对不合格品进行返工或返修，并对返工返修后的产品进行再验证；

(2) 经授权人批准，适当时经顾客批准，让步接收使用不合格品；

(3) 改变不合格品的使用方式和用途；

(4) 针对交付后发现的不合格品，视问题的严重程度采取相应的措施。

不合格品控制记录是不合格品管理的证据,记录包括的内容有:不合格事实描述、不合格性质判定、不合格处置办法及实施、不合格处置后的验证。

不合格品控制的主管部门应收集不合格品的信息,建立管理台账,对不合格品情况进行分析,并在必要时针对产品质量的改进采取纠正措施。

【标准条文】

> **8.4 数 据 分 析**
>
> 组织应确定、收集和分析适当的数据,以证实质量管理体系的适宜性和有效性,并评价在何处可以持续改进质量管理体系的有效性。这应包括来自监视和测量的结果以及其他有关来源的数据。
>
> 数据分析应提供有关以下方面的信息:
> — 顾客满意(见8.2.1);
> — 与产品要求的符合性(见8.2.4);
> — 过程和产品的特性及趋势,包括采取预防措施的机会(见8.2.3和8.2.4);
> — 供方(见7.4)。

【条文理解】

数据分析是提高产品质量和体系改进的有价值的工具和手段,是"基于事实的决策方法"的基础性工作。

通过数据分析可以达到:

(1)产品的质量情况及质量趋势;
(2)证实质量管理体系的适宜性、有效性;
(3)识别并评价体系持续改进的机会。

"适当的数据"可以是:管理评审要求输入的7个方面;监视和测量的结果即顾客满意、内审、过程的监视和测量、产品的监视和测量;供方采购的信息;不合格品信息、其他信息如市场动态、竞争对手情况等。

组织应明确数据收集、分析、报告的职责(一般由主控部门负责);明确数据来源、内容、收集频次、使用的分析方法(如统计技术,即建筑施工企业常用的调查表、排列图、因果分析图、对策表、频数直方图、控制图、相关图等)、分析所得结论以及拟采取的改进措施等。

通过数据分析可以得到的信息有:顾客的满意度、组织提供产品的符合性、产品不合格信息、体系过程和产品特性的变化趋势、供方和外包过程的信息。

数据分析过程与监视和测量过程(8.2)、内部沟通过程(5.5.3)、改进过程(8.5)密切相关。通过数据分析既了解产品和体系业绩,并可促进体系的改进。

【标准条文】

> **8.5 改 进**
>
> **8.5.1 持续改进**
>
> 组织应利用质量方针、质量目标、审核结果、数据分析、纠正措施和预防措施以及管理评审,持续改进质量管理体系的有效性。

【条文理解】

持续改进是组织的一个永恒主题。

改进的内容可以针对过程结果、产品的质量特性、体系活动、资源等；改进可以是日常渐进的改进活动，也可以是重大的改进活动。

组织通过以下活动的开展持续改进质量管理体系的有效性：

（1）通过质量方针的建立和实施，营造一个激励改进的环境；

（2）确立目标以明确改进的方向；

（3）利用内审的结果不断发现质量管理体系的薄弱环节；

（4）通过数据分析找出顾客的不满意、产品未满足要求、过程不稳定等问题；

（5）利用纠正措施、预防措施，避免不合格的发生或再发生；

（6）通过管理评审，对质量管理体系的适宜性、充分性、有效性评价，发现体系的改进机会。

【标准条文】

> **8.5.2 纠正措施**
>
> 组织应采取措施，以消除不合格的原因，防止不合格的再发生。纠正措施应与所遇到的不合格的影响程度相适应。
>
> 应编制形成文件的程序，以规定以下方面的要求：
>
> — 评审不合格（包括顾客抱怨）；
>
> — 确定不合格的原因；
>
> — 评价确保不合格不再发生的措施的需求；
>
> — 确定和实施所需的措施；
>
> — 记录所采取措施的结果（见 4.2.4）；
>
> — 评审所采取的纠正措施的有效性。

【条文理解】

纠正、纠正措施、预防措施的区别，见表 2-2。

纠正、纠正措施、预防措施的区别　　　　表 2-2

		纠正	纠正措施	预防措施
1	定义不同	为消除已发现的不合格所采取的措施	为消除已发现的不合格或其他不期望情况的原因所采取的措施	为消除潜在的不合格或其他不期望情况的原因所采取的措施
2	对象不同	针对已发现的不符合	针对已发现不符合的原因	针对潜在不符合的原因
3	目的不同	对不符合进行的处置、改正，避免损失扩大	是为了消除已产生不符合的原因，避免造成类似损失	是为了消除潜在不符合的原因，避免造成损失
4	作用不同	可使已做错的事改正过来	可防止再做错事	可防止做错事
5	性质不同	就事论事、治标	治本	措施在先，预防为主

组织应建立纠正措施控制程序。针对现有不合格评价采取纠正措施的需求，必要时，采取适当措施，以防止不合格的再发生。

纠正措施应在组织的相关职能和层次上开展，其步骤如下：

(1) 收集不合格信息；
(2) 评审不合格的性质及纠正的要求；
(3) 分析不合格的原因；
(4) 评价采取纠正措施的需求；
(5) 确定纠正措施并实施；
(6) 跟踪、评审纠正措施的有效性；
(7) 必要时进行文件的修改。

纠正措施既可以在组织的层面也可以在有关的部门或层次上开展，组织尤其应关注纠正措施的效果，通过纠正措施的实施使产品质量和管理体系得到有效改进。纠正措施是管理评审的重要输入内容。

【标准条文】

> **8.5.3 预防措施**
>
> 组织应确定措施，以消除潜在不合格的原因，防止不合格的发生。预防措施应与潜在问题的影响程度相适应。
>
> 应编制形成文件的程序，以规定以下方面的要求：
> —— 确定潜在不合格及其原因；
> —— 评价防止不合格发生的措施的需求；
> —— 确定并实施所需的措施；
> —— 记录所采取措施的结果（见4.2.4）；
> —— 评审所采取的预防措施的有效性。

【条文理解】

组织应建立预防措施控制程序，针对潜在不合格的原因采取适当措施，防止不合格发生。

预防措施实施的步骤：

(1) 确定潜在不合格及其原因；
(2) 评价采取预防措施的需求；
(3) 确定预防措施并实施；
(4) 跟踪、评审预防措施的有效性；
(5) 必要时进行文件的修改。

预防措施是组织在更高一个层次上的管理，也是质量管理所追求的预防为主。预防措施是管理评审的输入内容之一。

第 3 章 工程建设施工企业质量管理规范

3.1 《工程建设施工企业质量管理规范》出台的背景和意义

3.1.1 《工程建设施工企业质量管理规范》出台的背景

20 世纪 90 年代初，为适应市场经济需要，促进建筑施工企业质量管理科学化、规范化，我国建筑业企业开始贯彻执行 ISO 9000 族标准，原建设部对此高度重视，为推动这项工作的开展做了大量的工作，主要有以下 3 方面。

（1）开展试点

中国建筑工程总公司海外公司是国内建筑施工企业首家在香港贯标认证的企业，从 1992 年起，由中国建筑工程总公司、清华大学、建设部和国家认证认可监督管理委员会工程建设委员会等先后组织了 3 个调研组进行考察，组织了专门研讨会，分析国内建筑施工企业贯标的重要性、必要性，1994 年 4 月开始在中建一局集团发展有限公司、北京住总集团第一开发建设有限公司等 14 家建筑施工企业中进行国内第一批贯标试点工作，在此之后又选择 55 家作为第 2 批试点单位。

（2）发布指南

为推动这项工作在建筑行业全面、深入展开，建设部在国内建筑行业推行依据 1994 版 ISO9000 标准的《建筑企业贯彻 GB/T 19000-ISO 9000 标准实施细则》认证标准。2001 年 7 月，原建设部与国家认可委又对 2000 版 ISO 9001 标准发布了 GB/T 19000—2000《质量管理体系专业应用指南 建设工程施工》。

中国建筑业协会、中国工程建设管理体系论坛于 2002 年发布了中国建设业实施 ISO9000—2000 审核指南；

（3）制订《工程建设施工企业质量管理规范》

2003 年在建设部召开的"全国建筑市场与工程质量安全管理工作会议"上明确提出要制定一个关于施工企业质量管理的标准，以解决建筑施工企业实施 ISO9000 族标准存在诸多问题和弊端。期望制订一个适合施工企业特点的、本土化和行业化，具有中国特色的新标准。便于施工企业操作，能够切实地解决和消除企业在质量管理工作中的问题或弊端，同时也能作为对企业进行监督管理的依据。

由中国建筑业协会组织，北京中建协认证中心有限公司等 13 个参编单位参加了《工程建设施工企业质量管理规范》（GB/T 50430—2007）的编制工作，在对全国质量状况广泛调研基础上，认真总结全行业质量管理成功的实践经验，在广泛征求各方意见的基础上，经过反复讨论、修改和完善、审查定稿。

建设部于 2007 年 10 月颁布第 725 号公告，国家标准《工程建设施工企业质量管理规范》GB/T 50430—2007，自 2008 年 3 月 1 日起正式实施。

2010 年 6 月 10 日国家认监委和国家住房建设部联合发布第 21 号公告，公告决定在中国境内的建筑施工领域质量管理体系认证中应用《工程建设施工企业质量管理规范》GB/T 50430—2007。

《工程建设施工企业质量管理规范》（GB/T 50430—2007，以下简称《规范》）的出台是我国工程建设施工企业的重大事情，从长远来看，将有助于进一步推进工程建设施工企业的现代化发展进程。

3.1.2 《规范》编制的原则

1. 遵法原则

《规范》紧密结合当前我国已发布的建设管理各项法律法规要求，以便通过本规范的实施推动工程建设管理法制化的进程。

2. 大质量概念

《规范》的编制不仅仅是从狭义的"质量"角度出发、局限于工程（产品）质量的控制，而是从与工程质量有关的所有质量行为的角度，即"大质量"的概念出发，全面覆盖企业的所有质量管理活动。

3. 鼓励创新

《规范》是对施工企业质量管理的基本要求，并不是企业质量管理的最高水平。因此在执行《规范》的同时，鼓励企业根据自身发展的需要进行管理创新，如实施卓越绩效模式等国家标准，提升企业的竞争能力。

3.1.3 《规范》实施的意义

（1）《规范》以关注最终产品质量和顾客满意为焦点，突出了对企业质量管理行为的规范。

施工企业的质量管理行为，决定施工企业的工程质量。《规范》是从与工程质量有关的行为，即"大质量"的概念出发，对各项质量管理活动提出的要求。《规范》以 ISO 9000 标准理论为基础，以关注最终产品质量和顾客满意为焦点，与施工企业质量管理有关的国家标准、规范和行业特点相结合，转化成为施工企业的管理要求，《规范》的贯彻实施必将促进施工企业更加关注质量管理体系实效和最终产品质量；

（2）有利于促进我国施工企业质量管理的"科学化、规范化和法制化"进程，以适应经济全球化发展的需要；

（3）《规范》的有效实施，将有效地提高施工企业质量保证能力，促进质量管理水平和工程质量水平的普遍提高，对规范建筑市场、减少质量事故的发生将会发挥重要作用。

总之，贯彻"规范"对于建筑施工行业、认证认可行业及质量监督单位等各相关方：意义重大，影响深远，任务艰巨。

3.1.4 住房和城乡建设部、国家认监委关于实施《规范》的要求

国家认证认可监督管理委员会和住房和城乡建设部于 2010 年 6 月 10 日联合发布《关于在建筑施工领域质量体系中应用"工程建设施工企业质量管理规范"》2010 年 21 号公

告，其主要内容如下。

> 为进一步提高建筑施工企业质量管理水平，为社会提供优质建筑，满足建筑施工领域质量管理工作专业性强的需求，国家认证认可监督管理委员会与住房和城乡建设部决定在建筑施工领域质量管理体系认证中应用《工程建设施工企业质量管理规范》GB/T 50430—2007（以下简称《规范》）。现将有关事项公告如下，请各相关单位遵照执行：
>
> 一、自2010年8月1日起，在建筑施工领域质量管理体系认证中，应依照《质量管理体系 要求》GB/T 19001—2008和《规范》执行。
>
> 二、从事建筑工程活动的施工企业应贯彻《规范》的所有要求，鼓励采用符合条件的第三方认证，其认证的内容应同时包括《质量管理体系 要求》和《规范》的要求，鼓励相关部门采信其结果。
>
> 三、各认证机构自2010年11月1日起，在中国境内对建筑施工企业实施质量管理体系认证时，应当依据《质量管理体系 要求》和《规范》开展认证审核活动。
>
> 四、中国合格评定国家认可中心应结合《规范》的要求，重新修订对于建筑施工专业范围的认可要求，从2010年9月1日起对具有建筑施工专业范围的认证机构进行重新评定确认，符合条件的继续给予相应的认可资格。
>
> 五、经过重新核定具备建筑施工专业范围认可的认证机构对按照《质量管理体系 要求》标准已获得质量管理体系认证的企业，在到期换证时，应增加《规范》要求审核后完成认证证书转换工作；逾期未完成转换的认证证书均属无效，认证机构应对无效证书作出相应处理。
>
> 六、依据《质量管理体系 要求》和《规范》标准实施的认证活动，认证证书标注的认证依据标准应为：GB/T 19001—2008/ISO 9001：2008和GB/T 50430—2007。
>
> 特此公告。

第【21】号公告对实施《规范》的要求主要有以下四个方面：

（1）对认可机构的要求

中国合格评定国家认可中心应结合《规范》要求，重新修订对于建筑施工专业范围的认可要求，从2010年9月1日起对具有建筑施工专业范围的认证机构进行重新评定确认，符合条件的继续给予相应的认可资格。

（2）对认证机构的要求

认证机构至少有10名符合CNAS SC15要求的专职审核员，本《规范》审核组成员均应通过转换考试。自2010年11月1日起，在中国境内对建筑施工企业实施质量管理体系认证时，应当依据《质量管理体系 要求》和《规范》开展认证审核活动。

（3）对审核员的要求

本《规范》审核员转换工作实行考培分离的原则。是否参加培训由审核员根据各自情况决定。审核员在参加认监委统一组织的考试，考试合格方可从事本《规范》审核工作。现阶段承担统一培训任务的机构为国家认监委认证技术研究所。

（4）对获证施工企业的要求

已获得质量管理体系认证的企业，在到期换证时，应增加《规范》要求审核，完成认证证书的转换工作；逾期未完成转换的认证证书均属无效，认证机构应对无效证书作出相应处理。

3.2 GB/T 19001 和 GB/T 50430—2007 之间的关系、差异

3.2.1 《规范》关注的要点

(1) 质量管理改进和创新措施的重要性；
(2) 管理体系文件要求的完整性有效性；
(3) 管理体系实施记录要求的完整性有效性；
(4) 管理体系实施活动的完整性和有效性；
(5) 对"过程方法"的应用。

3.2.2 《规范》与 ISO 9001 标准的关系

(1) 关系。不是对 ISO 9001 标准的解读，是我国独立的工程建设施工企业质量管理的规范标准，它应用了 ISO 19000 的管理思想、理论和理念，包括了 ISO 9001 标准的所有要求，是我国长期以来工程建设质量管理实践经验的总结并与我国施工企业质量管理实际情况相结合的产物。

(2) 结论。施工企业按照《规范》的要求建立的质量管理体系，如果经证实满足了《规范》的所有要求，就可以颁发同时带有"ISO 9001"和《规范》标志的认证证书。

3.2.3 《规范》与 ISO 9001 标准要求的差异

与 GB/T 19001—2008 相比较，GB/T 50430—2007 有以下不同：

(1) GB/T 50430—2007 体现过程方法更具体，按照施工行业的特点，用"过程方法"描述了质量管理体系各过程的要求。如第 6 章施工机具管理，从制度制定和职责确定（策划）、配备计划的编制和审批、施工机具的配备（供方评价、采购合同签订、验收）安装、使用、维修保养和维护全过程提出了明确的要求。再如第 8 章建筑材料、构配件和设备管理，也从制度制定和职责确定、供方评价、采购计划的制定和审批、采购实施、采购品的验收、采购品的现场管理等子过程提出了明确的需求。

(2) GB/T 50430—2007 在文件上没有明确要求编制《质量管理手册》；而是要求组织对质量管理体系进行说明；没有明确说明需要的程序文件，而是提出了 15 项管理制度的编制要求，即质量目标管理制度；文件管理制度；记录管理制度；人力资源管理制度；员工绩效考核制度；施工机具管理制度；工程项目投标及承包合同管理制度；建筑材料、构配件和设备采购制度；分包管理制度；施工质量管理制度；施工质量检查制度；实验、检测管理制度；事故、责任追究制度；质量管理自查与评价制度；质量信息管理和质量改进制度等。有些管理明确要求有"记录"，如图纸接收、发放记录；监督检查记录；材料发放记录；施工过程记录等。参见附表 4-2《规范》明示的质量管理制度与 ISO 9001 标准明

示的程序对照表和附表4-3《规范》明示的文件/记录与ISO 9001标准明示的文件/记录对照表。

（3）GB/T 50430—2007中对一些过程的要求高于GB/T 19001的要求，如人力资源管理过程中要求公司制定人力资源发展规划，要明确与质量管理岗位相适应的任职条件，要求企业建立员工绩效考核制度，要求对员工进行继续教育。还如对分包方的管理、对质量事故的追究都高于GB/T 19001的要求。

（4）在条文编排上没考虑与G/T 19001的完全对应关系，而是将相关的内容放在了一起。对建筑材料、构配件和设备的搬运及防护与采购控制的要求放在同一章节；对供方（发包方）提供的材料的控制也放在了建筑材料、构配件和设备管理一章；对检测设备管理放在了施工质量检查和验收一章。

（5）体现施工企业特点，明示了施工企业特殊要求。如：工程资料包括的内容及归档要求；施工机具技术和安全管理要求；质量策划的内容；工程招投标的要求；工程分包的要求；施工的准备、开工、技术交底、样板引路、施工日记等要求；竣工验收等。

（6）对一些要求明示了方法或内容。如：质量管理策划内容；对供方评价（包括材料、分包、施工机具租赁）内容；采购计划的内容；施工记录内容；过程监督检查内容等。

（7）有些管理明确要求有"记录"（ISO 9001未明确要求的）。如：图纸接受、发放记录；监督检查记录；材料、发放记录；施工过程记录等。

表3-1、表3-2给出了《工程建设施工企业质量管理规范》GB/T 50430—2007与《质量管理体系　要求》GB/T 19001—2008条款对应增加或明示的要求、条款对照表。

表3-1　《工程建设施工企业质量管理规范》GB/T 50430—2007与《质量管理体系　要求》GB/T 19001—2008条款对应增加或明示的要求

GB/T 19001 标准条款	GB/T 50430 规范条款	GB/T 50430对比GB/T 19001增加或明示的要求
4.2.3	10.5.5	施工过程中的质量管理记录应包括： 图纸的接收和发放、设计变更的有关记录
4.2.4	11.3.3	施工企业应对工程资料的管理进行策划，并按规定加以实施。 施工企业应按规定及时向有关方移交相应资料。归档的工程资料应符合档案管理的规定。 条款说明： 工程资料管理的策划包括：资料内容、形式及收集、整理、传递的职责和方法。工程资料包括： 1）向发包方移交的竣工资料； 2）送交施工企业档案管理部门归档的竣工技术资料； 3）公司管理制度所规定的记录。 移交内容得到确认，移交记录应予以保存
	13.3.3	施工企业应按规定保存质量管理改进与创新的记录

续表

GB/T 19001 标准条款	GB/T 50430 规范条款	GB/T 50430 对比 GB/T 19001 增加或明示的要求
5.3	3.2.1	质量方针……包括： 在工程施工过程中及交付后，认真服务于发包方和社会，增强其满意程度，树立施工企业在市场中的良好形象
5.4.1	3.2.4	施工企业应建立并实施质量目标管理制度。 条款说明： 施工企业各管理层次应按照质量目标管制度的要求监督检查质量目标的分解、落实情况，并对其实现情况进行考核。质量目标考核结果应作为管理改进依据的组成部分
5.4.2.b)	4.3.4	施工企业应以文件的形式公布组织机构的变化和职责的调整，并对相关的文件进行更改
5.5.1	4.2.2	施工企业应在各管理层次中明确质量管理的组织协调部门或岗位，并规定其职责和权限
	4.3.2	施工企业应规定各级专职质量管理部门和岗位的职责和权限，形成文件并传递到各管理层次
6.2	5.1.1	施工企业应建立并实施人力资源管理制度。 条款说明： 施工企业应建立人力资源的约束和激励机制，包括人力资源的配置、劳动纪律、培训、考核、奖惩等，明确人力资源管理活动的流程和方法
	5.1.2	条款说明： 施工企业的最高管理者应根据企业发展的需要提出人力资源的发展规划
	5.2.1	施工企业应以文件的形式确定与质量管理岗位相适应的任职条件，包括： （1）专业技能； （2）所接受的培训及所取得的岗位资格； （3）能力； （4）工作经历
	5.2.2	施工企业应按照岗位任职条件配置相应的人员。项目经理、施工质量检查人员、特种作业人员等应按照国家法律法规的要求持证上岗。 条款说明： （1）施工企业应明确招聘与录用的职责和权限，并确定录用的标准及考核的方式。 （2）质量方针或目标修订时，人力资源的需求也应作相应的调整。 （3）施工企业项目经理、质量检查、技术、计量、试验管理等人员的配置必须达到有关规定的要求。规定要求注册的必须经过注册后方可执业
	5.2.3	施工企业应建立员工绩效考核制度，规定考核内容、标准、方式、频度，并将考核结果作为人力资源管理评价和改进的依据。 条款说明： 对员工绩效考核的依据可包括以下方面： （1）质量管理制度； （2）各岗位的工作标准； （3）各岗位的工作目标

续表

GB/T 19001 标准条款	GB/T 50430 规范条款	GB/T 50430 对比 GB/T 19001 增加或明示的要求
6.2	5.3.1	施工企业应识别培训需求，根据需要制定员工培训计划，对培训对象、内容、方式及时间作出安排。 条款说明： (1) 培训计划应明确培训范围、培训层次、培训方式、培训内容、时间进度以及教师和教材等。 (2) 识别培训需求应考虑以下方面： 1) 施工企业发展的需求； 2) 外部的要求，如法律法规对人员的要求和标准； 3) 人力资源状况； 4) 员工职业生涯发展的要求
	5.3.2	施工企业对员工的培训应包括： (1) 质量管理方针、目标、质量意识； (2) 相关法律、法规和标准规范； (3) 施工企业质量管理制度； (4) 专业技能和继续教育。 条款说明： (1) 应明确新员工常规培训的方式和内容。 (2) 与质量有关的继续教育内容包括：质量管理发展趋势，新规范，新工艺、新技术、新材料、新设备等行业动态
	10.5.1	项目经理部应对施工过程质量进行控制。包括： 调配符合规定的操作人员。 条款说明： 对操作人员的规定包括：持证上岗的要求，特种作业要求及其他对质量有影响人员的要求
	10.5.5	施工过程中的质量管理记录应包括： 上岗培训记录及岗位资格证明
6.3	6.1.1	施工企业应建立施工机具管理制度，对施工机具的配备、验收、安装调试、使用维护等作出规定，明确各管理层次及有关岗位在施工机具管理中的职责。 条款说明： 施工企业应明确主管领导在施工机具管理中的具体责任，规定各管理层及项目经理部在施工机具管理中的管理职责及方法
	6.2.1	条款说明： (1) 施工企业应根据施工需要配备施工机具，配备计划应按规定经审批后实施。 (2) 施工机具配备计划也可根据施工企业发展的需要专门制定或根据工程项目的需要在项目管理策划时确定。 (3) 施工机具配备计划的审批权限应符合管理制度的规定。 (4) 施工机具的配备可采用购置和租赁的方式

3.2 GB/T 19001 和 GB/T 50430—2007 之间的关系、差异

续表

GB/T 19001 标准条款	GB/T 50430 规范条款	GB/T 50430 对比 GB/T 19001 增加或明示的要求
6.3	6.3.1	条款说明： 施工机具在使用过程中应符合定机、定人、定岗、持证上岗、交接、维护保养等规定。施工企业应建立必要的施工机具档案，制定施工机具技术和安全管理规定
	10.5.5	施工过程中的质量管理记录应包括： 施工机具和检验测量及试验设备的管理记录
7.1	10.1.1	施工企业应建立并实施工程项目施工质量管理制度，对项目工程施工质量管理策划、施工设计、施工准备、施工质量和服务予以控制
	10.2.3	施工企业应按规定职责实施工程项目质量管理策划，包括： (1) 质量管理组织和职责； (2) 场地、道路、水电、消防临时设施规划； (3) 影响施工质量的因素分析及其控制措施； (4) 进度控制措施； (5) 突发事件的应急措施； (6) 对违规事件的报告和处理； (7) 应收集的信息及其传递要求； (8) 与工程建设有关方的沟通方式； (9) 质量管理和技术措施； (10) 施工企业质量管理的其他要求。 条款说明： 施工企业应在施工过程中确定关键工序并明确其质量控制点及控制措施。…下列影响因素应列为工序的质量控制点： (1) 对施工质量有重要影响的关键质量特性、关键部位或重要影响因素； (2) 工艺上有严格要求，对下道工序的活动有重要影响的关键特性、部位； (3) 严重影响质量的材料的质量和性能； (4) 影响下道工序质量的技术间歇时间； (5) 某些与施工质量密切相关的技术参数； (6) 容易出现质量通病的部位； (7) 紧缺建筑材料、构配件和设备或可能对生产安排有严重影响的关键项目
	10.2.4	施工企业应将工程项目策划的结果形成文件并在实施前批准。策划的结果应按规定得到发包方或监理方的认可。 条款说明： 策划结果的文件可以是一个或一组文件，可采用施工组织设计、质量计划在内的多种文件形式
	10.2.5	施工企业应根据施工要求对工程项目质量管理策划的结果实行动态管理，及时调整相关文件并监督实施
7.2.2	7.1.1	施工企业应建立并实施工程项目投标及工程承包合同管理制度
	7.1.2	施工企业应依法进行工程项目投标及签约活动，并对合同履行情况进行监控。 条款说明： 施工企业应在投标或签约前对工程项目立项、招标等行为的合法性进行验证

续表

GB/T 19001 标准条款	GB/T 50430 规范条款	GB/T 50430 对比 GB/T 19001 增加或明示的要求
7.2.2	7.2.2	条款说明： 投标及签约的有关记录应能为证实项目施工的服务质量符合要求提供必要的追溯和依据。需保存的记录一般有：对招标文件和施工承包合同的分析记录、投标文件和承包合同及其审核批准记录、工程合同台账、合同变更、施工过程中的各类有关会议纪要、函件等
	7.3.1	施工企业应使相关部门及人员掌握合同的要求，并保存相关记录。 条款说明： 合同要求可根据需要采用合同文本发放、会议、书面交底等多种方式进行传递
	7.3.2	施工企业对施工过程中发生的变更，应以书面形式签认，并作为合同的组成部分。施工企业对合同变更信息的接收、确认和处理的职责、流程、方法应符合相关规定，与合同变更有关的文件应及时进行调整并实施
7.2.3	10.5.4	施工企业应保持与工程建设有关方的沟通，按规定的职责、方式对相关信息进行管理
7.3	10.3.1	施工企业应对其委托的施工设计活动进行控制
	10.3.2	施工企业应确定施工设计所需的评审、验证和确认活动，明确其程序和要求。 条款说明： 施工设计的评审、验证、确认应参照工程设计的相关规定执行，也可采用审查、批准等方式进行
	10.3.3	施工企业应明确设计变更及其批准方式和要求，规定变更所需的评审、验证和确认程序
7.4.1	6.2.2	施工企业应明确施工机具供应方的评价方法，在采购或租赁前对其进行评价，并收集相应的证明材料和保存评价记录。 评价内容包括： （1）经营资格与信誉； （2）产品和服务的质量； （3）供货能力； （4）风险因素。 条款说明： 供货能力一般包括：生产能力、运输能力、贮存能力、交货期的准确性等
	8.1.1	施工企业应根据施工需要建立并实施建筑材料、构配件和设备管理制度。 条款说明： 管理制度中应明确各管理层次管理活动的内容、方法及相应的职责和权限
	8.2.2	对供应方的评价内容应包括： （1）经营资格及信誉； （2）建筑材料、构配件和设备的质量； （3）供货能力； （4）建筑材料、构配件和设备的价格； （5）售后服务

3.2 GB/T 19001 和 GB/T 50430—2007 之间的关系、差异

续表

GB/T 19001 标准条款	GB/T 50430 规范条款	GB/T 50430 对比 GB/T 19001 增加或明示的要求
7.4.1	8.2.2	条款说明： （1）施工企业可根据所采购的建筑材料、构配件和设备的重要程度、金额等分别制定评价标准，并应规定评价的职责。应分别只对供货厂家、经销商制定不同的评价标准。 （2）对供货厂家评价时，一般应在如下范围内收集可以溯源的证明资料： 1）资质证明、产品生产许可证明； 2）产品鉴定证明； 3）产品质量证明； 4）质量管理体系情况； 5）产品生产能力证明； 6）与该厂家合作的证明。 （3）对经销商评价时，一般应在如下范围内收集可以溯源的证明资料： 1）经营许可证明； 2）产品质量证明； 3）与该经销商合作的证明。 （4）对发包方指定的供应方也应进行评价
	8.2.4	条款说明：若以招标形式选择供应方。则应保存招标过程的各项记录
	9.1.1	施工企业应建立并实施分包管理制度，明确各管理层次和部门在分包管理活动中的职责和权限，对分包方实施管理
	9.1.2	施工企业应对分包工程承担相关责任。 条款说明： 施工企业必须取得发包方同意，才能将工程合法分包。以下情况视为已取得发包方同意： （1）已在总承包合同中约定许可分包的； （2）履行承包合同过程中，发包方认可分包的； （3）总承包单位在投标文件中声明中标后准备分包，并经合法程序中标的
	9.2.1	施工企业应按照管理制度中规定的标准和评价方法，根据所需分包内容的要求，经评价依法选择合适的分包方，并保存评价和选择分包方的记录。对分包方的评价内容应包括： （1）经营许可和资质证明； （2）专业能力； （3）人员结构和素质； （4）机具装备； （5）技术、质量、安全、施工管理的保证能力； （6）工程业绩和信誉。 条款说明： （1）施工企业对分包方评价和选择的方法包括：招标、组织相关职能部门实施评审，对分包方提供的资料进行评定，对分包方的施工能力进行现场调查等，必要时可对分包方进行质量管理体系审核。 （2）对于设备租赁和技术服务分包的选择可重点考核其资质、服务人员的资格、设备完好程度、提供技术资料的承诺等

续表

GB/T 19001 标准条款	GB/T 50430 规范条款	GB/T 50430 对比 GB/T 19001 增加或明示的要求
7.4.1	9.2.1	对分包方评价的记录可包括： (1) 经营许可和资质证明； (2) 质量管理体系审核记录； (3) 评审的会议记录、传阅记录； (4) 合格分包方名册； (5) 招标过程的各项记录
	9.2.2	(1) 施工企业应按照总承包合同的约定，依法订立分包合同。 条款说明： 分包合同应： 1) 符合法律法规的规定； 2) 符合建筑工程总承包合同或专业施工合同的规定； 3) 明确施工或服务范围，双方的权利和义务，质量职责和违约责任； 4) 明确分包工程或服务的工艺标准和质量标准； 5) 明确对分包的施工或服务方案、过程、程序和设备的签认、审批要求； 6) 明确分包从业人员的资格能力要求。 (2) 与分包方订立的非标准文本合同至少应包括：所分包的内容、时间、质量、安全、文明施工等要求，结算方式与付款办法，交工后必须提供的服务，违约处理意见等
	9.3.1	施工企业应在分包项目实施前对从事分包的有关人员进行分包工程施工或服务要求的交底，审核批准分包方编制的施工或服务方案，并据此对分包方的施工或服务条件进行确认和验证，包括： (1) 确认分包方从业人员的资格能力； (2) 验证分包方的主要材料、设备和设施。 条款说明： 对分包方的验证应在施工或服务开始前进行
	9.3.2	施工企业对项目分包管理活动的监督和指导应符合分包管理制度的规定和分包合同的约定。施工企业对分包方的施工和服务过程进行控制，包括： (1) 对分包方的施工和服务活动进行监督检查，发现问题及时提出整改要求并跟踪复查； (2) 依据规定的步骤和标准对方分包项目进行验收。 条款说明： 在验收合格前，不得接受分包项目
	9.3.3	施工企业应对分包方的履约情况进行评价并保存记录，作为重新评价、选择分包管理工作的依据。 条款说明： (1) 施工企业对分包方履约情况的评价，可在分包施工或服务活动过程中或结束后进行，按照管理要求由项目经理或相关部门实施。 (2) 分包管理工作的改进包括：发现并处理分包管理中的问题；重新确定、批准合格分包方；修订分包管理制度等

3.2 GB/T 19001 和 GB/T 50430—2007 之间的关系、差异

续表

GB/T 19001 标准条款	GB/T 50430 规范条款	GB/T 50430 对比 GB/T 19001 增加或明示的要求
7.4.2	6.2.3	施工企业应依法与施工机具供应方订立合同，明确对施工机具质量及服务的要求
	8.2.1	……应按照管理制度的规定审批各类采购计划。……采购计划中应明确所采购产品的种类、规格、型号、数量、交付期、质量要求以及采购验证的具体安排
	8.2.5	施工企业应根据采购计划订立采购合同
	8.3.3	施工企业应确保所采购的建筑材料、构配件和设备符合有关职业健康、安全与环保的要求
7.4.3	6.2.4	施工企业应对施工机具进行验收，并保存验收记录。根据规定施工机具需确定安装或拆卸方案时，该方案应经批准后实施，安装后的施工机具经验收合格后方可使用。 条款说明： （1）施工企业应明确参加验收人员的职责和验收方法。对于购置的施工机具，验收人员应根据合同及"装箱清单"或"设备附件明细表"等目录进行清点，包括设备、备件、工具、说明书、合格证等文件；大型施工机具的随机文件应作为施工机具档案按照相关制度的规定归档管理。 （2）对于租赁的设备应按照合同的规定验证其施工机具型号、随行操作人员资格证明等。 （3）对于安装试运行出现问题或验收不合格的施工机具应按照合同的约定予以处理
	8.3.1	条款说明： 对下列材料还应进行检验：国家和地方政府规定的必须复试的材料；质量证明文件缺项、数据不清、实物与质量证明资料不符的材料；超出保质期或规格型号混存不明的材料，应按照国家取样标准取样复试
7.5.1	10.2.2	项目经理部应按规定接收设计文件，参加图纸会审和设计交底并对结果进行确认。 条款说明： 施工图纸等设计文件的接收、审核结果均应记录，设计交底，图纸会审纪要应经参加各方共同签认
	10.4.1	施工企业应依据工程项目策划的结果实施施工准备。 条款说明： 施工企业按照本规范第 8、9 章的要求选择供应方、分包方，组织材料、构配件、设备和分包人员进场
	10.4.2	应按规定向监理方或发包方进行报审、报验。施工企业应确认项目施工已具备开工条件，按规定提出开工申请，经批准后方可开工。 条款说明： （1）施工准备阶段报验的内容包括：工程项目质量管理策划的结果，项目质量管理组织结构、管理人员和关键工序人员及特种作业人员，测量成果，进场的材料、设备、分包方等。报验的内容、职责应明确并符合报验规定。 （2）应对所具备的开工条件与分包方或监理方共同进行确认，该工程项目应按照规定获得主管部门的许可。开工条件的内容及开工申请程序应符合国家及项目所在地的相关规定

续表

GB/T 19001 标准条款	GB/T 50430 规范条款	GB/T 50430 对比 GB/T 19001 增加或明示的要求
7.5.1	10.4.3	(1) 应按规定将质量管理策划的结果向项目经理部进行交底，并保存记录。 (2) 应根据项目管理需要确定交底的层次和阶段以及相应的职责、内容、方式。 条款说明： (1) 交底包括技术交底和其他相关要求的交底； (2) 在单位工程、分部工程、分项工程，检验批施工前，应进行技术交底； (3) 交底的依据应包括：项目质量管理策划的结果、专项施工方案、施工图纸、施工工艺及质量标准等； (4) 交底的内容一般应包括：质量要求和目标、施工部位、工艺流程及标准、验收标准、使用的材料、施工机具、环境要求及操作要点； (5) 对于常规施工作业，交底的形式和内容可适当简化
	10.5.1	项目经理部应对施工过程质量进行控制。包括： (1) 适用时，对施工过程实施样板引路。 (2) 按规定施工并及时检查、监测。 (3) 根据有关要求采用新材料、新工艺、新技术、新设备，并进行相应的策划和控制。 (4) 合理安排施工进度。 (5) 对不稳定和能力不足的施工过程、突发事件实施监控。 (6) 对分包方的过程实施监控。 条款说明： (1) 当采用样板引路时，样板需经验收合格。 (2) 对施工过程检查、监测包括：对工序的检查、技术复核、施工过程参数的监测和必要的统计分析活动
	10.5.5	施工过程中的质量管理记录应包括： (1) 施工日记和专项施工记录； (2) 交底记录。 条款说明： 施工日记的内容应包括：气象情况、施工内容、施工部位、使用材料、施工班组、取样及检验和试验、质量验收、质量问题及处理等情况
	10.6.1	施工企业应按规定进行工程移交和移交期间的防护
	10.6.2	施工企业应按规定的职责对工程项目的服务进行策划，并组织实施。服务应包括： (1) 保修； (2) 非保修范围内的维修； (3) 合同约定的其他服务。 条款说明： 其他服务指项目试生产或运行中的配合服务、培训等
	10.6.3	施工企业应在规定期限内对服务的需求信息作业响应，对服务质量应按相关规定进行控制、检查和验收

3.2 GB/T 19001 和 GB/T 50430—2007 之间的关系、差异

续表

GB/T 19001 标准条款	GB/T 50430 规范条款	GB/T 50430 对比 GB/T 19001 增加或明示的要求
7.5.3	8.4.4	施工企业应明确建筑材料、构配件和设备的发放要求，建立发放记录，并具有可追溯性。 条款说明： 应确保进场验收记录、检验试验记录、保管记录和使用发放记录的连续性
	10.5.3	施工企业应对施工过程和进度进行标识，施工过程应具有可追溯性。 条款说明： 施工企业可通过任务单、施工日志、施工记录、隐蔽工程记录、各种检验试验记录等表明施工工序所处的阶段或检查、验收的情况，确保施工工序按策划的顺序实现
7.5.5	8.4.1	施工企业应在管理制度中明确建筑材料、构配件和设备的现场管理要求
	8.4.3	条款说明： 施工企业对易燃、易爆、易碎、超长、超高、超重建筑材料、构配件和设备，应明确搬运要求，并对其进行防护，防止损坏、变质、变形。当需要编制搬运方案时，应经审批后向操作人员进行交底，并组织实施
	10.5.1	项目经理部应对施工过程质量进行控制。包括： 采取半成品、成品保护措施并监督实施。 条款说明： （产品防护范围）还包括： （1）施工企业作为分包单位时，发包方提供的未完工程； （2）施工企业作为总包单位时，发包方直接分包的工程
7.6	11.5.1	施工企业应按照要求配备检测设备。检测设备管理应符合下列规定： （1）根据需要采购或租赁检测设备，并对检测设备供应方进行评价； （2）使用前对检测设备进行验收； （3）设备的使用、管理人员应经过培训。 条款说明： （1）检测设备的验收包括两方面：一是验证购进测量设备的合格证明及应佩戴的专用工具、附件；二是对采购的监测设备性能和外观的确认。 （2）检测设备的管理包括：设备的搬运、保存要求，设备的停用、限用、封存、遗失、报废等
8.2.1	12.2.6	条款说明： 施工企业应对工程建设有关方满意情况信息的收集进行策划，关注施工准备、施工过程中、竣工及保修等不同阶段中，发包方或监理方、用户、主管部门等的满意情况，以便识别改进方向。信息的收集可采用口头或书面的方式进行，如： （1）对发包方或监理方进行走访、问卷调查； （2）收集发包方或监理方的反馈意见； （3）媒体、市场、用户组织或其他相关单位的评价
8.2.3	10.1.2	施工企业应对项目经理部的施工质量管理进行监督、指导、检查和考核
	10.5.5	施工过程中的质量管理记录应包括： 监督检查和整改、复查记录

69

续表

GB/T 19001 标准条款	GB/T 50430 规范条款	GB/T 50430 对比 GB/T 19001 增加或明示的要求
8.2.3	12.2.1	施工企业应对各管理层次的质量管理活动实施监督检查，明确监督检查的职责、频度和方法。对检查中发现的问题应及时提出书面整改要求，监督实施并验证整改效果。监督检查的内容包括： （1）法律、法规和标准规范的执行； （2）质量管理制度及其支持性文件的实施； （3）岗位职责的落实和目标的实现； （4）对整改要求的落实。 条款说明： 施工企业在确定对各管理层次的监督检查方式时，应以能识别质量管理活动的符合性、有效性为原则，可采取汇报、总结、报表、评审、对质量活动记录的检查、发包方及用户的意见调查等方式
	12.2.2	施工企业应对项目经理部的质量管理活动进行监督检查，内容包括： （1）项目质量管理策划结果的实施； （2）对本企业、发包方或监理方提出的意见和整改要求的落实； （3）合同履行情况； （4）质量目标的实现。 条款说明： 施工企业对项目经理部的监督检查可以结合企业对施工和服务质量的检查进行，正确全面地评价项目经理部质量管理水平
	12.2.5	施工企业应建立和保存监督检查……的记录，并将所发现的问题及整改的结果作为质量管理改进的重要信息
8.2.4	11.1.1	施工企业应建立并实施施工质量检查制度。施工企业应规定各管理层次对施工质量检查与验收活动进行监督管理的职责和权限。检查和验收活动应由具备相应资格的人员实施。……应按规定做好对分包工程的质量检查和验收工作。 条款说明： 建筑材料、构配件和设备的验收活动应符合本规范第8章的规定。施工企业对分包内容的质量检查与验收应符合本章的规定
	11.2.1	施工企业应对施工质量检查进行策划，包括质量检查的依据、内容、人员、时机、方法和记录。策划结果应按规定经批准后实施。 条款说明： （1）检查依据有：施工质量验收标准、设计图纸及施工说明书等设计文件及施工企业内部标准等。 （2）质量检查的策划内容一般应包括：检查项目及检查部位、检查人员、检查方法、检查依据、判定标准、检查程序、应填写的质量记录和签发的检查报告等
	11.3.1	施工企业的质量检验制度中应包括建立试验、检测管理制度
	11.3.2	施工企业应在竣工验收前，进行内部验收，并按规定参加工程竣工验收。 条款说明： 施工企业应对内部验收发现的问题整改后，进行复验。在复验合格后，按照竣工验收备案制度规定向监理方提交竣工验收报告

续表

GB/T 19001 标准条款	GB/T 50430 规范条款	GB/T 50430 对比 GB/T 19001 增加或明示的要求
8.3	8.3.2	条款说明： （1）不合格建筑材料、构配件和设备有如下几种情况： 1）不符合发包方的要求； 2）不符合计划规定的要求。 （2）对不合格建筑材料、构配件和设备可采取以下处理措施： 1）拒收； 2）加工使其合格后直接使用； 3）经发包方及设计方同意改变用途使用； 4）降级使用； 5）限制使用范围； 6）报废
	11.4.2	施工企业应对质量问题的分类、分级报告流程作出规定，按要求分别报告工程建设有关方。 条款说明： 分类准则可以包括：处置的难易程度、质量问题对下道工序的影响程度、处置对工期或费用的影响程度、处置对工程安全性或使用性能影响程度等
	11.4.4	施工企业应保存质量问题的处理和验收记录，建立质量事故责任追究制度
8.4	7.3.3	施工企业应及时对合同履约情况进行分析和记录，并用于质量改进。 条文说明：（7.3.4） 施工企业对合同履行情况的分析可在合同履行过程中或完成后进行。施工企业宜根据项目的重要程度、工期长短及管理要求等对分析的时机作出规定
	13.1.1	条款说明： 质量信息是指从各个渠道获得的与质量管理有关的信息。施工企业应明确质量信息的范围、来源及其媒体形式，确定质量信息的管理手段，规定施工企业各层次的部门岗位在质量信息管理中的职责和权限
	13.1.2	施工企业应建立并实施质量信息管理和质量管理改进制度，通过对质量信息的收集和分析，确定改进的目标，制定并实施质量改进措施
	13.2.1	施工企业应明确为正确评价质量管理水平所需收集的信息及其来源、渠道、方法和职责。收集的信息应包括： 1）法律、法规、标准规范和规章制度等； 2）工程建设有关方对施工企业的工程质量和质量管理水平的评价； 3）各管理层次工程质量管理情况及工程质量的检查结果； 4）施工企业质量管理监督检查结果； 5）同行业其他施工企业的经验教训； 6）市场需求； 7）质量回访和服务信息。 条款说明： 质量信息管理制度应使所有质量管理部门和岗位明确应收集的信息和传递的方向，当需要对信息进行处理后再进行传递时，也应明确规定处理的要求

续表

GB/T 19001 标准条款	GB/T 50430 规范条款	GB/T 50430 对比 GB/T 19001 增加或明示的要求
8.4	13.2.1	质量信息来自于： （1）各种形式的工作检查，包括外部的检查、审核等； （2）各项工作报告及工作建议； （3）业绩考核结果； （4）各类专项报表等
	13.2.2	施工企业应总结项目质量管理策划结果的实施情况，并将其作为质量分析和改进的信息予以保存和利用。 条款说明： 项目质量管理策划结果的实施情况是重要的质量管理信息，内容应包括： （1）施工和服务质量目标的实现情况； （2）关键工序和特殊工序的控制情况； （3）项目质量管理策划结果中各项内容的完成情况； （4）项目质量管理策划及实施结果的评价结论； （5）存在的问题及分析和改进意见
	13.2.3	施工企业各管理层次应按规定对质量信息进行分析，判断质量管理状况和质量目标实现的程度，识别需要改进的领域和机会，并采取改进措施。施工企业在分析过程中，应使用有效的分析方法。分析结果应包括： （1）工程建设有关方对施工企业的工程质量、质量管理水平的满意程度； （2）施工和服务质量达到要求的程度； （3）工程质量水平、质量管理水平、发展趋势以及改进的机会； （4）与供应方、分包方合作的评价
8.5.1	13.1.4	施工企业的质量管理改进活动应包括：质量方针和目标的管理、信息分析、监督检查、质量管理体系评价、纠正与预防措施等。 条款说明： 施工企业应根据信息分析的结果，确定改进的内容和方向，包括： （1）对工程质量和质量管理活动中存在的各类问题及其影响的分析； （2）对发包方和社会满意程度的分析； （3）与其他施工企业的对比； （4）对质量目标实现情况的分析
	13.3.2	施工企业可根据质量管理分析、评价的结果，确定质量管理创新的目标及措施，并跟踪、反馈实施结果。 条款说明： （1）施工企业最高管理者应对质量管理创新作出安排，各管理层次，各职能部门应在有关活动计划中明确采取的创新措施。项目经理部应在项目质量管理策划中明确相应的创新措施。 （2）施工企业应对创新的效果进行评估，确保在合理的成本、风险条件下实施创新的活动

3.2 GB/T 19001 和 GB/T 50430—2007 之间的关系、差异

《工程建设施工企业质量管理规范》GB/T 50430—2007 与《质量管理体系 要求》GB/T 19001—2008 条款对照表　　表 3-2

GB/T 50430—2007 规范条款		GB/T 19001—2008 标准条款	对比 9001 增加或强调
1. 总则		1.1、1.2	
2. 术语		3	
3. 质量管理基本要求	3.1 一般规定	4.1	
	3.2 质量方针和目标	5.3、5.4.1	3.2.4 应建立质量目标管理制度
	3.3 质量管理体系的策划和建立	4.1、4.2.1、4.2.2、5.4.2	
	3.4 质量管理体系的实施和改进	4.1、5.6.1、6.1、8.1	3.4.2 建立质量管理监督检查和考核机制
	3.5 文件管理	4.2.3、4.2.4	
4. 组织机构和职责	4.1 一般规定	5.5.1	
	4.2 组织机构	5.5.1	
	4.3 职责和权限	5.1、5.5.1、5.5.3	
5. 人力资源管理	5.1 一般规定	6.2.1	5.1.1 建立人力资源管理制度 5.1.2 制定人力资源发展规划；确定任职条件，形成文件
	5.2 人力资源配置	6.2.2	5.2.3 建立绩效考核制度，结果将作为人力资源评价和改进的依据
	5.3 培训	6.2.2	
6. 施工机具管理	6.1 一般规定	6.3、7.4	6.1.1 建立制度
	6.2 施工机具配备	6.3、7.1、7.4	6.2.1 配置计划要经过审批 6.2.4 法规要求的安拆方案应经过批准，验收后使用
	6.3 施工机具使用	6.3	
7. 投标及合同管理	7.1 一般规定	5.2、7.2.1、7.2.2、7.2.3	7.1.1 建立合同管理制度
	7.2 投标及签约	7.2.1、7.2.2	
	7.3 合同管理	7.2.2、7.2.3	7.3.3 应对履约情况进行分析和记录
8. 建筑材料、构配件和设备管理	8.1 一般规定	7.4.1、7.4.2、7.4.3	8.1.1 建立制度
	8.2 建筑材料、构配件和设备的采购	7.4.1、7.4.2	
	8.3 建筑材料、构配件和设备的验收	7.4.3、8.2.4、8.3	
	8.4 建筑材料、构配件和设备的现场管理	6.4、7.5.3、7.5.5	8.4.4 建立发放记录，并具有可追溯性
	8.5 发包方提供的建筑材料、构配件和设备	7.5.4	

续表

GB/T 50430—2007 规范条款		GB/T 19001—2008 标准条款	对比9001增加或强调
9. 分包管理	9.1 一般规定	7.4.1、7.4.2、7.4.3	9.1 建立制度
	9.2 分包方的选择和分包合同	7.4.1、7.4.2	
	9.3 分包项目实施过程的控制	7.4.3、8.2.3	9.3.1 对分包人员交底，审批分包的施工或服务方案，确认或验证分包人员的资格和能力、设备设施材料等
10. 工程项目施工质量管理	10.1 一般规定	7.1	10.1 建立制度
	10.2 策划	7.1	
	10.3 施工设计	7.3	10.3.1 应对施工图设计进行控制（如有）
	10.4 施工准备	7.5.1	10.4.3 企业要向项目经理部做质量策划结果的交底，保存记录
	10.5 施工过程质量控制	6.4、7.5.1~7.5.5	
	10.6 服务	7.5.1、7.5.4、7.5.5、8.2.1、8.4	10.6.2 施工企业应对服务进行策划
11. 施工质量检查与验收	11.1 一般规定	8.1	11.1 建立检查制度
	11.2 施工质量检查	8.2.3	11.2.1 制定检查策划的文件
	11.3 施工质量验收	8.2.4	11.3.2 施工企业应在竣工验收前进行内部验收
	11.4 施工质量问题的处理	8.3	11.4.4 建立质量事故责任追究制度
	11.5 检测设备管理	7.6	
12. 质量管理自查与评价	12.1 一般规定	8.1	12.1 建立自查和评价制度
	12.2 质量活动的监督检查与评价	8.2.1、8.2.2、8.2.3	收集工程建设有关方的满意情况的信息
13. 质量信息和质量管理改进	13.1 一般规定	5.5.3、6.1、8.1	13.1.1 应用信息管理技术
	13.2 质量信息的收集、传递、分析与利用	5.2、5.6、8.2.1、8.4	13.2.2 要进行项目总结
	13.3 质量管理改进与创新	8.5.1、8.5.2、8.5.3	13.3.2 确定治疗管理创新的目标及措施

按照认可委SC15《工程建设施工企业质量管理体系认证机构认可方案》中C2.2 1)的要求，申请转换的企业应已按GB/T 19001：2008和GB/T 50430：2007要求建立和实施了质量管理体系，并实施了覆盖所有程序的内审和管理评审。

3.3 《工程建设施工企业质量管理规范》的条文理解

3.3.1 《规范》的内容框架

(1) 总则。
(2) 术语。
(3) 质量管理基本要求：
1) 一般规定；
2) 质量方针和质量目标；
3) 质量管理体系的策划和建立；
4) 质量管理体系的实施和改进；
5) 文件管理。
(4) 组织机构和职责：
1) 一般规定；
2) 组织机构；
3) 职责和权限。
(5) 人力资源管理：
1) 一般规定；
2) 人力资源配置；
3) 培训。
(6) 施工机具管理：
1) 一般规定；
2) 施工机具配备；
3) 施工机具使用。
(7) 投标及合同管理：
1) 一般规定；
2) 投标及签约；
3) 合同管理。
(8) 建筑材料、构配件和设备管理：
1) 一般规定；
2) 建筑材料、构配件和设备的采购；
3) 建筑材料、构配件和设备的验收；
4) 建筑材料、构配件和设备的现场管理；
5) 发包方提供的建筑材料、构配件和设备。
(9) 分包管理：
1) 一般规定；
2) 分包方的选择和分包合同；
3) 分包项目实施过程的控制。

(10) 工程项目施工质量管理：

1）一般规定；

2）策划；

3）施工设计；

4）施工准备；

5）施工过程质量控制；

6）服务。

(11) 施工质量检查与验收：

1）一般规定；

2）施工质量检查；

3）施工质量验收；

4）施工质量问题的处理；

5）检测设备管理。

(12) 质量管理自查与评价：

1）一般规定；

2）质量管理活动的监督检查与评价。

(13) 质量信息和质量管理改进：

1）一般规定；

2）质量信息的收集、传递、分析与利用；

3）质量管理改进与创新。

3.3.2 《规范》的条文理解

1. 对"总则"的理解

【标准条文】

---

1 总 则

1.0.1 为加强工程建设施工企业（以下简称"施工企业"）的质量管理工作，规范施工企业质量管理行为，促进施工企业提高质量管理水平，制定本规范。

1.0.2 本规范适用于施工企业的质量管理活动。

1.0.3 本规范是施工企业质量管理的标准，也是对施工企业质量管理监督、检查和评价的依据。

1.0.4 施工企业的质量管理活动，除执行本规范外，还应执行国家现行有关标准规范的规定。

【条文理解】

(1) 施工企业的质量管理行为，决定着施工企业的工程质量。本规范是从与工程质量有关的行为，即"大质量"的概念出发，对各项质量管理活动提出的要求。《规范》制定的理论依据是 GB/T 19001—2008 标准，同时，也依据了现行的与施工企业质量管理有关的国家标准和规范，是将 GB/T 19001—2008 标准的要求，结合我国建筑行业的特点和施工企业的管理特点，转化成为施工企业的管理要求，是 GB/T 19001—2008 标准的"行业化"和"本土化"。《规范》全面覆盖了一般施工企业所有的质量管理活动,并不是单独创建一套质量管理标准的概念。执行本规范是施工企业工程质量符合法律、法规要求的基本保证。施工企业应根据本规范的要求,结合企业自身的管理水平、工程产品特点,制定和完善适合本企业的质量管理制度,不能照搬照抄其他企业的管理要求。已经贯彻 GB/T 19001:ISO 9001 标准的企业应根据本规范评价本企业的质量管理体系是否有必要进一步完善和改进。

(2) 本规范是针对施工企业的质量管理活动作出的规定,确定了与工程质量形成密切相关的各项管理工作的内容和要求。《规范》的要求覆盖了施工企业各个层次的各项质量活动,而不仅是工程项目的质量管理工作。因此,企业执行本规范应首先明确本标准在本企业的覆盖范围。本规范全面提出了施工企业的各项质量管理要求。不进行施工设计的企业在使用本规范时可不执行第 10 章第 3 节施工设计的有关要求。

(3) 本规范适用于所有工程建设施工企业,包括总承包企业和专业承包企业(含分包企业)都可以执行本规范的要求。

(4) 在执行本规范的同时,企业应建立质量管理创新机制,提高企业质量管理创新的能力,形成新的动力源,为工程建设施工企业的持续、稳定、健康发展提供有力保障。因此,在执行本规范的同时,企业应将质量管理创新作为质量管理重要内容之一。

(5) 不同企业的质量管理的水平、内容各有不同,本规范仅规定了施工企业质量管理的基本要求。施工企业实施质量管理时,可以本规范为基础,根据社会经济发展和企业发展需要,增加其他管理要求,纳入企业质量管理体系中,建立企业自律管理机制。

(6) 本规范是施工企业质量管理的基本规范,虽全面覆盖了施工企业质量管理的各个方面,也仅是提出了企业质量管理的基本框架和思路,仅规定了施工企业质量管理应达到的基本要求,企业质量管理的行为在各个方面还应也必须同时符合国家和地方相关的法律法规、标准规范的要求。各级建设行政主管部门、建设单位、第三方认证机构,可以本规范可以以本规范作为监督、检查和评价施工企业质量管理水平的依据,在对企业进行质量管理监督检查评价时,应同时依据相关的国家法律、法规和标准规范以及行业的具体要求。

【相关法律法规和标准规范】
(1)《中华人民共和国建筑法》;
(2)《建筑工程质量管理条例》。

【和 GB/T 19001 的对应关系、差别】
(1) 本章对应 GB/T 19001—2008 中的"1 范围"中的"1.1 总则"和"1.2 应用"。
(2) 但《规范》没有明确说明删减的要求。将组织直接定位成"公司"。

【有效运行的证据】
按照本《规范》的要求建立了文件化的质量管理体系,并在工程建设施工质量管理中有效运用。

2. 对"术语"的理解

【标准条文】

2 术　语

2.0.1 质量管理活动 quality management action

为完成质量管理要求而实施的行动。

2.0.2 质量管理制度 quality management statute

按某些质量管理要求建立的、适用于一定范围的质量管理活动要求。质量管理制度应规定质量管理活动的步骤、方法、职责。质量管理制度一般应形成文件。

需要时，质量管理制度可由更加详细的文件要求加以支持。

2.0.3 质量信息 quality information

反映施工质量和质量活动过程的记录。

2.0.4 质量管理创新 quality management innovation

在原有质量管理基础上，为提高质量管理效率、降低质量管理成本而实施的质量管理制度、活动、方法的革新。

2.0.5 施工质量检查 quality inspection

施工企业对施工质量进行的检查、评定活动。

【条文理解】

（1）本《规范》所列出的 5 个术语，涉及了施工企业质量管理的基本范畴，体现了《规范》本土化和行业化的特点，成为贯穿本规范的重要理念。

（2）本《规范》中对 GB/T 19001—2008 中已有且本手册使用的术语没有给出定义，如质量方针、质量管理体系、评审、验证、确认等，对于这些术语采用《质量管理体系　基础和术语》GB/T 19000—2008 中的定义。

【相关法律法规、标准规范】

《质量管理体系　基础和术语》GB/T 19000—2008。

【和 GB/T 19001 标准对应关系和差别】

（1）对应于 GB/T 19000—2008 中的"3 术语和定义"。

（2）给出的 5 个术语是《质量管理体系　基础和术语》GB/T 19000—2008 没有的定义。

3. 对"质量管理体系基本要求"的理解与实施要点

【标准条文】

3 质量管理基本要求
3.1 一般规定

3.1.1 施工企业应结合自身特点和质量管理需要，建立质量管理体系并形成文件。

【条文理解】

（1）质量管理体系是"在质量方面指挥和控制组织的管理体系"，施工企业质量管理的各项要求是通过质量管理体系实现的。建立健全质量管理体系是企业经营管理的重要内容之一，为确保工程质量满足国家有关法律、法规、强制性标准、合同要求及企业自身的要求，必须在企业内部将与工程质量有关的所有质量活动都予以规范。各施工企业应将所建立的质量管理体系的要求形成必要的文件，作为质量管理的依据。

（2）质量管理体系的要求一般是通过文件的形式来体现的，因此，所建立的质量量管理体系"文件化的质量管理体系"，质量管理体系的文件化的要求见《规范》3.3.3条款，文件化的要求并不是表明文件越多越好，应该考虑文件的有效性需求。

（3）任何企业都有已经建立和运行的质量管理体系，各企业应在原有基础上，对照本规范的要求，根据自身的管理需要进行进一步完善。

【实施指南】

施工企业应将本规范作为建立、保持和改进质量管理体系的基本依据，并可以成为企业文化的一个重要组成部分。本规范中确定的质量管理体系要求符合国际通用的质量管理原则。企业在建立和实施质量管理体系的过程中应遵循GB/T 19000确定的质量管理8项原则：

（1）施工企业应认识到质量管理的最终目的是工程质量使发包方满意。企业要确定发包方的需求和期望，员工在工作过程中应始终将"满足发包方要求"作为工作的基本原则；同时，发包方的需求和期望在不断地变化，企业也应随之进行动态管理，与发包方的需求和期望始终保持一致并努力超越其要求。

（2）施工企业的最高管理者应确立企业的宗旨和发展方向，在制定质量方针和目标、工程施工及各项质量活动中，鼓励员工积极参与，提出合理化建议，并参与适当的决策和过程改进。

（3）施工企业的员工要树立工作责任感，清楚自己的职责、权限，做好本职工作，积极参与质量改进活动，努力实现岗位质量目标，为企业发展作出贡献。企业要创造一个良好的、宽松的环境，让员工的创新精神得到尽情发挥。

（4）企业的质量管理是通过对企业内各过程进行管理来实现的，企业需要确定自身与工程质量相关的各项管理过程，并确定各过程实施的方法、配备充足的资源、检查和分析各项工作的过程和结果，使工作质量和效率不断提高。

（5）企业应明确各项工作之间的关系，协调好内部及外部所有过程，建立和不断完善质量管理体系，通过有效运行，实施质量方针和实现质量目标。

（6）发包方的需求和期望在不断提高，持续改进应始终注重过程改进，从而完善质量管理体系，最终提高工程质量。施工企业的最高管理者在强调持续改进时，应建立机制、营造环境、提供资源。同时，在制定质量方针和目标时就应考虑持续改进的机会和需求，并定期评审以达到持续改进。当然，企业的所有员工也应积极参与到开展创新性持续改进的活动中来。

（7）正确的决策依赖于真实、充分的事实，而事实由一是组组的数据和信息构成，企业的管理者要作出各种决定，需要大量的数据和信息。质量管理体系的实施与改进应注重对数据和信息的收集、分析、传递、汇总、沟通和应用，达到施工企业中某一过程以至整个体系的改进。施工企业采用适宜的统计方法对收集到的数据和信息进行科学、客观的分析，得出定性或定量的结果，找到企业的差距，且将作为改进依据的分析结果输入决策这个过程。施工企业应建立信息传递网络，将数据、信息和分析结果及时传递到各相关职能部门及决策者，相互沟通。决策者汇总、运用有关的数据、信息及分析结果而作出决策。

（8）企业与供方、发包方的关系密不可分。在社会分工日益细化的今天，供方已成为施工企业不可缺少的资源之一，它提供的产品和服务质量不同程度地影响着施工企业提供给发包方的工程实物质量。将供方作为企业经营战略中的重要组成部分，有利于企业之间的专业化协作，以及培养适应市场的快速反应能力，形成共同的竞争优势，可以优化本企业的成本和资源。

企业本着"8项原则"所建立的质量管理体系，是企业整体管理体系中的一部分，而质量管理体系自身又应形成一个系统。企业建立的质量管理体系不应是根据不同的质量管理标准建立的多个质量管理体系，而应是根据不同质量管理标准逐步完善的体系。如目前有些企业的质量管理体系是依据GB/T 19001—2008的要求建立的，而且已经通过了认证，也应根据本规范的要求对原有体系进一步善，应对比本规范的要求，对质量管理体系进行调整和完善。已按照GB/T 19001—2008建立质量管理体系的施工企业在按照本规范进行管理体系调整时，应从理解《规范》要求，调整质量管理体系文件入手。应当注意的是，一般施工企业都有一定的质量管理制度，在调整质量管理体系文件时，要按照《规范》的要求，在原有质量管理制度上予以完善，不可按照《规范》的要求另搞一套，从而形成了"两张皮"的情况；而按照本规范进行调整是消除这种情况的有利时机。

【标准条文】

3.1.2 施工企业应对质量管理体系中的各项活动进行策划。

【条文理解】

质量管理体系确定了质量管理体系的各项质量活动，这些质量活动的实施应按照策划的结果进行，以保证质量活动能在受控状态下进行。策划是指为达到一定目标，在调查、分析相关信息的基础上，遵循一定的程序，对未来某项工作进行全面的构思和安排，制定和选择合理可行的执行方案，并根据目标要求和环境变化对方案进行修改、调整的活动。各项质量活动策划应在质量活动开展前进行，明确质量活动的目的、职责、步骤和方法。质量管理活动应体现计划-实施-检查-处理的持续改进的原则。具体策划的实施应满足《规范》3.3.1的要求。

【实施指南】

企业对质量管理活动的策划，关系到质量活动的各项安排是否合理、活动的流程是否顺畅和高效、职责是否清晰。按照《规范》要求建立的质量管理体系所包含的每一项质量管理活动，都应进行策划。应明确质量活动策划的职责，策划活动应贯穿于质量管理体系运行的全过程中，尤其是质量管理改进过程中的重要环节。

质量活动的策划可以采取以下方法：

（1）分析目前质量管理现状，与相关标准和要求进行对比；

（2）制定相关管理制度，在制度中确定质量活动的准则和方法；

（3）制定质量活动计划、方案或措施。

质量活动策划的结果应根据本规范、GB/T 19001—2008标准及企业的管理需要形成适合操作的文件。

【标准条文】

3.1.3 施工企业应检查、分析、改进质量管理活动的过程和结果。

【条文理解】

条文要求施工企业对质量管理体系的各个过程和过程的结果都应进行检查，并在分析的基础上实施改进。具体策划的实施为《规范》3.3.4 及第 11，12，13 章的相关要求。

【实施指南】

各项质量活动的展开应按照策划的要求进行，对质量活动的过程或结果通过相应措施进行检查，使质量活动的结果达到策划的目标。质量管理活动的过程及其结果的检查、分析和改进贯穿于质量管理各个方面，可以采取以下方式进行：

(1) 对管理活动过程的监督；
(2) 各种方式的工作检查；
(3) 报告计划的完成情况；
(4) 计划完成情况的报告和测评；
(5) 质量管理活动结果分析。

对质量管理活动的过程和结果应采取适宜的方式进行检查、监督和分析，以确定质量管理活动的有效性，明确改进的必要性和方向，通过改进活动的实施使质量管理水平不断提。施工企业应根据质量管理活动策划的安排，对质量管理活动的过程和结果进行检查和评价。

【相关法律法规和标准规范】

对应 3.1 一般规定中的法规或标准：《质量管理体系 要求》GB/T 19001—2008。

【和 BG/T 19001 的对应关系、差别】

对应 GB/T 19001 中的"4.1 总要求"。其差别有：

(1) 对过程的确定和应用、对过程方法的描述不如 GB/T 19001—2008 具体；
(2) 对外包过程单独作为一个章节在第 9 章"外包管理"中专门规定。

【有效运行的证据】

(1) 结合管理评审或召开专门会议对现有质量管理体系与本《规范》的差距分析的记录；

(2) 质量管理体系策划的结果，如对《质量管理体系说明书》或《质量管理手册》中提出章节目录和修改要求，提出需要编写的《质量管理制度》清单和内容要求或对原《程序文件》的补充修改要求。

【标准条文】

3.2 质量方针和质量目标

3.2.1 施工企业应制定质量方针。质量方针应与施工企业的经营管理方针相适应，体现施工企业的质量管理宗旨和方向。包括：

— 遵守国家法律、法规，满足合同约定的质量要求；
— 在工程施工过程中及交工后，认真服务于发包方和社会，增强其满足程度；
— 树立施工企业在市场中的良好形象；
— 追求质量管理改进，提高质量管理水平。

【条文理解】

条文是对质量方针的制定、内容及其与企业总体方针之间关系的要求。本条文涉及的

GB/T 19001—2008 标准条款为 5.3。

质量方针是企业经营管理总方针的重要组成部分,是由施工企业的最高管理者制定的企业的质量宗旨和方向。质量方针应与组织的总方针相一致并为制定质量目标提供框架。

最高管理者是在最高层指挥和控制组织的一个人或一组人。质量方针必须与经营管理总方针保持一致。

【实施指南】

企业建立质量方针有以下的目的和意义。

(1) 质量方针是统一全体员工质量意识的准则。质量方针的制定与发布,可以将员工质量意识提高到一个统一的水平上来,在统一的质量意识下实施各项质量活动。

(2) 质量方针是建立质量管理体系的基础。质量方针为质量管理体系的建立规定了方向和原则。

(3) 质量方针是检验质量管理体系运行效果的最高标准。质量管理体系运行的各方面是否符合要求,运行效果是否达到预期的目的,都应该用质量方针进行分析和评审。

质量方针制定的步骤会由于企业原有的质量管理体系基础、企业的机构设置和在建立质量管理体系的过程中所安排的步骤的不同而有一定的差别,但基本有以下不可缺少的步骤:

(1) 分析企业的内外部环境。在分析内外部环境时,尤其要注意分析顾客的要求和期望,分析企业自身的产品历史和现状,分析企业管理水平。通过分析,确定本企业的质量管和产品所应遵循的原则和在市场中的地位和水平。

(2) 明确企业的质量管理思想。根据对企业内外部环境的分析结果来确定企业的质量管理的发展战略。

(3) 经过反复讨论、修改形成质量方针。质量方针应能反映企业的质量管理特点,而且应使各部门员工加深对企业质量方针的认识和理解,形成质量行为的依据,便于今后的顺利贯彻。

(4) 质量方针必须形成文字,经过最高管理者批准后生效。质量方针的内涵应清晰明确,便于员工对质量方针的理解、传递和实施。施工企业可自行确定质量方针发布的形式,可以单独发布或并入施工企业的其他管理文件中发布。

【标准条文】

3.2.2 施工企业的最高层管理者应对质量方针进行定期评审并作必要的修订。

【条文理解】

本条文是对质量方针的评审和修订的要求。本条文涉及的 GB/T 19001—2008 标准条款为 5.3。

最高管理者承担着对质量方针评审和修订的职责。对质量方针的评审和修订是施工企业质量管理改进的重要手段之一。施工企业应根据内外部条件的变化,保持质量方针的适宜性。对质量方针的评价是衡量质量方针是否符合内、外部环境要求的手段,也是评价员工质量意识和理念是否符合企业要求的重要方法。企业应规定质量方针评审的职责和时间间隔。评价的方式可以是灵活多样的,如会议、文件审核等。

对质量方针的调整会涉及质量目标、组织机构、职责权限、管理的范围、管理制度等方面的调整，应予以重视和确保协调。

【实施指南】

最高管理者应明确对质量方针进行定期的评审并作必要的修订。定期评审是企业质量管理体系改进的重要方式之一，按照规定的时间间隔，以适宜的方式组织对质量方针的评审，可以与《规范》13.2.4 的条款质量管理体系评价结合进行。

对质量方针的评价，是对质量宗旨和质量方向的评价，应结合企业质量管理的现状、环境、发展需要等进行评价。因此，相关信息的收集是重要的环节，要明确规定信息搜集的职责。对质量方针进行评价可以考虑收集以下信息：

(1) 质量目标的实现情况；
(2) 各项质量管理制度的执行情况；
(3) 发包方对工程质量的评价；
(4) 各项质量管理要求与外部环境的适应性；
(5) 企业对于质量发展的远景规划。

如需要对质量方针进行修订，则需要考虑以适宜的方式使员工理解并贯彻实施。

【标准条文】

3.2.3 施工企业应根据质量方针制定质量目标，明确质量管理和工程质量应达到的水平。

【条文理解】

质量目标是在质量方面所追求的目标，施工企业的质量目标应密切结合本企业的工程产品特点，能体现出企业对工程质量水平的追求。质量目标应是可测量的。如质量目标中含有相应指标，则施工企业应通过适当的方式明确质量目标中各项指标的内涵和评价方式。本条文涉及 GB/T 19001—2008 标准 5.4.1 的相关要求。

【实施指南】

质量目标应为企业及其员工确立质量活动的努力方向。质量目标应与其他管理目标相协调。质量目标的形式可以有各种表现形式，包括长期目标、阶段性目标、年度目标等，并且可以与各类工作计划相结合，所确定的各类质量管理目标中的指标，应通过适当的方式明确其内涵并尽可能量化，以便于统一理解，便于执行和考核。

质量目标的制定要考虑企业目前的质量水平、同行业的质量水平，是通过企业的努力能现的目标。

质量目标必须在相关职能和各层次机构中分解展开，各层次的职能部门和项目部都应建立各自的质量管理目标，使其能在相关职能和层次机构中具体落实，增加质量目标的可实现性和可测量性。质量目标可以结合各部门、各岗位的工作职责和计划加以分解和展开，具体施工项目的工程质量目标应作为企业质量目标分解展开的结果之一。可以通过定量、排序或平对比等方法体现质量目标的可测量性。

【标准条文】

3.2.4 施工企业应建立并实施质量目标管理制度。

【条文理解】

本条文要求施工企业应建立质量目标管理制度，并按照所建立的制度的要求对质量目标实施管理。质量目标管理制度中一般应明确质量目标制定的职责、依据，质量目标分解、质量目标实现情况的考核的要求等。

【实施指南】

质量目标管理制度的建立与其他各项质量管理制度都有相关性，应明确质量目标管理的职责，质量目标管理的机构应贯穿于企业的各个管理层，以监督管理质量目标的分解和落实，并对目标实现情况进行考核，同时将考核结果按照规定的要求传递，保证企业总体质量目标的考核评价信息的准确性。

施工企业各管理层次应按照质量目标管理制度的要求监督检查质量目标的分解、落实情况，并对其实现情况进行考核。质量目标考核结果应作为质量管理改进依据的组成部分。

实施质量目标考核时可以采取针对各管理层次由下至上的方法，质量管理目标的考核应符合既定的质量管理目标中各项指标的要求，质量目标考核结果应成为质量管理水平评价和量管理改进的依据，成为重新确定和修订质量管理目标的依据。质量管理目标考核应与其他经营管理目标的考核紧密结合。

【标准条文】

> **3.3　质量管理体系的策划和建立**
>
> **3.3.1**　最高管理者应对质量管理体系进行策划。策划的内容应包括：
> （1）质量管理活动、相互关系及活动顺序；
> （2）质量管理组织机构；
> （3）质量管理制度；
> （4）质量管理所需的资源。

【条文理解】

质量管理体系的策划，关系到质量管理运行的有效性甚至成败，企业最高领导者是质量管理体系的建立、实施与改进的第一责任人，应结合本企业的实际和已确定的质量方针对质量管理体系的各方面进行安排。最高管理者也可委托管理层中的其他人负责质量管理体系的建立、实施和改进活动，并通过适当的方式明确其责任和权利。应明确《规范》中所列的质量管理体系策划的四项内容在体系中的作用和相互关系。

质量管理体系策划的内容应包括《规范》中明确的四个方面、它们之间的相互关系及其对质量管理体系的作用。

【实施指南】

施工企业一定要重视质量管理体系的策划过程，在全面理解《规范》要求的基础上，最高管理者组织有关负责人分析本企业的质量管理体系与《规范》之间的差异，确定需要调整的质量管理体系过程、已有质量管理组织机构的设置是否合理、需要完善哪些制度、还需要配备哪些资源。已认证的企业也需要进行以上情况的分析，如以往质量管理体系已存在质量管理体系与实际运作不相符合的"两张皮"现象，则更应分析本企业产生这种情况的原因，继而按照《规范》的要求予以调整。

应在原有管理基础上，在确定的管理范围内建立管理所需要的、适用的管理制度，使所有工作都有章可循,这些制度应有操作性,制度应符合企业自身的需要,应考虑:原有管理基础的完善程度、管理工作的复杂程度、人员的素质等方面的因素。质量管理制度的结构、层次、格式以及篇幅等都可根据需要确定。质量管理制度的编制要考虑企业的职能分工,但必须注意制度之间的接口关系,不可在制度的各项规定中产生矛盾。

一定数量的文件化制度是必需的,这与制度使用者掌握制度的熟练程度有关;文件化质量管理制度可以采用任何媒体形式。各项管理制度内容应侧重于对各项工作的操作性规定,当某些质量活动可以用相关法规、标准、规范来表述时,制度中可以直接引用。

有效实施是制度制定的目的,应根据原有管理基础采取有效措施推行质量管理制度,应使员工明确推行质量管理制度的意义和目的,必要时,可以辅以适当的奖惩机制。

【标准条文】

> 3.3.2 施工企业应根据质量管理体系的范围确定质量管理内容。施工企业质量管理内容一般包括:
> (1) 质量方针和目标管理;
> (2) 组织机构和职责;
> (3) 人力资源管理;
> (4) 施工机具管理;
> (5) 投标及合同管理;
> (6) 建筑材料、构配件和设备管理;
> (7) 分包管理;
> (8) 工程项目施工质量管理;
> (9) 施工质量检查与验收;
> (10) 工程项目竣工交付使用后的服务;
> (11) 质量管理自查与评价;
> (12) 质量信息管理和质量管理改进。

【条文理解】

施工企业应明确本企业的哪些质量管理工作直接或间接地影响到工程产品质量,这些工作就是应纳入质量管理体系范围内的过程,应对这些过程进行控制,以确保工程产品质量符要求。《规范》给出了一般施工企业对工程产品质量产生影响的主要过程,但每个企业都应分析和确定本企业直接或间接影响工程产品质量的过程,这些过程涉及哪些职能部门和项目部,这些过程及组织就是质量管理体系的范围,即根据质量管理工作范围确定质量管理的职能范围、策划组织机构及相互关系,并合理地进行职责划分,确定各职能的管理范围及管理的深度与方法;应在明确质量管理体系范围的基础上对质量管理体系进行策划:

应明确所有各项工作之间存在的接口关系,以便确定各项管理工作的合理顺序。必须合理地确定工作流程,使其高效地达到期望的工作效果。不应存在管理的死角,也应避免交叉、重复的管理步骤。

【实施指南】

施工企业质量管理是针对与工程质量的形成有关的各项工作的管理,明确管理内容是确定管理方法的前提。应分别就以下与工程质量相关的工作实施质量管理：

（1）确定和落实质量管理方针，制定质量目标，将质量目标作为组织发展的方向，并通过目标的落实、分解及考核，确定改进的方向；

（2）根据质量管理的范围和内容确定组织机构，明确管理职责；

（3）实施人力资源管理，确保人员能力满足质量管理要求、各项质量活动的职责得以落实；

（4）对工程项目实施全过程管理，切实履行工程承包合同；

（5）对工程分包、劳务分包、设备租赁、技术服务等实施管理；

（6）对工程施工所需的材料、设备实施管理，保证项目施工资源的充分；

（7）按照国家和地方的有关规定对工程施工全过程中应进行的质量检查和验收；

（8）收集、传递、分析和利用工程质量、管理质量信息，评价工程质量和质量管理水平并确定改进方向；

（9）对质量管理和工程质量实施改进，从而不断提高质量管理效率。

应明确上述各项管理工作的工作内容、顺序以及与其他工作之间的相互关系，结合企业自身的实际情况，明确具体的管理手段和措施，并制定有效的管理制度，在管理制度中合理、高效地确定其工作流程。应根据确定的质量管理内容明确质量管理的范围，质量管理范围涉及工程产品范围和职能范围，质量管理范围的确定应与所承揽的项目类别相适应。

【标准条文】

> **3.3.3** 施工企业应建立文件化的质量管理体系。质量管理体系文件应包括：
> （1）质量方针和质量目标；
> （2）质量管理体系的说明；
> （3）质量管理制度；
> （4）质量管理的各项记录。

【条文理解】

编制和完善质量管理体系文件是建立和完善管理体系的重要任务之一，是一项具有动态的高增值的活动。质量管理体系的建立、健全要从编制、完善体系文件开始。质量管理体系的运行、审核与改进，都是依据文件的规定进行，实施的结果也要形成文件，这是证实产品质量符合规定要求及质量管理体系有效运行的证据。

【实施指南】

质量管理体系说明是企业质量管理体系第一层次文件，它在质量管理体系文件中具有统率的作用，是企业内最高的质量法规和准则。质量管理体系说明是对企业的质量管理体系作系统、具体而又是纲领性的阐述，它规定质量管理体系的基本结构，应能反映出企业质量管理体系的总貌，因而是企业实施和保持质量管理体系应长期遵循的，具有法规、政策效力的文件。在企业内部，它是指导质量管理活动的行动准则；对企业外部，它是企业质量保证能力的文字阐述，是顾客或第三方（质量监督或质量认证机构）对供方质量管理体系乃至其所承建工程（产品）的质量是否能达到规定要求的评价依据。

质量管理体系说明的内容应包括：质量管理体系的范围，各项质量管理制度（或引用),各项质量管理活动之间相互关系、相互影响的说明。质量管理说明可采取适宜的形式和结构,可单独形成文件,也可与其他文件合并。质量管理体系说明也可以与质量管理制度合二为一。

质量管理制度是以往实践经验的结晶,所规定活动的方法是恰当和有效的,只要连续地按质量管理制度执行,便可排除人为的随意性,连续地保持各项质量活动的有效性,恰当而连续地控制各项质量活动;同时,质量管理制度明确规定了每个活动过程的输入、转换、输出,以及活动之间的接口关系,而且事先对失控时的纠正方法和预防措施作了安排,减少了发生质量问题的风险,确保整个体系运行具有最佳的秩序和最佳的效果,使质量管理体系具预防控制和及时纠偏的能力;质量管理制度上承质量管理体系说明,下接作业文件,它通过对质量管理体系要求的策划,把质量管理体系说明规定的原则进行具体展开,成为质量管理体系说明的支持性文件。

必要的支持性文件的对象是质量活动中的某项作业。其内容是该作业的操作、控制、验证的方法和管理要求,是技术管理性文件,也是质量管理制度的支持性文件,必要的支持性文件可以分为两类:

(1) 用于生产活动的操作指导文件,如工法、操作规程等;
(2) 用于指导具体作业管理的规章制度、工作细则等。

一个质量管理制度需要进一步编制哪些支持性文件由企业根据需要自主确定。

本《规范》中的12个方面提出要求施工企业编制15项管理制度。表3-3给出了制度清单。

手册要求的质量管理制度 表3-3

条 款	制 度	条 款	制 度
3.2.4	质量目标管理制度	9.1.1	分包管理制度
3.5.1	文件管理制度	10.1.1	施工质量管理制度
3.5.3	记录管理制度	11.1.1	施工质量检查制度
5.1.1	人力资源管理制度	11.4.4	事故责任追究制度
5.2.3	员工绩效考核制度	11.3.1	实验、检测管理制度
6.1.1	施工机具管理制度	12.1.1	质量管理自查与评价制度
7.1.1	工程项目投标及工程承包管理制度	13.1.2	质量信息管理和质量改进制度
8.1.1	建筑材料、构配件和设备管理制度		

必要的支持性文件是指支持质量管理制度所需的操作规程、工法、管理办法等管理性及技术性要求等。

文件化质量管理制度极其支持性文件可根据需要合理采用不同的媒体方式。

【相关法律法规、标准规范】

(1) 中华人民共和国建筑法;
(2) 建筑工程质量管理条例;
(3)《质量管理体系 要求》GB/T 19001—2008;
(4)《建设工程项目管理规范》GB/T 50326—2006;
(5)《建筑工程文件归档管理规范》GB/T 50228—2002。

第3章 工程建设施工企业质量管理规范

【和 GB/T 19001 的对应条款、差别】

本条款对应 GB/T 19001—2008 中"4.1 总要求、5.4.2 质量管理体系策划、4.2.1 总则、4.2.2 质量手册"的要求。

其差别有：

（1）没有提"过程"直接用"活动"；

（2）对质量管理体系变更进行策划的要求没提及；

（3）在质量管理体系内容确定上结合了施工行业的实际，具体明确了 12 项质量管理内容；

（4）在质量管理体系文件中没有明确质量手册和程序文件的要求，用"质量管理体系说明"和"质量管理体系制度"来表述。

【有效运行的证据】

（1）编制了《质量管理体系说明》或者对《质量管理手册》进行了修订和完善；

（2）按要求制订了质量管理制度或对原有的程序文件进行了补充修改和完善；

（3）对其他质量管理文件和记录进行了补充修改和完善。

【标准条文】

3.4 质量管理体系的实施和改进

3.4.1 施工企业应确定并配备质量管理体系运行所需的人员、技术、资金、设备等资源。

【条文理解】

质量管理体系运行的条件是资源的配备，资源是质量管理体系的物质基础。为了实施质量方针并达到质量目标，管理者应确定资源要求并提供必需的充分且适宜的基本资源。这些资源可以包括：

（1）人力资源和专业技能；

（2）设计和研制设备；

（3）制造设备；

（4）检验、试验和检查设备；

（5）仪器、仪表和计算机软件。

对于施工企业，针对项目配备适宜的资源是在每个项目策划过程中要考虑的问题。

【实施指南】

应从人员、技术、资金、设备、信息等方面确定各项质量管理工作所需的资源，应根据管理的范围、深度及方法合理地确定资源的需求，对资源管理也是质量管理内容的一部分。

施工企业的最高管理者应尽量在满足以下原则的基础上，配置质量管理体系所必需的资源：

（1）根据设计、施工（生产）、质量检验、试验等方面的实际需要，配备必需的设备、仪表和各种必要的手段；

（2）重视人员的素质因素，特别应注意其职业道德和质量责任心；

（3）适应企业今后技术开发的需要，有利于技术引进和技术改造。

3.3 《工程建设施工企业质量管理规范》的条文理解

【标准条文】

3.4.2 施工企业应建立内部质量管理监控检查和考核机制,确保质量管理制度有效执行。

【条文理解】

质量管理体系的建立是为了能稳定地提供满足顾客和法规要求的产品,最终达到顾客满意,企业的质量管理体系是否达到了这个目的,需要进行评价。顾客和第三方认证机构都可以对企业的质量管理体系的有效性进行评价,但最重要的是组织必须建立自己的评价机制,对所策划的体系、过程及其实施的符合性和有效性进行评价,对质量管理活动进行监督检查就是对质量管理体系进行评价的有效途径。

【实施指南】

对所有质量管理活动都应采取适当的方式进行检查与监督,明确检查、监督的职责、依据和方法,将检查、监督的结果进行分析,并根据分析结果明确改进的目标,采取适当的改进措施,增强质量管理活动的效果。

明确规定各管理层次对各项质量管理活动监督检查的职责、依据和方法是正确评价质量管理活动的基础。应该注意的是,监督检查的方法应密切结合企业的实际工作需要灵活规定。

【标准条文】

3.4.3 施工企业应评审和改进质量管理体系的适宜性和有效性。

【条文理解】

质量管理体系的适宜性是指质量管理体系能持续满足内外部环境变化需要的能力。由于企业所处的客观环境不断变化,包括法律法规、所处市场、新技术的出现、质量概念及顾客的要求和期望的变化,客观上要求组织的质量管理体系也要不断地变化以达到持续地与客观环境变化的情况及顾客要求的变化情况相适应。这种适宜性既来自于企业的外部环境变化的要求,也来自于企业的最高管理者为树立组织的良好形象,达到长期成功的自身要求及组织内部产品、过程、资源等变化的要求,所以企业应及时调整原有的为实现质量方针和目标而构成的一组关联的或相互作用的质量管理体系过程。

另外,由于质量方针、质量目标的变化,必然导致为质量方针和质量目标而策划的质量管理体系的变更,为确保质量管理体系与质量方针和质量目标的持续适宜性,可能需要对质量管理体系过程重新予以识别和确认。

【实施指南】

质量管理体系持续的有效性是指通过完成质量管理体系所需要的过程(或活动)而达到质量方针和质量目标的程度。这就需要把顾客反馈、过程绩效、产品的符合性等作为评审的输入与规定的质量方针、质量目标进行对比以判定质量管理体系的有效性。

企业可以探求适合于本企业的评审方式,通常可以采用以下方法:

(1) 专题研讨评审法;

(2) 集体讨论评审法;

(3) 采用有效、实用、简便、科学能达到评审目的和要求的其他方式。例如印发征求意见提纲或专题采访等。

【标准条文】

3.5 文件管理

3.5.1 施工企业应建立并实施文件管理制度,明确文件管理的范围、职责、流程和方法。

【条文理解】

本条文要求施工企业建立并实施文件管理制度,企业应对与质量有关的文件进行控制,包括:规定产品要求(包括顾客要求、法律法规要求和标准)和质量管理体系及作为各项活动依据的所有文件、规定记载所完成的活动及结果的记录表等。

【实施指南】

建立文件管理制度时,应认真分析本企业文件的类别、各类文件管理的流程、各类文件管理的部门、各部门在文件管理中的职责。应注意,凡是直接或间接影响工程质量的文件都应纳入质量管理体系文件的范围内,都应按照所建立的制度要求实施管理,但由于文件的性质、类别的不同,管理方法和流程也有不同。

文件的媒体可以是纸张、计算机磁盘、光盘、电子媒体或它们的组合。如:管理制度、规范、图样、报告或标准等均是文件。文件是实施并保持体系的基础,适宜的文件会促使质量管理体系有效运行。

【标准条文】

3.5.2 施工企业的文件管理应符合下列规定:
(1) 文件在发布之前经过批准;
(2) 根据管理的需要对文件的适用性进行评审,必要时进行修改并重新批准发布;
(3) 明确并及时获得质量管理活动所需的法律、法规和标准规范;
(4) 及时获取所需文件的适用版本;
(5) 文件的内容清晰明确;
(6) 确保各岗位员工明确其活动所依据的文件;
(7) 及时将作废文件撤出使用场所或加以标识。

【条文理解】

本条文规定了文件从发布直至作废全过程的管理要求。但需要注意的是,不同类别的文件会有不同的管理要求,因此,要根据企业制定的文件管理制度对所有质量管理体系内的文件进行分类管理。

【实施指南】

文件是信息及其承载媒体。文件的媒体可以是纸张、计算机磁盘、光盘、电子媒体或它们的组合。如:管理制度、规范、图样、报告或标准等均是文件。文件是实施并保持体系的基础,适宜的文件会促使质量管理体系有效运行。

文件控制是指对文件的编制、批准、发放、使用、更改、作废、回收等的管理工作,但首先要明确所控制的文件的范围,施工企业应控制的文件很多,如质量手册、程序文件及作业指导书,国家的法令、法规、标准、规范、图纸、图集等,合同文件及施工组织设计、施工方案或质量计划也是应控制的文件。企业在管理这些文件时，应建立文件控制体系，确定各类文件的控制过程，建立和保持文件控制的管理制度。建立文件控制体系时，也应注意要根据上述文件的种类和来源，确定不同的管理方式：

（1）对于组织内部生成的文件，管理制度中要考虑：标识、编制、审查、批准、发放、使用、更改和废止以及评审和其后之更新和再批准诸阶段。其中，更改阶段包括了更改和文件修订状态的标识、编制、审查和批准及其后之发放和使用，审批时也应注意对发放范围的规定。

（2）对于外来文件，如标准、规范、法律、法规、建设单位图纸等程序中要考虑、收集、识别采用、标识、审查、批准、发放、使用、更改（包括更换和补充）和其后之更新和再批准诸阶段。要建立一个渠道，确保能适时收集到适用文件的最新版本或修改信息。上述的审批，不是对文件内容的审批，而是对本组织识别、采用该文件的适宜性的审批。

（3）为便于检索和识别有效版本，对有些文件采用建立和保持文件总目录的方法进行控制是合适的。总目录要表明文件的修订状态和分发、持有的场所。

对于越来越多的电子文件和其他媒体形式的文件，应制定相应的管理办法。电子文件的管理与纸质文件有相同的管理环节，但需有有效的管理方式。

【标准条文】

> **3.5.3** 施工企业应建立并实施记录管理制度，明确记录的管理职责，规定记录填写、标识、收集、保管、检索、保存期限和处置等要求。对存档记录的管理应符合档案管理的有关规定。

【条文理解】

记录是指阐明所取得的结果或提供所完成活动的证据的文件。记录是实施质量保证，是向组织内外部提供信任用的证据，是用以证实产品和质量管理体系符合规定的要求。记录还确保追溯产品质量和测量装置溯源的依据，并可用作验证，以及分析不合格原因、采取预防措施和预防措施的依据。

记录也是特殊形式的文件，各企业在日常管理活动中都会形成大量的记录，而且有不同媒体形式的记录，如电子媒体、纸质媒体等，各类媒体的记录也有多种类型，如：工程质量的有关记录（如：验证资料）、一般的工作日记、文件批示以及各项工作所产生的音像资料等，对于这些不同类型的记录，应充分考虑其所起的作用不同而规定不同的管理办法。

应建立和保持记录控制的管理制度，在管理制度中明确规定各层次、部门和岗位在记录管理方面的职责和权限，明确各岗位的质量活动应形成的记录及其内容、形式、时机和传递方式，记录的形成和传递均应作为各岗位的职责内容之一，以达到建立和保持所需的记录的完整、清晰、容易识别和可检索的目的，并确保需要时可以得到。

【实施指南】

记录的管理应该考虑这些环节：用编号、颜色等对记录进行标识，储存在适宜的环境中，对编目、归档和查阅加以规定以便于检索；根据工程特点、相应法规以及合同的要求的记录的保存期限，记录到期后如何销毁也是不容忽视的一个环节。应规定记录从收集至处置的全过程，形成一个工作体系。

应根据工程建设需要及档案管理制度，设置档案管理部门和档案管理人员。

贮存于计算机系统数据库内的记录，应注意计算机应用软件的更新以及为调用记录所必需的硬件和软件的可获得性，同时规定记录的调用授权和防火墙的设置，以及其他所需的信息安全措施。要注意，所复制的记录的备份，无论是存入数据库的，还是单独的硬盘光盘，也均应予以控制。

以后各章有形成记录的要求时，均应符合本条文的要求：

同前条文一样，电子记录的管理也应符合记录管理的要求，但需要制定适宜的管理办法。

本《规范》中有17个条款明确提出了记录的要求，但施工企业的质量管理记录不限于这些。表3-4给出了记录的清单。

《规范》明确提出记录的条款　　　　表3-4

条　款	记录要求	条　款	记录要求
5.3.3	培训效果评价记录	8.5.2	发包方提供的材料、构配件、设备出现问题的记录
6.2.2	施工机具供方评价记录		
6.2.4	施工机具验收记录	9.3.3	对分包方履约情况进行评价的记录
7.2.2	投标和签约相关记录	10.4.3	施工企业对项目部的交底记录
7.3.1	合同传递相关记录	10.5.5	施工过程质量记录
7.3.3	合同履行情况分析记录	11.4.4	质量问题的处理和验收记录
8.2.4	供方评价、选择、再评价记录	11.5.1	检测设备的校准记录
8.3.2	不合格原材料、构配件、设备处理记录	12.2.5	监督审查和审核记录
8.4.4	建筑材料、构配件、设备发放记录	13.3.3	质量管理改进和创新记录

【相关法律法规、标准规范】

《建筑工程文件归档整理规范》GB/T 50328—2002。

【与 GB/T 19001 的对应条款及差别】

本条款与 GB/T 19001—2008 中的 4.2.3 和 4.2.4 条款对应。与 GB/T 19001 的差别是：

（1）将记录作为文件的一种，文件控制包含了记录控制；

（2）没有对外来文件控制提出要求；

（3）对存档的记录提出了特别的要求。

【有效运行的证据】

（1）制订了相关的管理文件；

（2）建立文件控制清单和质量记录清单；

（3）有关管理相关的记录。

4. 对"组织机构和职责"的理解与实施要点

（1）本章规定了施工企业应明确质量管理体系的组织机构，配备相应质量管理人员，规定相应的职责和权限、形成文件并实施内部沟通等要求；

（2）本章内容涉及 ISO 9001 标准的条款主要为：5.1 管理承诺、5.5.1 职责和权限、5.5.3 内部沟通等；

(3) 涉及的主要法律法规：
1)《中华人民共和国建筑法》；
2)《建筑业企业资质管理规定》；
3)《建设工程质量管理条例》；
4)《建设工程安全生产管理条例》；
5)《建造师执业资格制度暂行规定》；
6)《建设工程项目管理规范》。

合理划分管理层次、建立组织机构、配备质量管理人员并规定相应的职责是保障各项质量管理活动高效、有序运行的前提。质量管理组织机构的建立、人员的配备以及相关职责的确定应该与企业的管理组织体系相一致。

【标准条文】

4.1 一般规定

4.1.1 施工企业应明确质量管理体系的组织机构，配备相应质量管理人员，规定相应的职责和权限并形成文件。

【条文理解】

(1)《规范》第 4 章组织机构和职责包括了 3 个二级条款，7 个三级条款。主要是对质量管理体系的组织机构设置和最高管理者、专职质量管理部门、其他质量管理部门的职责和权限作出了规定。

(2) 本条款是一个基本规定，要求施工企业做好相关的 3 件事：一是明确质量管理体系的组织机构；二是配备质量管理人员；三是规定相应部门和人员的职责和权限。而且将这些职责和权限形成文件。

《规范》中本章的各项条款涉及 GB/T 19001—2008 标准 5.1，5.5.1，5.5.2，5.5.3 等条款。

(3) 建立企业的组织机构，应合理划分管理层次，配备质量管理人员并规定相应的职责和权限，这是保证各项质量管理活动高效、有序运行的前提。企业组织机构的设计，要坚持集权与分权的统一、专业分工与协作的统一、管理层次与管理跨度的统一、管理职责和权力的统一、运行效率与运行成本的统一等原则。组织机构的设置还需要具有一定的弹性，以适应组织机构和职责权限划分的变化。

条文的主要目的是要求施工企业在质量管理过程中通过合理的组织设计为质量管理工作奠定良好的基础。

(4) 组织机构的类型选择

一般企业常用的组织结构形式有直线式、职能式和矩阵式。

对于生产管理复杂，业务范围较大的企业，也有采用复合式的组织结构，即在组织结构中既有直线式也有职能式或矩阵式。

1) 直线式组织机构

直线制是最简单的组织形式，它没有职能机构，从组织的最高层到底层，上下垂直领导，它适用于小型施工企业（见图 3-1）。

2) 职能式组织机构

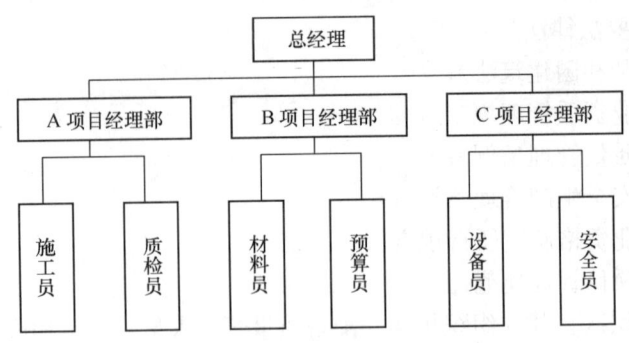

图 3-1 直线式组织机构

职能式组织机构（见图 3-2）是按企业内部的各项职能如市场营销、生产、财务、技术、设备、人力资源管理等来构造组织机构。在下列条件下，职能式组织机构比较适用：

A. 稳定的治理环境；
B. 各职能部门的技术是例行公事的、独立性高的技术；
C. 企业规模为小型或中等规模；
D. 企业的目标集中于内部效率、技术事业化和产品或服务的质量。

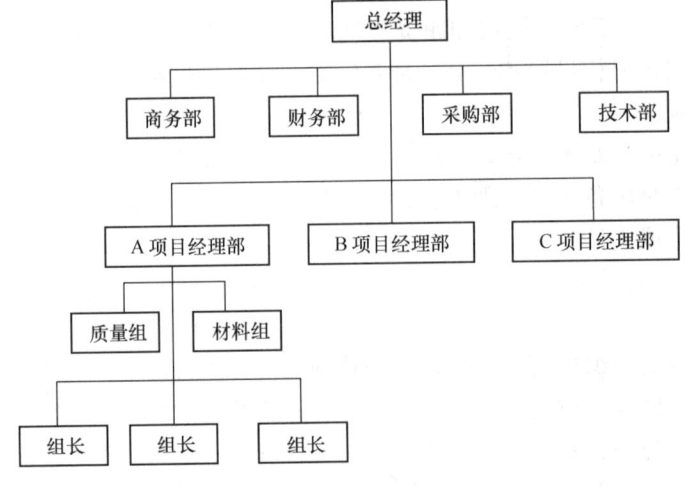

图 3-2 职能式组织机构

3）事业部式组织机构

事业部式组织机构（见图 3-3）是在公司之下分设若干专业施工来划分的专业化或区域化公司，不同的公司各自处理日常生产经营活动，每个公司类似于一个企业，采用职能式组织机构。事业部式组织机构的适用条件是：

A. 变化比较大而不确定性为中等或很高的环境；
B. 企业规模很大，往往是多元化公司和大型集团公司；
C. 各个专业公司所采用的技术独立程度比较高，甚至互不相关；
D. 公司重视对外作用、适应性和顾客满意的目标。

4）矩阵式组织机构

矩阵式组织机构（见图 3-4）是将职能管理人员沿纵向排列，同时将项目部人员横向

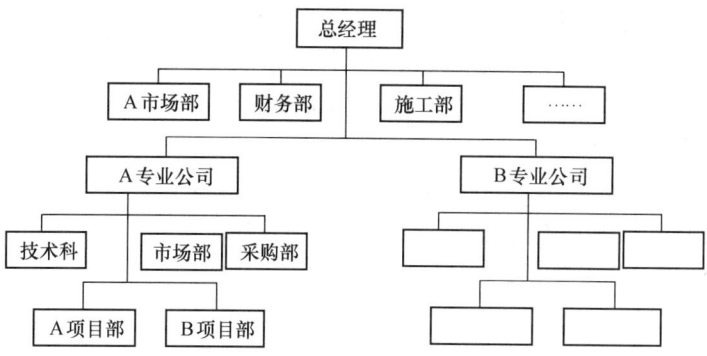

图 3-3 事业部式组织机构

排列而形成的一种矩阵式组织结构。这种结构类型是目前我国多数施工企业采用的组织结构形式。

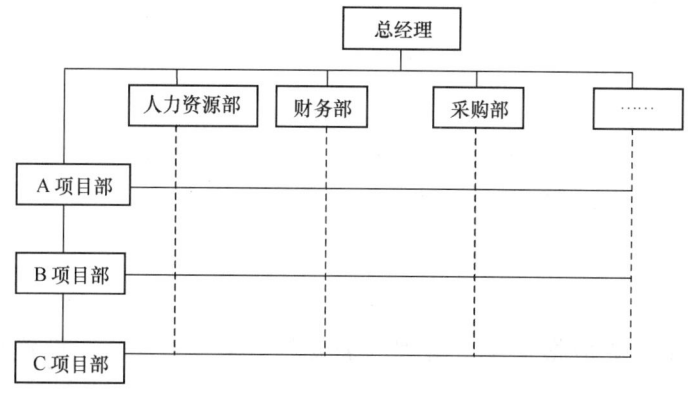

图 3-4 矩阵式组织机构

（5）在质量管理体系的组织机构设置、质量管理人员的配备以及规定相应的职责和权限时，应与企业的目标管理相结合。要明确规定各个部门和每一个人的职责范围的工作目标，最后又用这些目标来进行管理、评价和决定每一个部门和成员的奖惩。目标管理与组织管理相辅相成，组织管理的最终目的是实现企业的质量管理目标。

【实施指南】

（1）施工企业应按《规范》要求，在建立的质量管理体系中，结合企业的规模大小、生产特点和人员素质等实际情况，确定组织机构的形式，以使在工作实施过程中质量管理体系得以通畅运行、指令传达快捷有效。组织机构中的各个部门和岗位、职责和权限应划分明确，人员配备要与相关的岗位要求相匹配，能适应工作需要，以符合本条文中各项要求。

（2）建筑施工企业应进行质量管理的组织策划。质量管理组织策划包括：1）质量管理组织结构形式的设置；2）各部门和岗位管理职能工作任务分工的确定；3）工作流程的设计与优化。这三项内容策划时应该统筹考虑并形成文件。具体操作时应注意以下几点：

1）组织结构设置过程中要考虑企业管理层、项目经理部层等不同层次的组织结构；

2）管理职能和工作任务分工，要明确划分出权限和责任；

3）工作流程的设计和确认应以组织机构的设置和管理职能工作任务分工为基础，明确各部门和岗位在质量工作中的组织关系和工作关系以及工作的开展程序；

4）施工企业对所建立的组织机构的运行情况要进行必要的评审，以便尽早发现问题，及时进行调整和完善；

5）已通过 GB/T 19001—2008 认证的企业，要按《规范》的要求对质量管理体系中的组织机构、职责、权限和人员配备进行必要的调整和完善。

【相关法律法规、标准规范】

(1)《中华人民共和国建筑法》；
(2)《建筑工程质量管理条例》；
(3)《建筑工程安全生产管理条例》；
(4)《建设工程项目管理规范》GB/T 50326—2006。

【与 GB/T 19001 的对应条款及差别】

本条款与 GB/T 19001—2008 中的 5.5.1 条款对应。与 GB/T 19001—2008 的差别是本条款明确规定了组织机构设置和人员配备要求。

【有效运行的证据】

(1) 组织机构图；
(2) 管理职能分配表或管理职能分工表或岗位职责说明书；
(3) 有关规定管理职责和权限的文件。

【标准条文】

4.2 组 织 机 构

4.2.1 施工企业应根据质量管理的需要，明确管理层次，设置相应的部门和岗位。

4.2.2 施工企业应在各管理层次中明确质量管理的组织协调部门或岗位，并规定其职责和权限。

【条文理解】

(1) 施工企业在质量管理组织机构设置策划时，应考虑管理层次的划分，部门和岗位设置中的分工与协作等问题。施工企业质量管理相关部门的划分方法可以结合企业的特点，针对企业的人员数量和能力、职能划分、工作程序、区域范围等方面的情况加以确定，通过合理的分工和良好的协作来促进企业的质量管理。

组织的机构设置与部门划分应遵循的基本原则是：

1）确保企业质量管理目标的实现；
2）实现质量管理职责的明确性和均衡性；
3）力求质量管理部门精干和高效，避免机构臃肿；
4）保持一定的弹性和应变能力；
5）确保部门之间要有良好的协调和配合；
6）施工企业质量管理组织机构的设置应与质量管理制度的要求相一致。施工企业在确定组织机构时，所设置的管理层次、管理部门和岗位均应与质量管理的需要相适应。

(2) 施工企业的质量管理组织机构的设置还要考虑集权与分权统一问题。在部门和岗位的设置过程中，不能将质量管理的权力过于集中，应通过合理的授权，发挥多部门或者多岗位在质量管理中的作用。

（3）质量管理的组织协调部门或岗位是指根据需要在组织机构的各管理层次上设置的负责质量管理组织和协调工作的部门或岗位。企业在质量管理的工作过程中，总难免会有职责权限划分不够明确或个人岗位的职责不清之处，这些问题可以通过组织协调部门和岗位来认真处理，若能及时处理，这将有利于企业的质量管理工作顺利开展。在质量管理工作的组织分工中，质量管理组织协调岗位的设置也可以采用专职或兼职的形式。所谓兼职即将质量管理组织协调工作作为某个部门的工作职能之一。需要注意的是，无论是专职还是兼职岗位，在岗位职责中一定要写明其在质量管理组织协调工作中的职责和权限，并且做到权责一致。

【实施指南】

在确定组织机构的形式时，要根据企业的生产过程的特点和复杂程度，在组织机构图中明确管理层次，各层次中的有关部门和岗位要有合理分工并确定其职能和职责，建立相应的管理制度。按照《规范》要求必须做到职责和权限明确无误，特别是各部门之间的工作接口要划分明确，不得出现管理范围重叠或"几不管"现象。

施工企业在实施本条文时应注意以下几点：

（1）施工企业质量管理组织机构应综合考虑企业的发展战略规划、质量管理的需要、质量管理工作人员的工作能力和效率、质量管理工作的方式和手段、管理成本等因素加以设置。

（2）管理层次的设置应力求适中。如果管理层次过多，则会引起指令路径过长、工作效率低、信息反馈速度慢，进而影响决策的及时性。如果管理层次过少，则会使每一层次上各管理部门的管理跨度大，难以顾及全面，也会造成管理效率的降低。因此，管理层次的设置要充分考虑如何有利于提高质量管理工作效率的问题。

（3）在部门和岗位的设置过程中，要注意各部门和岗位工作界面的划分问题，并且做好界面管理。在界面划分过程中，如果各部门和岗位的工作重叠严重，则不仅会造成工作分工不清楚，工作责任无法落实等弊端，同时还会影响管理工作的效率和经济性；如果出现工作的盲区，则会造成某些工作无人负责的现象。

（4）质量管理部门和岗位的设置要兼顾人力资源管理、项目管理等其他管理工作的需要。特别要注意的是，设置了合理的管理部门和管理岗位，还要为各部门和岗位配备能力和职位相称的工作人员。各部门和岗位的工作人员配备中，要充分考虑工作部门和岗位的职责和特点以及工作人员的知识、经验、能力、执业资格和相关要求等因素，做到人尽其才，充分发挥工作人员的积极性。

企业在对本条文策划后应形成文件，制定质量管理组织机构系统图，明确管理层次，设置相应的部门和岗位。

本条文是规定在组织机构的各管理层次中设置质量管理的协调部门和岗位，并明确其职责和权限。组织协调部门和岗位可专门设置或由其他部门兼职行使，其任务主要是对各质量管理部门之间在质量管理方面存在的问题进行协调。如由企业的经理办公室、总工办公室或由有关部门的主管人员兼职等均可考虑。应按企业的实际情况明确其职责和权限并形成文件。

【相关法律法规、标准规范】

(1)《中华人民共和国建筑法》;

(2)《建筑工程质量管理条例》;

(3)《建筑工程安全生产管理条例》;

(4)《建设工程项目管理规范》GB/T 50326—2006。

【与 GB/T 19001 的对应条款及差别】

本条款与 GB/T 19001—2008 中的 5.5.1、5.5.2 条款对应。在 GB/T 19001—2008 中没有相应的明确规定,此要求比 GB/T 19001—2008 的要求清晰。

【有效运行的证据】

有关的文件规定,人员资格证据和相关人员对管理职责的了解。

【标准条文】

4.3 职责和权限

4.3.1 施工企业最高管理者在质量管理方面的职责和权限应包括:

(1) 组织制定质量方针和目标;

(2) 建立质量管理的组织机构;

(3) 培养和提高员工的质量意识;

(4) 建立施工企业质量管理体系并确保其有效实施;

(5) 确定和配备质量管理所需的资源;

(6) 评价并改进质量管理体系。

【条文理解】

(1) 在施工企业的质量管理中最高管理者起着十分重要的作用。对最高管理者职责和权限的规定应以贯彻质量方针、实现质量目标、不断增强相关方和社会满意度为目的。

(2) 本条文中所提到的最高管理者在质量管理方面的六项职责和权限,都关系到企业发展的成败,十分重要,但依其内容的重要程度和作用也有些区别。如第一项"组织制定质量方针和目标"。则是从战略规划的层面所作出的规定,因为质量方针是企业的总的质量宗旨和方向,而质量目标,则与质量方针要保持一致,是可测量的,且应分解于各管理层次和部门。企业的最高管理者在组织制定质量方针和质量目标中行使的职责是不一样的。对于质量方针而言,最高管理者应行使的职责是制定质量方针。对于质量目标而言,最高管理者应行使的职责是确保在企业的相关职能和炽次上建立质量目标。尤其在作业层次上应尽可能对质量目标作出定量的规定。

(3) 本条文中所提出的另外五项职责和权限是从战略实施的层面所作出的规定,包括"建立质量管理的组织机构";"培训和提高员工的质量意识";"建立施工企业质量管理体系并确保其有效实施";"确定和配备质量管理所需的资源";"评价并改进质量管理体系"。这五项职责权限中"培养和提高员工的质量意识"显得尤为重要,因为质量管理工作都是由各部门和岗位的员工来执行完成的,若企业员工缺乏质量意识将直接影响质量管理工作的完成。

(4) 最高管理者应通过不断创新,使企业的质量管理从满足基本的质量要求走向不断地追去卓越绩效,不断地追求质量管理创新。本条文对施工企业最高管理者在质量管理方面的职责和权限作出的规定,是企业质量管理的关键内容。

（5）施工企业的最高管理者也应约束自身的行为。当由于自身的管理原因造成工程质量或质量管理活动出现问题时，应主动承担相应的责任。同时，还要通过不断提高企业的质量管理水平来维护用户和有关各方的权益。这些都是最高管理者的重要职责。

【实施指南】

（1）企业的最高管理者是指企业"在最高层指挥和控制组织的一个人或一组人"，在我国对应于参与质量管理决策的领导层人员，常称为"领导层"。在执行《规范》时，应切实做到《规范》4.3.1 条款规定的要求。制定切合实际的质量方针和目标，建立一个精简有的质量管理组织机构，通过学习、培训、激励等各种有效方式提高员工的质量意识，保证提供质量管理所需的资源，按《规范》要求建立适合企业运行的质量管理体系并随着内外部环境的变化对体系进行评价和改进。

（2）最高管理者在履行规定的各项职责时要注意与各管理层次进行有效地沟通和交流。例如在确定和配备质量管理的资源时，通常应该采用先从下而上的方法，经过充分的调查和研究，在收集足够的信息并确定各管理层次所需的资源后，再采用从上而下的方法对质量管理的资源进行统筹规划和分配。

【标准条文】

> 4.3.2 施工企业应规定各级专职质量管理部门和岗位的职责和权限，形成文件并传递到各管理层次。

【条文理解】

施工企业在设置各级专职质量管理部门和岗位的职责和权限时，应注意与企业的质量管理制度相一致，并且均应形成文件。在质量管理活动开展过程中可能同时涉及不同的部门和岗位，此时应明确主要负责该项质量管理活动的部门或岗位，其他部门或岗位则负有支持和合协助的责任。这种情况在矩阵式组织结构的施工企业是常有发生的，应予以特别注意。施工企业在规定各级专职质量管理部门和岗位的职责和权限时与各相关部门和人员进行有效的沟通。职责和权限设置的结果应以正式文件的形式加以确定，并通过各种渠道和方式及时传达到企业的各管理层次、部门和人员。

【实施指南】

企业质量管理部门和岗位的职责和权限，关系到生产责任制的原则问题。在划分各部门的职责和权限时，首先应明确主要负责的部门和岗位，然后确定其他相关支持和协助的部门和岗位。部门和岗位的职责和权限应是相互紧密衔接的，既不应重复，也不可断档。规定职责权限时应遵循权责一致的原则。施工企业应确定公司的专职管理部门，统一负责公司的质量管理工作，并有权对项目经理部的质量管理工作进行控制、检查和监督，项目经理部必须积极配合质量部完成质量管理的各项工作。各级专职质量管理部门和岗位的职责权限应与组织机构中纵向横向各部门沟通，并制定质量管理责任制度并形成文件予以公布，还可通过企业内部会议、刊物、网站等各种方式传达到各部门和工作人员。

【标准条文】

> 4.3.3 施工企业应规定其他相关职能部门和岗位的质量管理职责和权限形成文件并传递到各管理层次。

第3章 工程建设施工企业质量管理规范

【条文理解】

施工企业其他相关职能部门和岗位的质量管理职责和权限的设置应与施工企业各级专职质量管理部门和岗位职责和权限的设置相协调,两者间应权责分明,互为补充,并且覆盖到所有的质量管理活动。并应考虑与企业的质量管理制度相一致,并且均应形成文件。

本条文与《规范》4.3.2结合使用,4.3.2针对专职质量管理的部门和岗位而4.3.3则针对相关的质量管理部门和岗位。在设置质量管理的相关部门和岗位时,也应明确其相应的职责和权限。

【实施指南】

在规定其他相关职能部门和岗位的质量管理职责和权限时,施工企业要投入必要的时间,经过充分的分析和讨论,结合每项工作的管理过程,一定要做到职责和权限的设置不出现盲区,不出现交叉,不出现含糊不清的规定,否则将会给质量工作造成负面影响。

【标准条文】

> **4.3.4** 施工企业应以文件的形式公布组织机构的变化和职责的调整,并对相关的文件进行更改。

【条文理解】

在质量管理活动开展过程中,施工企业质量管理的组织机构和职责需要根据内外部条件的变化和质量管理需求的变化要进行适当调整,因此施工企业在确定质量管理组织机构的部门和岗位职责权限时应遵循一定的弹性原则。当施工企业组织机构出现变化或职责进行调整时,有关制度也必须作出相应调整。调整的结果应及时通知到各个部门和岗位,并对相关的文件进行更改。

【实施指南】

当质量管理体系因内外部条件和质量管理需求发生局部变化时,可能引起组织机构的相应改变,此时,应及时对组织机构的层次、部门和岗位的设置以及职责和权限进行研究和调整。主管部门对研究调整后的结果应与相关部门进行沟通,修改有关文件和制度,并报请有关企业领导批准,正式以文件的形式予以公布。

【相关法律法规、标准规范】

(1)《中华人民共和国建筑法》;
(2)《建筑工程质量管理条例》;
(3)《建筑工程安全生产管理条例》;
(4)《建设工程项目管理规范》GB/T 50326—2006。

【与 GB/T 19001 的对应条款及差别】

本条款与 GB/T 19001—2008 中的 5.1 管理承诺和 5.5 职责、权限与沟通相对应。

本条款中要求组织"应以文件的形式公布组织机构的变化和职责的调整,并对相关文件进行更改"的要求高于 GB/T 19001—2008 中的要求。

【有效运行的证据】

规定相关职责权限的文件及相关人员,明确清楚本部门或岗位的职责和权限。

5. 对"人力资源管理"的理解与实施要点

本章规定了人力资源配置和培训的要求,明确提出应建立《人力资源管理制度》、《员工绩效考核制度》和应根据质量管理长远目标制定《人力资源发展规划》的要求。

与 ISO 9001—2008 的关系：

本章内容涉及的 ISO 9001 标准的条款主要为 6.2 人力资源等。

涉及的法律法规主要有：

(1)《建筑业企业资质管理规定》；

(2)《建设工程质量管理条例》；

(3)《建设工程安全生产管理条例》；

(4)《建造师执业资格制度暂行规定》；

(5)《特种作业人员安全技术考核管理规则》GB 5036—1985；

(6)《特种作业人员安全技术培训考核》。

【标准条文】

5.1 一 般 规 定

5.1.1 施工企业应建立并实施人力资源管理制度。施工企业的人力资源管理应满足质量管理需要。

5.1.2 施工企业应根据质量管理长远目标制定人力资源发展规划。

【条文理解】

《规范》5.1.1 条款是对人力资源管理的总体要求，强调了施工企业应建立并实施人力资源管理制度，并满足质量管理需要。

工程建设施工企业相对于其他类别工业生产和服务企业而言，其人力资源管理具有以下特点：

(1) 区别于工业生产企业的流水生产，施工产品的单件性决定其人员特别是现场操作层流动性强、稳定性差；

(2) 施工产品类别多、技术复杂，导致专业划分细、作业工种多；

(3) 施工行业属劳动密集型行业，现场人员层次偏低，人员培训不够。

现阶段，我国工程建设施工企业的人力资源管理尚处于由传统的人事管理向现代的人力资源管理转型过程中。与工业发达国家相比，我国施工建设行业还存在法制不健全、人才结构不合理、总体素质偏低等一系列问题。施工企业在建立、健全与质量管理相关的人力资源管理制度时，应充分反映行业及企业管理的特点。

施工企业应通过有效的管理活动，获得具有一定教育、培训、技能和经验背景并能满足质量管理需要的人力资源。我国在建设行业实施的执业资格注册制度、作业及管理人员持证上岗制度，从本质上讲，就是通过对从事建设生产活动的人员的素质和能力进行必要的控制，以满足质量管理的要求。

企业战略一般可分为经营战略、竞争战略和行动战略。企业人力资源发展规划是企业战略的重要组成部分。施工企业应根据企业战略从对从事质量管理相关的人力资源的需求及员工职业生涯规划两个不同角度，制定与之相适应的人力资源发展规划。

【实施指南】

(1)《规范》第 5 章人力资源管理共 3 个二级条款和 12 个三级条款。规定了施工企业人力资源管理的要求，包括制定人力资源管理制度、编制人力资源发展规划、规定人员任职条件、实施员工绩效考核、开展员工培训方面的要求。本条款的目的是要求施工企业建立、健全人力资源管理制度，为企业开展质量管理工作创造良好的条件。

（2）施工企业应建立人力资源的约束和激励机制，包括人力资源的配置、人事选拔、劳动纪律、培训、考核、晋升、态度评估、绩效评估、奖励系统等，明确人力资源管理活动的流程和方法。

（3）企业建立的《人力资源管理制度》应覆盖以下内容：

1）人力资源规划的编制

为满足企业总体战略的需要，施工企业应根据内外环境变化，运用科学的方法预测出企业发展对人力资源的需求，编制与之适应的人力资源规划，实施人力资源的合理配置，实现人力资源供给和需求的平衡。施工企业编制的人力资源规划应满足质量管理长远目标的要求。

2）员工招聘及录用

根据人力资源规划及工作岗位分析，施工企业人力资源主管部门在相关职能部门及项目经理部的配合下，负责员工的招聘及录用工作。

员工的招聘分为内部招聘和外部招聘两大类。招聘工作应遵循"公开平等、考用一致、择优录取"原则。

招聘及录用的程序一般包括：提出招聘需求、拟定招聘计划、确定招聘渠道、发布招聘公告、人员筛选测试、人员的甄别录用、签订劳动合同及招聘工作评估等。

3）员工培训

施工企业应结合工作岗位分析，明确每一岗位完成规定职责应具备的意识及能力要求，识别员工现有的素质与应有素质间的差异，采取培训及其他措施使员工获取所需的意识及能力。

4）薪酬体系

企业薪酬体系的设计总体目标是为了能够充分调动员工的工作积极性，并将其自身利益与企业整体利益有机结合起来。

薪酬体系设计时应遵循以下基本原则：

A. 外部公平；

B. 内部公平；

C. 员工自我公平。

大部分企业的薪酬体系采用结构性薪酬体系。薪酬的基本结构形式包括：基本工资、计件工资、计时工资、岗位工资、技能工资、绩效工资、项目奖金、提成工资以及针对经营者的激励计划等。施工企业在设计其薪酬体系时可对上述结构形式进行组合，设计出适合自己的薪酬体系；同时，应将员工与实现公司质量目标关联程度作为薪酬体系设计因素之一，以充分调动员工在质量管理工作中的潜能，为发挥员工质量管理能力和质量创新能力营造良好的环境。

5）绩效考核

绩效考评的目的是通过客观、公正评价员工的工作绩效，在提升员工自身工作水平基础上提升公司整体业绩。绩效考核内容一般包括业绩考评、态度考评及能力考评。

绩效考核的常用方法包括：

A. 目标管理法（MBO）；
B. 关键绩效指标法（KPI）；
C. 平衡记分法（BSC）；
D. 强制分布法等。

6) 员工职业生涯管理

职业生涯是指员工在企业或其他组织中连续从事工作的类别与职务的发展轨迹。员工的职业生涯规划的本质就是基于企业价值基础上的个人价值的实现。职业生涯的管理可以从企业和个人两个不同角度进行。工程建设的一次性决定了企业人员，特别是作业层的流动性较大。因此，施工企业应有意识地为员工提供比较好的职业规划和发展路径，使企业能拥有一只稳定的优秀人才队伍。

另外，施工企业还应有意识地将人力资源管理的相关成本分析纳入到人力资源管理制度中，通过对员工工作成本、离职成本、替换成本、培训成本以及员工消极工作成本的量化分析为提高人力资源管理效率提供参考依据。

施工企业应编制与质量管理相关的人力资源发展规划。人力资源发展规划编制一般由企业人力资源主管部门负责。企业质量管理部门配合人力资源部门负责对质量管理方面的人力资源的需求分析及预测工作。

企业人力资源发展规划按层次可分为战略层面的人力资源总体规划和战术层面的各项业务计划，按期限长短可分为长期规划（5年以上）、中期规划（1～5年）和短期工作计划（1年以内）。其具体要求如下：

（1）人力资源总体规划（长期规划、中期规划）

人力资源总体规划是对计划期内人力资源管理的总目标、总政策、实施步骤及总的预算安排。

（2）人力资源各项业务计划（短期工作计划）

人力资源业务计划包括人员需求计划、招聘计划、录用计划、考核计划、培训计划、薪酬福利计划、辞退计划、退休计划等。

与质量管理相关的人力资源的发展计划应纳入上述两类计划中，为质量管理人员提供良好的职业发展路径，实现施工企业的质量管理目标。

【相关法律法规、标准规范】

（1）《中华人民共和国建筑法》。
（2）《建筑工程质量管理条例》。
（3）《建筑工程安全生产管理条例》。
（4）《建设工程项目管理规范》GB/T 50326—2006。
（5）《建造师执业资格制度暂行规定》。
（6）《特种作业人员安全技术培训考核管理规定》（安监总局令第30号）。

【与 GB/T 19001 的对应条款及差别】

本条款与 GB/T 19001—2008 中的 6.2.1。本条款的要求高于 GB/T 19001—2008 的要求，增加了制定人力资源管理制度、编制人力资源发展规划的要求。

【有效运行的证据】

（1）人力资源管理制度或完善现有的人力资源管理程序文件；

(2) 符合企业质量管理需要的人力资源发展规划。

【标准条文】

> **5.2 人力资源配置**
>
> **5.2.1** 施工企业应以文件的形式确定与质量管理岗位相适应的任职条件,包括:
> (1) 专业技能;
> (2) 所接受的培训及所取得的岗位资格;
> (3) 能力;
> (4) 工作经历。

【条文理解】

施工企业各类与质量管理相关的岗位任职条件可包括:

(1) 专业技能

技能是通过练习获得的能够完成一定任务的动作系统。技能根据其熟练程度可分为初级能和技巧性技能,按其性质和表现特点,又可区分为动作技能和智力技能两种。

(2) 所接受的培训及所取得的岗位资格

所接受的培训及所取得的岗位资格,包括上岗前所接受的专业培训及法律法规所要求的各类岗位证书。

(3) 能力

能力指人顺利地完成某种活动的心理特性,任何一种单一的能力都不足以使某种活动顺利地进行,都需要多种能力的有机结合。与质量活动相关的能力包括:人际交往能力、领导力、沟通能力、判断与决策能力、执行力等。

(4) 工作经历

工作经历指从事该项工作必须具备的相关工作经历及年限。

针对上述任职要求,施工企业可通过岗位说明、职位描述书等形式予以明确。

1) "专业技能":即从事岗位工作必要的技术、方法、技巧等,通过练习获得能够完成一定任务的动作系统。

2) "能力":ISO 19000—2005标准中"能力"的术语:"经证实的应用知识和技能的本领。"此处指能顺利完成某项活动的能力,它是多种能力的有机结合。如人际交往、沟通、判断、交往、决策、执行等能力。

【实施指南】

施工企业可基于其管理流程和业务流程,从公司到项目经理部分别进行工作分析及岗位设计,以明确所需岗位的类别、职责、权利、任职条件、沟通关系、工作条件及岗位规范、标准等要求。

工作分析及岗位设计输出结果通常包括岗位说明、职位描述书、岗位规范、标准等。

岗位分析的方法包括:工作实践法、问卷调查法、观察法、面谈法、工作日记法及关键事件法等。岗位设计在遵循因需设岗、规范化、系统化和最低数量原则基础上,可采用岗位轮换、工作扩大化、工作丰富化及以员工为中心的工作再设计等方法或形式进行。

3.3 《工程建设施工企业质量管理规范》的条文理解

【标准条文】

> 5.2.2 施工企业应按照岗位任职条件配置相应的人员。项目经理、施工质量检查人员、特种作业人员等应按照国家法律法规的要求持证上岗。

【条文理解】

施工企业在进行人力资源配置工作时，应根据《建筑法》、《建设工程质量管理条例》等相关法律、法规要求，建立质量责任制，建立、健全培训制度，确保未经培训或者培训不合格的人员不得上岗作业。

【实施指南】

施工企业应按岗位分析和岗位设计时所确定的各岗位的任职条件，采用内外部招聘、岗位轮换、职系调整、培训等措施配置人力资源，以满足质量管理对人力资源配置的需要。

对国家法律法规明文规定的需持证上岗的岗位，施工企业应结合所从事工程施工范围及资质情况，列出岗位清单，并对各岗位人员持证上岗情况进行梳理，确保满足持证上岗的要求。另外，企业还要根据未来业务发展情况，做好人才储备工作。

国家推行建造师执业资格制度。实行建造师执业资格制度后，我国大中型项目的项目经理必须由取得注册建造师资格的人士担任，以提高工程项目管理水平，保证工程质量和安全。建造师分为一级建造师和二级建造师。国家建设行政主管部门对其申请资格、执业范围、继续教育均作出了明确规定。

工程质量检查人员，实行持证上岗，其上岗培训、考核、证书的发放、复审由国务院有关部委、省级人民政府建设行政主管部门及计划单列的企业集团按所属范围分别实施。除质量检查人员（即质量员）外，对施工员、预算员、资料员、安全员、材料员、机械员、测量员等也要求持证上岗。

特种作业是指对操作者本人，尤其对他人或周围设施的安全有重大危害的因素的作业，按照《特种作业人员安全技术考核管理规则》GB 5036—1985，特种作业人员的范围包括：

(1) 电工作业；
(2) 锅炉司炉；
(3) 压力容器操作；
(4) 起重机械操作；
(5) 爆破作业；
(6) 金属焊接（气割）作业；
(7) 煤矿井下瓦斯检验；
(8) 机动车辆驾驶；
(9) 机动船舶驾驶和轮机操作；
(10) 建筑登高架设作业；
(11) 其他符合特种作业基本定义的作业。

特种作业人员上岗前必须进行专门的安全技术和操作技能的培训教育。培训后经考核合格方可取得操作证，并准许独立作业。取得操作证的特种作业人员，必须定期进行复审。

【标准条文】

> 5.2.3 施工企业应建立员工绩效考核制度,规定考核的内容、标准、方式、频度,并将考核结果作为人力资源管理评价和改进的依据。

【条文理解】

绩效考核制度是施工企业人力资源制度中一项重要制度。

绩效考核制度一般应包括以下内容:

(1) 考核的原则;

(2) 考核组分工及职责;

(3) 考核内容,包括工作业绩、工作能力和工作态度三个维度;

(4) 考核标准,应按上述三个维度分别确定每一岗位的考核指标及权重,绩效考核的标准应与企业质量管理目标的有关要求相协调;

(5) 考核方式,应根据不同岗位,采用适用的考核工具;

(6) 考核频度,绩效考核按考核周期可分为月度、季度、年度考核。

施工企业绩效考核的决策机构及投诉处理最终裁决机构是企业绩效考核领导小组。绩效考核的结果作为施工企业人力资源管理评价和改进的依据,可用于薪酬调整、职务升降、岗位调配、员工培训等工作。

【实施指南】

施工为确保绩效考核制度有效实施,施工企业可成立公司绩效考核领导小组,作为绩效考核的决策及投诉处理最终机构。考核小组成员由公司最高管理层、部门及项目相关人员组成。公司人力资源部门作为绩效考核的主管部门,负责绩效考核的日常工作,保存绩效考核记录。各部门及项目经理部参与本部门及相关部门的考核工作。

【相关法律法规、标准规范】

(1)《建筑工程质量管理条例》;

(2)《建筑工程安全生产管理条例》;

(3)《建设工程项目管理规范》GB/T 50326—2006;

(4)《建造师执业资格制度暂行规定》。

【与 GB/T 19001 的对应条款及差别】

本条款与 GB/T 19001—2008 中的 6.2.2。本条款中的有关规定任职条件、人员持证上岗、员工绩效考核的要求高于 GB/T 19001—2008 的要求。

【有效运行的证据】

(1) 规定人员任职条件的文件;

(2) 需要持证上岗人员的名册和有效持证证书复印件;

(3) 对人员实施绩效考核。

【标准条文】

5.3 培 训

> 5.3.1 施工企业应识别培训需求,根据需要制定员工培训计划,对培训对象、内容、方式及时间作出安排。

3.3 《工程建设施工企业质量管理规范》的条文理解

【条文理解】

培训是增强员工的质量意识、丰富员工专业技术知识及提高员工职业技能的重要途径，同时也是全面提高企业市场竞争能力和经济效益的可靠保障。社会生产力的发展依赖于人类文化科学知识的学习和应用，企业的发展则依赖于员工的成长和员工能力的开发。因此，企业对员工培训是一项长期的、经常性、回报高的工作，是企业人力资源管理的重要内容。

不同于员工在学校所接受的基础教育，企业培训应注重实效，有明确的针对性，应从企业发展及实际工作需要出发，与员工岗位特点紧密结合，与培训对象所需的知识与技能相结合。

培训需求分析，是开展培训的首要工作。需求分析的目的就是找出员工在能力和意识方面的实际状态与目标状态之间的差距，以便进行有针对性的培训。培训需求的识别可以从以下几方面进行。

（1）外部环境分析

外部环境分析是从政策及市场两个层面分析企业及员工在遵纪守法、企业资质、执业/职业资格等方面的培训需求。

（2）企业情况分析

企业情况分析的目的是确保企业所制定并实施的培训计划符合企业战略与目标的要求。企业人力资源主管部门应根据企业的运行计划、远景规划及外部环境变化，预测出本企业未来在技术上及组织结构上可能发生的变化，了解现有员工的能力并预测未来将需要哪些知识和技能，从而预测出员工需要在哪些方面进行培训，以及这种培训真正见效所需的时间。

（3）岗位分析

岗位分析是针对企业设置的每一类岗位，对其工作内容及需具备的技能和能力的分析，以确定各岗位培训的需求。

（4）个人情况分析

个人情况分析是将员工现有的能力与员工未来应具备的能力进行比照，发现两者之间是否存在差距。另外，由于培训要讲求成本收益，在进行个人分析时，要看培训能否促进员工的个人行为发生所期望的转变。如果不是培训所能解决的问题，则不需要进行培训。若存在的问题培训能够解决时，则进行员工培训，并制定具体的培训方案。

培训需求分析可采用问卷调查表法、绩效分析法、面谈法、观察法、员工自我填报法等方法进行。

需求分析的基础上，施工企业应制定并实施操作性强的培训计划。

【实施指南】

为做好培训工作，施工企业应重视开展以下几方面的工作：

（1）企业领导对培训工作的重视，包括学习氛围的营造及培训经费的保证；
（2）建立、健全企业培训制度；
（3）培训计划的制定、实施与评估；
（4）对培训效果的考核。

施工企业制定的培训计划一般应包括以下内容：

(1) 培训目标;
(2) 培训对象;
(3) 培训时间、地点,所需的教学设施、设备;
(4) 培训课程设置、师资安排、教材、费用等;
(5) 培训方式:面授/网络、脱产/在职、委托/内训、研讨会、实习指导等;
(6) 对培训效果考核;
(7) 培训记录的保存。

在培训计划的执行过程中,由于内外环境变化,不可避免要对培训计划进行调整。施工企业培训计划的调整要符合企业相关制度的要求。

【标准条文】

> **5.3.2** 施工企业对员工的培训应包括:
> (1) 质量管理方针、目标、质量意识;
> (2) 相关法律、法规和标准规范;
> (3) 施工企业质量管理制度;
> (4) 专业技能和继续教育。

【条文理解】

企业对员工的培训是一项高回报的投资行为。为确保培训针对性强,施工企业应根据不同培训的对象,安排有针对性的培训。

结合质量管理要求,施工企业所开展的培训大概可分为以下类别:

(1) 意识及行为准则方面的培训,包括:质量意识,质量方针、目标,法律、法规;

(2) 岗位培训包括员工上岗、转岗及岗位轮换培训,培训内容涉及标准规范、管理制度、持证上岗所必需的管理知识及专业技能等;

(3) 继续教育,继续教育是使员工知识和技能得到不断更新、补充、拓宽和提高,完善其知识结构,提高管理能力和专业技能的重要手段。继续教育在形式上可采取脱产和半脱产、业余和自学相结合的形式。

【实施指南】

(1)"百年大计,质量第一"是施工企业在工程质量方面的行为准则。施工企业可利用网络、板报、会议、培训、竞赛等手段对员工进行提高质量意识方面的培训,使员工能充分识到自己所从事工作对产品和服务质量的重要性,同时掌握如何为遵纪守法、贯彻企业的质量方针和目标以及实施质量改进作出贡献。

(2) 岗位培训按培训对象不同可分为管理人员培训和现场操作工人培训两大类。

管理人员的培训主要是对公司及项目的各类管理人员的培训,培训内容包括相关管理知识及管理技能。培训本着干什么学什么,缺什么补什么的原则进行。

工人培训以专业技能培训为主,具体包括:

1) 班组长培训。即按照原建设部制定的班组长岗位规范,对班组长进行培训,经考核逐步达到持证上岗。

2) 技术工人等级培训。按照原建设部颁发的《工人技术等级标准》和原劳动部颁发的有关工人技师评聘条例,开展初、中、高级工人应知应会考评和工人技师的评聘工作。

3) 特种作业人员的培训。根据国家有关特种作业人员必须单独培训、持证上岗的规定,对企业从事电工、塔式起重机驾驶员等工种的特种作业人员进行培训,保证特种作业人员100%持证上岗。

4) 对外埠施工队伍的培训。按照省、市有关外地务工人员必须进行岗前培训的规定,企业对所使用的外地务工人员进行培训,颁发省、市统一制发的外地务工经商人员就业专业训练证书。

(3) 施工企业应努力营建学习型组织。员工继续教育应按系统、分层次、多形式进行。施工企业继续教育包括:

1) 员工在职学历、学位教育;
2) 注册执业/职业资格证书所要求的为保持注册资格而进行的继续教育;
3) 新规范、新材料、新工艺、新技术、新设备等方面的培训;
4) 法律、法规方面规定的培训;
5) 其他各类管理知识和管理技能的培训。

【标准条文】

> **5.3.3** 施工企业应对培训效果进行评价,并保存相应的记录。评价结果应用于提高培训的有效性。

【条文理解】

施工企业对培训效果的评价可分为培训结束时即时评价及培训者回到工作岗位后评价两种类别。培训的结果应形成相应的记录。记录的管理应符合本规范3.5.3条的规定,并作为质量管理信息的一部分,为质量管理改进提供依据。

《规范》5.2所提到的人力资源的配置以及5.3所提到的培训工作,都是企业人力资源管理工作的一部分。需要注意的是,在质量管理人员的配置和培训工作中,需要人力资源管理部门和质量管理部门的共同参与,并且两个部门之间应该有明确的分工。

【实施指南】

施工企业所开展的培训结束时即时评价及培训者回到工作岗位后评价的内容及要求如下。

(1) 培训结束时即时评价

1) 接受培训的人员对培训的反应。每一个接受培训的人都会对培训作出效果好坏的评价,培训主办方结合所有参训人员的总体反应可以得出对培训总体效果的基本认识。

2) 对培训的学习过程进行评价。主要是评价培训中的每一环节是否满足或达到了培训计划的要求,培训过程中实施的具体手段、方法是否合理、有效。

3) 培训是否带来了人员行为上的改变。培训的目的是提高能力,而能力是通过行为表现出来的。因此,评价培训的效果就是要看接受培训的人是否在工作行为上发生了可观察的变化,并有利于提高工作绩效。

4) 工作行为改变的结果。培训的最终评价应该以组织的工作绩效为标准。也就是说,工作行为的改变带来的是工作绩效的提高。如果培训能够带来这种积极效果，也就可以说完了对人员实施培训的目标。

(2) 培训者回到工作岗位后评价

1) 培训结束后一段时期，培训主办方通过调查受训者的工作效益来评定培训成效。如培训结束后每隔六个月，培训主办方以书面调查或实地访问的方式，调查受训者在其后工作上的获益情形。

2) 培训主办方可通过实地观察受训员工的工作实况，评价培训的成效。如根据实地考察发现受过培训的员工在工作上确能表现出高昂的工作热情、良好的工作态度、高度的责任心等，则可认定培训已发生效果。

3) 培训主办方可通过调查或访问受训员工的上级主管或下属，来评定培训的成效。受训员工回到工作岗位后，培训主办方以书面调查或实地访问的方式，了解受训员工的上级主管或下属对受训员工在工作上表现的看法，如主管人员是否认为受过培训的员工在工作中有进步。主管或下属的意见均为评定培训成效的重要资料。

4) 分析培训员工的人事记录评定培训的成效。如受过培训的员工的绩效考核较以前是否有进步，缺勤和请假次数减少，受奖次数增加，则表示培训对该员工的工作积极性已发挥作用。

5) 根据受过培训与未受培训的员工工作效率的比较来评定培训效果。

6) 根据受过培训的员工是否达到工作标准来评定培训的效果。

7) 根据可否达到培训目标来评价培训的效果。如回到工作岗位，员工解决了培训计划中预期需要解决的问题，或达到了培训计划所规定的要求，则说明培训已经产生了效果。

施工企业所进行的培训结束时即时评价以培训结束时所进行的考试、测评及培训效果自我评价为主，培训者回到原工作岗位后评价则由企业培训主管部门负责，并要求填写相应的评价报告。

培训效果评价结论可作为施工企业下一周期培训计划制定时改进的依据，以提高培训的有效性。

【相关法律法规、标准规范】

(1)《建筑工程质量管理条例》；

(2)《建筑工程安全生产管理条例》；

(3)《建设工程项目管理规范》GB/T 50326—2006；

(4)《建造师执业资格制度暂行规定》；

(5)《特种作业人员安全技术培训考核管理规定》（安监总局令第 30 号）。

【与 GB/T 19001 的对应条款及差别】

本条款与 GB/T 19001—2008 中的 6.2.2。其差别是要求企业制订培训计划、但对采取其他措施获得能力的要求没有规定。

【有效运行的证据】

培训的相关记录。

6. 对"施工机具管理"的理解与实施要点

【标准条文】

6.1 一般规定

6.1.1 施工企业应建立施工机具管理制度,对施工机具的配备、验收、安装调试、使用维护等作出规定,明确各管理层次及有关岗位在施工机具管理中的职责。

【条文理解】

规范 6.1.1 条款为施工机具管理的总体要求。施工机具是指施工企业在生产过程中为满足施工需要而使用的各类机械、设备、工具等,其来源包括施工企业自有、外部租赁和分包方提供等。

施工企业应建立施工机具的管理制度,对施工机具的计划、配置、进场验收、安装调试、使用维护等作出规定。同时,在施工机具制度的建立过程中,针对施工机具管理各环节,施工企业应结合组织机构设置及管理职能划分,明确企业管理层、职能部门、项目经理部及关键岗位的职责和权利。

【实施指南】

施工企业可从以下几方面实施本条文各项要求:

(1) 施工机具管理制度的建立与实施

施工企业可采用以下步骤建立并实施施工机具管理制度:

1) 与施工机具管理有关的管理体系文件结构的策划;

2) 编制与施工机具有关各项制度,明确施工机具在配置、进场验收、安装调试、使用维护等各项活动中的管理过程、准则及方法;

3) 组织与施工机具有关各项制度的实施与监控;

4) 根据运行情况,实施制度的持续改进。

(2) 施工机具管理职责的界定

施工企业可通过组织机构的设置、部门及项目经理部职责划分及岗位说明书编制等活动,来明确与施工机具管理有关的各管理层次及岗位所承担的管理职能。具体实施过程中,施工企业还可通过传统的"定人、定机、定岗"管理,将人机关系固定下来,以提高施工机具的生产效率和完好率,延长施工机具使用寿命,降低机具使用成本,并以此获得良好的投资效益

另外,合理选择、使用施工机具对成本控制具有十分重要的意义。为有效控制施工机具使用费用的支出,施工企业可通过合理安排施工生产,加强机具的维护保养,做好机上人员与辅助生产人员的协调与配合,减少施工机具在现场的闲置、停置时间,来提高施工机具使用率。

施工企业各级管理层及相关岗位在施工机具管理中承担的管理职责划分如下:

(1) 企业管理层、项目经理部

1) 企业主管领导:组织与施工机具有关的管理制度的制定与审批,负责施工机具配备计划的批准,对施工机具的验收、安全使用、退场等环节进行监控。

2) 企业主管部门:负责制定施工机具管理制度,策划大中型施工机具的配备计划,评价和选择企业的施工机具合格供应方,对项目经理部开展的施工机具的配备、进场验收、安装调试、使用、维护活动进行指导、监督和管理。

3）项目经理部：执行企业的施工机具管理制度，评价和管理项目使用的施工机具合格供应方，策划企业授权的中小型机具的配备计划，落实项目施工机具的配备，实施进场验收、安装调试、使用、维护各项活动。

（2）关键岗位

1）项目经理：负责进入现场施工机具的管理，审核施工机具配备计划和合格供应方。

2）施工机具管理员：负责编制施工机具的配备计划、设备维修保养计划，具体实施施工机具进场验收、安装调试、使用维护等工作。

（3）分包方

根据合同要求，执行施工总承包方有关施工机具的管理规定，对施工机具进场进行验收、安装调试、使用维护。

【标准条文】

6.2 施工机具配备

6.2.1 施工企业应根据施工需要配备施工机具，配备计划应按规定经审批后实施。

【条文理解】

本条文规定了根据施工需要制定和审批施工机具配备计划的要求。施工机具配备计划的制订及审批是实施施工机具管理第一步。没有科学、合理的配备计划，有可能出现因施工机具不能按时进场或到场，施工机具不能满足现场使用要求而影响工程进度和质量的情况。

施工企业应按施工方案及施工进度的要求，从机具选型、主要性能参数、使用操作要求等方面合理地配置施工机具。

项目实施阶段的施工机具配备计划一般由项目经理部组织编制，并按施工企业审批规定履行内部审批手续。各责任部门根据分工负责施工机具的供应。

【实施指南】

在施工开始前，项目经理部应组织编制用于指导施工的施工组织设计等项目策划文件。施工组织设计按照编制的广度、深度和作用不同，又可分为施工组织总设计、单位工程施工组织设计、分部（分项）工程施工组织设计。上述各类施工组织设计均要求根据施工方案、施工进度要求，编制各项资源包括施工机具的需求计划。因此，对于一般工程，施工机具配置计划可直接包含在施工组织设计中，特殊情况下，也可编制单项施工机具的配置计划。

施工企业在编制施工机具配备计划时应考虑以下因素：

（1）项目质量、进度、安全、文明施工等要求；

（2）施工技术、工艺要求；

（3）施工现场条件；

（4）机具来源；

（5）机具性能、可靠性、环保性及配置成本；

（6）施工风险等。

施工机具配备计划的内容一般包括：

(1) 施工机具名称、规格、型号；

(2) 数量；

(3) 进场和退场时间；

(4) 来源（自有、采购、租赁、分包方提供）。

施工机具配备计划的审批权限应符合施工企业管理制度的要求。重大配备计划由企业主管领导或其授权人员批准，一般配备计划由项目经理或其授权人员批准。另外，项目施工机具总体配置方案作为施工部署及施工方案的一部分，在完成企业内部审批后，还应填写《施工组织设计（方案）报审表》，报项目监理机构审核。

根据施工机具配置计划中各项机具的来源，施工企业应按计划要求组织好机具的进场工作，以确保满足施工进度及质量的要求。

【标准条文】

> 6.2.2 施工企业应明确施工机具供应方的评价方法，在采购或租赁前对其进行评价，并收集相应的证明资料和保存评价记录。评价的内容包括：
> (1) 经营资格和信誉；
> (2) 产品和服务的质量；
> (3) 供货能力；
> (4) 风险因素。

【条文理解】

施工机具按其来源不同，一般可分为：

(1) 施工自有设备；

(2) 重新采购设备；

(3) 外部租赁设备；

(4) 分包方提供设备等。

施工机具供应方的信誉和能力往往决定了施工机具的技术特性和质量水平。对供方评价的目的：立足防范风险、预防事故和事件的发生。

施工企业可根据施工机具的技术风险、使用维修特点、企业财务能力及使用成本等情况，从技术和经济两个方面选择采购或租赁。对需采购、租赁的施工机具，本条对其供应方提出了进行评价并保存评价记录的要求。

对采购、租赁供应方评价内容包括：经营资格和信誉、产品和服务的质量、供货能力和风险因素等内容。

【实施指南】

施工企业可根据施工机具的技术风险、使用维修特点、企业财务能力及使用成本等情况，从技术和经济两个方面选择采购或租赁。对于技术过时风险小、重复利用率高、使用时间长的大型专用机具可采用采购方案，而对于技术过时风险大、保养维护复杂、使用时间短的机具可选择租赁方案。

施工机具的采购、租赁，按其实施主体可划分为：

(1) 施工企业采购、租赁，即企业施工机具管理部门组织采购、租赁；

(2) 项目经理部采购、租赁。

施工机具的采购或租赁的方式包括以下几种形式：

(1) 公开招标，大型施工机具一般采用公开招标方式进行采购或租赁。企业采购部门或项目经理部通过发布招标、投标、评标的方式对供应方进行选择、评价；

(2) 邀请招标，邀请招标适用于采购或租赁技术复杂或有特殊要求，只有少量几家潜在供应方可供选择，或采购或租赁时间紧，不适应公开招标的施工机具的采购或租赁。施工企业施工机具主管部门或项目经理部在采用邀请招标时，一般须邀请3家以上供应方进行投标，经评标后确定供应方；

(3) 直接采购或租赁，对于批量小、价值较低、性能单一、质量与服务大致相近的施工机具适用于在询价基础上直接采购或租赁。

对施工机具采购或租赁供应方的评价内容应包括：

(1) 供应方/生产厂家的经营资格和品牌信誉，包括其经营许可、生产许可、产品合格证、国家、地市准用证件、企业业绩、行业诚信度和影响力；

(2) 施工机具的价格及付款条件；

(3) 供货能力。供货能力通常体现在施工机具供应方为施工企业提供产品和服务的能力方面，包括：生产能力、运输能力、贮存能力、交货期的准确性等；

(4) 产品和服务质量，包括：施工机具的性能、效率和持续能力，提供零配件售后服务水平等。售后服务一般包括安装调试、提供备件、负责维修、人员培训等工作；

(5) 风险因素，包括施工机具质量缺陷、供货迟到和服务不到位等不确定的因素。

施工企业对施工机具供应方的评价、再评价和选择应是动态的、持续的。在施工机具使用一定时间后，还应对施工机具稳定性、可靠性、能耗指标及服务水平等进行再评价，以编制合格施工机具供应方名录。

施工企业还应要求分包方明确其施工机具供应方的评价方法，以确保分包方提供的施工机具能满足施工现场需要。

【标准条文】

> 6.2.3 施工企业应依法与施工机具供应方订立合同，明确对施工机具质量及服务的要求。

【条文理解】

施工企业应根据《中华人民共和国招标投标法》、《中华人民共和国合同法》等法律、法规要求与施工机具的供应方订立合同。另外，《建设工程安全生产管理条例》从施工机具使用安全角度，对生产（制造）许可证、产品合格证、进场验收等方面提出了明确要求。

合同订立遵循平等、自愿、公开、诚实信用及不得损害社会公共利益的原则。施工企业在与施工机具供应方签订采购、租赁合同时，在合同形式、内容、程序等方面应符合法律、法规的要求。

【实施指南】

施工企业应结合采购、合同管理等制度，明确施工机具采购、租赁合同订立的职责、流程、使用的文本等要求，严格履行程序，保存相应记录。

施工机具采购合同作为买卖合同的一种类别，合同条款的主要内容如下：

(1) 标的，主要包括施工机具的名称、品种、型号、规格、等级、技术标准或质量要求等；
(2) 数量、价格及结算方式；
(3) 交货期限及交付方式；
(4) 验收、现场服务及保修；
(5) 违约责任；
(6) 其他。

施工机具租赁合同在内容上应包括租赁物的名称、数量、用途、租赁期限、租金及其支付方式、租赁物维修等条款。

合同签订应由合同双方法人及其授权人进行签订。主管部门负责合同文本的保存及合同执行情况的跟踪。

对直接采购或租赁的施工机具，双方可以以订货单、发票、电话记录、会谈纪要等形式作为采购或租赁的凭证。

【标准条文】

> **6.2.4** 施工企业应对施工机具进行验收，并保存验收记录。根据规定施工机具需确定安装或拆卸方案时，该方案应经批准后实施，安装后的施工机具经验收合格后方可使用。

【条文理解】

施工机具验收是指施工机具进场后，项目经理部等使用部门按照规定程序对其各项指标进行检查，确认其是否符合验收标准的要求的一项重要管理活动。验收的方式有进厂验收、提运验收、接运验收和入库验收。

施工机具验收依据包括：
(1) 配备计划；
(2) 采购或租赁合同；
(3) 供应方的发货单、装箱单及其他凭证；
(4) 采购或租赁合同中约定的质量标准、样品或其他技术要求；
(5) 产品合格证、检验单、使用手册；
(6) 其他要求。

施工机具验收一般由项目经理部负责，验收记录中应表明施工机具名称、规格；型号、数量、供应方、实物检查及技术文件检查情况、签收人的签字等内容。对租赁机具验收，双方在共同进行验收基础上签署交接清单。

有些特殊施工机具应该按照专门规定实施验收。需编制安装或拆卸方案的施工机具包括：盾构机、塔吊、外用电梯、脚手架和起重机械等。上述机具需由有资质的单位负责安装、拆除。安装、拆除方案应履行审批手续。安装完毕启用前必须经专业管理部门的验收，合格后方可使用。同时，在使用过程中尚需落实相应的管理制度，以确保使用安全。

本条文是《规范》第 10 章有关施工机具配备和使用的具体要求。

【实施指南】

施工企业与施工机具有关的各责任部门，特别是项目经理部应根据企业相关制度，按照施工机具进场计划,对施工机具进场验收作出安排,明确参加验收的人员的职责、验收方法及记录方面的要求。参与验收的人员应具有与所验收机具相关的专业知识与经验,并按企业相关制度要求,填写验收记录或交接清单。

对于采购的施工机具,验收人员应根据上述要求对照采购合同、装箱单、使用手册等一一进行清点,填写验收记录,对重要施工机具的随机文件应作为施工机具档案按照相关制度的规定归档管理。

对于租赁的施工机具及配件,由施工总承包单位、分包单位、出租单位和安装单位共同进行验收,验证其规格、型号、数量、技术状态、随行操作人员的资格证明等是否符合法律、法规、租赁合同的要求。对于安装试运行出现问题或验收不合格的施工机具,施工企业应按照租赁合同的约定予以处理。

分包方施工机具进场时,施工单位应与分包方共同对其性能、安全防护装置等进行严格验收,以确保使用安全。

对大中型施工机械安装拆卸必须编制专项施工方案,安装拆卸单位必须具备相应的安装资质,安装拆卸人员必须经省地有关部门培训考核合格、持证上岗。安装拆卸单位应对安装拆卸班组下达安装拆卸任务单,明确安装拆卸负责人和参加安装拆卸人员及其工作职责,并对其进行安全技术教育和安全技术交底。安装结束后,安装单位应进行调试检测,力求以数据形式作为书面记录。机具经自检后,报当地建筑安全管理部门验收或备案。

施工机具安装必须平整牢固,塔吊、施工电梯等大型设备必须有设备基础隐蔽验收记录和混凝土强度试验报告。

外用电梯(人货两用电梯)安全装置应每两年经法定检测单位检测,出具检测报告,合格后方可继续使用。

施工机具必须有相应的安全防护装置,安全防护装置不齐全,严禁投入使用。严禁三无产品进入施工现场。

【相关法律法规、标准规范】

(1)《中华人民共和国合同法》;
(2)《中华人民共和国招标投标法》;
(3)《建筑工程安全生产管理条例》;
(4)《特种设备安全检查条例》。

【与 GB/T 19001 的对应条款及差别】

本条款与 GB/T 19001—2008 中的 6.1 资源提供、6.3 基础设施、7.4.1 采购管理、7.4.3 采购产品的验证、8.3 不合格品控制条款。

其差别在于:比较 GB/T 19001—2008 规定更加具体,将施工工具与施工中其他采购品分开提出采购要求,对施工机具需求计划、安装验收等方面的要求规定是《规范》增加的要求。

【有效运行的证据】

(1)《施工机具配置计划》;
(2)合格供方评价记录;
(3)采购或租赁合同;
(4)《施工机具安装拆卸方案》;

(5)验收记录。

【标准条文】

> **6.3 施工机具使用**
>
> **6.3.1** 施工企业对施工机具的使用、技术和安全管理、维修保养等应符合相关规定的要求。

【理解条文】

施工机具的使用、技术和安全管理、维修保养等不仅是施工现场管理的重要环节,而且是施工企业技术和安全等管理工作的重要组成部分,其管理内容及要求如下:

(1)施工机具的合理使用方面

1)人机固定。实行机具使用、保养责任制,将施工机具的使用效益与个人经济利益联系起来。

2)实行操作证制度。实行专人专机,其操作人员必须经过培训和统一考试,合格后颁发操作证。这是保证施工机具得到合理使用的必要条件。

3)操作人员必须坚持做好施工机具的例行保养。

4)遵守走合期使用规定,防止机件早期磨损,延长机械使用寿命和修理周期。

5)实行单机或机组核算,根据考核的成绩实行奖惩,提高施工机具管理水平。

6)建立机具档案制度,以了解设备的情况,便于使用与维修。

7)加强施工机具的维修管理,合理调配施工机具,提高施工机具的完好率和单机效率。

8)培训操作人员,采取培训、岗位练兵等形式,有计划、有步骤地做好操作人员培训和技能提高工作。

9)做好施工机具的综合利用,在确保安全情况下,施工机械尽量做到一机多用,提高施工机械综合利用率。

(2)施工机具的技术和安全管理方面

项目经理部按施工机具的安全操作要求安排工作,不得要求操作人员违章作业,也不得强令机具带病作业,更不得指挥或允许操作人员野蛮施工。

项目经理部应为施工机具使用创造良好条件。现场环境、施工平面布置图应适合机械作业要求,交通道路畅通无障碍,夜间施工安排好照明。

(3)施工机具的保养与维修

1)施工机具的磨损可分为以下三个阶段:

第1阶段:磨合磨损。磨合磨损是初期磨损,包括制造或大修理中的磨合磨损和使用初期的走合磨损。这段时间较短,此时只要执行适当的走合期使用规定,就可降低初期磨损,延长机械使用寿命。

第2阶段:正常工作磨损。这一阶段零件经过走合磨损,光洁程度提高了,磨损减少,在较长时间内基本处于稳定的均匀磨损状态。这个阶段后期,条件逐渐变坏,磨损就逐渐加快,进入第三阶段。

第3阶段:事故性磨损。此时,由于零件配合的间隙扩展而负荷加大,磨损激增,可能很快损坏。如果磨损程度超过了极限不及时修理,就会引起事故性损坏,造成修理困难和经济损失。

2) 施工机具的保养施工机具保养的目的是保持施工机具的良好技术状态,提高设备运转的可靠性和安全性,减少零件的磨损,延长使用寿命,降低消耗,提高机械施工的经济效益。保养分为例行保养和强制保养。例行保养属于正常使用管理工作,它不占用施工机具的运转时间,由操作人员在机械运转间隙进行。其主要内容是:保持机械的清洁,检查运转情况,防止机械腐蚀,按技术要求润滑等。强制保养就是隔一定周期,需要占用施工机具的运转时间而停工进行的保养。强制保养是按照一定周期和内容分级进行的。保养周期根据各类施工机具的磨损规律、作业条件、操作维护水平及经济性四个主要因素确定。

3) 施工机具的修理施工机具的修理,是对施工机具的自然损耗进行修复,排除机械运行的故障,对损坏的零部件进行更换、修复。对施工机具的预检和修理,可以保证机械的使用效率,延长使用寿命。

施工机具的修理可分为大修、中修和零星小修。大修是对施工机具进行全面的解体检查修理,保证各零部件质量和配合要求,使其达到良好的技术状态,恢复可靠性和精度等工作性能,延长机械的使用寿命。中修是大修间隔期间对少数总成进行大修的一次性平衡修理,对其他不进行大修的总成只执行检查保养。中修的目的是对不能继续使用的部分总成进行大修,使整机状况达到平衡,以延长施工机具的大修间隔。零星小修一般是临时安排的修理,其目的是消除操作人员无力排除的突然故障、个别零件损坏,或一般事故性损坏等问题,一般都是和保养相结合,不列入修理计划之中。而大修、中修需要列入修理计划,并按计划预检修制度执行。

【实施指南】

施工企业应按所建立施工机具管理制度,对施工机具使用的各环节进行控制,具体管理要求包括:

(1) 施工企业应建立施工机具档案,在施工机具使用过程中实行定机、定人、定岗、持证上岗、交接等规定。

(2) 重要施工机具的使用应由施工企业主管部门或项目经理部制定专项技术方案,把施工活动和设备特点结合起来,核定设备运行的技术参数,规定合适的作业方法,确保施工机具的安全运行。

(3) 对重要施工机具的技术状态和安全防护设施应及时检查,评价相关机具的可靠性,如:塔式起重机、施工升降机和物料提升机的主要结构、安全保护装置、安装与拆除以及安全使用等过程都关系到设备的可靠性。同时,应特别注意在使用前对设备的安全可靠性的检查。

(4) 项目经理部的重要施工机具(塔吊、外用电梯、泵车、搅拌机等)必须按照运行的结果记录台班时间,以决定设备维修和报废的时间安排。

(5) 项目施工机具的计划和使用应符合施工过程控制的要求。要根据施工作业的特点,在开机前检查设备的完好情况,在使用中按照施工方案的运行规定操作,按照操作说明实施人员交接,在使用后及时进行维护和保养。

作为关键和特殊过程的施工机具运行应符合施工过程能力的要求。施工企业施工机具的具体控制重点:

1) 当自有或租赁的施工机具出现机械问题时,应该对现场管理和控制的方法、设备的技术、质量状况,包括设备的报废程度作出评估。

2) 当由租赁的施工机具供应方提供的随机操作人员出现问题时,应对设备供应方的服务水平和人员素质作出评估。

3) 当购置的施工机具出现机械问题时,应对现场机具的管理能力、采购过程的风险和供应方的技术质量能力作出评估。

4) 当购置的施工机具售后服务出现问题时,应该对供应方的服务水平作出评估。

5) 当多种类似的施工机具事故发生以后,应该全面评估施工机具的管理风险。项目经理部要根据分析的结果实施项目施工机具管理的改进工作。

(6) 确保项目施工机具的维修工作,要在施工准备阶段制定施工机具的维修计划,内容包括:设立简易的维修现场,配备维修设备、维修配件和人员,确定维修的专业方法。维修方法有:定期维修(大修、中修和小修)、状态维修、抢修等。项目的维修工作应该立足风险预防,实施以计划规定的定期维修和以机件状态决定的状态维修,使机械事故得以避免。

(7) 及时完善针对施工机具的应急管理措施。项目经理部要针对施工现场风险的特点制定应急措施,内容包括:紧急处置、报警、撤离、抢修、恢复运行和事故调查等,应准备必要的备用施工机具,发生突然事故时能及时响应,减少施工的质量事故和安全风险。

(8) 强化针对分包方施工机具的控制和管理工作。项目经理部应根据合同要求对分包方的关键和特殊过程的施工机具实施管理。包括对分包方施工机具的采购和租赁过程,使用和维修过程,进场验收等过程的监督和指导。发现问题必须及时采取改进措施。

【相关法律法规、标准规范】

(1)《中华人民共和国建筑法》;
(2)《中华人民共和国安全生产法》;
(3)《建筑工程安全生产管理条例》;
(4)《特种设备安全监察条例》;
(5)《建筑工程施工现场管理规定》;
(6)《特种作业人员安全技术培训考核管理规定》(安监总局令第30号);
(7)《建设工程项目管理规范》GB/T 50326—2006;
(8)《建设工程项目监理规范》GB/T 50319—2000。

【与 GB/T 19001 的对应条款及差别】

对应于 GB/T 19001—2008 中的 6.3 基础设施、7.5.2 生产和服务提供过程的确认、7.5.4 顾客财产、8.3.2 过程的监视和测量。

其差别在于:比较 GB/T 19001—2008 规定更加具体,将施工工具与施工中其他采购品分开提出采购要求,对施工机具需求计划、安装验收等方面的要求规定是《规范》增加的要求。

【有效运行的证据】

施工机具日常管理和现场使用的记录。包括设备台账、检查记录、运行记录、维修保养计划和记录、安全交底记录等。

7. 对"投标及合同管理"的理解与实施要点

【标准条文】

7.1 一 般 规 定

7.1.1 施工企业应建立并实施工程项目投标及工程承包合同管理制度。

7.1.2 施工企业应依法进行工程项目投标及签约活动,并对合同履行情况进行监控。

【条文理解】

本条款是对投标及合同管理的总体要求,明确了施工企业应建立并实施工程项目投标及工程承包合同管理制度。招投标是市场经济条件下的一种有组织的特殊的商品交易行为。交易在前、生产在后是工程项目招投标市场典型特征之一,发包方在交易过程选择的是产品生产单位,而不是产品。同时,建筑产品具有规模大、周期长、参与方多等特点,建筑产品承发包方双方在合同订立及履行过程中必须遵守法律、行政法规,遵守社会公德,不得扰乱社会经济秩序,损害社会公共利益。

施工企业投标及合同管理既是企业质量管理工作的重要内容,也是项目进行质量控制的重要环节。施工企业应建立一套有效的管理制度用于规范企业的投标和合同管理活动。

现阶段,我国针对建设工程招投标活动已建立完善的法律法规体系,全国人大、国务院、各部委、地方政府先后颁布并实施了一系列法律、行政法规、地方性法规、行政规章及各类规范性文件,主要包括:

(1)《中华人民共和国建筑法》;

(2)《中华人民共和国招标投标法》;

(3)《中华人民共和国合同法》;

(4)《工程项目招标范围和规模标准规定》;

(5)《工程建设项目施工招标投标办法》;

(6)《建筑业企业资质管理规定》;

(7)《标准施工招标资格预审文件》;

(8)《标准招标施工招标文件》等。

上述法律、法规及相关要求对建设工程招标投标及合同管理所涉及的每一领域及环节均提出了明确的要求,施工企业应依法进行工程项目的投标及签约活动。

施工合同履行的监控以施工企业对合同条件中所确定各项目标完成情况为重点。监控既包括施工企业合同管理部门对项目经理部各项工作完成情况及项目实施情况的自上而下的监控,也包括项目经理部自身监控。

【实施指南】

施工企业可结合企业管理体系文件结构,分层次建立并实施与工程项目投标及工程承包合同管理相关的制度。

施工企业建立的项目投标及工程承包合同管理制度应覆盖以下内容:

(1)工程信息的获取及评审;

(2)资格预审;

(3) 招标文件的获取与评审，评审内容涉及对招标文件中的投标人须知、投标书附录与合同条件、技术说明、永久性工程之外的报价补充文件等评审及研究；

(4) 进行各项调查研究，包括：市场宏观经济环境调查，工程现场考查和工程所在地区的环境考查，工程业主方和竞争对手公司的调查等；

(5) 复核工程量；

(6) 选择施工方案；

(7) 投标计算；

(8) 确定投标策略；

(9) 正式投标；

(10) 中标、合同谈判及合同签订；

(11) 合同交底；

(12) 合同实施的跟踪；

(13) 合同实施的偏差分析及纠偏；

(14) 工程变更的管理；

(15) 索赔；

(16) 合同争议的解决方式；

(17) 项目收尾及总结，包括：清理各种债权债务、办理决算手续、项目实施情况总结等。

施工企业应遵守法律、法规及其他规定的要求，在招投标过程，严禁出现以下各类明令禁止的违法、违规行为，维护建设工程招投标正常市场秩序：

(1) 超越资质承担工程；

(2) 投标人相互串通投标；

(3) 投标人与招标人串通投标；

(4) 以向招标人或者评标委员会成员行贿的手段谋取中标；

(5) 以低于成本的报价竞标，这里所指的"成本"应指投标人个别成本，该成本一般以投标人的企业定额测定；

(6) 以他人名义投标或以其他方式弄虚作假，骗取中标。

施工企业对合同履行情况的监控有两方面的含义，一是施工企业合同管理部门对合同执行者（项目经理部或项目参与人）的合同履行情况的跟踪，二是合同执行者（项目经理部或项目参与人）本身对合同计划的执行情况进行的跟踪、检查与对比。合同履行情况监控的依据包括工程承包合同及依据工程承包合同而编制的各种计划文件，工程实施过程中各种原始记录、报表、验收记录，以及管理人员对施工现场情况的直观了解等。合同履行情况监控的对象以合同条件确定的质量、进度、安全、造价等目标完成情况作为重点。

【与 GB/T 19001 的对应条款及差别】

对应于 GB/T 19001—2008 中的 7.2。本条款要求制定相关制度和对履约情况进行监控的要求高于 GB/T 19001—2008 的要求。

【有效运行的证据】

相关制度、依法开展投标活动和对合同履约情况进行监督的证据。

【标准条文】

7.2 投 标 及 签 约

7.2.1 施工企业应在投标及签约前，明确工程项目的要求。包括：

(1) 发包方明示的要求；

(2) 发包方未明示、但应满足的要求；

(3) 与工程施工、验收和保修等有关的法律、法规和标准规范的要求；

(4) 其他要求。

【条文理解】

施工企业在投标及签约前，应确保充分了解发包方及有关各方对工程项目施工和服务质量的各项要求，并确保有能力满足这些要求。

"发包方明示的要求"是指发包方在招标公告/资格预审公告、投标人须知、招标文件、合同条件、图纸、技术标准及项目实施过程中工程变更等方面以书面形式明文提出的各项要求。

"发包方未明示，但应满足的要求"一方面是指工程惯例所指的要求，另一方面指发包方由于在施工领域的知识欠缺、信息不对称等原因，在招标文件等文件中没有明确提出，但为了实现工程项目质量特性又必须满足的某些要求。施工企业应该从履行社会责任或追求卓越角度出发，以更高的服务意识，识别并满足业主隐含的需求，为业主提供精品工程，以此树立施工企业的良好形象。例如，施工单位采取传统的施工方案，其噪声控制符合主管部门的相关规定及合同的要求，但是施工单位在施工过程中又发现了一种新型的施工方案，使施工过程中能够有效地降低噪声污染，虽然在合同中并未明确要求采取进一步降低噪声的措施，但是施工单位应从履行社会责任和维护业主利益的角度，采取新型的施工方案，达到减低噪声的目的。

"与工程施工、验收和保修等有关的法律、法规和标准规范的要求"涉及的范围包括：

(1) 建设施工过程中质量控制、安全控制、环境保护、进度控制等；

(2) 工程质量验收的依据、组织、程序、不合格处理；

(3) 保修的范围、期限、责任等。

施工企业应识别法律、法规、标准和规范对上述内容的控制要求，并对其进行有效控制。

本条中提到的"其他要求"包括：施工企业超出招标文件要求的各种承诺、施工企业对项目经理部的要求及对质量的创优要求等。

【实施指南】

施工企业应结合招标文件评审、现场踏勘、招标答疑、合同评审等各种形式明确工程项目的要求，并满足要求。施工企业投标阶段编制的技术标及商务标均是在明确上述各要求的基础上，结合自身实际的对应策略及实施方案。

【标准条文】

7.2.2 施工企业应通过评审在确认具备满足工程项目要求的能力后，依法进行投标及签约，并保存评审、投标和签约的相关记录。

【条文理解】

施工企业在招标投标及合同签订的过程中,应对招标公告、投标邀请书、资格预审公告、投标人须知、合同条件、工程量清单、图纸、技术规范、标准、合同变更等方面的要求进行评审;通过编制资格预审文件与投标文件、签订合同文件等明确其具备满足合同要求的能力,同时应保存评审、投标和签约的相关记录。

【实施指南】

施工企业在投标及签约时,首先应对该项目建设单位所采取的承发包模式进行分析,然后针对不同的招标方式,按照规定的程序进行投标和签约,并保存相关记录。

(1) 承发包模式

施工企业应根据发包方所采取承发包模式的不同,对本企业履行合同的能力进行有针对性的评价。通常情况下,施工项目承发包模式包括:

1) 平行发包。发包方不委托施工总承包单位,也不委托施工总承包管理单位,而是将施工任务平行发包给多个施工单位进行施工,并分别与各方签订承包合同;

2) 施工总承包。发包方将全部施工任务发包给一个施工单位或多个施工单位组成的联合体或合作体,施工总承包单位根据需要再委托其他施工单位作为分包配合施工;

3) 建设项目工程总承包。发包方将工程设计、施工、采购等工作全部发包给一家承包单位,然后由该承包单位作为总包单位统一负责设计、施工、材料及设备采购等工作。项目的总承包模式又可以进一步分为设计→施工(Design-Build)模式,简称 D+B 模式,以及设计→采购→施工(Engineering-Procurement-Construction)模式,简称 EPC 模式等。在 D+B 模式中,总承包单位按照合同的约定承担工程设计与施工任务,并对承包工程的质量、安全、工期和造价全面负责;在 EPC 模式中,总承包单位按照合同的约定承担工程项目的设计、采购、施工、试运行服务等工作,并对承包工程的质量、安全、工期和造价全面负责;

4) 施工总承包管理(Managing Contractor)。发包方委托一个施工单位如项目管理咨询单位作为施工总承包管理方,发包方再另行委托其他施工单位作为分包单位负责具体施工。施工总承包管理单位通常不参与具体工程的施工,而只是负责协助发包方对所有的分包单位进行组织与协调,但如果施工总承包管理单位也想承担部分工程的施工,它也可以参加该部分工程的投标,通过竞争取得施工任务。

除了以上几种典型施工承发包模式外,随着建筑市场的发展以及发包方需求的多元化,在我国逐渐出现了很多新型的建设项目承发包与组织管理模式,对施工单位如何进行投标、谈判和合同管理均提出了新的课题及要求。例如在 Partnering 模式中,施工企业与发包方通过强调共同的目标和利益,通过签订传统的具有法律效果的合同及外加非合同性质的 Partne_ring 协议,以达到双方建立长期的合作关系,为实现共赢创造条件。上述新型承发包模式的出现均要求施工企业完善自身的管理机制,提高自身的服务质量,通过发展高质量合作伙伴,促进管理水平提高,并实现企业可持续发展。

发包方式不同,施工单位所担任的角色及履行的合同义务也不同。因此,施工单位根据不同承发包模式,结合自身的特点,评价自身的履约能力,并制定不同的投标策略。

(2) 招标的方式

我国《招标投标法》规定，招标分为公开招标和邀请招标两种方式。公开招标是指招标人在公共媒体上发布招标公告，提出招标项目和要求，所有符合条件的法人或者组织都可以依法进行参与投标的一种招标形式。邀请招标是指招标人事先经过考查和筛选，将投标邀请书发给某些特定的法人或者组织，邀请其参加投标。对于公开招标和邀请招标的项目，施工企业制定的投标策略是不一样的。但是，无论是公开招标或者邀请招标，施工单位均都应精益求精地做好标书的编制工作。在邀请招标中，施工企业可以更多地根据有限的竞争对手的情况制定有针对性的投标策略。

(3) 投标及合同签订过程

1) 研究招标文件

施工单位在取得投标资格并获得投标文件后，应首先仔细研究招标文件，对招标文件所包括的投标人须知、合同条款、设计图纸、技术规范、工程量表等内容认真阅读和分析。

2) 进行各项调查研究

施工单位应该对将要投标工程的自然环境、市场环境、社会环境等信息进行调查，并安排相应的考查。考查内容包括：

A. 施工现场的考查，如施工所在地的自然条件、工程地质条件、交通条件、供水供电条件等；

B. 工程所在市场环境的考查，如原材料的供应条件、劳动力供应条件、分包队伍的供应条件、施工机械设备的供应条件等；

C. 建设单位及相关单位情况的考查，如建设单位的资金落实情况、监理单位的能力和素质，政府主管部门的相关要求，潜在竞争对手情况的考查等。

3) 复核工程量

对于提供工程量清单的项目，施工单位需要认真复核工程量。在核算工程量时，应结合招标文件中的技术规范分析工程量中各子项和条目的具体内容和含义，避免出现错误和遗漏。

4) 编制投标文件

投标文件的编制包括技术标与商务标的编制。

技术标编制的关键是制订合理的施工方案。施工方案的制订是体现施工单位技术能力的重要内容，也是制订投标报价的依据。施工单位应该根据项目调研的结果选择相应的施工方法、配备相应的施工机械、设备、管理人员和操作人员。确保所制订的施工方案能够有效保证工程的质量、安全和工期等方面的要求。并在保证工程质量、安全和工期等要求的前提下，选择经济合理的施工方案。

商务标编制的关键是投标费用的计算，投标费用的计算应以施工方案、进度安排为依据，另外还需要根据建设单位的要求选择合理的计价方式。

5) 确定投标策略

施工单位应根据自身的条件和对竞争对手的分析制订合理的投标策略，投标策略的制定会直接影响到中标的可能性以及施工单位在该工程中将会取得的利润。在不同的背景情况下，施工单位可采取低价、缩短工期、改进设计、提供多种配合服务等方式获得中标。另外，投标策略的制订要与企业的发展战略相一致。大中型工程建设项目投标策略必须在企业的决策层直接参与下安排有关部门参与共同制定。

6) 投标

确定投标策略后就可以进行正式投标。投标时应注意投标的截止期,务必在投标截止日期前提交标书。另外,在投标中还要注意投标文件的规范性和完整性,按照规定进行签章和密封,投标书需要加盖有投标企业公章以及企业法人的名章(或签字),并按照要求提交投标担保。

7) 开标及评标

施工单位应按投标人须知的要求,按时派代表参加开标会,做好开标记录。开标后,招投标活动就进入招标人的评标环节。

8) 合同谈判与签约

招标人经评标,确定中标候选人。如果本单位未中标,施工企业应进行失标原因分析,如果中标,则进入合同谈判与签约阶段。

在合同谈判和签约前,施工单位应与发包人就技术要求、技术规范、施工方案等问题进行进一步的讨论和确认。同时,应特别注意合同中计价方式、价格调整条款以及支付条款,必要时与发包人进行进一步磋商和确认。另外,对于工期和维修期、违约罚金和工期提前的相关奖励、场地移交及技术资料的提供等要求也应通过谈判在签约前进一步明确。

(4) 履约能力的评价

施工企业应在投标和签约的过程中,对企业自身的履约能力进行评价。同时在对项目的内外部环境进行充分调查的基础上,对合同履行的风险进行识别、分析和评价,并通过适宜的方式进行评审,以确认是否有能力满足合同的要求。

项目内部环境包括企业所具备的资源、组织机构、管理制度、工程实施的能力等;外部环境包括自然环境、社会环境、政策环境、市场环境等。

在确认是否有能力满足合同要求时,施工企业的投标与合同管理部门应该与其他部门进行有效沟通,充分掌握其他部门对合同的评审意见,并将其作为投标的依据。

当施工企业联合其他企业共同投标某一项目时,施工企业应充分了解合作伙伴的现状,并在对合作伙伴的履约能力进行评估后再进行投标。应特别注意的是由同一专业单位组成的联合体,按照资质等级较低的单位确定资质等级。

(5) 记录的保存

投标及签约的相关记录应能为证实项目施工和服务质量符合要求提供必要的追溯和依据。施工企业需保存的投标及签约的有关记录一般包括:

1) 对资格预审文件、招标文件和工程承包合同的分析评审记录;
2) 投标文件和工程承包合同编制、审批记录;
3) 项目实施过程中的合同台账、合同补遗、会议纪要、合同变更及与合同有关的函件等。

投标和签约记录的管理应符合《规范》3.5.3条的规定。

在《规范》7.2所述的投标和签约过程中,风险管理是投标阶段的一项重要工作。在投标阶段没有对风险进行准确的识别、分析并制定相应的防范对策,一旦风险事件发生,会给施工企业带来很大的损失。在投标阶段进行有效的风险管理规划可以为后期项目的实施奠定良好的基础，也会为质量管理创造良好的条件。

【相关法律法规、标准规范】

(1)《建筑法》；
(2)《合同法》；
(3)《招标投标法》；
(4)《工程项目招标范围和规模标准规定》；
(5)《工程建设项目施工招标投标管理规范》；
(6)《建筑业企业资质管理规定》；
(7)《标准施工招标资格预审文件》；
(8)《标准施工招标文件》。

【与 GB/T 19001 的对应条款及差别】

对应于 GB/T 19001—2008 中的 7.2.1 和 7.2.2。基本上无差别。

【有效运行的证据】

(1) 合同及合同台账和合同评审记录；
(2) 投标文件及评审记录。

【标准条文】

7.3 合 同 管 理

7.3.1 施工企业应使相关部门及人员掌握合同的要求，并保存相关记录。

【条文理解】

在施工行业，投标及合同签订往往由企业领导、市场部门及合约部门负责，而项目的实施则由项目经理部负责。因此，为保证投标及合同签订阶段合同文件中各项要求在项目实施过程能充分、有效的贯彻，在项目实施前，前期负责投标和合同签订的部门须对项目经理部及其他相关人员就合同文件中关于质量、进度、安全、环境保护、工程款支付、结算等要求进行一次全面、系统、正式的交底。

在交底过程中，施工企业应通过组织相关人员对合同条款学习，熟悉合同中的主要内容、规定和要求，明确合同规定的工作范围、相关责任及违约后的法律后果等，使企业相关人员对合同内容的理解保持一致，并将工作内容和责任落实到企业各责任部门及项目经理部各岗位。

【实施指南】

为了做好合同交底工作，施工企业应明确以下内容：

(1) 交底时机

工程正式开工前，施工企业应进行一次全面、系统、正式的合同交底。在合同履行过程中，也可就某一具体问题另行交底。

(2) 责任部门

由前期负责投标和合同签订的部门对项目经理部及其他相关人员进行交底。

(3) 交底内容

合同交底内容通常以施工单位在合同履行过程应承担的责任和义务为主，包括：

1) 工程概况及合同规定的工作范围；

2) 建设单位、监理单位及施工单位驻现场的主要负责人，职权范围，工作方式；
3) 工期要求。包括：总进度计划、开竣工时间及关键线路说明；
4) 质量要求。包括：质量目标、验收、移交及保修方面的要求；
5) 成本目标及工程款支付（预付款、工程进度款、最终付款、保留金）方面的规定；
6) 安全、环保目标及控制要求；
7) 主要资源配置需求及配置情况；
8) 合同争议解决的约定；
9) 其他。

（4）记录

要求施工企业负责合同交底的部门应保存合同交底记录。

【标准条文】

> **7.3.2** 施工企业对施工过程中发生的变更，应以书面形式签认，并作为合同的组成部分。施工企业对合同变更信息的接收、确认和处理的职责、流程、方法应符合相关规定，与合同变更有关的文件应及时进行调整并实施。

【条文理解】

建设工程由于周期长、涉及的关系复杂、受自然条件和客观因素的影响大，导致项目的实际实施情况与招标投标时预计情况不一致，不可避免会出现工程变更情况。

施工过程中产生的变更主要包括：设计单位提出的设计变更、发包方提出的变更以及施工企业提出的合理化建议等。施工企业对于上述三类变更应该进行分类管理，其接收、确认和处理应符合相关规定。同时，应注意变更过程中可能出现的对质量、成本、工期的影响，及时进行索赔，维护自身利益。

【实施指南】

按照涉及的范围不同，工程变更可分为：工程项目的变更（如发包人提出增加或删减原有项目内容）、工程量变更、进度计划的变更、施工条件的变更等。施工企业针对不同类型的变更，应明确其接收、确认和处理的职责、流程和方法。

（1）发包人或设计方提出的变更

施工过程中，发包人或设计方如果对原设计进行变更，应按合同文件要求提前以书面形式向承包人发出变更通知。施工企业项目经理部在收到变更后，应按文件控制程序的要求，做好变更的收文、处理工作，并对变更所涉及的各类计划文件、方案进行调整。

（2）施工企业提出的变更

施工企业在合同执行过程中，必须严格遵守合同各项要求，不得随意变更设计。但施工企业为保证合同顺利进行，也可根据项目实际情况，提出合理化建议。如果施工企业提出的合理化建议涉及对设计图纸或者施工组织设计的更改及对原材料、设备的更换，该变更须报监理工程师。监理工程师同意后，还须经原规划管理部门和其他有关部门审查批准，并由原来设计单位提供变更的相应图纸和说明。

无论变更由哪一方提出，施工企业合同主管部门及项目经理部均应对变更进行评审，及时调整施工方案，确保工程质量、进度及成本控制目标的实现。

【标准条文】

> **7.3.3** 施工企业应及时对合同履约情况进行分析和记录,并用于质量改进。

【条文理解】

合同履行是指合同各方当事人按照合同的规定,全面履行各自的义务,实现各自的权利,使合同目标得以实现的过程。

合同履行应遵循以下原则:

(1) 全面、适当履行的原则;

(2) 诚实信用的原则;

(3) 公平合理,促进合同履行的原则;

(4) 当事人一方不得擅自变更合同的原则。

合同履行情况的分析侧重于合同实施过程结果与目标之间的偏差分析,包括偏差的原则分析、偏差的责任分析、合同实施趋势分析。根据分析结果,合同当事人应采取纠偏措施,实施质量改进。

【实施指南】

施工企业合同履行的分析及质量改进由企业合同主管部门及项目经理部负责,主要工作内容包括。

(1) 合同履行情况的跟踪

合同跟踪的内容主要包括本企业所承包的工程范围及其质量、进度和成本的执行情况的跟踪,如工程范围是否按要求执行,是否有遗漏,建筑材料、构件、制品和设备等的质量以及施工安装质量是否符合要求,工程进度是否能符合合同规定的工期要求,工程成本是否有增减等。

另外,施工过程中出现的工程变更,包括变更的范围、程序、责任分析、补偿要求应作为重点跟踪的对象。

对跟踪的结果,施工企业相关主管部门应进行收集、整理、存储、传递。

(2) 合同履行偏差的原因、责任及趋势分析

通过对跟踪的信息汇总,如果发现存在偏差,施工企业合同主管部门应对偏差的原因、责任及趋势进行分析。

1) 产生偏差的原因分析

通过对合同执行实际情况与实施计划的对比分析,不仅可以发现合同实施偏差,而且可以探索引起差异的原因。原因分析可以采用因果分析图法、分层法、排列图法、直方图法等方法进行定性或定量地分析。

2) 合同实施偏差的责任分析

分析合同偏差的原因是由谁引起的,应该由谁承担责任。责任的分析必须以合同为依据,按合同规定落实双方的责任。

3) 合同实施趋势分析

针对合同实施偏差情况,采取不同的措施,并分析不同措施所导致的合同执行的结果与趋势,包括:

A. 最终的工程状况,包括总工期的延误、总成本的超支、质量标准、所能达到的生

产能力（或功能要求）等；

B．施工单位将承担什么样的后果，如被罚款、被清算，甚至被起诉，以及对施工单位资信、企业形象、经营战略的影响等；

C．工程经济效益（利润）水平。

（3）合同实施偏差处理与改进

根据合同实施偏差分析的结果，施工单位应该采取相应的纠偏措施，包括：

1）组织措施，如增加人员投入，调整人员安排，调整工作流程和工作计划等；

2）技术措施，如变更技术方案，采用新的高效率的施工方案等；

3）经济措施，如增加投入，采取经济激励措施等；

4）合同措施，如进行合同变更，签订附加协议，采取索赔手段等。

合同履行的各种信息应作为施工企业质量管理的一部分，用于企业的质量改进。

（4）做好分析和处理的记录

合同履行情况的分析与处理结果都应形成记录，这些记录首先可以作为本项目执行后续工程的依据；其次可以作为处理本工程合同索赔的依据，另外，还可以作为企业对于今后投标类似工程及进行项目管理的依据。

【标准条文】

> 7.3.4 在合同履行的各阶段，应与发包方或其代表进行有效沟通。

【条文理解】

工程项目实施的复杂性与利益相关者的多样性导致了项目实施过程中存在大量沟通问题。项目的质量目标、进度目标和成本目标等目标能否实现与项目管理过程中产生的各类信息能否在项目各参与方间及时沟通有着直接关系。建立良好的沟通管理机制可以有效地提高项目管理效率，是施工项目管理成败的关键因素之一。

对施工企业而言，项目实施阶段不同，沟通工作的责任主体有所区别。施工企业应分阶段明确与发包方等各方进行沟通的责任部门以及沟通方式和信息处理的要求。

【实施指南】

对施工企业而言，项目实施阶段各阶段沟通要求如下。

（1）招标投标及合同签订阶段

施工企业在招标投标及合同签订阶段与发包人的沟通由企业市场或合约主管部门负责。沟通的内容及方式包括：

1）资格预审文件和招标文件的购买；

2）接收发包方对招标信息的修正；

3）参加发包人组织的现场踏勘及标前会议；

4）合同谈判阶段就某些具体工作内容进行讨论、修改、明确或细化后所形成的"合同补遗"或"会议纪要"等。

（2）施工准备、现场施工、竣工验收及动用前阶段

项目经理部作为施工企业负责项目实施的主体，主要负责施工准备、现场施工、竣工验收及动用前阶段与发包方的沟通。沟通方式及形式，包括工程例会、来往函件、变更指令、签证、电话交流、口头交流等。作为项目实施的证据，上述沟通均应以双方正式签认

的各种文件、记录为准。项目经理部应明确专人负责收集、保存上述沟通的证据。项目经理部与发包人沟通除了与建设单位直接沟通外，还包括与监理机构，业主委托的项目管理单位、代建单位，设计单位、政府相关主管部门及周围社区之间的沟通。

(3) 保修阶段的沟通

施工企业保修阶段与发包方的沟通一般由企业售后服务部门负责，原项目经理部主要负责人参与。沟通的方式包括电话沟通、定期回访及项目实施过程中问题的处理等。施工企业各责任部门应注意收集、传递、汇总、处理、保存沟通信息。

【与 GB/T 19001 的对应条款及差别】

对应于 GB/T 19001—2008 中的 7.2.2 和 7.2.3。其差别是增加了合同履约情况分析的要求。

【有效运行的证据】

(1) 合同交底记录；

(2) 变更的合同及评审传递记录、相关文件修改记录；

(3) 合同履约分析记录。

8. 对"建筑材料、构配件和设备管理"的理解与实施要点

【标准条文】

8.1 一 般 规 定

8.1.1 施工企业应根据施工需要建立并实施建筑材料、构配件和设备管理制度。

【条文理解】

本章中施工企业的建筑材料、构配件和设备一般包括以下两部分：

一是建筑施工过程中所使用（装配）的各类建筑原材料、经预先加工制作的各类构配件成品或半成品、建筑物功能要求所需设备等所有构成特定建筑产品实体组成部分的产品。

二是与施工质量有关的施工措施中所使用的（除《规范》第 6 章所规定的施工机具以外的）各类建筑原材料、经预先加工制作的各类构配件成品或半成品（如：基坑围护护桩、塔吊基础等）。

建筑材料、构配件和设备费用一般占工程总造价的 60%～70% 以上，因此，建筑材料、构配件和设备质量管理的重要性是十分明显的。

企业的建筑材料、构配件和设备管理的业务流程一般包括以下方面：

(1) 计划的制订；

(2) 供应方的选择；

(3) 采购合同的签订和管理；

(4) 验收；

(5) 运输；

(6) 保管。

制度文件覆盖了上述内容中所有与产品质量相关过程的管理要求，旨在确保施工所用建筑材料、构配件和设备满足预期质量和法规要求。本条文所要求的建筑材料、构配件和设备管理制度。

【实施指南】

施工企业的建筑材料、构配件和设备采购管理制度中应明确各管理层次及项目经理部采购管理活动的内容、方法及相应的职责和权限。

(1) 编制管理制度的关注点。

1) 材料、构配件、设备采购管理。

A. 材料、构配件、设备计划；

B. 采购（招标）；

C. 购合同签订及管理。

2) 供应商评价与管理。

A. 资格审查；

B. 现场考查；

C. 样品/样本评选；

D. 综合评价；

E. 合格供应商名册建立、使用及更新管理。

3) 材料、构配件、设备现场管理。

A. 材料、构配件、设备进场验证；

B. 材料、构配件、设备试验；

C. 顾客（业主）对供应商提供材料、构配件、设备的验证；

D. 材料、构配件、设备不合格品的控制；

E. 材料、构配件、设备搬运（标识与防护）；

F. 入库保管（标识与防护）；

G. 材料、构配件、设备的发放使用；

H. 客（业主）提供产品的管理。

4) 公司对项目现场材料、构配件、设备管理的监督检查。

5) 对适用法律法规的识别和引用。

6) 质量管理活动的记录要求（表式、标准化文本等）。

(2) 需注意保持一致的关联制度文件。

1) 企业现有岗位职责文件；

2) 企业内部授权制度；

3) 企业财务、审计等内控相关制度；

4) 项目策划相关制度；

5) 合同管理相关制度；

6) 安全文明施工相关文件；

7) 与业主、供应方签订的合同文件。

施工企业应通过文件管理系统确保部门、施工现场的采购相关人员都能够得到制度文件的有效版本。

【相关法律法规、标准规范】

(1)《建筑法》；

(2)《合同法》；

(3)《招标投标法》；

(4)《建筑工程质量管理条例》；

(5)《建筑工程安全生产管理条例》；

(6)《建筑业企业资质管理规定》；

(7)相关材料的产品标准；

(8)《建筑工程质量检验评定标准》GB 50300—2001。

【与 GB/T 19001 的对应条款及差别】

对应于 GB/T 19001—2008 中的 7.4，要求高于 GB/T 19001—2008 的要求。

【有效运行的证据】

制度文件，且相关人员理解其职责和流程。

【标准条文】

8.2 建筑材料、构配件和设备的采购

8.2.1 施工企业应根据施工需要确定和配备项目所需的建筑材料、构配件和设备，并应按照管理制度的规定审批各类采购计划。计划未经批准不得用于采购。采购计划中应明确所采购产品的种类、规格、型号、数量、交付期、质量要求以及采购验证的具体安排。

【条文理解】

本条文是对施工企业建筑材料、构配件和设备采购策划、准备所提出的质量控制要求。

施工企业应在施工项目实施策划过程中，根据施工任务确定施工所需各类原材料和需安装的构配件、设备，并按需采购、使用和装配。项目施工过程所需的建筑材料、构配件和设备应作为项目管理策划内容的组成部分。

各类建筑材料、构配件和设备计划审批的权限和流程应在制度中明确规定。施工企业上述各类采购计划的审批、实施应严格按制度规定的职责、流程执行。未经批准的采购计划不允许用于采购。

企业可根据需要分别编制建筑材料、构配件和设备需用计划、供应计划、申请计划、采购计划等，应确定所需计划的类别，明确各类计划中应包含的内容，计划编制人员应明确各类计划编制的依据和要求，应确定各类计划编制和提供的时间要求。

施工企业应在采购执行文件（如采购计划、采购合同）中明确所采购产品的种类、规格、型号、数量、交付期、质量要求以及采购验证的具体安排，以此确保所采购物资满足预期的要求。

本条文与《规范》第 10 章 10.2 条款直接相关，体现了质量策划中材料采购方面的策划要求。

【实施指南】

施工企业建筑材料、构配件、设备采购计划来源于特定施工项目的材料设备用料计划，而用料计划是预算人员根据工程合同、生产任务和设计图纸、技术资料或实际需要编制的计划，是项目策划活动的结果（输出）之一，构成项目策划的一个重要部分。

采购计划在实际操作上可分为整个项目的总体采购计划和月度采购计划。总体采购计划包括全部工程的用料采购安排。而月度物资计划是基层用料单位（项目经理部）月份内计划施工生产、用料的计划，也是物资部门组织配套供应，安排运输、控制使用、进行管理的行动计划。它是施工企业物资供应与管理活动中的重要环节。月计划要求全面、及时、准确，它由基层用料单位根据施工作业计划，以单位工程为对象，对各工程分部分项逐项核算，汇总编制。

施工企业在贯彻本条文要求时，应明确以下方面的规定：

（1）项目所需的建筑材料、构配件和设备应作为项目管理策划内容的组成部分，并与项目策划其他相关内容保持一致；

（2）各类建筑材料、构配件和设备计划审批的权限和流程应在制度中明确规定；

（3）在实际工作中，施工企业可根据自身具体情况，分别编制建筑材料、构配件和设备需用计划，供应计划，申请计划，采购计划等，并在制度中明确所需编制计划的类别；

（4）上述各类计划之间应保持一致性和可追溯性；

（5）上述各类计划中均应按照本条文规定明确采购的具体内容，包括：采购产品的种类、规格、型号、数量、交付期、质量要求、验证的具体安排；

（6）施工企业在制度中应要求计划编制人员明确各类计划编制所依据的数据和规定文件；

（7）施工企业应在制度中确定各类计划编制和提供的时间要求。采购计划在实际操作上可分为整个项目的总体采购计划和月度采购计划、总体采购计划。

【标准条文】

> 8.2.2 施工企业应对供应方进行评价，合理选择建筑材料、构配件和设备的供应方。对供应方的评价内容应包括：
> （1）经营资格和信誉；
> （2）建筑材料、构配件和设备的质量；
> （3）供货能力；
> （4）建筑材料、构配件和设备的价格；
> （5）售后服务。

【条文理解】

本条文明确了施工企业对供应方进行评价，合理选择建筑材料、构配件和设备供应方的要求。

施工企业应根据建筑材料、构配件和设备对工程质量的影响程度对供应方进行评价。在制定供应方的评价标准时，可根据所采购的建筑材料、构配件和设备的重要程度、金额等对建筑材料、构配件和设备分类制定评价标准和规定评价的职责。应考虑分别针对供应厂、商定不同的评价标准。

建筑材料、构配件和设备采购制度中应明确规定对各类供应方评价时应收集的证明资料。

本条文要求的实施，旨在通过供应方的评价选择，确保企业选择的建筑材料、构配件和设备供应方的供货能力和服务能够满足施工质量要求。

【实施指南】

（1）供应方的评价选择物资采购供应方的依据，就是对供应方的评价，评价的根据主要有以下几点。

1）经营资格和信誉供：应方的信誉可从其社会形象、其与本企业合作的历史情况等方面反映。根据所提供产品的重要程度不同，对供货厂家评价时，一般应在如下范围内收集可以溯源的证明资料：

　A. 企业的资质证明、产品生产许可证明；

　B. 产品鉴定证明资料；

　C. 产品质量证明；

　D. 厂家质量管理体系；

　E. 产品生产能力证明；

　F. 与该厂家合作的证明。

对经销商进行评价时，一般应在如下范围内收集可以溯源的证明资料：

　A. 经营许可证明；

　B. 产品质量证明；

　C. 曾与该经销商合作的证明。

2）提供物资的质量：建筑施工企业在采购材料时，首先应注重的是材料的质量。因为所用材料质量的好坏，直接会影响建筑施工企业的工程质量。建筑施工企业要确保建筑工程的质量，首先就必须确保工程所用材料的质量。因此，建筑施工企业应选择那些能提供高质量材料的供应商，并与他们保持长期的合作关系。

3）交货期的准确性：建筑施工企业应选择信誉好、能保证按期交货的供应商。因为供应商如果不能按期交货，势必会影响建筑施工企业的正常施工进度，从而给施工企业造成巨大损失。

4）价格：建筑施工企业应调查提供同等质量物资的供应商的报价情况，尽量以适宜的价格买到合乎需要的规格与质量的建筑材料。建筑施工企业也可采用公开招标的方法采购工程所需的物资。

招标是由建筑施工企业发出通知，说明采购物资的各种条件，邀请各供应商在指定期限内提出报价。供应商根据建筑施工企业的通知和招标条件，按期提出报价，进行投标，最后由建筑施工企业开标，对各供应商的报价进行比较，通常至少应有3个竞争性的报价，从中选择最有利者达成交易。采取这种方式，建筑施工企业可利用供应商的竞争达到选用经济适用物资的目的。当然，建筑施工企业在确定供应商时，不能只着眼于报价的高低，而必须对它们提供的物资进行深入的分析和综合评比。同时，还要调查了解其生产能力、材料保证情况、材料质量以及交货信誉等，然后作出决断，选定供应商。这种方式在采购一次性的大宗物资时适用。

5）物资运输费用：物资采购成本中，除了物资本身价格外，运输费用占有很大比例。所以，在权衡物资出厂价格高低时，要把物资的运输费用因素综合考虑进去，力求节省物资运输费用，避免由于过远选择供应方，造成物资虽然价格低廉，但弥补不了过高的运输费用，造成得不偿失。

6）售后服务能力：包括售后服务的态度、手段、措施及效果以及供应方的质量追踪能力。为选择供应方,应建立供应方的资料档案,从以上各方面以及技术水平、财务状况、创新能力、质量观念各方面严格按标准选择优秀的供应商,成为自己的合作者。当情况发生变化时,资料档案要及时更改,以便为今后选择供应商提供应更可靠的资料。

(2) 供应方的确定

供应方所具备的条件,往往是此强彼弱、此优彼劣、有长项又有短项、有高有低、有好有坏,条件是参差不齐的。对采购企业来说,常常是得失并存、利弊交错,在此情况下,选择供应方就需要对供应方的条件进行可行性分析和科学论证,以便作出正确的决策。

在实际操作中,确定供应方进行采购,按采购方法划分,可分为:

1) 招标采购。施工企业以招标文件的方式,约请采购策划名单中的多家供应方投标,经过评标,选择最佳供应方。对于大宗物资、工程设备以及采购金额较大的,一般均应采用招标采购。

2) 邀标采购。施工企业以招标的方式邀请特定的供应方投标。用招标方式确定供应方。对于批量小、价值较低以及不宜招标的,可采用询价招标。

3) 直接采购。对于零星材料或较难实施质量、价格对比的,或单项物资价值低(如低于 10 万元)可考虑直接采购。

建筑材料、构配件和设备的采购实施主体,根据采购对象的重要性、价值、批量、授权级次等情况,一般分为以下几种:

1) 企业采购,即施工企业物资管理部门组织采购;

2) 项目经理部采购;

3) 发包方采购;

4) 分包方采购。

其中,发包方直接采购的质量控制要求见本章 8.5.1、8.5.2 条文部分。分包方采购的质量控制要求见第 9 章 9.3.1 相应内容。

发包方指定的供应方也应经过评价,当从发包方指定的供应方采购时,发包方在工程施工合同中提出的要求、直接或间接地在各种场合以各种方式指定供应方的记录都应成为选择供应方的依据。

施工企业应根据评选结果通知供应方,组织签订采购合同及办理具体采购事宜(见本章 8.2.5 条文部分)。

对供应方评价选择的记录要求见本章 8.2.4 条。

【标准条文】

8.2.3 施工企业应在必要时对供应方进行再评价。

【条文理解】

本条文是施工企业对已入选合格供应方进行必要的考评、更新的要求,企业应对此作出明确规定。对供应方的重新评价可确定企业是否继续保持现有合作关系,并寻求采购过程的改进机会。本条文旨在通过对企业现有供应方的定期(或不定期)再评价,对其是否保持按要求提供产品的能力进行确认。

【实施指南】

施工企业应在制度中明确对入选供应商进行再评价的职责、流程、标准规定并实施。

对供应方进行再评价的时机一般有：
（1）对合格供应商名录进行定期（不定期）维护更新；
（2）每项采购合同到期结束；
（3）供应方出现违约情况；
（4）企业认为需要时。

供应方再评价的内容一般可包括：
（1）供货的质量水平及其稳定性；
（2）服务的及时性和满意度；
（3）其他履约情况；
（4）技术更新情况；
（5）与质量管理体系相关的变化情况；
（6）社会信誉的保持。

供应方再评价的意义在于使企业能够监控入选供应方的供货服务动态，及时识别新的采购风险，并加以控制和预防。通过供应方再评价结果，建立不合格供应商黑名单，可作为施工企业预防和规避采购风险的一个手段。

【标准条文】

> **8.2.4** 对供应方的评价、选择和再评价的标准、方法和职责应符合管理制度的规定，并保存相应的记录。

【条文理解】

本条文是对供应方的评价、选择和再评价的实施过程的质量要求，突出在评价过程中所使用评价标准、评价方法和实施人员与制度文件的符合性，突出评价记录要求。

施工所需材料设备不仅直接影响着工程实体质量，其中所蕴含的巨大经济利益也导致了采购过程存在较高的违规风险。确保采购质量是施工过程质量控制的重点之一。而对供应方的评价、选择和再评价又是采购过程质量控制的一项关键环节。

本条文旨在强调企业应通过包括监督检查在内的各种手段，保证对供应方的评价、选择和再评价制度的执行力度，防止出现"两张皮"，杜绝违规行为。

【实施指南】

施工企业可通过以下几方面贯彻本条文要求：

（1）建立健全对供应方的评价、选择和再评价实施过程的监督检查制度，明确监督检查的职责、方法和内容，建立监督检查记录；

（2）建立供应方评价（再评价）选择的内部分级授权管理体系，评价选择结果实行双岗联签制审批；

（3）通过科学合理的工作流程设计，规范对供应方的评价（再评价）选择活动，提高可控度；

（4）借助信息化手段，加强对项目现场评价选择过程的监控力度，提高供应方评价选择的透明度。

施工企业应保存相应的记录，便于施工企业对供应方的质量管理进行追溯。评价、选择和再评价相关记录可包括：对供应方的各种形式的调查记录，相应的证明资料，合格供应方名录、名单等；若以招标形式选择供应方，则应保存招标过程的各项记录。

【标准条文】

8.2.5 施工企业应根据采购计划订立采购合同。

【条文理解】

本条文是施工材料设备采购合同的订立要求，施工企业应确保采购合同完整、正确地体现采购策划所确定的采购要求，并通过采购合同的约定，确保采购的产品满足施工要求。为此，企业应对采购合同的拟定、批准、签订、管理明确相应的职责和程序。

当采购计划发生修订时，企业应及时根据采购要求的变化对采购作出相应调整，以确保购产品满足采购计划的要求。采购计划修订及相应采购调整记录应予以保存。

【实施指南】

施工企业应在采购管理制度中对采购合同的拟定、审核、批准、签订、管理明确相应的职责和程序。建立采购合同的内部授权体系、制定和采用标准合同文本都是规范采购活动的有效措施之一。

材料（构配件）采购合同的主要内容：

(1) 标的（名称、品牌、商标、品种、型号、规格、等级、花色、技术标准或质量要求等）；
(2) 数量；
(3) 包装；
(4) 交付及运输方式；
(5) 验收；
(6) 交货期限；
(7) 价格；
(8) 结算；
(9) 违约责任；
(10) 特殊条款等。

设备采购合同的主要内容设备采购合同的一般条款可参照材料采购合同制定，包括设备的名称、品种、型号、规格、等级；技术标准或技术性能指标；数量和计量单位；包装标准及包装物的供应和回收；交货单位、交货方式、运输方式、交货地点、提货单位、交（提）货期限；验收方式；价格；结算方式、违约责任等；此外，还需注意以下方面的专项条款要求：

(1) 设备价格与支付；
(2) 设备数量（清单）；
(3) 技术标准；
(4) 现场服务；
(5) 验收和保修。

合同在签订前应进行审核，发现问题时，授权人应及时实施改进措施。

采购合同必须符合国家的有关法律法规和企业的相关规定。

本条文并不要求所有采购（包括零星采购）都要签订采购合同。对于质量要求不高的零星建筑材料、构配件和设备可以根据采购计划的规定直接采购，而不必订立采购合同。

【相关法律法规、标准规范】

(1)《中华人民共和国合同法》；

(2)《中华人民共和国招标投标法》；

(3)《建筑工程质量管理条例》；

(4)《建筑工程安全生产管理条例》。

【与 GB/T 19001 的对应条款及差别】

对应于 GB/T 19001—2008 中的 7.4.1 和 7.4.2。差别是增加了对采购计划和采购合同的要求。

【有效运行的证据】

(1) 相关文件文本；

(2) 合格供方名录及相应评价记录；

(3) 采购计划；

(4) 采购合同文本及台账。

【标准条文】

8.3　建筑材料、构配件和设备的验收

8.3.1 施工企业应对建筑材料、构配件和设备进行验收。必要时，应到供应方的现场进行验证。验收的过程、记录和标识应符合有关规定。未经验收的建筑材料、构配件和设备不得用于工程施工。

【条文理解】

本条文是对供应方提供的建筑材料、构配件和设备进行验收的质量控制要求。

建筑材料、构配件和设备验收的目的是检查其数量和质量是否符合采购的要求。施工企业应对所有进场的建筑材料、构配件和设备进行验收，没有经过验收的建筑材料、构配件和设备不允许投入使用。

施工企业应按照有关规定和质量标准对发包方提供的建筑材料、构配件和设备进行验收。发包方提供的建筑材料、构配件和设备是指与发包方订立的合同中所确定的由发包方提供的建筑材料、构配件和设备。

【实施指南】

建筑材料、构配件和设备进场验收的策划是项目质量管理策划的内容之一，可单独形成文件，作为物资进场验收的依据。

建筑材料、构配件和设备进场验收前应做好相应准备工作。验收时需准确核对各类凭证，确认其是否齐全、有效、相符，按照合同要求检查数量和质量。

当施工过程需要时，对于特定的建筑材料、构配件和设备（如锅炉、电梯和起重设备等）施工企业可到供应方的现场进行验证。验收的过程、记录和标识应符合有关规定。

(1) 验证内容

1) 产品合格证；

2) 质量证明文件（包括出厂检验、试验报告）；

3) 数量、规格、型号；

4) 产品标识；

5）产品包装；

6）外观质量；

7）必要的复验。

（2）验证方法

1）对合格证、质量证明文件逐一核查。

2）对包装、标识、外观质量进行检查。对实物质量抽查的比例执行相关物资标准规定，在无具体规定时，由企业自己制定内部标准或与供应商协商确定抽查比例。

3）对规格、型号、数量核查。

4）对于进口物资，一般须全部检验，且保证检验周期不得超过合同规定的赔偿期限。对于规格整齐划一、包装完整的，也可实施一定比例的抽查。

5）当进口物资属于国家法定检验的商品，则应由商检机构进行法定检验，并索取《质量检验证书》。

6）验证人员需根据企业规定和监理要求，填写验证记录或报验记录。

7）当验证后确认物资为不合格品时，应按企业的不合格品处理程序处置。

对下列材料还应按照国家的取样标准取样复验：

国家和地方政府规定的必须复验的材料；质量证明文件缺项、数据不清、实物与质量证明资料不符的材料；超出保质期或规格型号混存不明的材料。

施工企业应明确现场材料、构配件领用规定、设备安装作业规定（规程），通过领用手续、检验状态标识等手段，防止未经验收合格的材料、构配件和设备投入使用和装配。

关于《建筑材料、构配件和设备的验收》的相关规定：

"建筑材料、构配件和设备的验收"的相关规定
《房屋建筑工程和市政基础设施工程实行见证取样和送检的规定》节选

第一条 为规范房屋建筑工程和市政基础设施工程中涉及结构安全的试块、试件和材料的见证取样和送检工作，保证工程质量，根据《建设工程质量管理条例》，制定本规定。

第三条 本规定所称见证取样和送检是指在建设单位或工程监理单位人员的见证下，由施工单位的现场试验人员对工程中涉及结构安全的试块、试件和材料在现场取样，并送至经过省级以上建设行政主管部门对其资质认可和质量技术监督部门对其计量认证的质量检测单位（以下简称"检测单位"）进行检测。

第五条 涉及结构安全的试块、试件和材料见证取样和送检的比例不得低于有关技术标准中规定应取样数量的30%。

第六条 下列试块、试件和材料必须实施见证取样和送检：

（一）用于承重结构的混凝土试块；

（二）用于承重墙体的砌筑砂浆试块；

（三）用于承重结构的钢筋及连接接头试件；

（四）用于承重墙的砖和混凝土小型砌块；

> （五）用于拌制混凝土和砌筑砂浆的水泥；
> （六）用于承重结构的混凝土中使用的掺加剂；
> （七）地下、屋面、厕浴间使用的防水材料；
> （八）国家规定必须实行见证取样和送检的其他试块、试件和材料。

【标准条文】

> 8.3.2 施工企业应按照规定的职责、权限和方式对验收不合格的建筑材料、构配件和设备进行处理，并记录处理结果。

【条文理解】

本条文要求施工企业建立制度明确对不合格材料、构配件、设备的识别、评价、处置、记录的职权并确保有效实施。

企业（含项目经理部）质量责任人员或建设单位、监理单位判定的不合格材料、构配件和设备都属于本条文范围。

不合格建筑材料、构配件和设备有如下几种情况：

(1) 不符合国家规定的验收标准；

(2) 不符合发包方的要求；

(3) 不符合计划规定的要求。施工企业对经验收不合格的建筑材料、构配件和设备应按照规定的职责、权限和方式进行处理。

施工企业对不合格建筑材料、构配件和设备可采取以下处理措施：

(1) 拒收；

(2) 加工使其合格后直接使用；

(3) 经发包方及设计方同意改变用途使用；

(4) 降级使用；

(5) 限制使用范围；

(6) 报废。

施工各阶段发现的不合格材料、构配件和设备的处置均可按本条文要求执行。

【实施指南】

施工企业应建立不合格建筑材料、构配件和设备管理制度，明确对不合格品的识别、评价、处置、记录的职权并确保有效实施。

不合格建筑材料、构配件和设备管理制度主要内容一般包括：对不合格的提出，对不合格材料、构配件和设备的隔离、标识，对不合格情况的处理，对不合格物资的再检验，对不合格问题处理的记录等。

施工企业必须确保不合格材料、构配件和设备得到识别和控制，以防止误用。

发包方提供的材料、构配件和设备，都应符合本条文要求。

对于不合格材料、构配件和设备如无特殊情况均应拒收、退货。对于无法退货且有可能加以利用的，应对其使用范围进行严格评审界定，并按重新确定的使用要求进行检验，合格后方可使用。

企业应明确不合格物资评审的职责和程序。不合格材料、构配件、设备经评审、检验合格后的利用情况可包括降级使用、改变用途等。

针对上述各条要求，企业的职权规定及管理制度应具有可操作性，保证不合格品得到及时有效的控制，最终取得发包方的满意。

分包方进场的不合格材料、构配件和设备的处置方式应与上述要求一致。施工各阶段发现的不合格材料、构配件和设备的处置均可按本条文要求实施。

【标准条文】

> 8.3.3 施工企业应确保所采购的建筑材料、构配件和设备符合有关职业健康、安全与环保的要求。

【条文理解】

本条文要求施工企业在材料、构配件和设备采购方面应具备满足职业健康安全和环保基本要求的保证能力。

施工企业采购的建筑材料、构配件和设备在职业健康、安全与环保方面的要求主要来源于以下方面：

(1) 国家已经明令淘汰和禁止的建筑材料、构配件和设备；
(2) 与相关方之间的合同约定；
(3) 施工企业对社会的承诺。

施工企业应就如何在采购建筑材料、构配件和设备方面满足上述规定要求，通过制度文件加以明确规定，包括职责和实施要求。

【实施指南】

施工企业可结合自身具体情况，对材料、构配件和设备采购满足职业健康安全和环保要求制定不同的实施措施：对于已按照 GB/T 28001 标准建立职业健康管理体系，按照 GB/T 14001 标准建立环境管理体系的企业，在材料、构配件和设备采购方面直接按相应的体系要求执行即可。

对于尚未按上述 2 个标准建立管理体系的企业，需要以国家和地方对建筑材料、构配件和设备采购的强制性要求为起点，结合相关方合同约定及自身承诺，在管理制度中明确本企业在材料、构配件和设备采购方面满足职业健康安全和环保要求的具体实施规定，包括采购计划编制、供应方评价选择、采购合同订立、进货验收、不合格处理等过程的职责和具体实施要求、记录要求。

【相关法律法规、标准规范】

(1)《建筑工程质量检验评定标准》GB 50300—2001。
(2)《建筑工程监理规范》GB/T 50319—2000。
(3) 相关材料的产品标准。
(4)《建筑工程质量管理条例》。
(5)《房屋建筑工程和市政基础设施工程实行见证取样和送检的规定》。

【与 GB/T 19001 的对应条款及差别】

对应于 GB/T 19001—2008 中的 7.4.3 采购产品的验证和 8.3 不合格品的控制条款，《规范》增加了对所采购的建筑材料、构配件和设备符合有关职业健康安全、环境保护的要求。

【有效运行的证据】
采购产品验收记录

【标准条文】

> **8.4 建筑材料、构配件和设备的现场管理**
>
> **8.4.1** 施工企业应在管理制度中明确建筑材料、构配件和设备的现场管理要求。

【条文理解】

本条文是对施工现场建筑材料、构配件和设备现场管理的制度化要求,目的在于通过管理规定的制定和实施,确保现场材料、构配件和设备在存放期间均能够保持它的质量特性。

现场建筑材料、构配件和工程设备质量管理贯穿现场物资管理的全过程,按时间顺序大致分为:入库管理、搬运和存放管理、出库管理以及退场管理等几个阶段。

分包方建筑材料、构配件和工程设备的现场管理要求也应满足本条文要求。

【实施指南】

根据本条文要求,施工企业在编制现场材料、构配件和设备现场管理制度时,除职责外一般还需考虑以下方面内容:

(1) 材料、构配件和设备的验收入库管理;

(2) 仓储管理,包括仓库料场设置,安全防护条件;

(3) 存储管理,包括:材料、构配件和设备的摆放、隔离、标识、检查及维护保养、账目、档案、盘点等;

(4) 领用发放管理。

现场管理的好坏是衡量施工企业管理水平和实现文明施工的重要标志。同时,它对于保证工程进度、提高工程质量具有十分重要的意义。

【标准条文】

> **8.4.2** 施工企业应对建筑材料、构配件和设备进行贮存、保管和标识按照规定进行检查,发现问题及时处理。

【条文理解】

本条文是对施工企业建筑材料、构配件和工程设备进行贮存、保管和标识的管理要求。

贮存:要求企业对材料、构配件和工程设备在贮存期间必须提供必要的环境和设施条件,防止产品损坏、变质、丢失和误用。

保管:要求企业通过合理摆放、隔离、检查、维护保养等措施,防止材料、构配件和设备损坏、损耗。

标识:要求企业通过适当的标识,防止相似而不相同的材料、构配件和设备相互混淆错用;同类产品应采用统一的标识方法。此外,标识的责任者必须明确。

【实施指南】

施工企业应确保按制度规定对建筑材料、构配件和工程设备进行贮存、保管和标识,并按照规定进行检查,发现问题及时处理。

建筑材料、构配件和工程设备在仓库或施工现场都必须有适当的贮存环境和防护措施，针对不同物资保证有必要的防雨、防潮、温控、防盗、防火、防爆、防污染环境或其他防损坏措施，以及有标识、检查维护保养、定期盘点规定等。

对于大型钢筋混凝土预制构件，或金属构件应制定专门的堆放贮存方案。

危险品或贵重物资的发放、保管和使用应有严密的管理制度，以对物资、人员及工程提供保护。

建筑材料、构配件、工程设备可以采用标牌、存放地点、进货验收单、进货"台账"、保管"台账"、合格证、检验报告等方式进行标识。

【标准条文】

8.4.3 施工企业应明确对建筑材料、构配件和设备的搬运及防护要求。

【条文理解】

本条文是对建筑材料、构配件和工程设备的搬运及防护要求，目的在于确保建筑材料、构配件和工程设备处于完好状态。

施工企业应对施工所用的各类建筑材料、构配件和工程设备的搬运、防护要求进行识别，明确其搬运和防护的具体作业规定，包括作业人员、设备、方法、步骤等。

第9章有关分包方建筑材料、构配件和工程设备的搬运及防护过程管理应满足本条文要求。

【实施指南】

施工企业对于特大、特重、超长的构件或设备，易燃、易爆、有毒及贵重物资运输（搬运）应配备必要的作业设备及工具，作业人员应经训练合格，符合法规规定和企业管理制度。对容易混淆错用的搬运物资应作出必要的标识。构件的吊装及现场水平、垂直运输均应满足本条文要求，防止损坏、变质、变形。

特殊搬运需要事前制定专门的搬运方案。搬运方案应包括搬运及防护的技术参数、方法、作业人员、设备等要求。

搬运及防护过程的施工机具配备应考虑特殊的质量要求，操作人员要按照施工方案的规定进行运作。

【标准条文】

8.4.4 施工企业应明确建筑材料、构配件和设备的发放要求，建立发放记录，并具有可追溯性。

【条文理解】

本条文要求施工企业在制度中对现场建筑材料、构配件和工程设备的发放领用、记录及可追溯性作出明确规定，以确保对上述物资的来源或去向的可追溯。

第9章有关分包方建筑材料、构配件和工程设备的发放过程管理应满足本条文要求。

【实施指南】

物资的发放事关划清仓库与使用单位的经济责任界限，防止错发影响施工生产和造成经济损失，它是仓库为施工生产服务的关键一环。

(1) 出库原则:"先进先出,推陈出新"。有保管期限的物资,要在期限内发出;零星用料,要做到破斤破两,方便施工。

(2) 出库凭证:包括发料通知、提料单、拨料单等,凭证填制必须准确无误,印鉴齐全,无涂改现象。

(3) 发料工作:有提料制和发料制两种方法,准确、及时、尽可能一次地完成。物资包装要符合运输要求,要向需用单位进行点交。

(4) 点交:出库物资和单据、证件要向收料人当面点交清楚,办清手续,由收料人签章。

发放责任人员形成的发放记录应具有可追溯性。本条文要求的可追溯性主要涉及影响工程安全质量特性的建筑材料、构配件和工程设备。建筑材料、构配件和设备的可追溯性可以通过连续的唯一性标识记录来实现。

【相关法律法规、标准规范】

《建筑工程质量管理条例》。

【与 GB/T 19001 的对应条款及差别】

对应于 GB/T 19001—2008 中的 7.5.3、7.5.5、8.2.3 和 8.3 对应。其差别是《规范》按"过程方法"将相关条款放在一起。

【有效运行的证据】

现场验收记录、检验试验记录、保管记录、使用发放记录、检查记录。

【标准条文】

> **8.5 发包方提供的建筑材料、构配件和设备**
>
> **8.5.1** 施工企业应按照有关规定和标准对发包方提供的建筑材料、构配件和设备进行验收。

【条文理解】

施工企业应在管理制度中明确对发包方提供建筑材料、构配件和设备的验收规定,并按规定对发包方提供物资进行验收。

发包方提供建筑材料、构配件和设备是施工现场比较常见的情况。由于发包方的特殊地位,其所提供的建筑材料、构配件和设备的质量有其特殊的风险。从施工现场的质量责任出发,施工企业必须对发包方提供的建筑材料、构配件和设备按照国家规定进行验收。验收的内容与施工企业自行采购建筑材料、构配件和设备的验收相同,包括规格、数量、进场时间、质量特性等。

【实施指南】

施工企业应在管理制度中明确规定对发包方提供建筑材料、构配件和设备的职责、程序。

施工企业应对发包方提供的建筑材料、构配件和设备按照规定程序和标准进行合格性验收。验收的内容与企业自行采购物资的验收相同,包括规格、数量、进场时间、质量特性等。

对于发包方提供的建筑材料、构配件和设备,应进行标识并建立单独的物资台账和验收记录。

【标准条文】

> **8.5.2** 施工企业对发包方提供的建筑材料、构配件和设备在验收、施工安装、使用过程中出现的问题,应做好记录并及时向发包方报告,按照规定处理。

【条文理解】

施工企业应在管理制度中明确对发包方提供建筑材料、构配件和设备出现问题时的处理规定,并按规定对发包方所提供物资出现的问题进行处理。

【实施指南】

施工企业应在管理制度中明确规定对发包方提供建筑材料、构配件和设备出现问题进行处理的职责、程序。

对于发包方提供的建筑材料、构配件和设备,施工企业在验收、施工安装、使用过程中发现问题时应及时和发包方沟通,同时采取标识、隔离等措施,按照规定,根据与发包方协商的结果进行处理,并应做好记录。

【相关法律法规、标准规范】

(1)《建筑工程质量管理条例》;
(2) 相关材料的产品标准;
(3)《建筑工程质量检验评定标准》GB 50300—2001。

【与 GB/T 19001 的对应条款及差别】

对应于 GB/T 19001—2008 中的 7.5.4 顾客财产。要求更具体。

【有效运行的证据】

发包方提供建筑材料、构配件和设备的验收、使用记录。

9. 对"分包管理"的理解与实施要点

【标准条文】

> ## 9.1 一 般 规 定
>
> **9.1.1** 施工企业应建立并实施分包管理制度,明确各管理层次和部门在分包管理活动中的职责和权限,对分包方实施管理。
>
> **9.1.2** 施工企业应对分包工程承担相关责任。

【条文理解】

本条文是对施工企业建立分包管理制度的总要求。

分包是现代施工技术和专业化分工的客观结果。在施工现场管理和操作两层分离的情况下,分包管理已经成为企业项目管理的主要内容。施工企业应识别和确定在本企业中存在的分包类别,如:劳务、专业工程承包、设施设备租赁、技术服务等,并根据所确定的分包类别制定相应的管理制度,明确相关职责和程序规定。

同时本条文体现了国家对施工企业分包工程的法律责任要求。

《建筑法》第二十九条规定:建筑工程总承包单位可以将承包工程中的部分工程发包给具有相应资质条件的分包单位;但是,除总承包合同中约定的分包外,必须经建设单位认可。施工总承包的,建筑工程主体结构的施工必须由总承包单位自行完成。建筑工程总承包单位按照总承包合同的约定对建设单位负责;分包单位按照分包合同的约定对总承单位负责。总承包单位和分包单位就分包工程对建设单位承担连带责任。

【实施指南】

施工企业建立并实施分包管理制度是分包管理的基础工作。

常见的建筑施工项目分包管理业务流程如下：

分解项目施工结构—确定项目分包范围—选择项目分包模式—选择分包合同种类—招标、合同谈判、签约—分包项目实施阶段管理—项目分包结束后的评价。

企业各层次部门、岗位在分包管理活动中的职责和权限，应根据企业管理需要和工程项目管理需要进行确定。

施工企业分包管理制度的内容一般包括以下几方面：

（1）分包策划：

1）分包计划；

2）分包招标、定标；

3）分包合同签订及合同管理。

（2）分包方的评价与选择：

1）资格审查；

2）现场考查；

3）综合评价；

4）合格分包方名册建立、使用及更新管理。

（3）分包方的现场管理：

1）分包方进场验证；

2）分包方交底（合同、施工方案）；

3）分包方施工过程控制；

4）顾客直接分包队伍的管理；

5）分包工程验收。

（4）公司对项目现场分包管理的监督检查。

（5）对适用法律法规的识别和引用。

（6）质量管理活动的记录要求（表式、标准化文本等）。

在编制分包管理制度文件时需注意与法规及关联制度文件保持一致，这些制度文件有：

（1）企业现有岗位职责；

（2）企业内部授权制度；

（3）企业内控制度；

（4）项目策划制度；

（5）合同管理制度；

（6）施工管理制度等。

施工企业必须取得发包方的同意，才能将工程合法分包。

以下情况视为已取得发包方的同意：

（1）已在总承包合同中约定许可分包的；

（2）履行承包合同过程中，发包方认可分包的；

（3）总承包单位在投标文件中声明中标后准备分包，而经合法程序中标的。

当发生了由于分包方质量事故造成的损失时，施工企业应根据合同和国家有关法律规定：

（1）协助有关部门调查事故责任并负责组织和协调赔偿事宜；
（2）必要时追究有关分包方当事人的法律责任；
（3）必要时追究有关总包方（项目经理部）当事人的法律责任。

【相关法律法规、标准规范】
（1）《建筑工程质量管理条例》；
（2）《建筑业企业资质管理规定》；
（3）《建筑法》；
（4）《合同法》；
（5）《招标投标法》。

【与 GB/T 19001 的对应条款及差别】

GB/T 19001—2008 在"4.1总要求"的注解中对外包工程控制作出了说明，没有单独条款对外包过程提出专门的要求。

【有效运行的证据】
（1）制度文本；
（2）对分包方实施管理的相关证据。

【标准条文】

9.2 分包方的选择和分包合同

9.2.1 施工企业应按照管理制度中规定的标准和评价办法，根据所需分包内容的要求，经评价依法选择合适的分包方，并保存评价和选择分包方的记录。对分包方的评价内容应包括：

（1）经营许可和资质证明；
（2）专业能力；
（3）人员结构和素质；
（4）机具装备；
（5）技术、质量、安全、施工管理的保证能力；
（6）工程业绩和信誉。

【条文理解】

本条文明确了施工企业对分包方进行评价，择优选择分包方的要求。

企业应根据分包工程对所承包项目整体工程质量的影响程度对分包方进行评价。

在制定分包方的评价标准时，可根据所分包工程的重要程度、金额等将分包工程分类制定评价标准和规定评价的职责。应考虑分别针对工程分包、劳务分包制定不同的评价标准。

分包管理制度中应明确规定对各类分包方评价时应收集的证明资料。

本条文要求的实施，旨在通过分包方的评价选择，确保企业分包方的施工能力和服务水平能够满足施工质量要求。

【实施指南】

施工企业应制定分包方的评价和选择方法,包括:招标、组织相关职能部门实施评审,对分包方提供的资料进行评定,对分包方的施工能力进行现场调查等,必要时可对分包方进行质量管理体系审核。

(1) 施工企业对分包方的评价 施工企业对分包方的评价内容可包括:

1) 经营许可和资质证明;

2) 专业能力;

3) 人员结构和素质;

4) 机具装备;

5) 技术、质量、安全、施工管理的保证能力;

6) 工程业绩和信誉。

需要对分包方进一步了解时,可考虑对分包方进行质量管理体系审核。施工企业对分包方的评价应形成记录。内容可包括:

1) 经营许可和资质证明文件;

2) 质量管理体系审核记录;

3) 评审记录;

4) 合格分包方名册;

5) 招标过程的各项记录等。

(2) 施工企业对分包方的选择 施工企业对分包方的选择可采用招标、组织相关职能部门对分包方提供的资料进行评定、对分包方的施工能力进行现场调查等方法。

施工企业对于设备租赁和技术服务分包方的选择可重点考查其资质、服务人员的资格、设备完好程度、提供技术资料的承诺等。

1) 分包方的资格审查

对于拟招标的候选分包方,若已在企业合格分包方名单中,则无须再进行资格审查,即可直接进入投标阶段。对于未纳入企业合格分包方名单的,则须对其进行资格审查,资格审查合格的方可参加投标。

2) 分包方考查 根据需要,施工企业可组织对分包方作必要的考查

A. 采取到分包企业总部、在施工程以及与其合作过的单位进行调查,以了解其施工能力、管理水平、工程业绩、履约能力、信誉、财务资金状况等。

B. 对于企业分包采购管理部门组织的考查,项目经理部应派专人参加,必要时对分包商的技术管理、施工机具设备配置情况等作更进一步的考查。

分包可分为劳务分包和专业工程分包,这两个的选择标准应该有所不同,在评价内容上也应有不同的侧重点。

另外,还有一类特殊的分包(咨询的分包),如聘请专门的索赔咨询公司进行索赔咨询,聘请专门的技术咨询公司进行 GPS 定位,聘请专门的公司建立施工过程监控系统等,应该增加如何对这些分包方进行控制的要求。

(3) 分包方评选

1) 分包方评选的类型

按分包招标主体分为:

A. 施工企业总部（或分公司）招标；
B. 项目经理部招标；
C. 发包人招标，即业主选择并与分包方签订合同，交予施工企业统一协调管理。
按评选方法分为：
A. 招标：施工企业以招标文件的方式，约请策划名单中的多家分包方投标，经过评标，选择最佳分包方。对于工程大或分包工程金额较大的，宜采用招标方式确定分包方。
B. 邀标：施工企业以招标的方式邀请特定的分包方投标。对于工程量较小、承包额较低的以及不宜招标的，可采用邀标评选方式确定分包方。
C. 独家议标：主要适用于发包人直接指定分包方。在特殊情况下若市场上仅下若市场上仅有一家或直接确定一家有利于项目管理目标实现，可采用独家议标的方式确定分包方。

2）分包方评选过程

在施工的不同阶段，施工企业应针对所需要的分包方，采用适宜的方式实施分包评选过程。具体方法是：

招标评选、邀标评选。

分包方评选实施主体组织编制招标文件。招标文件中应明确：分包工程范围；工期要求；技术要求；质量要求及工程创优要求；人员要求；机具设备要求；环保及职业健康安全管理要求。

施工企业组织对投标分包方的技术标进行评价。评价的内容包括：施工组织设计，技术方案，进度计划等。

施工企业组织对投标分包方的商务标进行评价。商务标的评价内容主要是价格，原则应是合理最低价中标，即分包商的价格不偏离成本价格的最低价。

施工企业根据招标的评价原则确定中选分包方。如果各投标分包方的最终报价均大幅度偏离标底，或招标过程中发生明显不利于定标的异常情况，分包评选经办人应该向评选决策人报告，以决定招标是否有效或是否重新招标。

独家议标评选。

独家议标评选主要适用于业主直接指定分包方。

发包人指定分包方有两种情况：第一种是分包工程范围不在项目经理部的承包范围，分包方是发包人选择的，但发包人有书面文件规定由企业与分包方签署合同或签署三方合同，并纳入项目经理部的管理范围；第二种是分包内容在企业承包范围，但发包人有文件指定了唯一的分包方。

对于第一种情况，企业可组织直接签订合同。

对于第二种情况，企业在向施工企业提交分包评选申请计划时，同时提交有关业主指定分包商的文件。

对于第二种情况的分包方评选仍然需履行招标评选形式所规定的程序。

3）分包方评选计划

分包评选计划内容包括：分包方评选申请计划和分包方评选计划中的相关信息。

A. 包方评选申请计划

项目分包方的评选内容和范围应在合同中规定。

分包方根据施工需要及进度安排编制项目分包方评选申请计划。当项目分包方评选系由项目的上一级组织统一评选时,项目须将经项目经理批准后的分包方评选申请计划上报施工企业。

分包方评选申请计划需明确:分包方类别(如降水、土方、基础、主体、装修、机电等),暂估造价,合同形式,对分包方资质要求,付款方式,特殊要求(如分包方注册地址的要求、对分包方负责评选物资的要求、对分包方考查的要求等)。

项目经理部可推荐候选分包方,但须在分包方评选申请计划中列明分包方的名称、联络方式等信息。

B. 包方评选计划的审核及实施

施工企业负责组织分包评选的相关人员审核项目经理部提出的分包方评选申请计划,确定候选分包方名单。施工企业的主办部门,根据候选分包方的评审结果提出确定分包方的建议并实施。

分包方评选计划主要包括:实施部门,评选方式,合同形式,候选分包方,分包方报价原则,评选工作的起止时间。

4)选择结果确定施工企业在完成上述程序后,通过审批程序批准,确定分包方选择结果。

【标准条文】

> 9.2.2 施工企业应按照总包合同的约定,依法订立分包合同。

【条文理解】

本条文是施工分包合同的订立要求。施工企业应确保分包合同完整、正确地体现分包策划所确定的分包要求,并通过采购合同的约定,确保采购产品满足施工要求。为此,企业应对采购合同的拟定、批准、签订、管理明确相应的职责和程序。当分包合同变更时应按分包合同订立的审批程序进行审批,以确保分包工程满足工程质量要求。分包合同变更及审批记录应予以保存。

《建设工程质量管理条例》将违法分包的情形界定为:

(1)总承包单位将建设工程分包给不具备相应资质条件的单位的;

(2)建设工程总承包合同中未有约定,又未经建设单位认可,承包单位将其承包的部分建设工程交由其他单位完成的;

(3)施工总承包单位将建设工程主体结构的施工分包给其他单位的;

(4)分包单位将其承包的建设工程再分包的。

【实施指南】

在选择确定分包方后,施工企业应按照总包合同的约定,依法订立分包合同。分包合同包括:专业分包合同、土建分包合同、劳务分包合同等。

(1)分包合同依据分包工程的难易和大小简繁有所不同。小的单项分包工程,可能只有简单的几项内容,但对于大的分包工程项目,分包合同应内容详尽,权利义务明确。订立分包合同的具体内容包括:根据分包合同条件草拟工程分包合同,与分包进行合同谈判,使用工程分包合同标准文本等。

(2)施工企业与分包方订立分包合同时,应以工程总承包合同为基础。分包合同应:

1) 符合法律法规的规定；
2) 符合建设工程总承包合同或专业施工合同的规定；
3) 明确施工或服务范围，双方的权利和义务，质量职责和违约责任；
4) 明确分包工程或服务的工艺标准和质量标准；
5) 明确对分包方的施工或服务方案、过程、程序和设备的签认、审批要求；明确分包方从业人员的资格能力要求。

（3）分包的标准合同和非标准合同。分包的合同形式主要是标准合同，但在特殊情况下可以订立非标准合同。

1) 标准合同的内容标准合同文本一般由协议书、通用条款、专用条款三部分组成，其中专业工程分包合同标准文本内容一般包括：

A. 词语定义与解释；
B. 合同双方的一般权利和义务；
C. 工程施工的进度控制；
D. 工程施工的质量控制；
E. 工程施工的费用控制；
F. 施工合同的监督与管理；
G. 工程施工的信息管理；
H. 工程施工的组织与协调；
I. 工安全管理与风险管理等。

2) 劳务分包合同不同于专业分包合同，其标准合同文本重要条款有：

A. 劳务分包人资质情况；
B. 劳务分包工作对象及提供劳务内容；
C. 分包工作期限；
D. 质量标准；
E. 工程承包人义务；
F. 劳务分包人义务；
G. 材料设备、供应；
H. 保险；
I. 劳务报酬及支付；
J. 工时及工程量的确认；
K. 施工配合；
L. 禁止转包或再分包等。

3) 非标准合同（特殊情况下）的内容

与分包方订立的非标准文本合同至少应包括：所协议分包的内容、时间、质量、安全、文明施工等要求、结算方式与付款办法、交工后必须提供的服务、违约处理意见等。非标准合同的内容必须符合国家的合同管理要求。

（4）分包合同的执行分包合同一旦签订，双方应认真执行。施工企业对分包方履约情况的评价，可在分包施工和服务活动过程中或结束后进行，按照管理要求由项目经理部或相关部门实施。

分包工程的合同管理是一项系统工程，需要企业与项目之间上下联动，使整个管理过程透明化、程序化，形成一套系统的、规范化的操作程序，达到合作双方的双赢。分析分包工程管理中出现的各种问题，往往与未能规范合同签订和执行的程序有关。因为一项分包工程管理是否到位、效果好坏，很大程度上取决于分包工程合同管理的水平。

1）分包合同的签订细节

分包工程的合同管理首先要规范合同签订和执行的程序，使整个管理过程透明化、程序化。分析分包工程管理中出现的各种问题，往往与未能规范合同签订和执行的程序有关。在签订合同时，以下几个方面的细节需要特别注意：

合同签订要及时。有些分包工程不能及时签订合同，只管干活抢进度，形成了合同事实，或将某些敏感的经济条款放到工程干完再谈，使项目的合同谈判处于非常被动状态，达不到预期的分包目的，从而使双方引起扯皮和发生经济纠纷。

合同签订要执行会签制度。合同正式签订前，要执行会签制度，公司可以明文规定未会签的合同都属个人行为，应追究当事人的责任，从而杜绝个人行为给单位造成损失，如项目经理个人或项目其他领导或部门负责人私自签订的各种出卖公司利益的不平等合同。

合同签订人要合法。一些项目领导未经法人授权，非法与分包商签订各种合同是分包合同管理混乱的一种表现，项目经理为公司授权对外签订合同的唯一合法代理人，其他任何人未经公司法人授权不得对外签订任何形式的合同，否则，应追究当事人的责任。

预付款问题。除非分包大型的工程，一般的小型分包工程，分包商都具有一定的资金筹措能力，因而不应支付工程预付款，即使是大型分包工程，如果分包商不能出具相应保函，也不能支付预付款，否则，分包工程的合同管理就会处于被动状态，从而给企业带来较大的风险。分包工程的合同管理有很多问题出现在各种表现形式的预付款上（包括借款），项目分包工程出现的超支付现象就是其突出表现。

工程转包及层层分包。分包工程如果管理不到位，很容易出现转包及层层分包现象。因此，为杜绝此类现象的发生，在合同中应注明"出现此类现象视为违约行为，应承担违约责任"。

工程进度控制。有的分包商由于种种原因，有时会出现"占着茅坑不拉屎"的现象，更有甚者很长时间联系不上分包商，使项目处于很大的被动状态。因此，合同应中明确规定"承包人或其书面授权的代理人未经甲方同意，私自离开工地7d或虽经甲方同意，但超过约定期限7d，致使工地处于停滞状态达7d以上"视为违约行为，应承担相应的违约责任。

对于工程转包及层层分包、进度控制的违约责任，在合同中应规定如下"甲方可以进驻现场和接管本工程，并终止承包方在本合同项下的承包，但不因此解除合同规定的承包方的任何义务和责任，或影响合同赋予甲方的各种权利和权限，甲方可自行完成该工程，或雇用其他承包人完成该工程。对乙方已完成的工程量的认定由甲方完成，乙方无条件接受甲方认定的工程量并默认其数量是合理的。乙方除承担相应的违约责任外，造成的经济损失由乙方负责赔偿，同时负担新进场队伍的调迁费用"。

工程变更。这在工程施工中是不可避免的现象，如果在合同中不明确给予规定，常常也会引起纠纷和出现管理漏洞。因此，合同中应注明"所有的工程变更必须按照项目经理部规定的程序办理变更审批手续，否则，不予确认"。

结算程序。分包工程的结算是合同管理的一部分,也是分包工程出现问题较多的环节之一。因此,在合同中应明确按项目规定的程序办理结算手续。结算程序一般如下:乙方对已完工分项工程质量进行自检,并报甲方技术员抽检;甲方质检人员对已完成的分项工程质量进行评定,并报驻地监理验收;乙方对经甲方评定的分项工程计算工程量并报甲方现场负责人和技术员签认;项目工程部门对已完分项工程数量进行审核;项目部对材料款、机械租赁费提出扣除数量;项目其他部门审批(安全、保卫、地方关系及其他);项目总工程师审批;项目总经济师审批;项目总会计师审批;项目经理审批。这个程序一是便于项目各部门。及管理人员对分包工程的有效控制,二是使结算的过程透明化,使项目各部门及管理人员相互制约,能最大限度地减少分包工程结算中出现的各种问题。

各种业务往来。在工程施工过程中,不可避免地与分包商有这样或那样的业务往来。为了规范分包商与项目的各种业务往来,有必要在合同中明确"甲方与乙方的一切业务往来,必须由承包人或其书面授权的代理人签字认可,否则,甲方有权拒绝乙方的一切要求"。这样可以杜绝与分包商的业务往来上出现的各种混乱局面。

2) 分包合同的执行要点

合同执行情况的跟踪。项目合同管理部门是分包合同的对口管理部门,须对合同执行的整个过程进行全程跟踪,及时处理合同执行过程中出现的各种问题,特别是一些大型分包工程,工程规模大,单位工程多,合同管理若不及时跟上,事过境迁,极易引起纠纷和出现管理漏洞。

合同管理台账的建立。在分包工程的合同管理过程中,除了对合同执行情况的跟踪外,另一项极其重要的工作就是及时建立分包工程合同管理台账,反映项目与分包商之间的合同额、分包工程的形象进度、工程结算、材料调拨、机械租赁、工程借款、工程变更索赔、工程支付、质量保证金及其他各项费用,需要能够全面、及时、动态地反映分包工程合同管理状况,为分包工程管理的各种决策提供真实的依据,达到对分包工程有效监管。

项目各部门的配合。由于分包商与项目各部门都存在一定的业务关系,对与分包商的业务往来进行统一管理就显得十分必要了。然而,由于存在利益关系,部门之间有时难以协调配合。因此,项目需要对项目合同管理部门授予特定的权力,使项目各部门之间自动配合协调工作。

结算与支付。结算要做到及时,避免因时过境迁带来不必要的扯皮现象,而支付则需要根据合同约定、项目资金状况和分包工程合同管理台账反映的情况灵活处理。

权力约束。在各种利益的驱动下,工程分包存在很多"暗箱操作",项目与分包工程相关的合同管理人员的权力一旦失控,腐败就会重生。因此,项目内权力约束机制的形成对分包工程的合同管理有着非常重要的现实意义。

分包工程合同执行情况的分析总结往往被人们所忽视,它是分包工程的合同管理不可缺少的环节,对提高分包工程的合同管理水平有很好的指导作用。该部分工作只有在公司合同管理部门主持下进行,并列入公司对项目的考核指标,项目才能在分包工程的合同管理上下工夫,不断提高分包工程的合同管理水平。

【相关法律法规、标准规范】

(1)《建筑工程质量管理条例》;

(2)《建筑业企业资质管理规定》；
(3)《建筑法》；
(4)《合同法》；
(5)《招标投标法》；
(6)《工程建设项目施工招标管理办法》；
(7)《标准施工招标文件》；
(8)《标准施工招标资格预审文件》；
(9)《建筑工程总承包管理规范》；
(10)《建筑施工合同标准文本》。

【与 GB/T 19001 的对应条款及差别】

对应 GB/T 19001—2008 在"4.1 总要求"和"7.4.1 采购过程、7.4.2 采购信息"。
GB/T 19001—2008 没有明确规定对分包方选择和分包合同的要求。

【有效运行的证据】

合格分包方评价记录、分包合同台账。

【标准条文】

> **9.3 分包项目实施过程的控制**
>
> **9.3.1** 施工企业应在分包项目实施前对从事分包的有关人员进行分工程施工或服务要求的交底，审核批准分包方编制的施工或服务方案，并据此对分包方的施工或服务条件进行确认和验证，包括：
> (1) 确认分包方从业人员的资格与能力；
> (2) 验证分包方的主要材料、设备和设施。

【条文理解】

本条文明确了对分包工程施工方进行事前质量控制的要求。对分包工程施工方施工准备过程的质量控制包括以下方面：

(1) 对从事分包方施工人员进行分包工程施工或服务要求的交底；
(2) 审批分包方提交的施工或服务方案；
(3) 根据审批通过的施工方案对分包方应具备的条件进行核查，包括：
1) 分包方进场人员的资格与能力；
2) 分包方进场的主要材料、设备和设施。

本条文与《规范》第 10 章内容相关联，是第 10 章在施工策划、准备方面的对分包项目质量控制要求的具体体现。

【实施指南】

分包工程开工前，施工企业应根据分包合同约定和项目施工整体策划要求，对分包方进场施工人员进行技术交底，技术交底至少应包括以下方面内容：

(1) 人员进场要求；
(2) 材料设备进场要求；
(3) 安全文明施工管理要求；
(4) 施工管理要求；

(5) 质量管理要求;

(6) 生活区管理要求。

施工企业应对分包单位编制的分包工程施工组织设计或施工方案进行审批并明确审批职责。审批时应考虑分包工程的施工组织设计或施工方案是否能满足设计图纸及图纸会审要求和分包合同要求,是否能满足总承包单位的施工组织设计要求(特别是工期紧张需要交叉作业的情况下,施工进度安排是否合理并便于实施),是否能满足法律法规和技术标准要求;若不能满足,应向分包单位提出,要求给予完善。待补充完善后的施工组织设计或施工方案重新审查认可后,才能同意分包工程正式开工。

分包工程开工前,施工企业应核查分包队伍的主要进场人员、设备。核查分包队伍的实际进场人员和进场施工设备显得尤其重要。核查时主要以分包工程的施工组织设计或施工方案作为依据,核对现场实际进场的人员与分包单位在施工组织设计或施工方案中确定的项目经理部人员是否一致、实际进场的设备与施工组织设计或施工方案中配置的施工设备是否一致;若发现有不一致的地方,施工企业现场管理人员应及时向分包单位提出,要求其进行整改或作出必要的说明,直到符合规定的要求。

对分包方从业人员的资格与能力核查应包括:

(1) 管理人员的资格,包括质量检查员、技术负责人、施工管理员等的上岗证或培训经历。

(2) 操作人员的资格,包括培训经历、特殊工种上岗证和人员年龄等。施工企业应对分包方进场的材料、半成品、设备进行监督检查。分包方进场材料设备的质量控制可参照《规范》第8章相关条款要求进行。施工企业应要求分包方择优选择供应商,确保采购材料满足预期质量要求;对国家有要求复检的,应进行见证取样送检。

核查分包方的主要材料、设备和设施通常包括:

(1) 主要材料:包括水泥、钢材和混凝土等;

(2) 主要设备:包括起重、混凝土泵送、混凝土搅拌、混凝土浇筑、机加工设备等;

(3) 主要设施:包括脚手架、模板、吊篮和其他重要的临时设施等。

【标准条文】

9.3.2 施工企业对项目分包管理活动的监督和指导应符合分包管理制度的规定和分包合同的约定。

【条文理解】

本条文规定了施工企业对项目分包管理活动的监督和指导的要求。

企业对分包方的控制要求是项目管理策划的重要内容。

分包项目结束时,企业应按照规定的质量标准进行验收。在验收合格前,不得接收分包项目。对分包项目的质量检查和验收应符合《规范》第11章的规定。

本条文是《规范》10.5,11.3条文在分包方管理的具体应用,与9.2.2是关联条文。

【实施指南】

施工企业应在项目管理策划中明确对分包方的控制要求,包括:

(1) 项目信息沟通;

(2) 工程计划实施;

(3) 材料报告验收；
(4) 工程进度执行；
(5) 安全生产风险；
(6) 人员进场情况；
(7) 工程质量水平；
(8) 施工环保效果；
(9) 不合格的处置；
(10) 其他（如成本控制）。

施工企业对分包方施工质量控制的重点，包括：分包项目的关键过程、特殊过程和重要过程的控制细节，明确对分包管理的检查方式、内容、频次，确定分包方向总包方提供施工过程的各种信息、证据的程序及时间要求，并及时传递。

项目经理部负责根据策划的要求实施对分包方的日常管理活动。

施工企业应按照策划的要求，对项目分包管理活动进行监督和指导，发现问题及时提出整改要求并跟踪复查。

分包工程开工后，总包单位的现场管理人员应督促其进行技术交底，并通过质量安全检查对分包工程的施工情况进行监督检查。

（1）对材料、半成品、设备的监督检查：材料、半成品、设备的质量是工程质量的基础，其质量不符合要求或选用不当，会直接影响工程质量甚至造成质量事故。所以，总包单位应要求分包单位选择信誉良好可靠的供应商，选用有产品合格证、社会信誉好的产品，对国家有要求复检的，应进行见证取样送检。

（2）对施工工序质量的监督检查：总包单位的质检人员应对分包工程施工中的工序质量进行定期或不定期的监督检查，主要检查施工工序是否按图施工、是否满足经审批的分包工程施工组织设计或施工方案要求，施工工序质量是否满足现行标准和法律法规要求；对重要的关键工序，如桩基础和混凝土浇灌过程等，总包单位还应派人进行全过程的监控。对需要隐蔽的部位，在隐蔽前总包单位的质检人员应参与隐蔽验收，并督促分包单位及时办理验收签证手续。在监督检查过程中，若发现有不符合要求的地方，特别是不符合强制性条文要求的，应勒令其进行整改，整改合格后才允许进入下一道工序，以保证将质量隐患消灭在工序施工过程中。

（3）对施工进度管理：总包单位应要求分包单位按照施工组织设计的总进度计划编制每月（必要时每周）的施工进度计划，并按计划组织施工，确保施工进度满足合同要求。因工地实际情况不能按计划施工或因天气不好不能施工需要调整施工进度时，分包单位应以"工程联系单"等书面形式上报总包单位认可。

（4）现场施工人员的监督检查：总包单位的管理人员应对分包工程施工中的现场施工人员进行不定期的检查核实，特别是对要求持证上岗的人员，如项目经理、技术负责人、五大员、电工、焊工、机械操作工（包括桩机操作工、搅拌机操作工、起重机操作工）、架子工等，应检查人、证是否相符，证件是否有效。若发现有不符合要求的人员，应勒令分包单位限期更换，并将过期的特殊工种操作证年审，直到符合要求为止。

（5）施工机械设备使用的监督检查：总包单位的管理人员应对分包工程施工中的施工机械设备使用进行不定期的检查，特别是垂直运输设备，应要求有安装、拆卸方案，并由有资质的单位安装验收后方可使用。

(6) 安全文明施工的检查：总包单位的现场安全员应对分包单位进行安全技术交底，并对其施工现场进行定期或不定期的监督检查。安全检查可按《建筑施工安全检查标准》逐项评分，若发现有安全隐患，能马上整改的，对整改情况进行验证；不能马上整改的，应发出《安全隐患整改通知单》限期整改。整改期限结束，检查人员应对其进行复查，直到复查合格。

分包工程完工后，总包单位应对分包工程实物质量和技术资料进行检查验收。

(1) 实物质量验收：当分包单位完成分包合同规定的全部内容后，总包单位应要求其进行自检。自检合格后，填写《工程竣工报告》，上报总包单位。由他们组织对分包工程实物质量检查验收，同时应检查是否按图施工、是否满足经审批的分包工程施工组织设计或施工方案要求等。对验收中发现的问题，及时整改，直到复检合格。

(2) 竣工资料检查验收：分包单位应按有关规范要求和分包工程所在地档案馆要求的内容整理分包工程技术资料、竣工资料和档案，并移交给总包单位。总包单位技术人员应对其进行审查、核对，若发现技术资料不全或不真实的，应要求分包单位补充齐全或按真实情况填写。

(3) 工程保修书：分包单位向总包单位交付工程产品时应附《工程保修书》。《工程保修书》的内容应符合《建设工程质量管理条例》的有关规定，并明确期限和分包单位的保修承诺。

只有分包工程的实物质量和工程技术资料均通过了验收、工程保修书内容符合要求，总包单位才能接收分包工程的移交，与分包单位办理移交手续，并进行工程结算。

【标准条文】

> 9.3.3 施工企业应对分包方的履约情况进行评价并保存记录，作为重新评价、选择分包方和改进分包管理工作的依据。

【条文理解】

本条文明确了施工企业对分包方履约情况进行管理的要求。

企业对分包方履约情况的评价，可在分包施工和服务活动过程中或结束后进行，并可按照管理要求由项目经理部或相关部门实施。

分包工作的改进包括：发现并处理分包管理中的问题；重新确定、批准合格分包方；制订分包管理制度等。

【实施指南】

施工企业应对分包方履约情况进行评价并保存记录。

分包合同结束或需要时，施工企业应对分包方进行履约情况评价，内容可包括：

(1) 分包项目的质量验收结果；

(2) 施工进度；

(3) 施工过程表现；

(4) 分包合同其他履行情况等。

企业分包管理部门根据分包方评价结果更新合格分包方名录。

以上评价的记录应该予以保留，以便施工企业对分包的长期评价和使用管理。

在实施上述活动工程中应该持续进行分包管理工作的改进,包括:发现并处理分包管理中的问题;重新确定、批准合格分包方;修订分包管理制度等。

【相关法律法规、标准规范】

(1)《建筑工程总承包管理规范》;

(2)《建设项目管理规范》;

(3)《建筑工程施工质量验收统一标准》GB 50300—2001;

(4)《建筑工程质量检验评定标准》GBJ 301—88。

【与 GB/T 19001 的对应条款及差别】

对应 GB/T 19001—2008 中的 7.5.1、7.4.1、7.4.3、8.2.3、8.2.4。

《规范》采用"过程方法"描述对分包工程和分包方的控制。要求比 GB/T19001 更明确,更具体。

【有效运行的证据】

(1) 对分包方交底的记录;

(2) 对分包方技术或服务方案进行审查;

(3) 对分包方人员、材料、设备、设施的验收记录。

10. 对"工程项目施工质量管理"的理解与实施要点

【标准条文】

> **10.1 一 般 规 定**
>
> **10.1.1** 施工企业应建立并实施工程项目施工质量管理制度,对工程项目施工质量管理策划、施工设计、施工准备、施工质量和服务予以控制。

【条文理解】

本条文是工程项目质量管理的基础要求。

本条文涉及 GB/T 19001—2008 标准 7.1 等条款。施工是项目工程实体形成的过程,是形成最终产品质量的重要阶段。

因此,工程项目施工质量管理是施工企业质量管理的重点。工程项目施工由于项目位置固定、生产流动、建筑类型不一、质量要求不一、施工方法不一、体型庞大、整体性强、建设周期长、受环境影响大,所以施工质量管理比一般制造业的生产质量管理更加复杂困难。

施工质量管理是按工程项目组成实行的系统管理过程。工程项目由单项工程、单位工程、分部工程、分项工程所组成,而施工是通过一道道工序完成的。所以,施工质量管理是从工序质量到分项工程质量、分部工程质量、单位工程质量、单项工程质量的系统管理过程,也是由对投入的原材料的质量控制开始,直到完成工程质量检验为止的全过程的系统管理。

施工质量管理是随工程进展实施的动态管理过程。施工准备阶段的事前控制,对可能影响工程质量的因素进行分析并采取预防措施;施工阶段的事中控制,对施工过程进行控制,对工程半成品(工序或分部、分项工程)进行检查、检测、验收和成品保护;竣工交付阶段的事后控制,对工程产品进行验收、交付和质量评定。

施工质量管理因其影响因素多而成为一项复杂的管理活动。对施工质量有直接影响的因素有：人（直接参与施工的决策者、管理者和作业者）的因素、材料（工程材料、施工用料）的因素、机械（工程设备、施工机械和施工机具）的因素、方法（方案、工艺、工法和措施）的因素和环境（自然环境、管理环境和作业环境）的因素等。此外，工期、造价和市场准入等与施工质量亦有密切关系。

综上所述，施工质量管理是重要的、系统的、动态的、复杂的，因而建立并实施工程项目施工质量管理制度是施工企业所必需的。在施工质量管理制度中应包括对施工质量管理策划、施工设计、施工准备、施工质量、服务、检测和工程验收的管理制度。

本条文是《规范》第3，4，5章的具体实施。工程项目施工和服务中的施工机具、建筑材料、构配件、工程设备和分包管理应同时符合《规范》第6章、第8章、第9章中的相关规定。

【实施指南】

施工企业应根据自身情况、工程项目特点、质量管理的需要和外部的环境条件，制定切实可行的施工质量管理制度。

制定制度时应注意，施工质量管理制度是企业质量管理体系文件中的一部分，应与其他体系文件相互融合、协调一致，切忌出现管理制度与实际工作"两层皮"的现象。

此外，施工企业的项目质量管理制度还应与建设单位的质量管理制度相协调。质量管理是项目管理的重要组成部分，同时受到其他项目管理任务的制约。因此，质量管理制度应该考虑与项目管理其他要求的接口，形成协调一致的项目管理内容。

对于已经建立了工程项目施工质量管理制度的企业，应对现行制度进行梳理，必要时进行修订，以确保制度符合《规范》的要求。

施工质量管理是一项涉及企业多个职能层次（如领导层、总公司职能部室、分公司职能部室、项目经理部），因此施工企业在制度中应清楚地界定各个职能层次的职责、工作流程、工作方法和工作接口。集团公司等大型施工企业至少应按集团总部（或总公司、总局）、工程公司（或专业公司、号码公司）、项目部三个层次进行界定。中小型施工企业应按公司、分公司、项目部三个层次进行界定，没有分公司时，按公司、项目部两个层次进行界定。

在施工企业的质量管理制度中应包含下列内容：

（1）以文件形式确定的质量目标，质量目标应分解落实到各个职能层次（如公司目标、分公司目标、部门目标、项目目标）。

（2）质量目标管理制度，对各级质量目标的制定、审批、发布、落实和考核作出明确规定。

（3）项目质量策划管理制度，对项目策划的内容、参与策划的部门/人员及其职责、策划工作流程、策划文件作出明确规定。

（4）施工设计管理制度，对设计策划、设计输入、设计输出以及设计评审、设计验证、设计确认作出明确规定。

（5）施工准备管理制度，对技术准备、劳动力组织、工程物资准备、施工机具配置、施工现场准备、施工组织等各项施工准备活动的职责、工作流程、工作方法作出明确规定。

（6）质量责任制，对各级领导、相关职能部门、项目部相关岗位在质量管理方面的具体任务、责任和权力作出明确规定。

（7）质量检查制度，对工程检验、试验、验证、确认、监视、测量等方面的职责、工作流程、工作方法和记录要求作出明确规定。

（8）质量奖惩规定，对奖惩的原则、条件、种类、方式、程序、手续作出明确规定。

（9）回访保修管理制度，对回访保修的职责、工作流程、工作方法和记录作出明确规定。

（10）客户服务管理制度，明确服务工作内容及相应的职责、工作流程、工作方法，对顾客满意监测、顾客投诉的职责、工作流程、工作方法和记录应作出明确规定。

【标准条文】

> **10.1.2** 施工企业应对项目经理部的施工质量管理进行监督、指导、检查和考核。

【条文理解】

（1）本条文要求施工企业通过监督、指导、检查和考核督促项目经理部有效实施施工质量管理。

（2）本条文涉及 GB/T 19001—2008 标准 7.1、8.2.3 等条款。项目经理部负责工程项目的施工管理，是施工质量的责任主体。为确保项目经理部的施工和服务质量满足要求，施工企业其他的各职能层次应对项目经理部的质量管理体系过程进行监视，即对项目经理部的施工质量管理进行监督、指导、检查和考核。对监督、检查中发现的问题，施工企业应采取适当的纠正和纠正措施。

（3）施工企业应在相关的质量管理制度中对监督、指导、检查和考核的职责、方法作出明确规定。

【实施指南】

施工企业对项目经理部施工质量管理的监督、指导、检查和考核，一般由企业各级主管领导和质量主管部门（如质量监督部、工程管理部）负责。

企业主管领导和质量主管部门应指导、督促项目经理部按照企业的施工质量管理制度进行施工，对项目经理部施工过程和制度执行情况进行检查，对检查中发现的问题应提出整改意见和纠正措施，对整改结果和纠正措施实施效果应进行跟踪，并根据检查结果和质量奖惩规定对项目部实施考核、奖惩。

除施工现场检查外，施工企业还可采用要求项目经理部定期填报工程质量报表的形式对项目经理部进行督促。在工程质量报表中应包含项目已完工程量统计、已完工程质量验收和评定情况、存在问题和质量事故等质量信息，以便主管领导和质量主管部门掌握、分析项目的质量状态，为指导项目进行质量改进，对项目进行考核提供依据。

施工企业对项目经理部施工质量管理的监督、指导、检查和考核应围绕关键过程（如钢结构制作安装、结构混凝土施工等）、特殊过程（如结构焊接、地下防水、大体积混凝土等）和其他重要过程（如采购和检验试验等）进行。监督、指导、检查和考核的方式可以是集中实施、分层实施和专项实施，频次可以是定期、不定期、临时性和阶段性实施，方法可以是采用定量、定性手段或两者的结合。

【相关法律法规、标准规范】

（1）《中华人民共和国建筑法》

(2)《建设工程质量管理条例》

【与 GB/T19001 的对应条款及差别】

无明显对应条款,《规范》增加的要求。

【有效运行的证据】

《工程项目质量管理制度》文本及对项目部的施工质量进行监督、指导、检查和考核的证据。

【标准条文】

> **10.2　策　划**
>
> 10.2.1　施工企业项目经理部应负责工程项目施工质量管理。项目经理部的机构设置和人员配备应满足质量管理的需要。

【条文理解】

本条文要求施工企业由项目经理部具体负责工程项目施工质量管理,并要求项目部的机构设置和人员配备应满足质量管理的需要。

项目经理部是施工企业设置的项目管理机构,承担工程项目施工质量管理任务和质量目标实现的责任。施工企业应根据施工现场质量管理的需要提供足够的资源。

施工企业在进行项目策划时,应根据工程质量管理需要确定项目经理部的机构设置和人员配备,确定其职责、权限、利益和应承担的风险。项目经理部的组织机构设置应与工程项目的规模、结构复杂程度、专业特点、人员素质相适应,并根据项目管理需要决定是否设立专业职能部门。

【实施指南】

施工企业在进行项目策划时,应根据项目质量目标、工程规模、施工复杂程度、技术专业特点、企业人员状况和管理需求,确定项目经理部的组织机构、岗位职责和人员配置。对于规模大、施工复杂、管理要求高的工程,项目经理部内部应设置职能部门。在确定项目经理部的岗位职责时应注意与企业相关职能部门的工作接口。项目经理部通常应配备的人员有:项目经理、技术负责人、专业工程师或工长、质检员、安全员、材料员和资料员等。凡需持证上岗的岗位人员配备,其数量不得低于有关法律法规的要求。

项目经理部的组织机构通常以组织机构图的形式表现,岗位职责通常以文件的形式进行描述,人员配置通常以项目人员流量表的形式表现。

【标准条文】

> 10.2.2　项目经理部应按规定接收设计文件,参加图纸会审和设计交底并对结果进行确认。

【条文理解】

本条文要求项目经理部应按规定接收设计文件,参加图纸会审和设计交底,这些工作是进行项目策划、施工设计、施工准备和施工过程质量控制的基础。

设计文件是项目施工的主要依据之一,对设计文件的掌握和理解直接影响施工质量。施工企业应对设计文件的接收、审核及设计交底、图纸会审加以规定。与项目施工有关的人员应通过学习设计文件、参加图纸会审和设计交底熟悉和了解工程特点、设计意图，掌握相关的工程技术和质量要求，并从施工的角度提出设计修改和优化意见。施工图纸等设计文件的接收、图纸会审和设计交底均应形成记录。

设计交底是指在施工图完成并经审查合格后，设计单位在设计文件交付施工时，按法律规定的义务就施工图设计文件向施工单位和监理单位作出详细的说明。其目的是对施工单位和监理单位正确贯彻设计意图，使其加深对设计文件特点、难点、疑点的理解，掌握关键工程部位的质量要求，确保工程质量。

图纸会审是指工程各参与单位（建设单位、监理单位、施工单位）在收到设计单位交付的施工图设计文件后，对图纸进行全面细致的熟悉，审查施工图中存在的问题及不合理情况并提交设计单位进行处理的一项重要活动。通过图纸会审可以使各参建单位特别是施工单位熟悉设计图纸、领会设计意图、掌握工程特点及难点，找出需要解决的技术难题并拟定解决方案，从而将因设计缺陷而存在的问题消灭在施工之前。

【实施指南】

设计交底与图纸会审在项目开工之前进行，时间由监理单位确定并发出通知，参加人员应包括监理、建设、设计、施工等单位的有关人员，通常由总监理工程师主持。

参加设计交底与图纸会审的各单位分别编写会审记录，由监理单位汇总和起草会议纪要并提交建设、设计和施工单位会签。

项目技术负责人负责组织有关部门和项目的技术、预算、质检和工长等有关人员参加设计交底，并指定专人记录。参加设计交底时应注意设计单位提交的施工图纸是否齐全、完整。

项目经理应指定专人负责接收施工图纸等设计文件。接收人员按企业的文件管理规定做好设计文件的收文记录，并将设计文件发至企业相关部门和项目的技术、预算、质检和工长等人员。

收到设计文件后，上述人员应看图自审，全面了解设计要求，结合现场情况、施工能力和设备情况，对图纸进行必要的审核和计算，对各专业图纸之间进行校核，对发现的图纸问题进行记录。看图自审后，项目技术负责人组织有关人员参加图纸会审，并指定专人记录。

图纸会审时应注意：
(1) 设计是否符合国家有关现行政策，是否符合本地区的实际情况；
(2) 工程的结构是否符合安全、消防、可靠性、经济合理的原则，是否需要改进；
(3) 设计图纸与说明是否齐全，标注有无遗漏；
(4) 设计的深度是否满足施工要求，是否具备可施工性；
(5) 同一部位各图纸之间的几何尺寸、平面位置、标高、图纸说明是否一致；
(6) 工程的建筑、结构、设备安装、管线工程等各专业图纸之间是否有矛盾，细部节点与预埋节点是否符合施工要求；
(7) 各种管道的走向是否合格，是否与地上、地下建筑物、构筑物相交叉；
(8) 施工现场能否满足大型构件、设备的吊装要求；
(9) 有无分期供图的时间表等。项目部资料员应收集并保管设计交底记录、图纸会审记录，图纸会审记录的发放范围应与施工图的保持一致。

3.3 《工程建设施工企业质量管理规范》的条文理解

【标准条文】

> **10.2.3** 施工企业应按照规定的职责实施工程项目质量管理策划,包括:
> (1) 质量目标和要求;
> (2) 质量管理组织和职责;
> (3) 施工管理依据的文件;
> (4) 人员、技术、施工机具等资源的需求和配置;
> (5) 场地、道路、水电、消防、临时设施规划;
> (6) 影响施工质量的因素分析及其控制措施;
> (7) 进度控制措施;
> (8) 施工质量检查、验收及其相关标准;
> (9) 突发事件的应急措施;
> (10) 对违规事件的报告和处理;
> (11) 应收集的信息及其传递要求;
> (12) 与工程建设有关方的沟通方式;
> (13) 施工管理应形成的记录;
> (14) 质量管理和技术措施;
> (15) 施工企业质量管理的其他要求。

【条文理解】

本条文规定了项目质量管理策划应包括的内容,是施工企业进行项目质量管理策划的要求。

质量管理策划是指:制定项目质量目标并规定必要的过程和相关资源,以实现质量目标。项目所需的过程必须与企业的质量管理体系中其他过程的要求相一致。质量管理策划是对项目质量管理的总体部署,施工企业应严格按照本条文的规定内容对项目实施进行全面、系统、科学的考虑和安排。

对施工过程中的质量检查策划应符合《规范》第 11 章的相关规定。

本条文中的"施工企业质量管理的其他要求"是指:施工企业自身提出的顾客要求以外的质量管理要求,比如创优要求。

本条文是施工企业实施项目质量管理的前提,项目质量管理策划的内容是本规范的各项要求在工程项目上的具体应用。

【实施指南】

施工企业可在质量管理制度对实施工程项目质量管理策划的职责作出规定。策划一般在项目经理组织下,由项目技术负责人系统实施。

开工前,施工企业的工程主管部门(如工程管理部门、质安部门)应组织项目经理部和相关职能部门对项目的质量管理进行策划,编制项目质量管理策划文件。

项目质量管理策划的依据是:
(1) 合同规定,顾客要求;
(2) 设计文件;
(3) 工程所处的自然环境、施工条件、工程特点和难点、材料及设备选型和施工工艺特点；

(4) 与质量有关的标准、规范；

(5) 法律法规及行业标准；

(6) 施工企业的质量管理体系文件；

(7) 施工企业对项目的其他要求。

项目质量管理策划文件中必须包括：

(1) 项目质量目标和要求，质量目标应细化分解到单项工程、单位工程、分部、子分部、分项工程，可包括检验批优良率、合格率的目标；

(2) 项目经理部组织机构图，部门及岗位职责、权限说明，主要人员名单；

(3) 施工管理依据的文件清单和文本，依据的文件包括法律法规和各地方、行业的规定、要求，以及施工企业自身的管理要求等；

(4) 劳动力配置计划、临时设施和施工机具配置计划、主要工程物资采购计划、分包计划、施工方案编制计划、施工详图出图计划等资源的需求和配置方案；

(5) 施工场地、道路、水电、消防、临时设施规划，施工现场总平面图；

(6) 质量关键点及其控制措施，关键工序施工方案，特殊过程管理方案；

(7) 进度计划及控制措施；

(8) 检验试验计划（各工序、施工阶段需要进行的检验试验的指标与检测方法），质量检查和验收流程（包括预检、隐检、交接检的时间、频次、验收标准和方法）；

(9) 突发事件的应急措施（包括预案、应急方案、事故报警、抢救险情等）；

(10) 对违规事件的报告和处理流程（包括对不合格品及质量事故的评审、处置和改进）；

(11) 应收集的信息及其传递流程（包括应收集的信息内容、收集者、收集方法以及沟通和传递的方式）；

(12) 与工程建设有关方（建设单位、设计单位、监理单位、分包方、政府主管部门、企业相关部门等）的沟通方式；

(13) 施工管理应形成的记录清单、记录表式和保存要求；

(14) 质量管理和技术措施；

(15) 施工企业质量管理的其他要求。

策划可分阶段进行。投标阶段进行初步策划，编制投标文件。施工准备阶段进行具体策划，编制各项实施计划。施工阶段进行完善、补充、修订。项目质量管理不仅仅因此是项目经理部的工作，也涉及施工企业的多个职能层次，许多领导和职能部门都要为项目实施提供资源并进行服务、指导和监控，所以项目质量管理策划应由施工企业主管工程的部门牵头、相关领导、职能部门和项目经理部共同进行。

对于大型施工企业、规模大的工程，项目质量管理策划可按下列步骤分层进行：

(1) 由企业主管领导或工程主管部门组织，项目经理部以及技术、质量、预算、合同、采购等相关部门参加，对项目进行总体策划，确定项目目标、资源配置、管理要点和总体方案，编制项目策划书。

(2) 项目经理部依据项目策划书进行目标分解并编制各项计划、方案，报企业主管部门和领导审批。企业相关部门（如技术部门、采购部门）可协助项目经理部编制实施计划、方案。

【标准条文】

> 10.2.4 施工企业应将工程项目质量管理策划的结果形成文件并在实施前批准。当有规定时,这些策划的结果应按规定得到发包方或监理方的认可。

【条文理解】

本条文要求施工企业将工程项目质量管理策划的结果形成文件,并在实施前得到批准和认可。

项目质量管理策划所形成的文件可以以质量计划或施工组织设计以及各种计划、方案、措施等形式或他们的组合来体现。这些文件在内容上应涵盖本条文的要求,繁简程度可根据项目的规模和复杂程度进行调整。对于项目质量管理策划结果所形成文件的名称,施工企业可根据企业自身、项目合同或监理等要求确定,但其内容必须符合《规范》的要求。

项目质量管理策划文件是指导项目实施的重要依据,施工企业应对其内容、编制和审批流程作出明确规定。

本条款提出的"策划的结果应按规定得到发包方或监理方的认可"是指按照有关行业和政府的规定需要向发包方或监理方报批的质量策划文件,通常是项目质量计划或施工组织设计、专项方案等。

【实施指南】

质量管理策划的结果以质量计划或施工组织设计等文件方式输出。文件编制部门应按企业的文件管理规定将质量管理策划文件报质量、安全、技术部门等相关部门审核,企业主管领导批准后发至项目经理部及参与项目实施的部门。

项目经理部应按建设工程监理规程及相关法规的要求将项目质量管理策划文件向发包方或监理方申报认可,针对他们提出的问题对文件进行修改完善。

不能以传统的施工组织设计代替项目质量管理策划文件。项目质量管理策划文件的内容、审批流程应符合企业质量管理体系文件规定,也应符合行业规定和建设方、监理方的要求。

【标准条文】

> 10.2.5 施工企业应根据施工要求对工程项目质量管理策划的结果实行动态管理,及时调整相关文件并监督实施。

【条文理解】

本条文要求施工企业对工程项目质量管理策划文件实行动态管理,及时调整并监督实施。

项目施工过程中,项目相关方对施工和服务质量的要求往往会发生变化,相应的质量管理也会随之变化,因此,作为施工质量管理的依据,项目质量管理策划文件也应及时进行调整。

施工企业应对工程项目质量管理策划文件的实施情况进行监督。

【实施指南】

当项目的施工要求发生变化时,项目经理部应对质量管理策划文件进行评审,确定是否需要进行调整，若需要则应及时调整，并再次向企业相关部门和领导以及发包方、监理报批。

质量管理策划文件更新后，项目经理部应按新的文件要求组织施工，工程主管部门应按新的文件要求对项目经理部进行监督。

施工企业应对工程项目质量管理策划文件的实施情况进行监督。

【相关法律法规、标准规范】

（1）《建筑法》；
（2）《建设工程质量管理条例》；
（3）《建筑工程安全生产管理条例》；
（4）《建筑工程施工现场管理规定》；
（5）《建设工程监理规范》；
（6）《建设工程文件归档整理规范》；
（7）其他各类相关的标准、规范和规程。

【与 GB/T 19001 的对应条款及差别】

对应 GB/T 19001—2008 中的 7.1、4.4、4.4.1、7.5.1a。要求比 GB/T 19001—2008 更具体，针对性强；且增加了对策划结果进行审批和动态管理的要求。

【有效运行的证据】

（1）现有在建项目的项目经理部成立的文件、人员组成及职责的规定；
（2）现有项目的《施工组织设计》或其他策划文件及审批记录；
（3）《施工组织设计》或其他策划文件评审、修改、变更、传递的记录。

【标准条文】

10.3 施 工 设 计

10.3.1 施工企业进行施工设计时，应明确职责，策划并实施施工设计的管理。施工企业应对其委托的施工设计活动进行控制。

【条文理解】

本条文要求施工企业对本企业进行的施工设计实施管理，对委托的施工设计进行控制，本条文涉及 GB/T 19001—2008 标准 7.3，7.4 等条款。

本条文中的"施工设计"是指施工图设计。国际工程、外资工程中，施工图设计往往由总承包商承担。承担施工图设计的施工单位应具备相应的设计资质，否则应按《规范》"9 分包管理"条文的要求选择设计分包并对其施工设计活动进行监控。

目前，大多数施工企业没有施工图的设计资格，但是却有深化设计和细化设计的客观需求。同时，大型施工企业在过程设计和体系设计方面具有应用设计管理的潜在需求，因此不同类型的施工企业可以根据施工风险，适宜的进行选择应用。

本条文是《规范》10.2 条文的延续和具体实施，施工设计策划是项目施工质量管理策划的一部分，施工设计进度应与项目总进度计划协调一致，以确保项目顺利进行。

【实施指南】

施工企业的设计部门接到施工设计任务后，应明确设计负责人，由设计负责人进行设计策划，编制设计计划。

当设计分阶段进行时,根据需要,可分阶段进行相应的设计策划活动。设计计划内容应包括:设计组主要成员及职责分工、设计进度计划、项目的设计启(设计计划编制)止(文件归档)时间、设计输入下达时间、设计评审时间及方式(会议、征求意见)、工作接口、项目会审(签)时间、设计验证方法等。设计负责人将设计计划报企业主管领导经审批后,发至与该项目设计有关的所有部门和人员。

设计部门负责人应定期检查设计计划的实施情况。

随工程设计的进展,设计负责人应根据实际情况,对设计计划进行调整、补充或修改。修改后的设计计划应按审批程序重新进行审批、报送备案并及时下达到有关部门和人员。

需委托设计时,施工企业应按《规范》"9 分包管理"规定选择合适的设计单位,对施工图出图时间进行控制,对设计过程进行跟踪,对设计输出进行评审和确认。

【标准条文】

> 10.3.2 施工企业应确定施工设计所需的评审、验证和确认活动,明确其程序和要求。
>
> 施工企业应明确施工设计的依据,并对其内容进行评审。设计结果应形成必要的文件,经审批后方可使用。

【条文理解】

本条文要求施工企业对本企业进行的施工设计的输入、评审、验证和确认实施管理,对委托施工设计的设计依据和设计结果进行控制。本条文涉及 GB7T 19001—2008 标准 7.3.2,7.3.3,7.3.4 等条款。

设计输入是指顾客(业主)对设计产品的期望和要求,它是确定设计产品的质量目标,开展产品设计工作的准则。也是以后验证产品设计是否达到规定要求,评审设计质量优劣程度的依据。因而在设计之前必须对设计输入实施控制,通过评审以确保设计输入的充分性和适宜性。

设计输出是指图纸、设计说明书、验收准则等设计文件。为使设计输出文件的格式、内容、深度能够满足设计输入的要求,应依据设计输入对设计输出进行验证,并在设计文件交付前得到批准。

设计评审是对施工设计进行正式的、按文件规定的、系统的评估活动,以便评价设计结果满足要求,识别设计中的问题并提出必要的措施。设计阶段通常进行不止一次的设计评审。最终的设计评审在提交施工图之前进行。

设计验证时对施工设计进行的检查,以确保设计输出满足输入的要求。设计验证可包括:设计评审,进行替换计算,进行试验和实验,在发放之前对设计阶段文件进行评审。

设计确认应在施工图提交前进行,以为确保施工设计能够满足规定的使用要求或已知的预期用途的要求。

由于施工企业的特点,施工设计的评审、验证和确认也可以采用审核、审查和批准的方式进行。根据专业特点和所承接项目的规模、复杂程度,施工企业的施工设计活动及管理可适当增减或合并进行。

【实施指南】

设计开始前,设计负责人应编制设计输入表,准备设计输入文件并组织设计输入评审，评审采用审批的方式。审批人应对设计输入的充分性和适宜性进行评审，识别和解决不完整的、不清晰的或自相矛盾的问题，确认设计输入满足要求时，审批人应在设计输入表写明审批意见并签署。

设计输入文件包括：
(1) 顾客要求；
(2) 设计依据；
(3) 适用的法律法规和其他要求；
(4) 适用的标准规范和图集；
(5) 以前类似设计的信息等。

设计过程中，设计负责人应与顾客沟通，将顾客的意图和想法及时传达给设计人员，将设计的进展情况及时通报给顾客。当需要采用文字方式联络时，应采用企业统一的对外联络文件格式。

设计过程中，设计负责人应适时检查专业配合进度的执行情况和设计质量，及时解决发现的问题，确保设计进度和质量满足工程需求。设计输出均应形成文件，如设计说明、图纸、验收规范、设计变更、工程洽商等。

设计输出文件完成后，设计负责人应组织相关部门和人员对其进行各级校审，以确保设计输出文件均应满足设计输入的要求。

设计负责人根据设计策划的安排，组织相关人员对设计结果是否满足要求进行评审，以确保顾客要求及设计输入的全部内容得到落实，评审结果填入设计评审记录。

设计验证方法在设计策划时明确，包括：各级校审、设计评审、变换计算方法比较、与类似项目比较、试验证实等，验证结果填入设计验证记录。

设计负责人负责确定输出文件的子项目编号和名称、审查输出文件的完整性、组织会审及会签和验证、归档。设计确认的方式包括：方案设计的审查批复、施工图审查和顾客的确认。设计负责人应将确认结果填入设计确认记录。

对于委托设计，施工单位应对设计方的设计输入进行评审、确认，对设计进度进行跟踪并与施工进度相互协调，必要时参加设计评审和设计验证，对设计输出进行确认。

【标准条文】

> **10.3.3** 施工企业应明确设计变更及其批准方式和要求，规定变更所需的评审、验证和确认程序；对变更可能造成的施工质量影响进行评审，并保存相关记录。

【条文理解】

本条文要求施工企业对设计变更进行控制并提出了具体的控制要求。本条文涉及 GB/T 19001—2008 标准 7.3.7 等条款。

施工企业在设计管理制度或设计程序文件中应明确：设计变更的批准方式和要求，审批人员及其权限，变更所需的评审、验证和确认程序和记录要求。

在对设计变更进行评审时，应对变更可能造成的施工质量影响进行评审。

【实施指南】

当需要进行设计变更时，设计负责人应组织有关专业设计人员对变更内容进行评审、验证和确认，以确保变更的内容满足可行性、经济性的要求。

在对设计变更进行评审时，设计负责人和项目经理部应对变更可能造成的施工质量影响进行评审，并根据评审结果施工活动进行适当的调整。

变更形式采用设计变更通知单方式。设计变更通知单签署级别与原设计文件一致。设计变更通知单的发送对象、校审程序及报送单位与原设计文件的要求相同，不能随意变更和简化。

【相关法律法规、标准规范】
（1）《建设工程质量管理条例》；
（2）《施工图纸设计审查要点》；
（3）《相关设计标准和规范》；
（4）《工程建设设计企业质量管理规范》GB/T 50380—2006。

【与 GB/T 19001 的对应条款及差别】
与 GB/T 19001—2008 中的 7.3 相对应，但考虑到工程建设施工企业的特点，一般不包括设计，因此描述相对简单。

【有效运行的证据】
设计策划、设计评审、验证、确认的证据和对设计变更进行评审、验证、确认和批准的记录。

【标准条文】

10.4 施 工 准 备
10.4.1 施工企业应依据工程项目质量管理策划的结果实施施工准备。

【条文理解】

本条文要求施工企业依据工程项目质量管理策划的结果实施施工准备。施工准备是指工程施工前所做的一切工作。它不仅在开工前要做，开工后也要做，它是有组织、有计划、有步骤分阶段地贯穿于整个工程建设的始终。

进行施工准备是为了掌握工程的特点、进度要求、摸清施工的客观条件；合理部署施工力量，从技术、资源、现场、组织等方面为建筑安装施工创造一切必要的条件。认真细致地做好施工准备工作，对充分发挥各方面的积极因素，合理利用资源，加快施工进度、提高工程质量、确保施工安全、降低工程成本及获得较好经济效益都起着重要作用。

施工企业应根据项目质量管理策划的结果进行施工准备，包括：技术经济资料准备，施工现场准备，通信、交通、消防和办公、生活（含住宿、食堂）基础设施准备，人员、机具、材料设备等施工生产要素准备，冬雨期施工准备等。

本条文与《规范》第6，第8，第9章关联密切，施工企业应按照这些章节的要求选择和管理供应商、分包方。

【实施指南】

施工企业依据项目质量管理策划进行施工准备。开工前，应进行全场性的施工准备，办理开工手续，为正式开工创造必要的施工条件。各分部、分项施工前，应进行分部分项工程的施工准备。施工准备的工作内容：

(1) 办理开工手续。

(2) 工程项目划分，将整个工程逐级划分为单项工程、单位工程、分部工程、分项工程和检验批，并逐级编号，以便控制、检查、评定和监督。

(3) 技术准备，包括：熟悉施工图纸，进行设计交底、图纸会审；编制各项计划、措施和方案；绘制施工详图等。

(4) 现场准备，包括：工程定位和标高的基准控制，施工平面布置。

(5) 材料准备，包括：工程材料设备选型、报批，采购，进货验证、存储。

(6) 施工机械设备准备，包括：设备选型，采购或租赁，进场安装验收。

包括办理，采购材料设备并组织进场，选择分包并组织进场，搭建临时设施。

施工企业应按《规范》第6，第8，第9章相关的要求选择供应商、分包方，组织材料、构配件、设备和分包方人员进场并进行验证、确认。

【标准条文】

> **10.4.2** 施工企业应按规定向监理方或发包方进行报审、报验。施工企业应确认项目施工已具备开工条件，按规定提出开工申请，经批准后方可开工。

【条文理解】

本条文要求施工企业向监理方或发包方进行报审、报验，办理开工手续。

施工企业向监理方或发包方进行报审、报验、提出开工申请是国家法规的强制要求，报审、报验、开工申请的内容和程序应按国家及项目所在地的相关规定执行。

本条文是《规范》第11章的关联性条款。施工企业按规定向监理方或发包方进行报审、报验是施工现场准备和质量检查与验收的重要内容。

【实施指南】

施工准备阶段，施工企业应将项目组织机构、管理人员、关键工序人员、特种作业人员、测量成果、进场的材料设备和分包等向监理方或发包方报审、报验。开工前，施工企业应对项目是否具备下列开工条件进行确认：

(1) 施工场地"七通一平"是否具备、各种手续是否已办妥；

(2) 施工组织设计已完成，并获批准；

(3) 施工图纸和工程地质勘察报告已经审查符合规范要求；

(4) 建筑红线是否获规划局批准，施工放线已经检验；

(5) 机械设备是否已进场就位；

(6) 施工用材料是否备齐并检验合格；

(7) 工人安全三级教育是否已进行，各工种已进行施工安全、技术交底；

(8) 现场安全防护措施是否完备；

(9) 已进行质量教育及技术交底。

只有确认了已具备开工条件，施工企业才能向监理方和发包方提出开工申请，待开工审批手续齐全后，项目经理部方可开工。具体的开工条件和开工申请程序应按项目所在地的相关规定执行。

项目经理部负责向监理方和发包方的报审、报验，项目经理应指定专人办理开工手续并收集、保管相关资料。

3.3 《工程建设施工企业质量管理规范》的条文理解

【标准条文】

> 10.4.3 施工企业应按规定将质量管理策划的结果向项目经理部进行交底,并保存记录。
>
> 施工企业应根据项目管理需要确定交底的层次和阶段以及相应的职责、内容、方式。

【条文理解】

本条文要求施工企业向项目经理部就质量管理策划的结果进行交底。

施工企业向项目经理部的交底包括技术交底及其他相关要求的交底。交底应在施工前进行,通过交底应确保被交底人了解本岗位的施工内容及相关要求。

交底的依据应包括:项目质量管理策划结果、专项施工方案、施工图纸、施工工艺及质量标准等。交底的内容一般应包括:质量要求和目标、施工部位、工艺流程及标准、验收标准、使用的材料、施工机具、环境要求及操作要点。

交底可根据需要采用口头、书面及培训等方式,分层次、分阶段进行。交付的层次、阶段及形式应根据工程的规模和施工的复杂、难易程度及施工人员的素质确定。对于小型、常规的施工作业,交底的形式和内容可适当简化。

【实施指南】

项目经理部成立后,施工企业的工程主管部门应向项目人员进行项目质量管理策划交底,以使项目人员清除地知道项目的各项目标、指标和管理要求。交底以书面方式进行并辅以口头说明。工程主管部门和项目经理部均应保存交底记录。

开工前,由项目主管技术负责人向参与施工和质检的人员(包括分包方的人员)进行的技术交底,其目的是使施工人员和质检人员对工程特点、技术质量要求、施工方法与措施等方面有一个较详细的了解,以便于科学地组织施工,避免技术质量等事故的反生。交底内容包括:

(1) 施工范围、工程量、工作量和施工进度要求;
(2) 施工图纸的解说;
(3) 施工方案措施;
(4) 操作工艺和保证质量安全的措施;
(5) 工艺质量标准和评定办法;
(6) 技术检验和检查验收要求;
(7) 技术记录内容和要求;
(8) 其他施工注意事项。

交底应形成记录,记录的形式按项目所在地技术资料的管理规定执行。

【相关法律法规、标准规范】

(1)《建筑法》;
(2)《建设工程质量管理条例》;
(3)《建筑工程安全生产管理条例》;
(4)《建筑工程施工现场管理规定》;
(5)《建筑工程监理规范》。

【与 GB/T 19001 的对应条款及差别】

对应 GB/T 19001—2008 中的 7.5.1,但 GB/T 19001—2008 中并没有明确描述,是《规范》的特定要求。

【有效运行的证据】

相关准备的记录和文件,如开工报告、交底记录等。

【标准条文】

> **10.5 施工过程质量控制**
>
> **10.5.1** 项目经理部应对施工过程质量进行控制。包括:
>
> (1) 正确使用施工图纸、设计文件、验收标准及适用的施工工艺标准、作业指导书。使用时,对施工过程实施样板引路;
>
> (2) 调配符合规定的操作人员;
>
> (3) 按规定配备、使用建筑材料、构配件和设备、施工机具、检测设备;
>
> (4) 按规定施工并及时检查、监测;
>
> (5) 依据现场管理有关规定对施工作业环境进行控制;
>
> (6) 根据有关要求采用新材料、新工艺、新技术、新设备,并进行相应的策划和控制;
>
> (7) 合理安排施工进度;
>
> (8) 采取半成品、成品保护措施并监督实施;
>
> (9) 对不稳定和能力不足的施工过程、突发事件实施监控;
>
> (10) 对分包方的施工过程实施监控。

【条文理解】

本条文明确规定了项目经理部对施工过程质量的控制要求。

施工过程的质量控制对工程质量有重要影响。施工质量控制的关键是准确选择质量控制点并实施有效控制,即对需要重点控制的质量特性、关键部位、薄弱环节,以及施工主导因素等采取特殊的管理措施和方法,实行强化管理,使工序处于良好控制状态,保证达到规定的质量要求。

本条文是对本书10.2条文的具体落实要求。

【实施指南】

项目经理部可采用下列方法对施工工程质量进行控制:

(1) 正确使用施工图纸、设计文件、验收标准及适用的施工工艺标准、作业指导书。

开工前,项目经理部应学习图纸、设计文件、验收标准、工艺标准和作业指导书,了解设计意图,熟悉施工和检验要求,做到"心中有数"。通过图纸自审、设计交底和图纸会审发现并解决图纸、设计文件、验收标准、工艺标准和作业指导书存在的问题和彼此间的不协调。关键工序、重点部位可采用样板引路。当采用样板引路时,样板经验收合格后,方可施工。

(2) 调配符合规定的操作人员。

施工企业应根据工程需求为项目配备足够的操作人员,"足够"不仅至数量还包括操作人员的岗位技能,特种作业人员应具备岗位证书。

(3) 按规定配备和使用建筑材料、构配件、施工机具和检测设备。

根据项目质量管理策划的要求，施工企业为项目提供和配备的建筑材料、构配件、施工机具和检测设备，项目经理部组织进场验收并在施工中使用，项目经理部应对建筑材料、构配件、施工机具和检测设备进行标识、防护、维修保养，并在使用中注意节能环保。

(4) 按规定施工并及时检查、监测。项目经理部应按图纸、规范和方案等要求组织施工，按检验试验计划及时进行检查、监测。

对施工过程的检查、监测包括：对工序的内部检查、技术复核、施工过程参数的监测和必要的统计分析活动。

(5) 依据现场管理有关规定对施工作业环境进行控制。

项目经理部应依据企业管理制度中有关现场管理的规定对施工作业环境进行控制。对施工作业环境的控制包括：安全文明施工措施、季节性施工措施、现场试验环境的控制措施、不同专业交叉作业的环境控制措施以及按照规定采取的其他相关措施。

(6) 根据有关要求采用新材料、新工艺、新技术、新设备，并进行相应的策划和控制。

项目经理部应根据设计要求、企业要求采用新材料、新工艺、新技术、新设备，并对如何使用进行策划。施工企业的技术部门应对项目经理部使用的新材料、新工艺、新技术、新设备进行指导和帮助。施工过程中应将新材料、新工艺、新技术、新设备作为质量关键控制点进行管控。

(7) 合理安排工程施工进度。

项目经理部在编制施工进度计划时，应分析施工过程的关键路径和施工节点，确定施工的时间表。在可能的条件下，应保证施工过程的均衡性，避免施工的无故间断和赶工。要在施工的过程中充分考虑施工进度和质量要求的匹配关系，提供充分的各种资源，特别是人力资源，保证施工进度和质量水平。

项目经理部在进度检查中考虑质量管理的要求，在质量检查中考虑施工进度的要求。如果发现施工进度影响了质量时，应首先保证质量要求。同时，在质量稳定的情况下应该努力保证施工进度的要求。

项目经理部在对所有分包方、分供方严格管理、监督、检查和控制的前提下，积极主动服务，创造良好的施工作业条件，对所有参建单位进行统一组织和协调，做好工序计划安排以及相互之间的工序穿插和衔接，把质量要求与施工过程的系统目标有效结合起来，确保整个工程高效有序进行。

(8) 采取半成品、成品保护措施并监督实施。

项目经理部应根据工程的特点、规模、质量标准及业主的要求，制定出半成品、成品保护措施。科学、合理安排施工生产，减少交叉作业等人为因素造成的成品破坏。在与各分包方签订合同或协议书时，应在条款中明确规定分包方所承包的施工项目在成品保护方面应承担的责任。

建立工作面半成品、成品保护移交制度，落实工序交叉作业或上下工序作业时成品保护的责任人。建立24h值班制度，预防不测事件的发生。特别要注意防盗、防火、消防及供水管线系统的监控及对卫生洁具的保护；要建立巡回检查制度，提高警惕，预防蓄意破坏活动的发生。

成品和半成品防护的范围应包括供施工企业使用或构成工程产品一部分的发包方财产，这些财产不仅包括发包方提供的文件资料、建筑材料、构配件和设备，还包括：

1) 施工企业作为分包单位时，发包方提供的未完工程。

2) 施工企业作为总包单位时，发包方直接分包的工程。

这些防护活动应贯穿于施工的全过程直至工程移交为止。

(9) 对不稳定和能力不足的施工过程、突发事件实施监控。

由于施工因素的不平衡性，往往会出现不稳定和能力不足的施工过程，对项目质量管理产生较大影响。因此应重点关注这些过程和突发事故的可能性，并及时进行监督和控制。具体内容：

1) 项目管理人员和施工班组人员应连续监督过程能力、过程变化情况；

2) 完善过程能力，稳定施工过程；

3) 项目管理人员针对可能的突发事故风险制定应急措施；提供和配备必要的应急资源；

4) 测量和试验相应的应急措施。施工企业在大型或特种项目的施工中的应急措施可在有关施工方案中予以明确。必要时，应该制定专门的应急方案。在有条件的情况下应该实施应急措施的测试。

(10) 对分包方施工过程实施监控。

项目经理部应在施工全过程对分包方进行动态的监督管理和使用评价，发现问题及时进行处理。施工企业对分包方施工过程进行的控制应该符合《规范》第9章的规定。

【标准条文】

> **10.5.2** 施工企业应根据需要，事先对施工过程进行确认，包括：
> (1) 对工艺标准和技术文件进行评审，并对操作人员上岗资格进行鉴定；
> (2) 对施工机具进行认可；
> (3) 定期或在人员、材料、工艺参数、设备发生变化时，重新进行确认。

【条文理解】

本条文明确规定了对施工过程进行确认的要求。本条文涉及 GB/T 19001—2008 标准7.5.2 等条款。

需要确认的过程往往是其结果不能由后续的检验试验进行验证（又称为特殊过程）或经济的进行验证的过程。常见的特殊过程有：大体积混凝土浇筑、结构焊接、地下防水、预应力施工、防腐涂料等。

对施工过程进行确认的目的是确保并证实这些过程具备实现所策划的结果的能力。施工企业应在施工过程中根据工序的特点，对需要确认的过程及时实施确认活动。

【实施指南】

项目经理部对特殊过程采用如下方式进行过程确认。

施工前，项目技术负责人应按有关标准规范的要求组织进行工艺鉴定、设备能力和人员资格的鉴定、制订专门的施工方案并对工艺标准和技术文件进行评审、确定过程控制点以及工艺参数、规定应保存的过程确认记录及记录人。在确定过程控制点以及工艺参数时，应根据过程特点，针对过程影响显著的因素实施经济、有效的控制。

施工过程中，质量管理人员负责督促作业人员严格按照经鉴定合格的工艺和批准的施工方案进行操作，对设备能力和人员资格是否满足要求进行检查，对工艺参数进行监控。对于特殊过程应连续监控记录。

当施工条件发生变化时，项目经理部应针对变化情况重新进行过程确认。

项目经理部负责收集并保存工艺方法、施工方案、设备能力和人员资格的鉴定记录、过程及材料的检验和试验记录、工艺参数等有关过程确认的记录。

【标准条文】

10.5.3 施工企业应对施工过程及进度进行标识，施工过程应具有可追溯性。

【条文理解】

本条文明确规定了对施工企业应对施工过程及进度进行标识，施工过程应具有可追溯性。本条文涉及 GB7T 19001—2008 标准 7.5.3 等条款

施工企业可通过任务单、施工日志、施工记录、隐蔽工程记录、各种检验试验记录等表明施工工序所处的阶段或检查、验收的情况，确保施工工序按照策划的顺序实现。

本条文是《规范》第 11 章、第 12 章实施的基础条件。

【实施指南】

为了有效识别和控制施工质量，应对施工过程和进度状态进行标识。施工过程的标识主要是以检验和试验记录及质量检验评定的记录来实现的，记录人员在填写分部分项工程质量验评及隐蔽工程验收记录时应用文字、简图进行标识，标明其工程部位、作业人员、施工日期、验评日期等。施工过程中需进行检验和试验的工序，以检验和试验报告作为工序的标识。检验和试验报告中应表明工序名称、施工部位、送检及报告日期、试验结果等。项目经理部应按不同的施工阶段、不同的要求，作出现场测量标志、测量成果图和成果记录。工程竣工后由项目负责与业主办理交工验收手续，填写规定的表格，经有关各方签字后作为工程最终结果的标识。

施工现场标识的管理包括标识的建立、转移、改变和撤销。其中：

（1）建立：针对施工过程的特点形成适宜的标识；

（2）转移：根据施工进度的变化调整标识的位置；

（3）改变：依据施工突发情况的发生改变标识的内容；

（4）撤销：完成施工活动后对标识进行的撤销。

标识的管理必须与施工进度相匹配，与施工过程需求相适宜。通过记录可对施工过程进行追溯。

【标准条文】

10.5.4 施工企业应保持与工程建设有关方的沟通，按照规定的职责、方式对相关信息进行管理。

【条文理解】

本条文规定施工企业应保持与工程建设有关方的沟通，按规定的职责、方式对相关信息进行管理。本条文涉及 GB/T 19001—2008 标准 7.2.3 等条款。

与工程建设有关方包括：顾客、监理、设计、分包方等。相关信息的范围包括：有关方需要或感兴趣的工程信息。

施工企业应规定与工程建设有关方的沟通的职责、方式对相关信息进行规定，并按规定实施。

【实施指南】

施工企业应建立并实施沟通流程，规定需与工程建设有关方进行沟通的信息内容、责任者、信息交流渠道和沟通方式。应特别关注电子手段的沟通方式的控制需求。

施工企业在与建设方进行沟通时特别注重对以下方面作出有效安排：

(1) 工程信息（包括与工程有关的要求）；

(2) 合同的处理，包括对其的修改；

(3) 建设方问询的处理，建设方反馈，包括投诉。与建设方沟通通常采用的方式为：拜访、电话、会议、电子邮件、传真、文件、回访、调查表等。

施工企业与建设方直接进行沟通的主要部门及其分工如下：

市场经营部门：负责在项目前期经营（项目追踪、投标报价、合同谈判）阶段、项目经理部成立前的工程实施阶段、工程保修阶段保持与建设方的日常联络及沟通，及时处理和解决建设方的需求；负责进行工程回访保修，接待建设方的访问和问询。

项目经理部：负责在工程实施阶段保持与建设方的日常联络及沟通，及时处理和解决建设方的需求。

施工企业可将上述信息进行汇总、分析，识别出需要改进的地方并采取改进措施。

【标准条文】

> **10.5.5** 施工企业应建立施工过程中的质量管理记录。施工记录应符合相关规定的要求。施工过程中的质量管理记录应包括：
>
> (1) 施工日记和专项施工记录；
>
> (2) 交底记录；
>
> (3) 上岗培训记录和岗位资格证明；
>
> (4) 施工机具和检验、测量及试验设备的管理记录；
>
> (5) 图纸的接收和发放、设计变更的有关记录；
>
> (6) 监督检查和整改、复查记录；
>
> (7) 质量管理相关文件；
>
> (8) 工程项目质量管理策划结果中规定的其他记录。

【条文理解】

本条文对施工企业施工过程中的质量管理记录提出了控制要求。本条文涉及GB/T 19001—2008标准4.2.4等条款。本条款规定了8项质量管理记录作为基本的施工记录要求。施工企业可以结合工程项目的需要进行补充。项目经理部可以通过任务单、施工日志、专项施工记录、隐蔽工程记录、各种检验试验记录等表明施工工序所处的阶段或检查、验收的情况，确保施工工序按照策划的顺序实现。

【实施指南】

在施工企业的记录管理制度中应包括对工程项目施工过程中形成的记录的控制要求，

记录应按规定的表式填写，当需要对规定的表式进行调整时，应得到主管部门的认可。所有记录应当及时完成，字体清晰，文字简洁明了，内容准确、完整。记录不得涂改、压改。除有特殊规定外，记录不得使用铅笔及易褪色的圆珠笔。

所有的记录应注明记录名称、记录编号、记录日期等标识。工程质量记录的标识按照行业、项目所在地政府主管部门的有关规定执行。

来自分包商和供应商的记录也应按上述规定管理。

施工中的各项质量记录，在工程竣工交付后由项目经理部负责移交给企业档案室存档。

【相关法律法规、标准规范】

(1)《建筑法》；

(2)《建设工程质量管理条例》；

(3)《建筑工程安全生产管理条例》；

(4)《建筑工程施工现场管理规定》；

(5)《建筑工程监理规范》；

(6)《相关的施工规范和验收标准》。

【与 GB/T 19001 的对应条款及差别】

对应 GB/T 19001—2008 中的 7.5，要求结合了施工行业的特点，但对需要确认的过程的要求不如 GB/T 19001—2008 所要求的全面。

【有效运行的证据】

(1) 本条款要求的记录；

(2) 相关规范和标准要求的记录。

【标准条文】

10.6 服 务

10.6.1 施工企业应按规定进行工程移交和移交期间的防护。

【条文理解】

本条文对施工企业的竣工交付和成品保护提出了要求。本条文涉及 GB/T 19001—2008 标准 7.5.5 等条款。

工程移交和移交期间的防护是工程项目的收尾工作，决定了项目质量管理的最终效果。施工企业应根据合同或事先的约定策划进行工程移交和移交期间的成品保护。

本条文是本书 10.5.1 条文后续跟进的要求。

【实施指南】

当单位工程达到竣工验收条件后，项目经理部组织自检、自评，填写工程竣工报验单，并与相关资料一起上报项目监理单位。项目经理部按合同要求与业主协商竣工验收时间，由建设方组织四方（业主、监理、设计、项目经理部）进行单位工程验收，并在验收记录表上签字。

工程竣工验收后，施工单位将其管理与使用权转移到业主/产权所有者或其委托者。

为确保工程产品质量水平满足交付要求，项目经理部应做好成品保护工作。项目经理部应制定成品保护管理制度，以明确施工各分包单位对成品保护的责任；要落实监护人员，明确保护区域和保护方法。要注意落实工序交叉作业或上下工序作业时成品保护的责任者。

施工单位在与分包方签订合同或协议书时，需明确规定分包方所承包的成品保护责任。

对竣工阶段的成品保护，项目经理部应建立24h值班和巡回检查制度，预防蓄意破坏活动和不测事件的发生。特别要注意防盗、防火、消防及供水管线系统的监控及对卫生洁具的保护。对已具备竣工验收的房间和区域，采取临时封闭措施和设置提示标牌。

【标准条文】

> **10.6.2** 施工企业应按规定的职责对工程项目的服务进行策划，并组织实施。服务应包括：
> （1）保修；
> （2）非保修范围内的维修；
> （3）合同约定的其他服务。

【条文理解】

本条文要求施工企业应按规定的职责对工程项目的服务进行策划，并组织实施。

服务水平是施工企业质量管理的重要标志，直接影响着发包方和用户的满意程度。

【实施指南】

施工企业应建立服务规章制度，规定服务策划、服务实施的职责。

有关服务的要求可通过合同、协议或口头约定方式予以确定。服务不仅包括工程交付后的保修工作，而且包括施工过程中的服务活动。施工企业应按照所赋予的职责对工程项目的服务进行策划，可以形成具体的项目用户服务/质量回访计划。本条款规定的服务内容共三项，包括：

（1）保修。包括合同范围规定的和企业承诺的保修项目。施工企业的保修活动应依据有关法规、保修书和相关标准进行，并符合相关规定。

（2）非保修范围内的维修。包括在保修以外双方协商确定的维修内容。

（3）合同约定的其他服务。包括施工企业在合同中承诺的项目试生产或运行中的配合服务、培训等其他服务。

项目用户服务/质量回访计划的应该包括上述内容。由施工企业主管部门组织或项目经理部实施。

项目竣工验收后，施工企业应与建设方签订工程保修合同或工程质量保修书，并按合同约定实施保修、维修。保修、维修完成后与建设方共同进行验收，以保证完全符合有关规定和建设方的要求。

施工企业一般应编制工程回访计划，确定回访项目、回访时间和回访人员，重点做好季节性回访工作。

施工企业应根据工程回访中发现的问题，及时组织保修和维修，并视问题情况制定相应的纠正和预防措施。回访人员负责做好工程回访记录。

为了更好体现为用户服务的理念，应由施工企业主管部门牵头及时了解发包人和用户对项目经理部的意见和建议，实施在施工程和竣工工程用户满意度调查工作，不断提升施工项目的服务质量。

用户满意度调查工作可采用用户意见调查表、电话、网络、会议和回访等的形式，了解发包人和用户在施工或竣工后对工程质量、进度、施工管理、保修服务、满意度和社会影响等方面的意见和要求。

施工企业服务主管部门应整理分析调查表，与项目经理部共同对不合格项制定相应的整改措施，并监督项目经理部的落实情况。

对于发包人和用户反映的严重问题要进行内部通报或沟通，以促进项目经理部施工管理改进和提高。

对于项目经理部已经撤销的工程项目应由施工企业主管部门负责组织相应的服务工作。

【标准条文】

10.6.3 施工企业应在规定的期限内对服务的需求信息作出响应，对服务质量应按照相关规定进行控制、检查和验收。

【条文理解】

本条文对施工企业的服务提出了管理要求。在工程项目的全过程，服务工作是必须落落实的重要活动。本条文规定施工企业应在合同规定的期限内及时作出服务响应的内容有：

（1）收集信息、预测服务需求；

（2）有效实施服务措施；

（3）及时测量服务效果；

（4）制定和落实提高或超越服务期望的措施。

本条款要求施工企业对服务质量进行控制、检查和验收的含义是从企业层次上保证服务工作的到位。施工企业的责任部门要对服务质量按照相关服务标准进行控制和验收，管理部门应及时进行检查和指导。"规定的期限"是指按照合同或相关要求确定的时间。

【实施指南】

施工企业应在项目实施过程中时注意收集服务需求的信息，对服务质量按《规范》第11章的要求进行检查验收。施工企业可为建设方提供的服务内容包括但不限于表3-5的内容。

施工企业可为建设方提供的服务　　　　　　　　　　　表3-5

项目阶段	服　务　内　容
勘　察	协助业主组织地质勘察、现场踏勘； 收集有关地质资料并提交给设计单位
设　计	协助业主编制设计说明书、审核设计图纸； 协助业主和设计单位搜寻材料设备的样品和价格； 向设计单位介绍新工艺； 协调设计进度
招投标	协助业主对专业分包商进行招投标工作，包括编制和发布招标文件，组织分包商投标，组织有关单位评标

续表

项目阶段	服 务 内 容
开工前	协助业主办理开工手续； 协助业主协调与地方管理部门、周边居民和单位的关系； 在施工现场为业主准备办公用房和办公设备； 协助业主进行材料、设备的选购
施工	协助业主管理由业主分包的分项工程； 协助业主保管由业主采购的物资设备； 协助业主进行设计协调； 协助业主协调与地方管理部门、周边居民和单位的关系； 为业主代表在工地的工作（特别是质量检验）提供方便
交工	协助业主办理交付手续； 对业主的工程人员进行设备运行与维护保养的培训
竣工后	负责工程的保修； 回访，听取业主意见，完善服务内容，提高服务质量； 协助业主进行保修范围外的修补工作

【标准条文】

10.6.4 施工企业应及时收集服务的有关信息，用于质量分析和改进。

【条文理解】

本条文对施工企业的服务信息提出了管理要求。本条文涉及 GB7T 19001—2008 标准 8.4 等条款。

施工企业应及时收集项目的有关服务信息，包括：

（1）发包方、用户的评价；

（2）工程的使用效果；

（3）保修成效；

（4）物业反馈；

（5）其他。

施工企业要分析上述信息的相互影响和作用，寻找信息中的客观特性或特点。有条件的施工企业应建立完善的服务信息系统，多渠道收集相关方的反馈信息，包括发包方、用户、社会公众和其他相关方的满意程度。一般施工企业应该至少收集发包方、用户满意程度的有关信息。

【实施指南】

施工企业要有效利用收集到的服务信息，实施服务的质量改进，不断提高发包方、用户的满意度。具体形式可以灵活多样，内容包括：

（1）把收集服务信息，用于质量分析和改进纳入质量管理项目绩效考核；

（2）实施公司和项目的质量管理内部审核；

(3) 检查项目保修服务管理活动;
(4) 对项目实体质量（包括使用过程的质量状况）进行监测;
(5) 在管理评审中实施服务活动的评审。

施工企业收集服务的有关信息比较常见的是企业质量管理分析会和管理评审会。由企业主管领导主持，项目经理部和相关部门人员参加。会议主要沟通企业服务的重要信息，了解社会对企业服务的评价，研究改进的方向和措施。

项目经理部收集服务的有关信息比较常见的是质量例会。由项目经理部主持，所有参建单位的相关人员参加。会议主要沟通收集到的各种反馈信息，分析服务活动中存在的不足或问题，和与会者共同商讨整改办法和预控措施。会议要做好会议纪要，作为下次例会检查执行情况的依据。

施工企业应组织相关部门对项目经理部的服务情况定期考核，对项目质量情况进行监控，必要时进行现场指导，协助项目质量管理水平的提升。

施工企业的市场部门、工程部门、保修部门和项目经理部均应收集服务信息，这些部门的负责人应确定本部门需要收集的信息和收集渠道，指定专人负责信息的接收、处理和传递。信息的接收人、处理人和传递人都要对信息的内容进行核对，以保证信息的内容准确可靠。

信息收集者或接收人应利用统计技术等适用的方法对得到的信息进行数据分析处理，使之便于存储、查询、传递和决策。

数据分析结果可用于评价服务质量，发现可在何处进行服务质量的持续改进。

【相关法律法规、标准规范】
(1)《合同法》
(2)《建设工程质量管理条例》

【与 GB/T 19001 的对应条款及差别】
对应 GB/T 19001—2008 中的 7.5.1f 和 7.5.5。《规范》的要求高于 GB/T 19001—2008 的要求。

【有效运行的证据】
(1) 相关制度、计划的文本;
(2) 实施服务的相关记录。

11. 对"施工质量检查与验收"的理解与实施要点

【标准条文】

11.1 一 般 规 定

11.1.1 施工企业应建立并实施施工质量检查制度。施工企业应规定各管理层次对施工质量检查与验收活动进行监督管理的职责和权限。检查和验收活动应由具备相应资格的人员实施。施工企业应按规定做好对分包工程的质量检查和验收工作。

【条文理解】
本条文是工程项目质量检查的基础要求。本条文涉及 GB/T 19001—2008 标准 8.2.3，标准 8.2.4 等条款。

施工质量检查制度是施工企业提高质量管理水平，确保工程施工质量的重要制度之一。施工企业的质量检查制度所涉及的内容既应包括原材料、构配件、设备的质量检查，也应包括中间产品和最终产品的质量检查；既应包括施工前准备工作状态的检查，也应包括施工过程和结果的检查；既应包括对施工管理人员的检查，也应包括对施工操作人员的检查；既应包括技术问题的检查，也应包括管理问题的检查；既应包括施工方案的检查，也应包括施工机械的检查。总之，施工企业的质量检查制度应力求内容全面、系统性强，并具有可操作性。施工企业应通过质量检查与验收活动，确保施工质量符合规定。按照我国《建筑法》第二十九条的有关规定，总承包单位与分包单位就分包工程对建设单位承担连带责任。因此，作为总承包单位的施工企业也必须对分包工程做好质量检查和验收工作。分包工程的质量检查和验收工作是施工质量管理的重要问题之一。施工企业的分包主要包括劳务分包和专业工程分包两种。对于劳务分包的质量检查与验收，应着重于施工人员、施工机械、施工方法的检查与验收；而对于专业工程分包的检查与验收，还应着眼于建筑材料、构配件和工程设备的检查与验收。本条文内容以施工过程的质量检查、验收为主，材料、设备及分包的检查、验收活动应执行《规范》第8章，第9章的规定。

施工企业的质量检查制度所规定的检查层次和内容以及检查人员资格的要求应该遵循我国工程建设质量检查与验收的相关制度。

施工企业可以通过采用不同的检查方式达到控制工程质量的目的。施工质量检查从检查方式上可以分为日常检查、跟踪检查、专项检查、综合检查和监督检查等。

施工质量检查中，除了要检查施工准备情况、施工过程和施工结果之外，应将整改落实情况作为重点检查对象。

【实施指南】

施工企业应建立的施工质量检查制度通常包括：

(1) 质量检查职责，相关职能部室、项目经理部的部门及岗位在工程质量检查方面的职责和权限；

(2) 各类检查的检查者、检查与验收方式；

(3) 质量奖惩规定。

凡从事检查与验收的岗位，施工企业应配置具备相应资格（参见本书第5章）的人员。

施工企业在与分包方签订合同时，可规定对分包工程的检查与验收方式。施工过程中，项目经理部应按合同约定的方式对分包工程实施检查与验收。

【标准条文】

11.1.2 施工企业应配备和管理施工质量检查所需的各类检测设备。

【条文理解】

本条文要求施工企业应配备和管理施工质量检查所需的各类检测设备。本条文涉及GB7T 19001—2008标准7.6等条款。

配备施工质量检查所需的各类检测设备是开展施工质量检测工作的前提，施工企业应根据需要通过自购、租赁或借用的方式配备施工质量检查所需的各类检测器具和设备。无论是自购、租赁还是借用的检测器具和设备，都应建立一套完善的管理制度，确保检测器具和设备的数量和质量满足检测工作的要求。

对于自购的检测设备,应进行定期的维护和保养,并在使用前进行调试、校准或测试,确认检测设备的有效性。对于租赁的检测设备,应检查设备的合格证明文件,并在租赁协议中明确检测设备的出租方对检测设备维护、保养、调试、校准等方面应提供的服务。对于临时借用的设备,也应检查设备的合格证明文件,并在使用前进行调试、校准或测试,确认检测设备的有效性。

【实施指南】

在进行项目质量管理策划时,施工企业应根据工程特点、标准规范、合同等要求确定对工程监视和测量要求,确定适用的监视和测量方法以及相应的检测设备,制订检测设备配置计划。开工前,施工企业应按计划将检测设备提供给项目经理部。

对检测设备的管理按《规范》11.5 的要求执行。

【相关法律法规、标准规范】

(1)《建筑法》;
(2)《建设工程质量管理条例》;
(3)《建筑工程安全生产管理条例》;
(4)《建筑工程施工现场管理规定》;
(5)《建筑工程施工质量验收统一标准》GB/T 50300—2001;
(6)《建筑工程项目管理规范》GB/T 50326—2006;
(7)《建设项目工程总承包管理规范》GB/T 50358—2005。

【与 GB/T 19001 的对应条款及差别】

对应 GB/T 19001—2008 中的 8.1、8.2.3、8.2.4,但没有明显的对应内容。

【有效运行的证据】

制度文本。

【标准条文】

11.2 施工质量检查

11.2.1 施工企业应对施工质量检查进行策划,包括质量检查的依据内容、人员、时机、方法和记录。策划结果应按规定经批准后实施。

11.2.2 施工企业对质量检查记录的管理应符合相关制度的规定。

【条文理解】

本条文要求施工企业对施工质量检查进行策划。对质量检查的策划是项目质量管理策划的重要内容之一。质量检查的策划结果一般应包括:检查项目及检查部位、检查人员、检查方法、检查依据、判定标准、检查程序、应填写的质量记录或签发的检查报告等。

质量检查策划的结果应形成文件,并按照企业文件管理的规定进行审批,批准后的文件作为工程项目施工质量检查活动的指导性文件,由企业各层面的检查人员遵照实施。

施工企业应对质量检查记录进行管理,按质量记录管理制度的要求,对质量检查记录的填写、标识、收集、保管、检索、保存期限和处置等进行控制。对存档的质量检查记录的管理应符合我国档案管理的有关规定。

本条文是《规范》3.5条文在施工质量检查与评价中的具体实施要求。

【实施指南】

施工企业可在项目质量管理策划时，对施工质量检查进行策划，确定质量检查的依据、内容、人员、时机、方法和记录要求。

在进行质量检查策划时，施工企业可收集法规文件、标准规范、设计文件及相关资料、项目质量管理策划文件、质量检查制度等管理文件、合同文件等作为策划的依据，施工企业还可参照以往类似工程的施工质量检查的过程和结果。此外，施工企业在策划时应与建设单位、监理单位和设计单位等有关单位进行充分沟通，从而使检查活动能得以更加有效地实施。质量检查策划的结果可形成质量检查计划（或检验试验计划）等文件。

质量检查计划应包括：检查的项目、部位、内容、依据、人员、时机、方法和记录。质量检查计划等质量检查策划文件应按企业文件管理制度的规定报相关职能层次审批，批准后的质量检查策划文件由检查人员遵照执行。

质量检查策划文件应发至与工程施工、检验相关的单位和人员（包括分包方）。

施工企业可在记录管理的规章制度中或采取其他方式，对质量检查记录的管理予以规定。所有质量检查记录都应字迹清晰，写明编号、记录日期、记录内容、记录人等。质量检查记录的贮存和保管方式应便于存取，并能防止损坏或丢失。

可由项目经理部负责收集质量检查记录（包括来自分包商、供应商的质量检查记录）并进行妥善保管，按工程档案管理要求进行整理、组卷，待工程竣工交付后，移交至企业档案室存档。

【标准条文】

> 11.2.3 项目经理部应根据策划的安排和施工质量验收标准实施检查。
>
> 11.2.4 施工企业应对项目经理部的质量检查活动进行监控。

【条文理解】

本条文要求项目经理部应根据策划的安排和施工质量验收标准实施检查。在检查过程中，遇到质量问题应按《规范》11.4条的要求进行处理。

本条文要求施工企业应对项目经理部的质量检查活动进行监控。本条文涉及GB/T 19001—2008标准8.2.3等条款。

为了确保项目经理部能够做好质量检查工作，施工企业应对项目经理部的质量检查活动进行监控。对项目经理部的监督频次、监督方式宜根据企业的规模、专业特点、管理模式及项目的分布情况确定。对于技术条件复杂、建设工期紧、施工难度大、质量目标高的项目，施工企业应特别制定专门的监控措施，以确保工程项目的质量满足相关的要求。

【实施指南】

项目经理部可根据质量检查策划的结果对施工质量进行检查，质量检查的依据有：施工质量验收标准、设计图纸及施工说明书等有关设计文件及企业内部有关标准。

施工企业质量检查的方式包括自检、互检、专检和交接检等。质量检查中可将施工人员、施工材料、施工机械、施工方法和施工环境等施工质量影响因素作为检查的主要内容。

施工人员的素质和工作能力会直接影响到工程质量，此外施工人员的健康状况、心理行为也可能对施工质量产生影响。因此，检查人员可在检查时对施工人员在这些方面予以关注。

施工企业可由工程主管部门对项目经理部的质量检查活动进行指导、监督和检查。对项目经理部的监控可通过审阅相关文件、报表，以及现场检查等方式实现。

【相关法律法规、标准规范】

(1)《建设工程质量管理条例》；

(2)《建筑工程施工质量验收统一标准》GB/T 50300—2001；

(3)《建设项目工程总承包管理规范》GB/T 50358—2005。

【与 GB/T 19001 的对应条款及差别】

对应 GB/T 19001—2008 中的 7.1、8.2.3、8.2.4。不同的是按照过程方法规定了检查有关的要求。

【有效运行的证据】

(1) 策划并经审批的文件；

(2) 检查记录；

(3) 监督记录。

【标准条文】

11.3 施 工 质 量 验 收

11.3.1 施工企业应按规定策划并实施施工质量验收。施工企业应建立试验、检测管理制度。

【条文理解】

本条文要求施工企业应按规定策划并实施施工质量验收，应建立试验、检测管理制度。本条文涉及 GB/T 19001—2008 标准 8.2.4 等条款。

施工质量验收是工程质量管理的重要环节，也是确保向使用者提供满足合同约定质量要求工程产品的关键一步。因此，施工企业必须对施工质量验收活动进行策划。明确验收活动的工作内容、工作要求、组织分工、实施步骤等。

【实施指南】

施工企业应按质量检查验收制度的规定对施工质量验收活动进行策划，策划的结果可纳入项目的质量检查计划或单独编制文件。项目经理部根据质量检查计划的安排和施工质量验收标准进行工程质量检查验收。质检人员应按照记录管理的要求填写并保存施工质量验收记录。质量验收应得到监理（需要时应得到发包方）的确认。

施工企业的质量验收工作应遵循我国相关工程质量验收标准的规定（如《建筑工程施工质量验收统一标准》GB 50300—2001）以及各专业验收规范等。

建筑工程质量验收层次的划分分为检验批、分项工程、分部（子分部）工程和单位（子单位）工程。检验批一般按施工段、变形缝进行划分；分项工程一般按主要工种、材料、施工工艺、设备类别等进行划分；分部工程一般按专业性质、建筑部位划分，当分部工程较大或者较复杂时，可按施工程序、专业系统及类别等划分为若干个子分部工程；单位工程是指具有独立施工条件并能形成独立使用功能的建筑产品。

检验批验收的合格规定有两点：

一是主控项目和一般项目的质量经抽检检验合格；

二是具有完整的施工操作依据、质量记录。

主控项目是指建筑工程中对安全、卫生、环境保护和公众利益起决定性作用的检验项目。主控项目的验收必须从严要求，不能出现不符合要求的检验结果。主控项目的检查具有否决权。一般项目则应按照项目专业规范的规定进行验收和处理。

分项工程质量验收合格的规定也包括两点：

一是分项工程所包含的检验批均应符合合格的规定；

二是分项工程所含的检验批的质量验收资料完整。

分部工程质量验收合格的规定有四点：

一是所含的分项工程的质量均验收合格；

二是质量控制资料应完整；

三是地基与基础、主体结构和设备安装等分部工程有关安全及功能的检验和抽验检测结果应符合有关规定；

四是观感质量验收应符合要求。

单位（子单位）工程层质量验收的合格规定有五点：

一是单位（子单位）工程所含分部（子分部）工程的质量均应验收合格；

二是质量控制资料应完整；

三是单位（子单位）工程所含分部工程有关安全和功能的检测资料完整；

四是主要功能项目的抽查结果应符合相关专业质量验收规范的规定；

五是观感质量验收应符合要求。

施工质量验收的程序和组织应遵循规定的程序进行。检验批及分项工程应由监理工程师（建设单位项目技术负责人）组织施工单位项目专业质量（技术）负责人等进行验收；分部工程的质量验收应由总监理工程师（建设单位项目负责人）组织施工单位项目负责人和技术、质量负责人等进行验收；地基与基础、主体结构分部工程的勘察、设计单位的工程项目负责人和施工单位技术、质量部门负责人也应参加相关分部工程验收工作。另外，单位工程质量验收也应按照规定的程序进行，详见《规范》11.3.2条文。

施工企业应建立试验、检测管理制度。试验和检测管理必须符合我国相关法律法规的规定。施工单位应建立的试验、检测管理制度通常包括：

（1）试验、检测职责，相关职能部室、项目经理部的部门及岗位的职责和权限。

（2）试验、检测检查制度，试验、检测的项目、内容、人员、时机、方法和记录等。

【标准条文】

> **11.3.2** 施工企业应在竣工验收前，进行内部验收，并按规定参加工程竣工验收。

【条文理解】

本条文要求施工企业在通过内部验收后再参加工程竣工验收。本条文涉及GB/T 19001—2008标准8.2.4等条款。

施工企业内部验收的标准应与正式验收一致。施工企业对内部验收中发现的问题进行整改；复验后，再向监理报验，参加工程竣工验收。

本条文是《规范》10.2条文的实施性条文。

【实施指南】

我国已经建立了规范化的竣工验收管理制度，对工程项目的竣工验收进行管理。在竣工验收过程中，首先施工单位要进行自检，即在竣工验收前进行内部验收。当工程达到竣工验收条件后，项目经理部应组织自检、自评和内部验收，自检、自评和内部验收的内容包括：核查单位（子单位）工程质量控制资料、单位（子单位）工程安全和功能检验资料核查，主要功能抽查，单位（子单位）工程观感质量检查。内部验收应通知企业相关部门参加。对内部验收发现的问题整改后，进行复验。在复验合格后，按照竣工验收备案制度规定向监理方提交竣工验收报告。必要时，施工企业的工程项目施工质量管理部门应按照规定对完工项目进行全面的施工质量检查。

竣工验收的基本对象是单位工程。单位工程的竣工验收应按规定的程序进行。单位工程完工后，施工单位应自行组织有关人员进行检查评定，并向建设单位提交工程验收报告。建设单位收到工程验收报告后，应由建设单位（项目）负责人组织施工（含分包单位）、设计、监理等单位（项目）负责人进行单位（子单位）工程验收。单位工程有分包单位施工时，分包单位对所承包的工程项目应按相关标准规定的程序进行检查评定，总包单位应派人参加。分包工程完工后，应将工程有关资料交予总包单位。当参加验收各方对工程质量验收意见不一致时，可请当地建设行政主管部门或工程质量监督机构协调处理。单位工程质量验收合格后，应协助建设单位在规定的时间内将工程竣工验收报告和有关文件报建设行政主管部门备案。

【标准条文】

> **11.3.3** 施工企业应对工程资料的管理进行策划，并按规定加以实施。工程资料的形成应与工程进度同步。施工企业应按规定及时向有关方移交相应资料。归档的工程资料应符合档案管理的规定。

【条文理解】

本条文要求施工企业工程资料的管理提出具体了要求。本条文涉及GB/T 19001—2008标准4.2.4等条款。

工程资料是记录工程质量和工作质量的载体，也是在使用过程中对工程进行维修、扩建、更新和改造的依据，同时还是施工企业提高质量管理水平，进行质量管理改进和创新的依据。

施工企业应建立工程资料的管理制度，并按照《建设工程文件归档整理规范》规定的要求进行工程文件的归档和移交。

施工企业在对工程资料的管理进行策划时应确定：资料的内容、形式及收集、整理、传递的职责和方法。

工程移交的资料包括：

(1) 向发包方移交竣工资料；

(2) 送交施工企业档案管理部门归档的竣工技术资料；

(3) 公司管理制度所规定的记录。

资料移交时,移交内容应得到确认,移交记录应予以保存。

本条文是《规范》3.5条文的具体实施要求。

【实施指南】

施工企业应根据工程资料的相关管理制度,对工程资料的建立收集、整理、归档和移交进行管理。项目经理部应设立工程资料管理岗位,负责工程资料的收集、整理、归档、保管工作。企业应对项目的工程资料进行定期和不定期检查、抽查,发现问题限期整改。

工程资料的形成应与工程进度同步,以确保工程资料的客观性和有效性。向发包方移交的资料应该符合合同约定的要求以及我国相关制度的规定。

企业内部用的工程资料可以根据企业管理的需要进行整理和归档。目前,企业内部用工程资料的管理是企业加强质量管理、提高企业综合竞争力的重要手段之一。企业在生产经营活动中所涉及的成本、进度、质量和安全管理都需要以往工程资料作为依据。因此,企业必须重视对工程资料的管理工作。

与质量管理直接相关的工程资料包括施工技术管理资料、工程质量控制资料、工程质量验收资料等。

施工技术管理资料包括:图纸会审记录;工程开工相关资料(开工报告、开工申报表等);技术交底资料;施工组织设计文件;施工日志;设计变更相关资料;工程沟通相关资料;工程测量记录资料(工程定位测量记录文件、施工测量放线报验表、基槽及各层测量放线记录文件、沉降观测记录文件等);施工记录文件;工程质量事故相关资料(包括工程质量事故报告、工程质量事故处理记录等);工程竣工文件。

工程质量控制资料包括:原材料、构配件、半成品、成品和设备的出厂合格证及进场检验和试验报告;施工试验记录和见证检测报告;施工现场质量管理检查记录;交接检查记录等。

工程质量验收资料包括:检验批、分项工程、分部(子分部)工程、单位(子单位)工程质量验收记录;隐蔽工程验收资料等。另外,竣工图也是工程资料的重要组成部分之一。

施工企业可以参照我国相关制度的规定,结合施工企业的实际情况规定工程资料的内容和格式以及收集、整理、存储和传递的方法。对于特殊的项目,施工企业应编制工程资料管理办法。这些特殊项目包括:技术含量高,技术资料有极大应用价值的项目;建设单位对工程资料有特殊要求的工程项目以及其他相关部门对工程资料有特殊要求的项目等。

工程资料的收集和存储可以采用书面或电子方式进行。随着信息技术的发展,利用电子的形式收集、存储和传递工程资料已经被普遍采用。施工企业应该通过各种手段推进企业管理的信息化,更加有效地利用信息技术实现工程资料的管理。

项目经理部在开工前,应先到项目所在地的城市建设档案馆购买当地的《建筑工程资料管理规程》和相关的资料表格及资料盒。

项目资料员负责汇总整理各分包递交上来的竣工资料,竣工资料必须按照《建筑工程资料管理规程》进行整理。

竣工验收通过后,项目经理部应将竣工资料移交给建设方,并与建设方代表共同将竣工档案移交城建档案馆，办理纸制品移交手续。推迟报送日期，必须在规定报送时间内向城建档案馆申请延期报送并申明延期报送原因，经同意后办理延期报送手续。

竣工验收后三个月内，项目经理部应将竣工资料交与企业主管部门进行审核，合格后交企业档案室存档，并应办理移交手续。

【相关法律法规、标准规范】

(1)《建设工程质量管理条例》；

(2)《建筑工程施工质量验收统一标准》GB/T 50300—2001；

(3)《建设工程项目管理规范》GB/T 50326—2006；

(4)《建设工程文件归档整理规范》GB/T 50238—2002；

(5) 工程建设标准强制性条文；

(6) 各类施工及验收规范。

【与 GB/T 19001 的对应条款及差别】

对应 GB/T 19001—2008 中的 7.5.1f、8.2.4。内容针对工程建设施工行业。

【有效运行的证据】

制度文件及验收记录。

【标准条文】

11.4 施工质量问题的处理

11.4.1 施工企业应建立并实施质量问题处理制度，规定对发现质量问题进行有效控制的职责、权限和活动流程。

【条文理解】

本条文要求施工企业建立并实施质量问题处理制度对质量问题的处理进行控制。本条文涉及 GB/T 19001－2008 标准 8.3 等条款。

质量问题是指施工质量不符合规定的要求，包括质量事故。为使各类质量问题得到控制，施工企业应建立并实施质量问题处理制度，规定对发现质量问题进行有效控制的职责、权限和活动流程是施工企业质量管理工作的重要内容。

【实施指南】

施工企业在质量问题处理制度中应对质量问题控制的职责、权限和工作流程作出相应的规定。在质量问题处理过程中，施工企业应与建设单位、设计单位、监理单位等进行有效的沟通，并严格按照我国相关制度的规定实施质量问题的处理。

施工质量问题的处理方式包括返工处理、返修处理、让步处理、降级处理和不作处理等。

当对工程质量不符合要求的情况进行处理时，应符合以下规定的要求：

(1) 经返工重做或更换器具、设备的检验批，应重新进行验收；

(2) 经有资质的检测单位检测鉴定能够达到设计要求的检验批，应予以验收；

(3) 经有资质的检测单位检测鉴定达不到设计要求，但经原设计单位核算认可能够满足结构安全和使用功能的检验批，可予以验收；

(4) 经翻修或者加固处理的分项、分部工程，虽然改变外形尺寸但仍能满足安全使用要求的，可按技术处理方案和协商文件进行验收。

【标准条文】

11.4.2 施工企业应对质量问题的分类、分级报告流程作出规定，按照要求分别报告工程建设有关方。

【条文理解】

本条文要求施工企业对质量问题的分类、分级报告流程作出规定。本条文涉及 GB/T 19001—2008 标准 8.3 等条款。

施工企业应对质量问题进行分类，分类的准则一般包括处置的难易程度、质量问题对下道工序的影响程度、处置对工期或费用的影响程度、处置对工程安全性能或使用性能的影响程度等。然后根据分类的结果确定分级报告和处理流程。对质量事故的分类和处理的要求应符合我国关于工程质量事故处理的规定。

【实施指南】

施工企业可在质量问题处理制度中对质量问题的分类、分级报告流程作出规定。施工中出现质量问题时，项目质检人员应按照质量问题的分类，分别逐级向项目技术负责人、项目经理、企业主管部门、监理、建设方等进行报告。

施工企业应上报的质量问题包括在工程施工、检查、验收和使用过程中发现的各类施工质量问题。按照损失严重程度的不同，工程质量事故可以分为一般质量事故、严重质量事故、重大质量事故、特别重大质量事故。

按照事故责任的不同，又可以分为指导责任事故、操作责任事故。按照事故产生原因的不同，还可以分为技术原因引起的质量事故、管理原因引起的质量事故、经济原因引起的质量事故、社会原因引起的质量事故以及自然灾害引起的质量事故等。

工程质量事故的处理程序一般包括：

(1) 事故调查

事故调查工作应力求客观、及时、系统，报告的主要内容包括：工程概况；事故情况；事故发生后所采取的措施；相关的调查数据和资料；事故原因的初步分析与判断；建议的处理方案；事故责任者和涉及的相关人员等。

(2) 事故原因分析

事故原因分析应从技术、管理、经济、社会、自然灾害等原因出发，在深入细致调查的基础上，从设计、施工、材料等方面进行全面分析。

(3) 制订处理方案

事故处理方案的制订应以施工原因分析为依据，广泛听取意见，并组织专家进行论证，确保处理方案技术上可行、经济上合理。

(4) 处理事故

质量事故的处理应严格按照处理方案的要求在合适的时间用合适的方法进行。

(5) 鉴定验收

质量事故处理应进行鉴定验收，并形成事故处理报告。施工企业应重视质量事故处理的检查验收工作，使质量事故的处理做到安全可靠，不留隐患。

(6) 为今后提出改进建议

质量事故处理之后，应从技术和管理两个方面对今后的工作提出改进建议，包括突发事件的应急改进，并将质量事故分析和处理的结果纳入到企业的管理系统中，作为今后工作的指导依据。

【标准条文】

> **11.4.3** 施工企业应对各类质量问题的处理制定相应措施，经批准后实施，并应对质量问题的处理结果进行检查验收。

【条文理解】

施工企业应根据我国相关管理制度的规定和合同约定的要求，针对质量问题的特点，对各类质量问题制定相应的措施。质量问题的处理措施应经批准后实施。

施工企业如果未对各类质量问题的处理制定相应措施，盲目进行随意的处理措施，势必对工程质量的控制产生巨大的负面影响。

GB 50300—2001《建筑工程施工质量验收统一标准》第 5.0.6 条规定，当建筑工程质量不符合要求时，应按下列规定进行处理：

1) 经返工重做或更换器具、设备的检验批，应重新进行验收；
2) 经有资质的检测单位检测鉴定能够达到设计要求的检验批，应予以验收；
3) 经有资质的检测单位检测鉴定达不到设计要求，但经原设计单位核算认可能够满足结构安全和使用功能的检验批，可予以验收；
4) 经返修或者加固处理的分项、分部工程，虽然改变外形尺寸但仍能满足安全使用要求的，可按技术处理方案和协商文件进行验收。

第 5.0.7 条规定，通过返修或加固处理仍不能满足安全使用要求的分部工程、单位（子单位）工程，严禁验收。

【实施指南】

施工企业可在质量问题处理制度中对质量问题的处置作出规定。施工企业应针对不同类别的质量问题在不同的管理层次进行质量问题处理的授权。

施工中出现质量问题时，项目质检人员应要求相关作业人员立即停止施工，可能时应在不合格处设置明显的不合格标识，以防止在处置前转入下道工序。

质检人员组织作业负责人、工程技术人员对质量问题进行评审。评审后，质检人员应针对不同类别的质量问题按规定向不同的管理层次进行报告，由相应层级决定如何处置。

对质量问题的处理，可由质检人员向责任单位发出整改指令或书面的整改通知，由作业负责人组织制定处理措施并报相应层级审批，批准后由作业负责人组织实施，而后质检人员对整改情况进行重新检查。

对于较大的质量问题和判定为质量事故的，相应层级的负责人应组织进一步的评审，对于确定为重大质量事故的应立即向企业主管领导报告。

需申请让步接收时，质检人员要记录不合格品的实际情况，办理申请让步手续，提出让步申请报告报监理/建设方/设计审批，只有在得到同意的批复后，方可准予施工或交付。

【标准条文】

> **11.4.4** 施工企业应保存质量问题的处理和验收记录，建立质量事故责任追究制度。

【条文理解】

本条文对施工企业对质量问题的处理和验收记录提出了要求。本条文涉及 GB/T 19001—2008 标准 8.3 等条款。

施工企业应按照有关法律法规的规定建立质量事故责任追究制度,质量事故责任追究制度的制定应与质量责任制的建立相结合。为了避免出现在工作开始前质量责任不明确而在出现质量问题后互相推诿责任情况的出现,施工企业应该在工作开始前就落实质量责任,明确出现质量问题后的惩罚措施,尽量从组织和管理措施上做好质量问题的事前控制。

质量问题及处理的有关信息是企业质量分析、改进的信息来源之一。

质量问题处理结果的检查和验收应符合本章 11.2 和 11.3 关于施工质量检查和验收的相关要求。质量问题的处理和验收记录的管理应符合相应的规定。

《建设工程质量管理条例》第七十二条规定:违反本条例规定,注册执业人员因过错造成质量事故的,责令停止执业 1 年,造成重大质量事故的,吊销执业资格证书,5 年内不予注册;情节特别恶劣的,终身不予注册。第七十四条规定:施工单位违反国家规定,降低工程质量标准,造成重大安全事故,构成犯罪的,对直接责任人员依法追究刑事责任。

【实施指南】

项目质检人员应在检验记录中记录工程质量问题及其处理和验收情况。有书面的整改通知时,检查人员应在留底的整改通知上记录整改情况。

项目质检人员应收集、汇总和质量问题处置记录、整改通知等信息。对于经常出现的质量问题和监理通知中提出的问题,应分析产生不合格的原因,并针对原因制定、实施纠正措施,以防止类似的问题再次发生。

施工企业在建立质量责任制时,可将其与质量事故责任追究制度相结合。

【相关法律法规、标准规范】

(1)《建设工程质量管理条例》;

(2)《工程建设重大事故报告和调查程序规定》;

(3)《建筑工程施工质量验收统一标准》GB/T 50300—2001。

【与 GB/T 19001 的对应条款及差别】

对应 GB/T 19001—2008 中的 8.3 条款;在制度建立、事故处理、追究责任制度方面高于 GB/T 19001—2008 的要求。

【有效运行的证据】

相关文件文本和不合格品及质量事故的处理记录。

【标准条文】

11.5 检测设备管理

11.5.1 施工企业应按照要求配备检测设备。检测设备管理应符合下列规定:

(1)根据需要采购或租赁检测设备,并对检测设备供应方进行评价;

(2)使用前对检测设备进行验收;

(3)按照规定的周期校准检测设备,标示其校准状态并保持清晰,确保其在有效

> 检定周期内方可用于施工质量检测，校准记录应予以保存；
> （4）对国家或地方没有校准标准的检测设备制定相应的校准标准；
> （5）对设备进行必要的维护和保养，保持其完好状态。设备的使用、管理人员应经过培训；
> （6）在发现检测设备失准时评价已测结果的有效性，并采取相应的措施；
> （7）对检测设备所使用的软件在使用前的确认和再确认予以规定。

【条文理解】

本条文对施工企业检测设备的配置和管理提出了要求。本条文涉及 GB/T 19001—2008 标准 7.6 等条款。

检测设备的管理包括检测设备的采购、租赁、验收、校准、保管和维护等，施工企业应按照我国关于检测设备和计量管理的有关规定以及企业相关的规章制度对检测设备实施管理。

【实施指南】

施工企业在进行项目质量管理策划时，应根据标准规范、合同等要求确定对工程监视和测量要求，确定适用的监视和测量方法，并确定相应的检测装置。开工前：

施工企业应将项目所需的检测装置提供至项目经理部。需要采购或租赁检测设备时，应按《规范》第 9 章的相关规定对检测设备的供方进行选择评价。检测设备的供应方应具有政府计量行政部门颁布的《制造计量器具许可证》，其生产或销售的设备应带有 CMC 标记。

检测设备的验收包括两方面：一是验证购进测量设备的合格证书，制造许可证编号、技术资料、厂名、厂址等，同时还需验证应佩戴的专用工具、附件等，还要对产品的外观进行检查，确定有无变形，碰损或因包装、运输不当造成的损失；二是对采购测量设备的确认。确认合格后作合格标记，验证通过。否则，进行退货或修理处置。

施工企业应对检测设备进行日常维护和保养，保持其完好状态，确保投入使用的检测设备准确可靠。施工企业可按年度制定检测设备周期检定计划，确保及时送检，将检定证书归档保存，同时做好送检记录。对国家或地方没有校准标准的检测设备，施工企业应自行制定相应的校准规程。

使用前，检测人员应核定检测设备的精度及检定标志，符合要求后，方可使用。对检测设备所使用的软件在使用前检测人员应予以再确认。

检测设备经长途运输或长时间停用后，再重新使用时无论其是否在检定有效期内，检测人员都必须对其校准，必要时送鉴定部门检定后再投入使用。

当发现测量装置失准时，检测人员应对已测结果的有效性进行评价，对其在发现前所测试的数据进行全面复核，以保证测试数据的准确性。

施工企业应对检测设备的使用人员、管理人员进行培训，以使他们掌握所使用的监视和测量装置的性能及使用维护要求。当发现监视和测量装置有异常时，应及时处理，严禁继续使用，否则追究操作者的责任。

施工企业对检测设备的保管和维护也要作出相应的规定。设备的保管和维护人员应经过相应的培训。监测设备的搬运、保存、设备的停用、限用、封存、遗失、报废等都应符合相关管理规定的要求。

对于使用计算机软件的检测设备,当软件修改、升级或检测设备、对象、条件、要求等发生变化时,应对软件进行再确认。同时必须注意确保软件在使用过程中没有被病毒侵害。

【相关法律法规、标准规范】
(1)《计量法》;
(2)《强制性计量器具检定目录》。

【与 GB/T 19001 的对应条款及差别】
对应 GB/T 19001—2008 中的 7.6 条款,没有明显差异。

【有效运行的证据】
(1) 识别检验活动对检验试验和计量设备的需求;
(2) 配置满足要求的检测设备;
(3) 建立检测设备台账;
(4) 对检测设备进行校准或检定;
(5) 对混凝土坍落度、试模等制定检定或校准规程。

12. 对"质量管理自查与评价"的理解与实施要点

【标准条文】

> **12.1 一 般 规 定**
>
> **12.1.1** 施工企业应建立质量管理自查与评价制度,对质量管理活动进行监督检查。施工企业应对监督检查的职责、权限、频度和方法作出明确规定。

【条文理解】

《规范》第 12 章提出了施工企业质量管理自查与评价的要求。12.1.1 条文一般要求是对第 12 章的总体要求。本章涉及的 GB/T 19001—2008 条款主要为 8.2,8.4。

施工企业的质量管理自查与评价制度的建立和运行能够发现质量管理各项活动的状态,保持已经行之有效的活动,发现问题,提出解决措施,督促各级人员按质量管理的制度执行,从而保证管理体系的有效性。

(1) 自我检查和评价的内容

检查和评价的对象是质量管理活动,这些活动包括:

1) 质量管理制度的适宜性,是否符合公司所处的内外部环境特点,能够发挥积极作用;

A. 质量管理制度是否得到了贯彻执行;

B. 质量管理活动对实现质量方针和质量目标的有效性。总体而言,检查和评价的内容包括下面几个层次:体系——过程——产品——顾客满意。

2) 质量管理体系的最终结果是顾客满意,将直接影响企业的品牌形象、客户重复购买等。当然顾客满意受多种因素的影响,除了产品质量,还有价格等因素,因此应当对顾客的感受进行检查和评价。

3) 顾客满意的基础是施工企业向顾客提供了满意的产品和服务,因此施工企业需关注自己的产品和服务的质量水平,不应当简单的停留在符合国家规范、达到验收标准的程度，而是应当考虑产品是否符合顾客的需求，是否有竞争力。

4）产品和服务质量取决于形成产品和服务的各项工艺过程、管理过程，因此施工企业始终应当关注主要过程的绩效。这些主要过程可能包括项目策划过程、物资采购过程、外包过程、工艺控制过程、检验试验过程、交付过程、服务过程等这些直接产品实现的过程，也应当关注技术开发能力、人力资源的管理能力有关的过程等。

5）个别过程的能力取决于整个体系的协调运作。施工企业要评价各项过程的整体协调性、有效性，包括过程识别的充分性、过程相互关系的协调性等，在组织机构、资源配置、企业文化等体系的整体层面评价质量管理体系。

（2）检查和评价的依据

质量管理活动的检查和评价是确定质量管理活动是否按照施工企业质量管理制度实施、能否达到质量目标的重要手段。实施监督检查的依据包括：

1）相关法律、法规和标准规范；
2）施工企业质量管理制度及支持性文件；
3）工程承包合同；
4）项目质量管理策划文件。

自查和评价的内容还应包括产品的符合性和趋势、各项活动过程的符合性及发展趋势等。

（3）检查和评价的频次、职责要明确

施工企业在质量管理制度中应当明确检查和评价的方式、对象，明确监督检查的步骤、频次、职责和权限、记录的形式和要求、发现问题时的处理程序及措施等。

施工企业质量管理自查和评价活动可能专门组织进行，也可能与安全、环境等活动的检查和评价联合进行，覆盖相关要求即可。

本章内容是《规范》第13章"质量信息和质量管理改进"的基础。

【实施指南】

施工企业应建立并实施质量管理自查与评价制度。制度中应当识别需要监督检查和评价的对象，明确检查和评价的职责、权限、频度和方法。

除了各道工序必须组织进行的质量验收（见第11章）外，施工企业普遍开展着一些检查评价活动，包括项目经理部开展的质检员的巡查，项目经理部组织的巡查、周期性综合检查，公司职能部门对项目进行的检查等。

（1）巡查。项目应安排人员对各项质量管理活动巡查，应当规范明确项目巡查的重点，包括进场物资设备、重点施工部位、重要施工工序、容易出现问题的作业活动等。

（2）项目经理部内部的周期性检查。按周、旬或月由项目主管领导组织质检员、工长、技术员等对项目各区域、部位等进行检查，有利于弥补质检员的遗漏或不足，通过现场质量问题的发现，评价质量管理各项活动的符合性、有效性，提高项目人员的质量意识。此外，除了对现场各部位、工序的检查，在不同的阶段，如开工策划期、施工高峰期、竣工期等组织对项目各部门或岗位工作的检查也是有必要的，促使其明确各自的职责、目标、应当开展的活动等。

（3）企业主管部门对各项目也应当开展不定期的巡查活动。

（4）企业对项目的周期性检查。公司对项目的周期性检查的频次、内容、人员等应作出规定,由胜任人员从事,主要是在项目进展的适当阶段,检查评价其质量管理各项活动是否符合要求。

(5)对企业各职能部门的质量管理活动组织检查和评价,这是许多施工企业容易忽视的环节。施工企业质量管理能力的主要承担者是各职能部门,它们的工作质量保证了各项目质量管理活动的质量,在市场、技术、资源、关键点控制等各个方面质量管理活动的有效性是必须要检查和评价的。

应当注意的是,企业层面组织的检查与项目经理部自身组织的检查应当体现出各自的不同重点,项目部的自查重要的是各项活动的符合性,而企业层面的检查应当更侧重于评价项目质量管理的情况,而不是重复评价工程实体质量、质量问题的处理;通过现场问题的发现,验证项目质量管理体系的策划、运行的适宜性和有效性。

【相关法律法规、标准规范】
(1)《建设工程质量管理条例》;
(2)《建筑法》。

【与 GB/T 19001 的对应条款及差别】
对应 GB/T 19001—2008 中的 8.1,无明显对应关系,要求高于 GB/T 19001—2008 标准。

【有效运行的证据】
(1)相关制度的文本;
(2)检查的记录或报告。

【标准条文】

12.2 质量管理活动的监督检查与评价

12.2.1 施工企业应对各管理层次的质量管理活动实施监督检查,明确监督检查的职责、频度和方法。对检查中发现的问题应及时提出书面整改要求,监督实施并验证整改效果。监督检查的内容包括:
(1)法律、法规和标准规范的执行;
(2)质量管理制度及其支持性文件的实施;
(3)岗位职责的落实和目标的实现;
(4)对整改要求的落实。

【条文理解】
本条主要是对施工企业各层次应当开展的监督检查提出了要求。
(1)应当在各层次实施监督检查
各管理层次是指项目经理部、分公司、公司等管理层级,各层级均应开展适当的检查活动。

项目经理部内部的监督检查,通常由项目经理或总工程师组织工程技术、质量人员对施工现场各主要区域、工序以及其他容易出现问题的环节进行检查,重点在于及时发现问题,减小质量问题的进一步恶化;另外还应当组织对项目经理部各相关管理部门或岗位进行检查,从而评价项目各项活动是否符合企业管理制度要求,具有质量保证能力。

如公司设有分公司，根据公司对分公司的定位，有些为市场窗口型，有些为全面管理型，对于企业定位分公司有区域质量管理职能的，则应当履行对项目的监督管理职能，监督深度、频次等取决于企业对其的定位要求。

施工企业对各项目、分公司的监督检查，主要侧重于对分公司、项目经理部的质量保证能力的评价，而不是包办代替其直接进行项目工程质量的检验。当然视具体项目情况，可能有所不同。如有些行业的项目周期短、人员少，从事的主要是几道工序的施工、安装，不具有完整的项目管理职能，此种情况由公司直接进行质量检验、试验、监督等是可行的。

（2）监督检查内容

按规范要求，监督检查的内容包括：

1）国家法律、法规和标准规范的执行。建筑市场管理、建筑管理过程管理、产品质量等法律法规和标准规范体系是完备的，施工企业必须识别这些要求，明确其在相应环节或管理、作业过程中的要求，确保达到。

2）质量管理制度及其支持性文件的实施。制度策划的适宜性很重要，但更重要的是执行，比执行更重要的是检查这些要求的落实。因此，针对这些要求必须设定适宜的方法、职责权限等，评价各级人员是否领会、贯彻执行要求。

3）岗位职责的落实和目标的实现。评价各级人员岗位职责是否明确，各项管理目标是否明确，是否有保证这些职责、目标落实的管理制度，各项管理目标实现情况如何。

4）对整改要求的落实。各级检查评价中提出的问题，必须整改落实，适当分析原因，防止再发生。

（3）监督检查的方式方法

可以采用汇报、总结、报表、报告会、评审、查看资料、意见调查等形式。方式方法的选择是和检查的目的对应的。客观地说，监督检查不产生价值，而是成本付出，理想的管理是没有检查。管理层发出一个要求、制定一项管理制度，各级人员总是能够自觉地、高效地完成。这种理想状态在现实中基本不存在，但这告诉我们，要根据管理目标，考虑到接受评价对象的成熟程度、风险程度、检查的经济性、检查的可行性等因素适当安排，而不要机械地一视同仁。比如公司的信息化程度高，各项业务过程在信息系统中的可追溯性强，就无需大强度的到现场进行各项详细的检查，而是通过网络监督质量验收情况、监理意见、质量检查计划与实施、问题整改、统计分析等，结合小量的现场验证。

（4）监督检查的时机、频度

主要考虑各项质量管理活动的复杂程度、人员的熟练程度、企业方针目标要求等因素确定各层次监督检查的时机和频度。

公司和项目层面制定阶段性的监督检查计划是一个好的做法

（5）检查监督人员

监督检查的活动主要依靠监督检查人员的能力。当然在制定监督检查的制度时，应当尽量将检查的标准和方法规范化，避免人员的差异。但毋庸置疑，检查人员还是起到根本作用的。所以选择适宜的人员，也是施工企业提高监督检查效果的重要手段。

（6）各层次监督检查发现的问题应当组织纠正并跟踪效果

对于检查发现的问题，应当及时提出书面整改要求，监督实施并验证整改效果。

【实施指南】

施工企业应当组织各层次的监督检查活动。作为指南，下列一些做法可以考虑实施：

（1）制订监督检查计划；

（2）根据不同项目特点，如规模、专业、区域、项目人员能力、业主要求、公司市场意愿等有针对性地开展监督检查；

（3）监督检查的形式包括现场巡查、报表、会议、照片视频等；

（4）对监督检查人员组织培训、演练是保证检查一致性的有效手段，并能够根据各次监督检查的实际运作情况来评价检查人员的能力；

（5）提前制定检查、考核标准也有利于促进检查的效果；

（6）对检查出的问题记录准确，适当分类，有利于总结分析；

（7）通过监督检查发现优秀典型、推荐优秀样板，给予表扬奖励，是克服对立、提高人员质量意识的重要方式；

（8）对监督检查的结果组织相关部门和项目人员参加的讲评会能够增加检查的效果；

（9）能够充分利用检查的结果，影响下次监督检查的重点。

【标准条文】

> **12.2.2** 施工企业应对项目经理部的质量管理活动进行监督检查。内容包括：
> （1）项目质量管理策划结果的实施；
> （2）对本企业、发包方或监理方提出的意见和整改要求的落实；
> （3）合同的履行情况；
> （4）质量目标的实现。

【条文理解】

本条要求包含在《规范》12.2.1条文中，是公司对项目经理部进行监督检查的进一步明确。项目经理部质量管理活动的过程和结果，直接影响工程项目产品的质量，因此项目经理部是施工企业对质量管理活动进行监督检查的重点。

对项目经理部的质量管理活动的监督内容，包括了四个方面：

（1）项目质量管理策划结果的实施

项目质量管理策划的结果体现为整个质量管理体系制度的所有要求。结合到项目上，针对项目特点制定的项目质量计划是公司管理体系在项目上的具体展开。当然如前所述，项目质量计划的体现形式可以灵活掌握。应该评价各项质量管理活动是否是按照项目质量策划的结果来实施的，从而评价策划的适宜性、执行的符合性和有效性。质量策划是施工企业质量管理体系的薄弱环节，是项目管理人员综合能力的体现，是质量管理制度化的重要体现形式，因此评价项目是否进行了适宜的策划并按照策划的安排实施项目质量管理活动是保证体系在项目贯彻的最重要的环节。

（2）对本企业、发包方或监理方提出的意见和整改要求的落实

公司各级检查提出的意见，应当跟踪解决；对于发包方（建设单位）或监理单位提出的意见应当及时组织分析、解决，并按时回复。建设单位或监理单位的意见可来源于会议纪要、直接与甲方人员的交谈、监理通知等。

（3）合同履行情况

应当检查合同规定的主要质量、物资、工期等各项要求是否在项目上得到了实施,当然这方面的主要内容都应通过项目策划过程充分体现出来,形成保证措施。

(4) 质量目标的实现

每个项目都应确定质量目标,质量目标是衡量项目质量管理水平的重要标准,对项目的主要质量方面都应当明确质量目标。具有普遍性的问题是,施工企业的质量目标设定的都不够具体明确,一般停留在整个建筑物交付达到规范要求、按期交付,这样的目标是总体性的、承诺性的,不反映具体质量特性的水平。一个项目的工程实物质量应当是质量目标的主要内容,而工程实物质量是由单位、分部、分项工程构成的。这些典型的分部、分项工程的质量水平如何,施工企业应当建立可追求性的目标。比如混凝土结构工程的质量水平如何,一般也只能回答符合验收标准的要求,不够具体,这只是一个大致质量水平的表示。混凝土的质量由混凝土强度和尺寸构成,强度水平主要由设计方确定,施工单位无需提高。质量管理强调的是达到混凝土设计强度的程度如何,表现为混凝土强度平均值、偏差系数,进而确定过程能力。施工企业应当确定自身的混凝土强度这个重要质量特性的质量管理目标。也许有人认为这个质量特性不重要,但在众多的质量特性中,确定关键特性、建立质量管理目标,是施工企业迫切需要改进的任务。

【实施指南】

(1) 施工企业对项目经理部的监督检查,主要指企业组织的监督检查

首先,突出检查项目策划的质量,应当评价项目质量管理策划文件的适宜性。项目质量管理策划文件可以通过多种形式体现,但其内容应满足《规范》的要求。体系运行的经验告诉我们,项目管理策划活动是反映项目主要管理人员管理思路的重要体现,因此抓住项目质量策划这个环节,就把握了项目质量管理的主要脉络。检查人员应当详细阅读质量管理策划文件的内容和审批程序。

其次,检查质量管理策划文件中的项目是否正确实施了。检查人员应当就策划的主要内容分别询问项目的各级管理人员,评价其是否领会了项目质量管理策划文件和公司各项质量管理制度要求,验证项目策划规定的内容是否得到了实施,进一步评价在各专业的策划中是否落实了项目策划的要求。如各项施工方案的要求是否体现了质量管理策划文件的要求,技术交底是否反映了方案的参数要求,物资计划、设备计划、人员计划、分包计划等是否得到了展开,询问出现偏差的理由等。

通过项目策划活动的检查,覆盖了项目的主要质量管理活动,检查的内容中有项目质量管理策划文件中规定的各项特定的计划安排,也包括公司规定的各项质量管理制度的贯彻。

(2) 强调项目进度控制的效果检查

应当强调的是项目的进度控制的检查,项目交付期是发包方关心的重要质量特性之一,也是项目各项管理工作综合作用的结果。高水平的项目进度控制,能够做到工序衔接紧凑、资源配置平衡、工作强度均衡,既满足总的工期要求,又做到经济合理。工期的制约因素很多,有甲方业主的原因,也有施工方管理的原因,还有政府机构、社区、社会等各方面的制约和影响,这就要求项目经理部将各种制约、干扰项目进度的风险预先排查清楚,制定保证措施,而在实施中要准确记录各种工期拖延、加快的因素,与甲方沟通好。

施工企业对项目经理部进度的控制情况的监督检查，除了现场询问、查看外，还可以通过查看报表、会议、照片图像等形式。

(3) 检查公司各项制度要求的落实

项目经理部的各项活动应当在受控状态下开展，要对项目的其他各项管理活动监督检查，确定是否得到领会和贯彻。

(4) 要注意检查问题落实情况

内外部各级检查发现的问题能够被迅速整改，是项目经理部的一个重要能力。在施工的各重要阶段，公司职能部门或领导参加项目重要阶段性会议和走访发包方、监理单位，听取意见和要求，是施工企业应当考虑采取的一种行动，是评价质量管理效果的信息之一。

(5) 检查的频度和方式应当有针对性

在确定项目经理部质量管理活动的监督检查的频度和方式时，应该与工程产品质量形成的重要环节紧密结合。例如在基础、主体结构等产品形成的重要环节施工之前应安排对项目经理部的质量管理进行监督检查，从而确保工程产品的质量。

此外，施工企业的各项目经理部的成熟程度不同，本地和外地不同，在安排对项目进行检查和评价中也应当考虑采取不同的方式和频度。

(6) 检查人员的能力是效果的保证

施工企业的质量检查人员是保证监督检查质量的重要环节。检查人员应当经过培训考核，取得公司的认定方能从事质量检验监督工作，产品质量的检查人员应具备按照施工、验收标准进行监督、检查、检验放行的能力；施工企业应当规定各级质量检查、放行人员的能力标准，从教育、经历、培训、技能等方面明确胜任条件，采取适宜形式评价，确保其胜任工作。

对于从事产品质量检验和试验的人员应当熟悉各项规范、标准的要求，了解公司的质量目标水平，了解公司典型质量问题的分布情况和保证措施等。

对于从事质量监督、评价的人员还应当具备质量管理体系的知识运用能力，能够从体系建设角度，对项目质量管理体系有充分的认识，能够引导项目质量管理体系建设。

此外，质检人员能力的发挥受制于质量管理组织体系的模式，如何保证各级质量人员发挥质量监督、把关作用，在服务于项目生产活动的同时，保证适当的独立性、公正性，从公司总体质量品牌出发，克服项目质量人员无法真正行驶质量否决权的问题，是施工企业质量负责人应当明确的重要机制。

(7) 区分不同层面的检查的目的和方式

公司级的监督检查与项目层面的监督检查重点不同，公司监督应当是全面的、重在管理的检查，是对项目质量管理工作的监督检查，检查的结论应当落在对项目质量管理活动的评价上。经常看到公司的检查结果报告会上，陈述了一个一个的质量不合格点，要求项目上整改，但缺少项目质量管理能力的评价。应当说这些具体问题的纠正是很有必要的，但在这个基础上进一步分析，才能发掘出质量管理问题的原因——为什么出现这些问题？是质检员的能力问题、责任心的问题？是质量监督机制制约的问题？是资源配置问题？工艺技术、设备、人员问题？等等。否则，停留于一些具体问题的解决，公司的质量管理部门将抓一漏万，疲于应付。

【标准条文】

> 12.2.3 施工企业应对质量管理体系实施年度审核和评价。施工企业应对审核中发现的问题及其原因提出书面整改要求,并跟踪其整改结果。质量管理审核人员的资格应符合相应的要求。
>
> 12.2.4 施工企业应策划质量管理活动监督检查和审核的实施。策划的依据包括:
> 1 各部门和岗位的职责;
> 2 质量管理中的薄弱环节;
> 3 有关的意见和建议;
> 4 以往检查的结果。
>
> 12.2.5 施工企业应建立和保存监督检查和审核的记录,并将所发现的问题及整改的结果作为质量管理改进的重要信息。

【条文理解】

(1) 监督检查和审核目的

施工企业对质量管理体系实施监督检查和审核的目的是对质量管理体系各项活动作出评价,及时发现质量管理体系策划、运行中存在的问题,通过落实整改要求,跟踪整改结果,达到完善质量管理体系的目的。

(2) 频次

监督检查和审核可以考虑不同的频次,根据评价的目的、受审核对象的成熟程度、风险程度、公司的质量方针目标要求等来确定。如本章12.2.2条所述,监督检查可以考虑巡查、周期性综合检查等。年度审核通常为每年一次,对管理体系的各部门、单位进行一次全面的评价,期间针对特定区域、单位等可加大频次。年度审核可集中进行,也可根据所属机构、部门、项目经理部的分布情况,管理体系的成熟程度,考虑以往审核结果,分别滚动进行。

(3) 依据

监督检查和审核的依据主要是法律法规、标准规范、质量管理体系要求等,该《规范》是审核的主要依据之一。

(4) 内容

审核内容为质量管理体系各项要求所规定的各项活动,评价其是否得到了实施并取得了应有的效果。对审核评价中发现的问题应进行分析,组织整改,并跟踪整改效果。

(5) 检查和审核人员

监督检查和质量审核人员应具备能力。应经过适当的教育、培训、技能、经验的评价,由公司确定其资格,并对其表现动态评价。

(6) 记录

对监督检查和审核的计划、过程、人员、报告、跟踪等情况保持记录,有利于追溯质量管理体系的发展趋势,提供质量管理体系符合要求的证明。

《规范》的12.2.1、12.2.2、12.2.3要求的侧重点不同,但施工企业可以通过整体策划,明确在各层次开展的监督、检查、审核、评价等活动,确定其频次、内容对象、职责权限、问题处理等。

此外，参照卓越绩效模式、ISO 9004：2009，施工企业推进标杆对比、自我评定等方式也是评价自身质量管理水平，发现问题，提供改进信息的重要方式。

【实施指南】

本文所要求的年度质量管理体系审核和评价的实施与 GB/T 19001—2008 标准 8.2.2 条款的实施方式可以相同，此处不再赘述。但需要注意的是，对于认证的施工企业，其内审的实施应同时依据《规范》和 GB/T 19001—2008 标准，其审核策划、人员安排、审核实施、审核结论等均需在原有认证基础上进行调整。特别需要强调的是，审核人员必须经认可的培训机构进行培训合格后方可从事审核工作。

【标准条文】

> **12.2.6** 施工企业应收集工程建设有关方的满意信息，并明确这些信息收集的职责、渠道、方式及利用这些信息的方法。

【条文理解】

(1) 目的

收集工程建设有关方对施工企业满意情况的信息并加以分析，是发现质量问题、及时采取措施，进而提高用户满意的重要手段。

(2) 调查对象

发包方或建设单位、监理方、用户、主管部门。

(3) 调查内容与方式

信息收集包括直接访谈了解，采用口头或书面的方式进行，如对发包方或监理方进行走访、问卷调查；收集发包方或监理方的反馈意见；媒体、市场、用户组织或其他相关单位的评价等。也包括其他间接信息，如顾客重复购买情况、付款情况、市场占有情况、索赔反索赔信息等。

施工企业应对工程建设有关方满意情况信息的收集进行策划，关注施工准备、施工过程中，竣工及保修等不同阶段中，施工企业与顾客接触的各个环节，了解其满意情况，并识别顾客满意、不满意的其他间接信息渠道，明确信息传递、分析的职责和程序。

对顾客等有关方的满意情况的总结不应仅停留在顾客满意度调查，而应当全面覆盖影响顾客感受的各个环节，制定总体顾客满意情况分析报告是有必要的。

(4) 信息利用

对调查了解的结果，应展开分析，确定顾客等相关方满意情况的分布，根据公司的质量方针目标定位，确定相关措施，增强顾客满意，增强市场竞争力。

应明确信息收集的职责、渠道、方式及利用这些信息的方法。

【实施指南】

施工企业可考虑从下列方面实施：

(1) 由市场部门收集投标竞争中的客户满意情况信息，分析竞争对手的优势，各类客户选择施工单位的主要指标要求，老客户流失的原因，新客户选择的原因等。

(2) 质量部门了解项目不同进展阶段客户的意见，如项目准备期、项目施工过程中、项目收尾阶段、保修期问题，甚至保修期后客户使用情况的信息等；识别国家行政机构、协会等评比报告情况。

(3) 开展竣工工程客户满意情况问卷调查、走访。

(4) 商务部门了解客户工程款支付情况，了解客户的意见和抱怨、索赔等。

(5) 各级领导在与业务接触过程中，了解客户的期望和要求。

(6) 项目各级人员与客户、监理单位等接触中，收集的各专业、各环节对企业的意见或期望。

(7) 对各方面信息的收集和分析，应设计适当的形式，如定期的分析报表制度、会议制度等。形成阶段性的业主满意与否分析报告是有必要的，分析报告应当包括公司的优势、劣势，与竞争对手差异等，并建议下一步的改进措施。

施工企业应当形成文件，明确信息收集的职责、渠道、方式以及利用这些信息的方法。

【相关法律法规、标准规范】

(1)《建筑法》；

(2)《建设工程质量管理条例》；

(3)《质量和（或）环境管理体系审核指南》GB/T 19011；

(4)《建设项目管理规范》GB/T 50326—2006。

【与 GB/T 19001 的对应条款及差别】

对应 GB/T 19001—2008 中的 8.2.1、8.2.2、8.2.3 和 8.5。

【有效运行的证据】

(1) 策划的结果；

(2) 检查和调查的记录和报告。

13. 对"质量信息和质量管理改进"的理解与实施要点

【标准条文】

13.1 一 般 规 定

13.1.1 施工企业应采用信息管理技术，通过质量信息资源的开发和利用，提高质量管理水平。

13.1.2 施工企业应建立并实施质量信息管理和质量管理改进制度，通过对质量信息的收集和分析，确定改进的目标，制定并实施质量改进措施。

13.1.3 施工企业应明确各层次、各岗位的质量信息管理和质量管理改进职责。

13.1.4 施工企业的质量管理改进活动应包括：质量方针和目标的管理、信息分析、监督检查、质量管理体系评价、纠正与预防措施等。

【条文理解】

本条文是质量改进的总体要求。

(1) 采用信息管理技术，开发利用质量信息

质量信息是指从各个渠道所获得的与质量管理有关的文件资料、图纸、报表、记录和情报等。掌握了质量信息，就掌握了顾客、产品、过程、组织机构等状态和趋势，就可以将有限的资源用于关键事项，提高竞争力。

质量信息是为质量管理服务的，质量管理决策需要什么信息就应当收集和分析那些信息。那么质量管理应当分析哪些信息呢？

1) 顾客的信息。顾客的满意程度是公司质量管理水平的最终判断标准，顾客的期望和要求的变化决定着公司的存亡，而且施工单位也是一个服务单位，顾客的服务要求也是非常明显的，施工企业在施工前、施工中、竣工后都与业务单位发生着密切的联系，因此施工单位也必须充分识别与顾客的所有接触点，确定服务标准和分工，评价其满足程度。

2) 产品的信息。无论是复杂产品还是简单产品，产品的质量水平和服务水平决定着顾客的满意程度。因此，时刻了解产品的质量水平和服务水平非常必要。施工单位的产品非常复杂，体现为各单位分部分项工程，而每个分项工程又包含了若干项的质量特性，如建筑物（单位工程）、基础（分部工程）、混凝土（分项工程）、强度（质量特性）等。一个建筑物可能包含了几百种质量特性，识别其中的重要质量特性，并跟踪其质量水平是非常重要的。施工企业的质量负责人应当能够回答类似的问题：当前公司的各分部分项工程的质量问题分布情况如何？

3) 过程的信息。产品和服务是通过过程实现的，因此识别过程，评价过程的重要程度，对重要过程进行评价，了解其状态和发展趋势，才能更准确地控制最终的质量。这样的过程大致可以分成直接工艺加工过程和管理过程，对过程的评价信息主要是过程的稳定性和效率。如果施工企业能够回答：每年的内部质量损失成本识别是多少，往往更能发挥质量经营的作用。

4) 相关方的信息。了解分包单位、供方的满意情况，了解其持续经营的能力和绩效，有利于和谐发展，现代竞争已经变成了供应链竞争，施工企业也主要是组合社会资源达到国家和业主的要求的，组合到好的分包队伍、组合好物资、银行、保险、设备、政府等各方面的资源，才能保证持续经营。此外主要竞争者的质量管理信息也是重要评价对象。

5) 其他信息。如法规政策的变化趋势、技术发展趋势、人力资源变化发展趋势，甚至社会物质、精神文明程度的变化等，都将对质量管理产生不同程度的影响。

这些信息收集的目的是为了改进，减小风险。企业需要控制哪些风险、改进哪些环节，就要明确信息收集的方式。

质量信息与其他信息是很难严格区分的，比如人员方面的信息、成本方面的信息、物资供方满意情况的信息等，也无需刻意区分这些信息的类别。

(2) 采用信息管理技术

掌握上述信息，必须充分利用信息技术手段，才能将好的设想变成现实。项目地点变动、项目专业广泛、项目人员更换频繁、外界要求变化等，是建筑业的质量信息收集利用有了自己的特点，靠书面传递、靠当面汇报、依靠现场巡查监督都不能及时准确地掌握质量波动情况。信息管理技术的发展，为信息的收集和利用提供了可能。也只有利用信息系统，才能使质量信息的管理变得有效，能够为管理改进提供及时的信息。

(3) 施工企业应当建立质量管理改进的制度

施工企业应明确质量信息的范围、来源及其媒体形式，确定质量信息的管理手段，规规定施工企业各层次的部门和岗位在质量信息管理中的职责和权限，确保对信息有效的收集和利用。

(4) 施工企业应当利用多种形式实施持续改进质量改进是质量管理的一个重点所在，是企业取得竞争优势的必须，实现质量改进也是许多施工企业苦苦追求的目标，但真正能够持续化的、制度化的改进在很多施工企业还是空白。要做到持续改进，《规范》提出了如下要求：

1) 利用质量方针。质量方针明确了组织的质量的总的原则或指导思想，是质量管理的灵魂。遗憾的是，很多组织对质量方针的理解过多的停留在了形式上，写成了一个对仗工整的口号，尽管这也是有必要的，但却是不够的，还远远不能为各项业务工作提供具体的指导原则。因此，质量方针只有进行了适当的展开，才能与各项业务工作相结合，才能成为人员、技术、市场、设备等各方面的指导方针，并以此导引业务的改进方向。

2) 利用质量目标。目标是方针的具体化，通过在各项关键环节设置目标，明确目前的状态水平，确定今后的发展目标，进而分析存在的制约因素，制定保证措施，从而实现有目的的改进。

3) 利用审核结果。通过各级检查评价，获得各项业务的管理状态，抓住主要风险，制定针对性的措施，实现改进。

4) 利用数据分析。现代信息技术的发展在带来方便的同时，也带来了麻烦，各种内外部信息铺天盖地，无所不包，只有设计并利用适宜的信息模型，有目的的收集、记录数据，才能分析出有意义的信息，从而知己知彼，将有限的资源用于关键事项，做到改进最大化。

5) 利用纠正预防措施机制。这是改进的最直接的运作机制，各职能、各层次都应当实施纠正和预防措施，实现改进。当然纠正预防措施的实施，不是每个部门都要填写几张记录表，证明实施了程序，纠正预防措施的实施可以通过多种形式在管理中体现，如会议讨论机制、报告决策机制、问题处理机制、提案制度、合理化建议等方式。

【实施指南】

施工企业应当按照《规范》的要求，建立并实施质量信息与质量管理改进的制度。

施工企业首先应当识别需要收集的信息，进而明确收集方式、频次、职责等，逐步丰富和完善。在此基础上，明确分析机制，便于各层、各职能人员作出科学决策。

施工企业从质量管理的目标出发，识别需要开展的信息管理活动是一个好的做法，通过具体数据的分析，实现持续改进。

(1) 增强顾客满意度。需要收集顾客满意情况、保修信息、使用中的问题、施工过程中的一次验收合格程度、竣工验收的问题等。

(2) 降低质量成本。需要建立各项物资、设备、人力等的消耗定额，收集主要工序的质量损失成本等。

(3) 提高工序能力。分析关键工序的关键产品特性的分布情况，各类工序的质量差错分布等。

(4) 提高供应链的稳定可靠性。分析供应单位的持续经营能力、分析供应单位的信任程度等。

广义而言，所有关键过程的绩效水平都应当进行分析，都需要建立适当的分析模型。

应当注意的是，统计技术在施工企业应用的还不够普遍，仅仅停留在有无的程度，在国家规范标准中有明确要求的就不得不用了，否则仅有几张因果图、对策表，在个别项目，依靠个别人的自觉和能力才实施的，这还不是体系化的管理。

只有将质量管理的着眼点盯在"关键质量特性"上，才可能导致统计技术的实际运用，应用了统计技术，才标志着质量管理进入科学化的轨道。

【相关法律法规、标准规范】
(1)《建筑法》;
(2)《建设工程质量管理条例》;
(3)《质量和(或)环境管理体系审核指南》GB/T 19011;
(4)《建设项目管理规范》GB/T 50326—2006;
(5)《质量管理体系 要求》GB/T 19001—2008。

【与 GB/T 19001 的对应条款及差别】
GB/T 19001—2008 中的 5.6、8.4、8.5。

【有效运行的证据】
制定的文件文本及开展相应活动的证据。

【标准条文】

13.2 质量信息的收集、传递、分析与利用

13.2.1 施工企业应明确为正确评价质量管理水平所需收集的信息及其来源、渠道、方法和职责。收集的信息应包括:
(1) 法律、法规、标准规范和规章制度等;
(2) 工程建设有关方对施工企业的工程质量和质量管理水平的评价;
(3) 各管理层次工程质量管理情况及工程质量的检查结果;
(4) 施工企业质量管理监督检查结果;
(5) 同行业其他施工企业的经验教训;
(6) 市场需求;
(7) 质量回访和服务信息。

【条文理解】

信息收集、传递、分析和利用的目的是评价质量管理水平,实现持续改进。施工企业应识别需要收集的信息,并明确来源、渠道、方法和职责。这些信息包括:

(1) 法律、法规、标准规范和规章制度。这些外部存在,深刻影响着企业的质量管理,如有些地方实施了分户验收,对原有的检验程序、标准、问题处理机制等都带来了很大的影响。因此,企业必须时刻跟踪这些要求的变化,并积极响应。

(2) 工程建设有关方对施工企业的工程质量和质量管理水平的评价。这些有关方包括国家和地方建设行政主管部门,以及其他环保、安全、劳动力等各方面的管理机构对资质评审、许可证、特殊工种要求,也包括业主、用户、监理、供方等对工程质量和工程质量管理的意见和建议等。这也是施工企业必须面对的重要内容,仔细识别其要求,制定可操作性的对策,减小风险。

(3) 各管理层次工程质量管理情况及工程质量的检查结果。施工企业内部各管理层次的检查、各级行政监督部门对施工企业及其项目进行监督检查,包括甲方、监理等的监督,也包括上级单位的检查等。

(4) 施工企业质量管理监督检查结果。这主要是指内部各级对质量管理过程的检查,及时发现问题,及时整改。

(5) 同行业其他企业的经验教训。这也是应当注意收集的信息。由于行业的普遍规

律，在一个企业出现的问题，往往在其他企业也存在，只是没有发现或暴露出来，必须时刻警惕。从网络、杂志、新闻等渠道，注意收集信息，先行预防。

（6）市场需求。谁是我们的客户、他们的要求是什么、我们的市场在哪里等，这些问题关系着企业生存，大到国家的经济发展宏观调控，小到群众生活水平的提高，这些都对施工企业的工程质量提出了不同程度的要求。施工企业应当保持敏感性，占领先机，发现机会。

（7）质量回访和服务信息。顾客、用户在使用中的问题是什么？这些问题有些是由于设计原因造成的，有些是施工原因。及时了解这些内容，避免事件的扩大，提高用户的满意度，有利于规避风险，赢得客户。

【实施指南】

上述信息的要求是比较明确的，建筑施工企业应当结合上述理解，仔细识别需要收集的信息，制定可操作性的安排，明确信息的来源、渠道、方法和职责。有些企业列表将信息收集的对象、渠道、频次、职责、分析方法、输出形式、呈报单位等都做了明确，起到了很好的作用。

比如有些建筑施工企业，根据国家的宏观经济走势，规定由物资部门对主要物资的价格变化趋势按照年度、季度分别作出预测，用于指导各项目物资采购的节奏，收到了很好的效果。

有些施工企业，将项目施工过程中出现的所谓质量通病，针对每一项发出整改通知的同时，分别从人工、材料、设备等直接费方面粗略估算费用，分析出各专业、各阶段的质量损失成本，确定企业基本质量水平，制定管理措施，引导、激励各项目经理部提高一次验收的合格程度。

【标准条文】

> **13.2.2** 施工企业应总结项目质量管理策划结果的实施情况，并将其作为质量分析和改进的信息予以保存和利用。

【条文理解】

项目质量管理策划的质量对整个工程项目的进展起着至关重要的作用，它确定了项目的质量目标、过程、文件、监视测量、分析改进以及资源要求、风险预测等，通过后续实现情况的总结分析，反思策划的适宜性，为今后锻炼队伍、提高策划的有效性提供了有价值的信息。

施工企业应当规定项目总结的机制，明确时机、内容要求、职责、评审利用以及其他激励措施。这是企业知识管理的直接体现。

【实施指南】

建筑施工企业应当开展项目总结活动，明确项目总结活动的要求。

（1）应当及时总结

总结活动可分阶段进行，而不一定是简单的项目整体接收后写一个总结。在不同阶段、不同专业施工完成后，应当安排直接从事管理工作的人员及时总结，这样能够保证针对性强，为工序质量改进、阶段性工作改进、技术标准的提高等提供及时、细致的信息。当然项目总体结束后的总结分析也是必要的。

(2) 增强总结的针对性

值得注意的是,应当提高项目总结的针对性,不一定每个项目都必须进行全面的总结;对总结工作进行适当的策划,避免简单重复,适当突出差异性,如不同区域、不同项目管理班子、不同产品形式、重要客户差异等;总结是为了识别风险、积累经验、持续改进,因此总结在提高针对性的基础上,按照总结策划的安排,切实深入开展,避免泛泛而谈。通过总结,能够带来工艺技术的改进、人员管理方式的改进、各项业务流程的改进、管理目标的改进等。

(3) 机制和文化是关键

施工企业普遍重视项目总结活动,但开展的深度往往不足,真正有价值的经验、教训很难总结出来。这种现象的存在是客观的,是企业文化、机制的问题,没有员工的忠诚、文化的认同、可操作的程序和机制是不可能建立有效的知识管理系统的。

(4) 不只是项目经理部进行总结

值得注意的还有,总结活动不只是某一部门或项目经理部编写总结报告,对公司的各职能系统都应当提出总结的要求,比如项目人员管理方面的总结、项目成本方面的总结、项目社会关系方面的总结、市场营销情况的总结等。

(5) 建立制度

建立明确的项目总结程序和制度要求是必要的。此外,提高员工的忠诚度和文化认同,设立必要的激励机制。

【标准条文】

> 13.2.3 施工企业各管理层次应按规定对质量信息进行分析,判断质量管理状况和质量目标实现的程度,识别需要改进的领域和机会,并采取改进措施。施工企业在分析过程中,应使用有效的分析方法。分析结果应包括:
> (1) 工程建设有关方对施工企业的工程质量、质量管理水平的满意程度;
> (2) 施工和服务质量达到要求的程度;
> (3) 工程质量水平、质量管理水平发展趋势以及改进的机会;
> (4) 与供货方、分包方合作的评价。

【条文理解】

施工企业各层次应通过对质量信息进行分析,明确自身的管理状况和水平及改进的方向,制定改进措施。

施工企业应结合信息管理的职责和质量管理活动的职能,对所收集到的质量信息进行整理和分析,并根据分析结果对工程质量以及质量管理水平进行评价,识别改进领域和机会,采取改进措施。

施工企业应当在下列方面进行分析并得出结论:

(1) 工程建设各方的满意情况。通过适当的信息收集,企业应当对按照策划安排,对业主、监理、建设行政主管部门、其他政府监督机构等的满意情况作出总结评价,分析评价应当基于事实,并识别企业的强项和弱项,能够为改进提供针对性的信息。

(2) 施工和服务质量达到要求的程度。产品和服务质量是由质量特性构成的,因此施工企业应当识别关键质量特性,评价其达到要求的程度。很多企业停留在工程质量100%

合格的程度，100％合格只是代表了经过多少次检查处理后，达到了规范的要求。还没有具体到产品质量特性的一次合格程度、典型分项工程的不合格点分布情况等。只有具体到具体工序的具体质量特性水平的分析评价，才能识别问题，才能提出针对性强的措施，才能提高工程质量。此外，服务水平方面，最重要的是工期管理问题，它综合反映施工企业的管理能力。

（3）工程质量水平、质量管理水平发展趋势以及改进的机会。在上述基本状态分析的基础上，对比自身的历史水平、不同项目之间的差异分析、同行对比等形式，分析自身工程质量、管理过程的状态及发展趋势，是非常有必要的，也能够给企业带来改进的机会。

（4）与供方、分包方合作的评价。多数情况建筑施工企业往往不直接从事所有作业的活动，而是组合社会资源。施工企业按照设计要求，组合材料、设备，安排外包施工人员，统筹策划、组织，形成工程质量。工程进展的顺利与否，很大程度上依靠物资供应单位、设备供应单位、外包施工作业单位等的密切配合。尽管在项目上是合同关系，但从施工企业持续经营角度，项目施工也是连续生产，这些合作单位的配合程度、技能水平、效益水平等对项目的进展起到了关键作用。施工企业的竞争也是一个资源组合能力的竞争。因此这些供方、分包方的水平、合作信任程度等也是非常重要的。

【实施指南】

施工企业各层次按照规定的制度实施：

（1）信息的收集

在各职能、层次确定质量信息收集的目的、识别信息对象、渠道、确定分析方法、职责权限，对分析的结果输出也作出明确的要求。

（2）开展信息分析活动

各职能层次的周期性质量分析会议、报表是信息收集、分析的重要表现形式。

科学的统计技术和其他质量管理工具是分析的有效手段，是实践检验后行之有效的方法。因此，施工企业应当组织开展统计技术和质量管理方法的学习，了解其使用范围和突出优点，选择适宜的环节，规范要求，有序实施。

质量管理信息分析是提高企业管理水平的重要手段，是从经验管理上升到科学管理的必要途径。施工企业应不断积累，由少到多，从个别工序、环节，扩展到所有主要环节，识别需要获取的信息、确定分析方法、职责权限等，将持续改进纳入科学轨道。

（3）识别改进机会，制定改进措施

各职能、各层次的分析活动的开展，识别了质量管理状况和质量目标实现的程度，找出差距，识别改进机会，制定改进措施。

（4）开展多种形式的质量改进活动

在各层次开展质量控制小组（QC），合理化建议制度，提案制度，各职能、层次制定并贯彻质量改进计划活动，表彰质量管理先进事迹等。

【标准条文】

13.2.4 施工企业最高管理者应按照规定的周期，分析评价质量管理体系运行的状况，提出改进目标和要求。质量管理体系的评价包括：

（1）质量管理体系的适宜性、充分性、有效性；

> (2) 施工和服务质量满足要求的程度；
> (3) 工程质量、质量管理活动状况及发展趋势；
> (4) 潜在问题的预测；
> (5) 工程质量、质量管理水平改进和提高的机会；
> (6) 资源需求及满足要求的程度。

【条文理解】

质量管理体系涉及施工企业的主要管理的各个方面。质量管理体系运行的好坏直接影响着企业的各项工作目标的实现。因此，企业的最高管理者应当对管理体系组织分析和评价，以确保其适宜性、充分性、有效性。目的在于评价企业的管理体系是否持续有效，适宜内外部环境要求，确保质量目标的实现。

规定的周期，是指组织预先确定的计划安排，是根据组织规模、组织结构的复杂程度等确定的，对于市场剧烈变动、组织机构变动频繁等的组织，应当加密评审的频次。

评价的内容主要包括：

(1) 质量管理体系的适宜性、充分性、有效性。主要通过管理体系的各个方面的评价来判断，包括质量方针目标、组织结构及管理职责、资源、产品和过程、测量分析和改进机制等几个方面的实施及效果。

(2) 施工和服务质量满足要求的程度。这是质量管理体系的直接效果，体系有效与否，首先作用于产品，再好的管理体系，如果不能使产品和服务更趋稳定，提高顾客满意程度，那就不是一个好体系。

(3) 工程质量、质量管理活动状况及发展趋势。对质量水平的趋势分析，能够更好地发现变化规律和原因，能了解和竞争对手的差异，制定针对性更强的措施。

(4) 潜在问题的预测。通过规律性分析、通过直觉判断，及时发现问题的规律和发展趋势，从而预防问题的出现。

(5) 工程质量、质量管理水平改进和提高。通过分析，汇集问题和建议，分析确体系改进的机会，增强体系的有效性。

(6) 资源需求及满足要求的程度。许多时候，体系的改进措施都要落实到资源的保证，无论是人的需求、设备设施、技术资源等，是体系的重要保证。

(7) 施工企业应当建立进行管理体系评审的过程，识别准备活动、过程控制、结果处理等环节。

【实施指南】

企业应当在相关管理制度中明确管理体系评价的要求。最高管理者对管理体系进行评价的形式，可通过下列过程的规范体现：

(1) 月度经理办公会。

这是多数企业正在开展的活动，汇集各月目标实现情况，识别形势变化趋势，分析存在问题，落实责任，确定措施。需要注意的是，对每次会议要形成问题处理机制，确立问题、明确责任、规定目标、时间，并督办落实。

(2) 半年、年度工作总结分析活动。

(3) 经济分析会。

(4）职能系统总结会。

(5）战略分析会。

应当注意的是，这些比较正式的会议形式的评价，其输出形式以会议纪要、工作报告、预算计划等形式体现，其中包含了管理方针、管理目标、管理措施的内容要求，符合《规范》的精神。但要注意的是，这些会议的运作应当按照管理体系的要求，做好之前的准备、控制好过程、形成有益的结果、对结果进行跟踪处理，保证评审的效果。

许多组织的这些评价运作机制不正常，形成的报告都是简单的具体工作的落实，缺少管理方面的评价。如管理方针或指导思想的确定，管理目标的明确，制度完善要求，保证措施的展开，职责的落实，时间进度要求等，这些内容的缺乏，导致评审的无效。

除了会议形式的评价活动外，还可以形成书面报告等形式体现，目的是能够实现对管理体系的全面评审，识别改进机会，提高体系有效性。

并不是每种评价形式都必须完整的按照《规范》要求的这六个方面实施，而是在一定的周期内覆盖这些要求，不同的评审阶段、形式等侧重点不同。

【相关法律法规、标准规范】

(1)《建设工程质量管理条例》；

(2)《质量管理体系 要求》GB/T 19001—2008。

【与 GB/T 19001 的对应条款及差别】

对应 GB/T 19001—2008 中的 5.6 和 8.4。信息分析比 GB/T 19001 要求具体，但对质量管理体系的评审内容不如 GB/T 19001 规定的充分具体。

【有效运行的证据】

(1) 信息的收集、分析、评价证据；

(2) 质量管理体系分析评价的证据。

【标准条文】

13.3　质量管理改进与创新

13.3.1　施工企业应根据对质量管理体系的分析和评价，提出改进目标，制定和实施改进措施，跟踪改进的效果；分析工程质量、质量管理活动中存在或潜在问题的原因，采取适当的措施，并验证措施的有效性。

13.3.2　施工企业可根据质量管理分析、评价的结果，确定管理创新的目标及措施，并跟踪、反馈实施结果。

13.3.3　施工企业应按规定保存质量管理改进与创新的记录。

【条文理解】

质量改进既是质量管理体系，必须保持有效性、适宜性，也是保证增强顾客满意所必须开展的活动，没有改进，必然导致落后。

改进是在现实基础上，分析问题，针对薄弱的事项，增强能力，实现改进。改进存在两个层面的活动。

首先，针对已经存在的问题进行改进。这相对容易进行，应当在组织的各职能、各层次建立机制，发现问题，分析问题，提出纠正措施，并跟踪措施的解决。应注意的是，不要强调采取纠正措施的形式，如必须填写到"纠正措施记录表"上，在各级分析报告、会议纪要、工作要点、通病处理措施等环节中都是纠正措施的具体体现。只要信息分析充分，措施不难制定，值得注意的是，要尽量明示问题的原因，而且措施要针对原因。

其次，预防措施的制定，针对的是潜在问题的原因，实施起来有难度，但对体系的影响更重要，如果停留在发现问题解决问题的层面，质量管理水平处于跟随性的企业，不能及时预见大的风险，引领企业跳跃式发展。要做好预防措施可以从以下方面考虑：

(1) 企业如何确定潜在问题及原因举例如下：

1) 经营目标实现情况分析，如果趋势恶化，说明不采取措施，就会导致问题；
2) 正式的和非正式的顾客满意情况变化趋势；
3) 产品质量水平发展趋势，波动大，问题多，就说明背后有导致这种情况的原因；
4) 关键过程能力表现；
5) 对相似情况下发生在其他产品、过程、组织的其他部分或其他组织的不符合进行评估；
6) 针对可预见的情况，如组织机构变化、拓展到不熟悉的区域、技术变化大等；
7) 质量成本损失情况。

(2) 评估采取措施的需求

无需针对所有事项都要采取纠正预防措施，组织的资源是有限的，针对影响经营结果的关键事项，考虑技术经济性，采取适宜的可操作的措施。

(3) 控制措施的实施并保证效果

1) 针对分析的结果，确定潜在不符合的原因（使用因果图和其他质量工具可能是适宜的）；
2) 及时在组织的所有相关部分布置了所需的措施；
3) 对识别、评价、实施和审查预防措施的职责作出了清晰的界定；
4) 跟踪评估的有效性，并评价是否需要调整。

企业不要陷入纠正措施、预防措施的争议中，重要的是这些措施是否有效。

为规范运作，施工企业应当编制纠正措施管理程序、预防措施管理程序，或者合并为一个管理程序，越是运作不够成熟的过程，越是应当制定详细的管理程序。

保存质量管理改进和创新的记录。

【实施指南】

施工企业应当在各层次、各职能开展质量改进和创新活动，这些活动的基础是信息的收集、分析处理。

施工企业除了规定质量管理改进的原则要求和指导思想外，还必须在具体推进形式上明确程序，否则只能是空想。下列做法可考虑实施：

(1) 根据各职能、层次所承担的管理目标和职责，确定需要收集的信息、分析方法、频次、输出物、呈报部门等；
(2) 开展质量管理方法培训；
(3) 要求各职能和层次制定改进计划；
(4) 开展 QC 活动；
(5) 开展合理化建议活动；
(6) 开展知识管理培训，实施知识管理；

（7）开展提案制度；

（8）制定鼓励创新的激励政策；

（9）制定并贯彻先进工作方法个人命名活动；

（10）开展精益生产活动，杜绝浪费。

【与 GB/T 19001 的对应条款及差别】

对应 GB/T 19001—2008 中的 8.5，有关纠正措施和预防措施的要求不如 GB/T 19001—2008 规定的清楚。

【有效运行的证据】

（1）改进目标和创新目标；

（2）质量管理改进和创新记录。

第4章 施工企业质量管理体系转换

4.1 体系策划

工程建设施工企业实施《规范》（GB/T 50430—2007），可在原有实施 GB/T 19001 的基础上进行完善，具体工作可按表 4-1 的建议方案实施。

施工企业质量管理体系转换实施建议方案　　　　　表 4-1

序号	事项	工作内容
1	现状分析	依据 GB/T 50430 的要求，识别原有质量管理体系是否存在不同，找出差距，制订具体的改进计划
2	转换策划	对转换工作明确责任部门、工作内容和时间要求，重新识别质量管理体系过程，对文件修订提出目录清单和统一编写格式
3	培训	对质量管理体系有关的人员实施 GB/T 50430 标准和文件编写的培训
4	文件收集、评审	收集和标准相关的管理文件和技术文件（含记录表式），形成清单各部门负责人依据所辖职责范围对文件清单内各文件提出作废、合并、修订、适用等处理意见 将文件、清单、处理意见汇总
5	手册、程序文件整合	修订公司管理手册，将 GB/T 50430 和 GB/T 19001 要求合并纳入手册（或管理体系）中 评审程序文件和相关制度，按过程方法依据 GB/T 50430 的要求合并、修订、编写二级文件
6	第三层次文件整理	评审第三层次文件的适用性，并做相应修订 列出有效文件清单
7	记录表式和记录要求的整理	汇总记录表式，调查对现有记录表式和记录要求的意见 对不适用的情况进行整理分析，并做相应的修订 进行记录用途的讨论定稿
8	体系文件/记录的培训和总结	开展体系文件的全员学习培训，要求各职能部门、员工对公司体系文件全面理解并按照文件的要求调整各自的工作 体系文件转换工作全过程工作回顾
9	体系文件试运行	新版质量管理体系文件试运行，发现问题，及时整改
10	内部审核	以 GB/T 50430 和 GB/T 19001 两个标准、相关的法律法规、新版质量体系文件为准则，进行一次全面的内部审核
11	管理评审	企业的最高管理者着急开展管理评审，对新修订的文件的符合性、适宜性、充分性和运行的充分性、有效性进行评审，提出改进决定
12	第三方转换认证	企业向认证机构提出转换申请，配合认证机构的审核、实施转换认证

4.2 体系文件

工程建设施工企业应对照 GB/T 50430 的要求，识别原有质量管理体系是否存在不同、偏离和差距，评审现有的质量管理体系文件，提出文件的编写或修订计划和要求，对质量管理体系文件进行修订、补充和完善。

4.2.1 GB/T 50430—2007《规范》特点

在进行文件修订前，要充分认识 GB/T 50430 的特点，理解标准对文件和记录的要求。GB/T 50430 具有如下特点：

1. 体现公司特点，明示了公司特殊要求。如：
（1）工程资料包括的内容及归档要求；
（2）施工机具的技术和安全管理要求；
（3）质量策划的内容；
（4）工程招投标的要求；
（5）工程分包的要求；
（6）施工的准备、开工、技术交底、样板引路、施工日记等要求；
（7）竣工验收等。

2. 多数过程要求制定"管理制度"。如：
（1）质量目标管理制度；
（2）人力资源管理制度；
（3）员工绩效考核管理制度；
（4）施工机具管理制度；
（5）工程项目投标及承包合同管理制度；
（6）建筑材料、构配件和设备采购制度；
（7）分包管理制度；
（8）施工质量检查制度；
（9）质量信息管理制度等。

3. 对一些要求明示了方法或内容。如：
（1）质量管理策划内容；
（2）对供方评价（包括材料、分包、施工机具租赁）内容；
（3）采购计划内容；
（4）施工记录内容；
（5）过程监督检查内容等。

4. 有些管理明确要求有"记录"（ISO 9001 未明确要求的）。如：
（1）图纸接受、发放记录；
（2）监督检查记录；
（3）材料、发放记录；
（4）施工过程记录等。

4.2.2 用"过程方法"再造管理体系

GB/T 19001 要求组织按照"过程方法"建立质量管理体系,但不少的组织(或企业)没有按照该方法建立质量管理体系,本次认证标准转换是一次改进管理体系和再造管理体系的好时机,公司可按照 GB/T 50430 的思路并用过程方法描述管理体系文件。

1. 过程方法

过程是一组将输入转化为输出的相互关联或相互作用的活动。

注 1:一个过程的输入通常是其他过程的输出。

注 2:组织为了增值通常对过程进行策划并使其在受控条件下运行。

通用的过程图解见图 4-1。

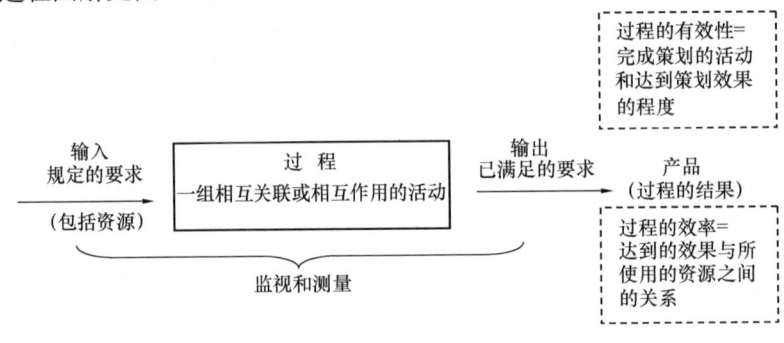

图 4-1 通用的过程图解

过程方法是一种建立追踪审核的方法,这种审核基于一致的顾客要求到操作者的作业指导书,又返回到顾客交付的产品基准。通过此方法应用的组织,获取 ISO 9001 认证将会得到一个更大的过程增值。通过了 ISO 9001 认证,说明组织已经取得一些成绩,这对供方和顾客具有很大的信任度。过程的资源通常包括:人员、资金、设施、设备、材料、技术和方法。

组织内诸多过程的系统的应用,连同这些过程的识别和相互作用及其管理,称为"过程方法"。

(1)过程方法的目的:

在于获取持续改进的动态循环,使组织在产品、组织绩效和业绩、有效性和效率方面取得更大的收益。

(2)过程方法的优点:

对诸多过程的系统中单个之间的联系以及过程的组合和相互作用进行连续的控制。

1)明白过程接口及互动关系;

2)连接组织活动到客户指标及客户满意;

3)客户指标的反馈能提供从客户观点出发的过程有效性;

4)过程导向是全球汽车工业的通用语言;

5)从降低/消除非增值活动直到增强组织的效率;

6)每个组织的审核都是为它的过程量身定做;

7)审核的重点在于活动及接口,以至客户满意的目标;

8）过程方法是持续改进的基石。

(3) 过程方法在质量管理体系中应用时，需特别强调以下方面的重要性：

1）理解并满足要求；

2）需要从增值的角度考虑过程；

3）获得过程业绩和有效性的结果；

4）基于客观的测量，持续改进过程。

2. 施工企业过程的确定

施工企业要结合管理的宗旨和顾客的要求、适用的法律法规要求、确定企业的质量方针和质量目标，确定为实现质量方针和目标所需要的过程、过程的顺序和相互关系，确定过程的责任部门和所需的文件。

企业的质量管理过程通常包括企业的基础管理过程、资源管理过程、产品实现过程、测量分析和改进过程。

"基础管理类"过程包括：质量管理体系策划过程、质量方针和目标制定及管理过程、组织机构确定过程、文件管理过程、记录管理过程。

"资源管理类"过程包括：人力资源管理过程、施工机具管理过程、财务管理过程、技术和知识管理过程、作业现场管理过程、检测设备管理过程。

"产品实现类"过程包括：投标管理过程、合同管理过程、项目策划管理过程、分包管理过程、设计管理过程、建筑材料构配件和设备采购管理过程、施工管理过程、竣工验收管理过程、售后服务管理过程。

"检查、检验、检测及分析改进类"过程包括：施工质量检查过程、施工质量验收过程、不合格品控制过程、信息收集分析处理过程、质量管理活动检查过程、内部审核（年度审核）过程、管理评审（质量管理体系评价）过程、质量管理改进与创新过程。

(1) 按"过程方法"转换实施的质量管理体系

企业应进一步理解"过程方法"的质量管理原则，加大管理体系应用"过程方法"的范围和程度。

在建立健全《规范》明示要求的质量管理制度时，应根据相应质量管理内容并结合既有的管理办法进行补充和完善，重点包括：

1）《质量管理体系的说明》即质量管理手册，不宜按 ISO 9001 标准或《规范》条款顺序描述，可根据所确定的质量管理内容明确管理要求或引用的质量管理制度，也可按所确定的过程明确相互作用和顺序，以及过程控制所引用的规范、制度或流程文件。

2）《质量目标管理制度》包括目标分类和目标建立的依据（输入）、部门和个人、分公司、项目部的目标分解与签订，对实施目标的管理计划或措施要求，目标的监视和考核，目标的改进等。另外对于质量管理目标（如"过程"或流程目标等，非工程质量目标）的确定，可使用关键绩效指标（KPI）和"平衡计分卡"等考核工具进行管理。

3）《人力资源管理制度》包括人力资源规划的编制并形成文件、员工招聘及录用、员工培训、薪酬体系、员工职业生涯管理等管理内容和《员工绩效考核制度》。

4）《施工机具管理制度》包括施工机具计划、配置、进场验收、安装调试、使用维护等，《施工机具供应方的评价方法》需格外关注供货能力和风险因素等评价内容。

5）《工程项目投标及工程承包合同管理制度》包括市场信息、资格预审、投标、合同

第4章 施工企业质量管理体系转换

谈判与签订、合同履约及监控、合同收尾等管理内容。

6)《建筑材料、构配件和设备管理制度》包括采购计划制定、供应方评价选择、合同签订、验收、使用到不合格品控制全过程管理内容和《供应方的评价、选择和再评价的标准、方法和职责》。

7)《分包管理制度》包括项目施工结构分解、确定项目分包范围、选择项目分包模式和分包合同种类、分包招标、合同谈判与签约、分包项目实施阶段管理、分包项目结束后评价等管理内容和《分包评价和再评价标准和评价办法》。

8)《施工质量管理制度》包括工程项目施工质量管理策划、施工设计、施工准备、施工质量和服务控制等管理内容。

9)《施工质量检查制度》包括各管理层次对施工质量检查与验收活动监管权责、人员资格要求、对分包工程的质量检查与验收等管理内容和《试验、检测管理制度》。

10)《质量问题处理制度》即不合格品控制程序,另外还应建立《质量事故责任追究制度》。

11)《质量管理自查与评价制度》包括监督检查的职责、权限、频度和方法等,及内部审核程序管理内容和《工程建设有关方满意情况的信息收集的职责、渠道、方式及利用这些信息的方法》。

12)《质量信息管理和质量管理改进制度》包括各层次、各岗位的质量信息管理和质量管理改进职责、及纠正措施程序和预防措施程序。

除了上述依据《规范》建立若干相关质量管理制度外,《规范》还有若干质量管理活动、建立和保持相关质量文件和记录等要求,对于施工企业不易被重视、误解或难于实施,在保持和完善质量管理体系工作中应予以重点关注:

1) 对组织机构的变化和权责的调整应以文件的形式予以公布。

2) 资源管理还包括技术、资金,如成套单项施工技术、专利、工法、资金来源等。

3) 对记录的"填写"应有控制要求;施工记录的建立应符合相关规定的要求,施工过程中的质量管理记录应包括施工日记和专项施工记录、交底记录等;对质量检查记录的管理应符合相关制度的规定,如施工技术管理资料、质量控制资料等工程资料应符合《建设工程文件归档整理规范》的要求。

4) 项目经理、施工质量检查人员、特种作业人员等执业资格和持证上岗应符合国家相关法律法规的要求。

5) 员工绩效考核结果应作为人力资源管理评价和改进的依据,如薪酬调整、职务升降、岗位调配、员工培训等工作。

6) 识别培训需求,如考虑施工企业发展的要求、市场环境的变化、法律法规和相关管理制度的要求、企业人力资源状况、员工职业生涯发展的要求等;培训效果评价结果应用于提高培训的有效性,如培训效果的评价可以从以下几个方面进行:是否能激励受训者改进他的绩效、是否清晰地展示了期望的技能、是否允许受训者积极参与、是否提供了实践的机会、是否及时收集和分析了反馈信息、是否将培训成果应用到了具体的工作中。

7) 施工机具配备计划应按规定经审批后实施,强调施工企业应依法与施工机具供应方订立合同;根据规定施工机具需确定安装或拆卸方案时,该方案应经批准后实施,安装后的施工机具经验收合格后方可使用,并保存施工机具验收记录。

8) 强调应依法进行工程项目投标及签约活动，工程承包合同、施工过程中发生的合同变更应形成文件，并使相关部门及人员掌握合同的要求并保存相关记录。

9) 应对合同履行情况进行监控，并及时对合同履约情况进行分析和记录，并用于质量改进，如实施合同偏差原因分析、偏差责任分析、合同实施趋势分析，并实施纠偏措施。

10) 未经验收的建筑材料、构配件和设备不得用于工程施工，这是法规强制性要求，并保存验收的过程、记录；应确保所采购的建筑材料、构配件和设备符合有关职业健康、安全与环保的要求；对建筑材料、构配件和设备的入库、仓储、出库的管理及保存发放记录。

11) 强调应对分包工程承担相关责任，按照总包合同的约定，依法订立分包合同。

12) 应在分包项目实施前对从事分包的有关人员进行分包工程施工或服务要求的交底，审核批准分包方编制的施工或服务方案，并据此对分包方的施工或服务条件进行确认和验证。

13)《规范》多处强调对分包方的现场管理要求，如对项目分包管理活动的监督和指导应符合分包管理制度的规定和分包合同的约定；施工企业应对分包方的施工和服务过程进行控制，包括：对分包方的施工和服务活动进行监督检查，发现问题及时提出整改要求并跟踪复查，并依据规定的步骤和标准对分包项目进行验收；对分包方的施工过程实施监控；对分包方的履约情况进行评价并保存记录。

14)《规范》多处强调对项目经理部的管理要求，如应对项目经理部的施工质量管理进行监督、指导、检查和考核；应对项目经理部的质量检查活动进行监控；应对项目经理部的质量管理活动进行监督检查等。

15) 工程项目质量管理策划的结果应形成文件并在实施前批准，如可形成项目管理计划、质量计划、施工组织设计等多个文件；策划内容易被忽视的包括：影响施工质量的因素分析及控制措施、突发事件的应急措施、对违规事件的报告和处理、应收集的信息及传递要求、与工程建设有关方的沟通方式、施工企业质量管理的其他要求等；应根据施工要求对工程项目质量管理策划的结果实行动态管理，及时调整相关文件并监督实施；质量管理策划的结果应向项目经理部进行交底并保存记录。

16) 施工企业应对其委托的施工设计活动进行控制，若有此项活动则不应删减《规范》10.3条要求。

17) 施工过程质量的控制要求易被忽视的包括：根据有关要求采用新材料、新工艺、新技术、新设备，并进行相应的策划和控制；对不稳定和能力不足的施工过程、突发事件实施监控；对分包方的施工过程实施监控等。

18) 施工过程可按如下方法确定，以利于应用"过程方法"进行控制：

A. 分项/检验批过程：按照工程项目分项/检验批工程划分，确定有哪些分项/检验批及其数量，每一分项/检验批确定为一个过程，包括过程所含的工序活动顺序和相互作用、质量控制点设置及监控准则；分项/检验批过程控制所引用控制规范性文件主要为施工技术质量交底、通用的工艺规程/作业指导书/工艺标准等。

B. 关键施工过程：按照工程项目特点和难点，确定有哪些分项/检验批或工序活动需要编制专项技术方案或措施，并确定其为若干关键施工过程；关键施工过程控制所引用控制规范性文件除了施工技术质量交底、通用的工艺规程/作业指导书/工艺标准等外,主要包括专项技术方案或措施。

C. 特殊施工过程:按照工程项目特点和难点,确定有哪些需专门制定个性化质量确认验收准则的分项/检验批或工序活动,并确定其为若干特殊施工过程;特殊施工过程控制所引用控制规范性文件除了施工技术质量交底、通用的工艺规程/作业指导书/工艺标准等以及专项技术方案或措施外,还包括个性化的质量确认验收准则。

D. 施工进度控制:包括节点计划管理、对施工进度影响因素的输入输出管理。

19)对施工过程应具有可追溯性控制要求。

20)服务控制范围应包括按规定进行工程移交和移交期间的防护;强调应按规定的职责对工程项目的服务进行策划,并组织实施,如主动性工程回访计划等;在规定的期限内对服务的需求信息作出响应,对服务质量应按照相关规定进行控制、检查和验收。

21)应对施工质量检查进行策划,如分部分项检验批工程划分、工程质量验收计划等,策划结果应按规定经批准后实施。

22)检测设备控制易被忽视的包括:对检测设备供应方进行评价、使用前对检测设备进行验收、对国家或地方没有校准标准的检测设备制定相应的校准标准等。

23)应收集工程建设有关方的满意信息;对质量管理活动监督检查中发现的问题应及时提出书面整改要求、对审核中发现的问题及其原因提出书面整改要求;应建立和保存监督检查和审核的记录,并将所发现的问题及整改的结果作为质量管理改进的重要信息。

24)应采用信息管理技术,如办公自动化系统、企业资源规划系统、顾客关系管理系统及项目信息管理系统、企业信息管理系统等,差距较大的企业可制定信息技术发展规划并组织实施。

25)应总结项目质量管理策划结果的实施情况,并将其作为质量分析和改进的信息予以保存和利用。

26)《规范》要求应实施质量管理改进,鼓励质量管理创新;保存质量管理改进与创新的记录(如管理评审的记录、纠正措施的结果、预防措施的结果)。

(2)管理体系流程及引用规范性文件

1)建立文件化的管理体系

依据 GB/T 19001—2008idt ISO 9001:2008《质量管理体系 要求》和 GB/T 50430—2007《工程建设施工企业质量管理规范》,按照"过程方法"、"管理的系统方法"等质量管理原则建立流程管理体系并形成文件,体系模式符合"PDCA"循环,加以实施和保持,并保证体系有效运行和持续改进。流程管理控制所引用的规范性文件结构层次,如图 4-2 所示。

文件化体系中第一层次至第三层次为流程管理控制所引用的规范性文件。

流程文件内容包括:"管理流程图"和"工作标准"、流程运转所应用的记录、表单等,其中流程中"工作标准"应细化到流程目标、工作节点简要说明、控制所引用的第一层次至第三层次文件名称等规范性文件。

2)管理体系流程描述

按照"过程方法"、"管理的系统方法"等质量管理原则及导入卓越绩效管理模式对所要求的质量管理内容确定:企业管理流程、工程项目管理流程和监测、分析与改进流程等

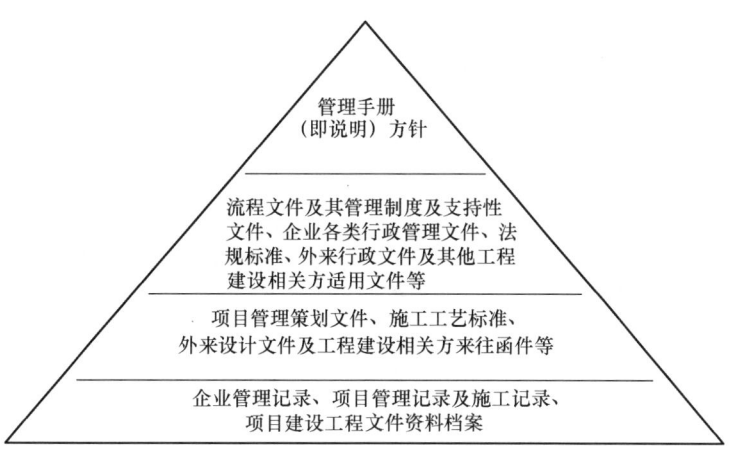

图 4-2 流程控制所引用规范性文件

三大类一级流程,对这三大类一级流程进一步适当拆分,确定为 34 个二级流程、26 个三级流程,每一细分流程进行流程设计,确定流程活动的顺序和相互作用、活动节点控制引用的管理制度要求等。

流程清单和流程权责分配,见表 4-2。

流程职能分配表 表 4-2

(▲组织实施部门 ○相关实施部门)

管理体系流程		职能部门	领导层管理者代表	企业策划管理部门	办公室	市场经营管理部门	工程管理部门	人力资源管理部门	设备管理部门	物资管理部门	技术管理部门	质量检查管理部门	安全管理部门	租赁分公司	物资供应分公司	项目经理部
企业管理流程	8.1.1	企业文化管理	▲	▲	○	○	○	○	○	○	○	○	○	○	○	○
	8.1.2	战略管理	▲	▲	○	○	○	○	○	○	○	○	○	○	○	○
	8.1.3	方针和目标管理	▲	▲	○	○	○	○	○	○	○	○	○	○	○	○
	8.1.4	管理策划和资源配备	▲	▲	○	○	○	○	○	○	○	○	○	○	○	○
	8.1.5	人力资源管理														
	8.1.5.1	人力资源规划	▲	○	○	○	○	▲	○	○	○	○	○	○	○	○
	8.1.5.2	工作系统	▲	○	○	○	○	▲	○	○	○	○	○	○	○	○
	8.1.5.3	员工绩效管理	▲	○	○	○	○	▲	○	○	○	○	○	○	○	○
	8.1.5.4	员工能力分析		○	○	○	○	▲	○	○	○	○	○	○	○	○
	8.1.5.5	员工选聘		○	○	○	○	▲	○	○	○	○	○	○	○	○
	8.1.5.6	学习和发展管理		○	○	○	○	▲	○	○	○	○	○	○	○	○
	8.1.5.7	员工权益和满意度管理	▲	○	○	○	○	▲	○	○	○	○	○	○	○	○
	8.1.6	招投标及合同管理														
	8.1.6.1	市场开发	▲	○	○	▲	○	○	○	○	○	○	○	○	○	○
	8.1.6.2	项目风险评审		○	○	▲	○	○	○	○	○	○	○	○	○	○

续表

管理体系流程		领导层管理者代表	企业策划管理部门	办公室	市场经营管理部门	工程管理部门	人力资源管理部门	设备管理部门	物资管理部门	技术管理部门	质量检查管理部门	安全管理部门	租赁分公司	物资供应分公司	项目经理部
企业管理流程	8.1.6.3 投标及合同签订管理	▲	○	○	▲	○	○	○	○	○	○	○			▲
	8.1.6.4 索赔及争议处理				▲	○			○		○	○			▲
	8.1.6.5 工程建设相关方沟通	▲	○		▲	▲	○	○	○	○	○	○	○	○	▲
	8.1.7 生产组织及资源配管	▲	○		▲	▲	○	○	○	○	○	○			▲
	8.1.8 施工机具配备管理														
	8.1.8.1 施工机具内部配备管理					○	○	▲					▲		▲
	8.1.8.2 施工机具外部租赁管理							▲	○				▲		▲
	8.1.9 检测设备管理					○		▲	○						▲
	8.1.10 物资采购管理					○	○		▲	○				▲	▲
	8.1.11 工程/劳务分包方选择招标				○	▲			○						▲
	8.1.12 施工技术支持与服务管理					○				▲	○				▲
	8.1.13 工程质量改进与创优管理					○				○	▲				▲
	8.1.14 文件控制		○	▲	▲	▲	▲	▲	▲	▲	▲	▲			▲
	8.1.15 记录控制		○	▲	▲	▲	▲	▲	▲	▲	▲	▲			▲
工程项目管理流程	8.2.1 项目部组建与管理		○		○	▲	▲								▲
	8.2.2 项目施工管理策划		○		○	▲									▲
	8.2.3 施工设计					○				▲					▲
	8.2.4 临时设施建设及施工准备				▲	○									▲
	8.2.5 工程项目外部联络与沟通		○		▲	▲									▲
	8.2.6 施工过程控制														
	8.2.6.1 施工机具使用管理					○	○	▲		○		▲			▲
	8.2.6.2 物资供应与现场管理					○	○		▲					▲	▲
	8.2.6.3 工程/劳务分包方现场管理					○	▲		○		○				▲
	8.2.6.4 作业环境控制					▲					▲	▲			▲
	8.2.6.5 分项/检验批工程施工质量控制及验收					○	▲	▲	▲	▲	▲	▲		○	▲
	8.2.6.6 关键施工过程质量控制					○	▲	▲	▲	▲	▲	▲		○	▲
	8.2.6.7 特殊施工过程质量控制					○	▲	▲	▲	▲	▲	▲		○	▲
	8.2.6.8 施工进度控制					○	▲	▲	▲	▲	▲	▲			▲
	8.2.7 工程变更管理				▲	▲		○		▲		○			▲
	8.2.8 试验检测和外委试验检测管理					▲				▲	▲			○	▲
	8.2.9 施工质量问题处理					○	○	○	○	○	▲				▲

4.2 体系文件

续表

管理体系流程		领导层管理者代表	企业策划管理部门	办公室	市场经营管理部门	工程管理部门	人力资源管理部门	设备管理部门	物资管理部门	技术管理部门	质量检查管理部门	安全管理部门	租赁分公司	物资供应分公司	项目经理部
工程项目管理流程	8.2.10 质量事故调查处理	▲			○	○	○	○	○	○	▲				▲
	8.2.11 分部工程施工质量验收					▲		○	○		▲	▲			▲
	8.2.12 单位工程施工质量验收					▲		○	○		▲	▲			▲
	8.2.13 项目竣工管理与移交服务					▲		○	○		▲	▲			▲
监测、分析与改进流程	8.3.1 绩效监测、分析与改进														
	8.3.1.1 企业绩效检查、分析与改进	▲	▲	○	○	○	○	○	○	○	○	○	○	○	▲
	8.3.1.2 项目绩效检查、分析与改进				○	▲	▲	○	○	○	○	○			▲
	8.3.1.3 项目履约检查、分析与改进				○	▲									▲
	8.3.1.4 项目施工质量检查、分析与改进				○	▲		○	○	▲	▲	○			▲
	8.3.1.5 服务管理及工程建设有关方满意信息测评、分析与改进				○	▲				▲		▲			▲
	8.3.1.6 内部审核	▲	▲	○	○	○	○	○	○	○	○	○	○	○	○
	8.3.2 标杆管理		▲	○											
	8.3.3 知识管理		▲												
	8.3.4 信息化管理		▲												
	8.3.5 绩效评审	▲	▲												
	8.3.6 质量管理改进与创新	▲	▲			▲				▲	▲	○	○	○	○

《规范》的二级条款与质量管理体系应建立相应(或可能)的流程对照表,见表4-3。

GB/T 50430—2007《工程建设施工企业质量管理规范》
条款与质量管理体系典型流程对照表　　　　　　　　表4-3

GB/T 50430—2007《工程建设施工企业质量管理规范》		质量管理体系流程
3. 质量管理基础	3.1 一般要求	企业文化管理流程、战略管理流程
	3.2 质量方针目标	方针和目标管理流程
	3.3 质量管理体系的策划和建立	管理策划和资源配备流程
	3.4 质量管理体系的实施和改进	管理策划和资源配备流程
	3.5 文件管理	文件控制流程、记录控制流程

续表

GB/T 50430—2007 《工程建设施工企业质量管理规范》		质量管理体系流程
4. 组织机构和职责	4.1 一般规定	工作系统流程
	4.2 组织机构	工作系统流程
	4.3 职责和权限	工作系统流程
5. 人力资源管理	5.1 一般规定	人力资源管理流程、人力资源规划流程
	5.2 人力资源配置	工作系统流程、员工绩效管理流程、员工能力分析流程、员工选聘流程、员工权益和满意度管理流程
	5.3 培训	学习和发展管理流程
6. 施工机具管理	6.1 一般规定	施工机具配备管理流程、施工机具使用管理流程
	6.2 施工机具配备	施工机具内部配备管理流程、施工机具外部租赁管理流程
	6.3 施工机具使用	施工机具使用管理流程
7. 投资及合同管理	7.1 一般规定	招投标及合同管理流程、项目履约检查、分析与改进流程
	7.2 投标及签约	市场开发流程、项目风险评审流程、投标及合同签订管理流程
	7.3 合同管理	项目履约检查流程、分析与改进流程、索赔及争议处理流程、工程建设有关方沟通流程
8. 建筑材料、构配件和设备管理	8.1 一般规定	物资采购控制流程、物资供应与现场管理流程
	8.2 建筑材料、构配件和设备的采购	物资采购控制流程
	8.3 建筑材料、构配件和设备的验收	物资供应与现场管理流程
	8.4 建筑材料、构配件和设备的现场管理	物资供应与现场管理流程
	8.5 发包方提供的建筑材料、构配件和设备	物资供应与现场管理流程
9. 分包管理	9.1 一般规定	工程/劳务分包选择招标流程、工程/劳务分包现场管理流程
	9.2 分包方的选择和分包合同	工程/劳务分包选择招标流程
	9.3 分包项目实施过程的控制	工程/劳务分包现场管理流程
10. 工程项目施工质量管理	10.1 一般规定	生产组织及资源配管流程、项目部组建与管理流程
	10.2 策划	施工技术支持与服务管理流程、项目施工管理策划流程
	10.3 施工设计	施工设计流程
	10.4 施工准备	临时设施建设及施工准备流程、工程项目外部联络与沟通流程

续表

GB/T 50430—2007 《工程建设施工企业质量管理规范》		质量管理体系流程
10. 工程项目施工质量管理	10.5 施工过程质量控制	施工技术支持与服务管理流程、施工过程控制流程、作业环境控制流程、分项/检验批工程施工质量控制及验收流程、关键施工过程质量控制流程、特殊施工过程质量控制流程、施工进度控制流程、工程变更管理流程
	10.6 服务	项目竣工管理与移交服务流程、服务管理及工程建设有关方满意信息测评流程、分析与改进流程
11. 施工质量检查与验收	11.1 一般规定	项目施工质量检查流程、分析与改进流程
	11.2 施工质量检查	项目施工质量检查流程、分析与改进流程
	11.3 施工质量验收	工程质量改进与创优管理流程、分项/检验批工程施工质量控制及验收流程、分部工程施工质量验收流程、单位工程施工质量验收流程、项目竣工管理与移交服务流程、试验检测和外委试验检测管理流程
	11.4 施工质量问题的处理	施工质量问题处理流程、质量事故调查处理流程
	11.5 检测设备管理	检测设备管理流程
12. 质量管理自查与评价	12.1 一般规定	绩效监测、分析与改进流程
	12.2 质量活动的监督检查与评价	企业绩效检查、分析与改进流程、项目绩效检查、分析与改进流程、项目履约检查、分析与改进流程、项目施工质量检查、分析与改进流程、服务管理及工程建设有关方满意信息测评、分析与改进流程、内部审核流程
13. 质量信息和质量管理改进	13.1 一般规定	
	13.2 质量信息的收集、传递、分析与利用	标杆管理流程、知识管理流程、信息化管理流程、绩效评审流程
	13.3 质量管理改进与创新	施工技术支持与服务管理流程、工程质量改进与创优管理流程、质量管理改进与创新流程

在修订和完善质量管理制度和支持性文件时,参考本书给出的流程对应附表,建议每项制度都编制流程图。以下分别列举两个质量管理体系典型流程并加以说明,一般流程图参考样式。

方针目标管理流程,见本章附录4.1。

人力资源规划和员工绩效考核流程,见本章附录4.2。

3) 管理体系流程作用及相互关系

所有管理体系流程进行输入输出接口管理,确定流程之间的顺序和相互作用,对过程进行控制管理,确保每一流程输出均能达到预期增值目标,并被相关流程作为输入加以利用。

图 4-3 为"企业典型的质量管理体系流程关联作用模块图",表示了所确定流程的输入和输出的相互作用、关联的脉络关系:

A. 框①表示了企业层面的企业文化、战略、方针目标等管理流程,框③表示了人力资源管理方面诸管理流程,框②表示了与"工程项目管理流程"作用和相互关系密切的企业管理流程,如市场开发、生产组织与资源配管等,框②也包括了监测、分析与改进流程中与工程质量作用明显的施工质量检查、分析与改进流程。

B. "工程项目管理流程"在图 4-4 "施工企业典型工程项目管理业务流程图"中展开说明,它反映了企业承担施工总承包职能时典型的业务流程。其中以实线连接的过程为产品实现主导过程,由企业及项目部共同运作,有地区性分公司时,它的职能与企业总部有相似之处。

C. 框④为监测、分析与改进流程。

D. 另外对于所确定的每一流程,其流程文件中"管理流程图"描述了该流程的输入输出与其他相关流程的脉络关系。

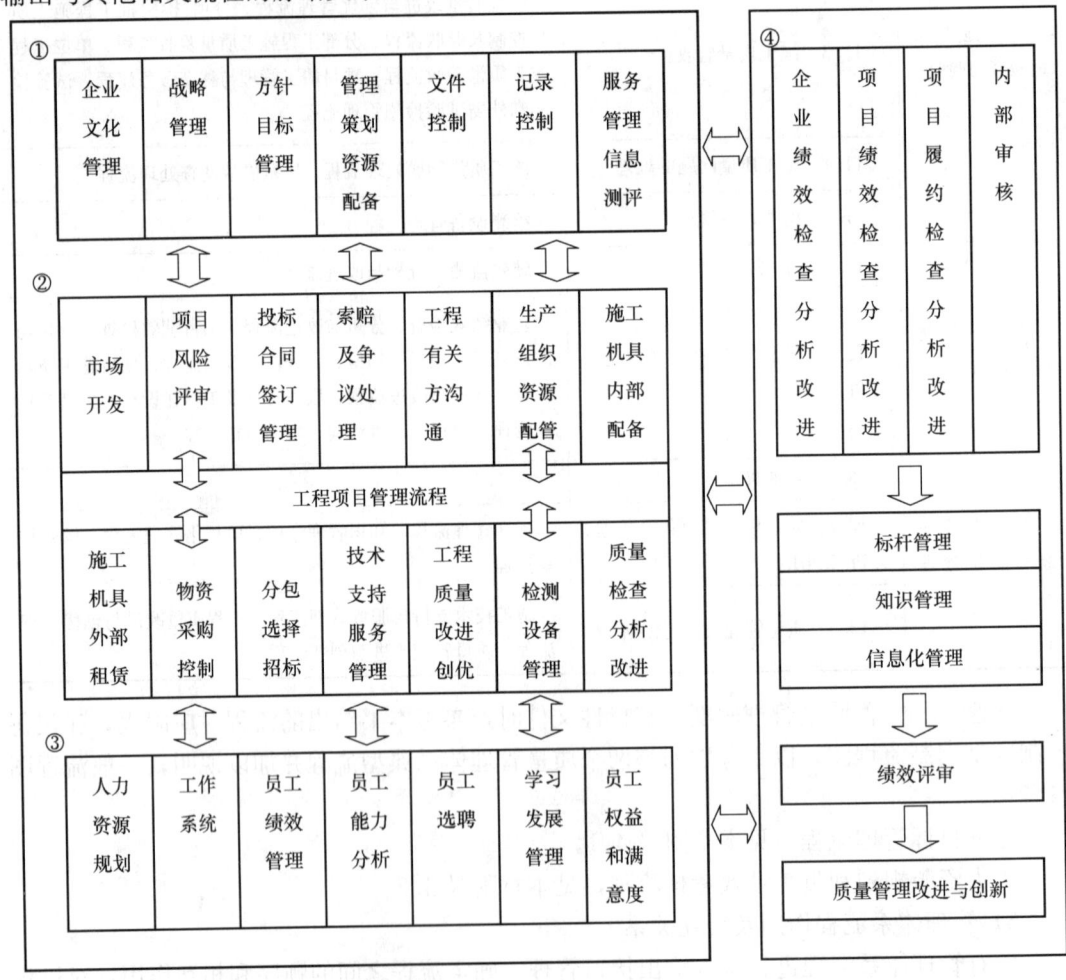

图 4-3 企业典型的质量管理体系流程关联作用模块图

4.2 体系文件

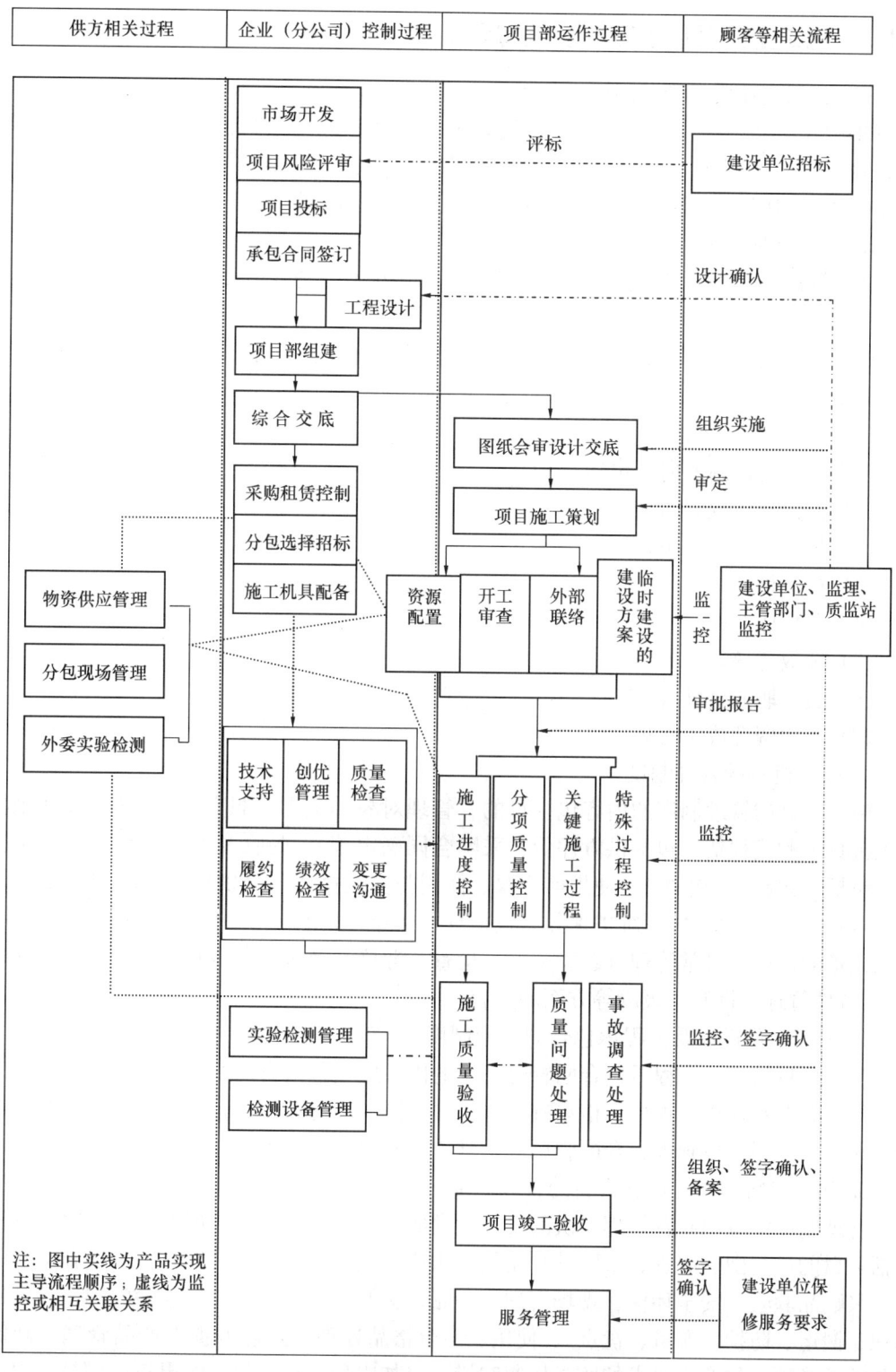

图 4-4 施工企业典型工程项目管理业务流程图

4.2.3 施工企业质量管理制度编写和范例

一、施工企业质量管理制度

GB/T 50430—2007 中要求工程建设施工企业建立规章制度和其他文件的条款参见表 4-2、表 4-3 的《规范》明示的质量管理制度文件、记录对照汇总。以下是对 GB/T 50430—2007 中提出的管理制度的内容（要求）的概括说明：

1. 文件管理制度

文件管理制度要明确文件管理的范围、职责、流程、方法和要求。

2. 记录管理制度

记录管理制度，明确对记录管理的职责、填写、标识、收集、保管、检索、保存期限和处理要求。

3. 人力资源管理制度

人力资源管理制度内容包括：

(1) 人力资源规划的编制；

(2) 员工招聘及录用；

(3) 员工培训；

(4) 薪酬体系；

(5) 绩效考核；

(6) 员工职业生涯规划；

(7) 人力资源成本管理。

4. 施工机具的管理制度

施工机具的管理制度的内容包括目的、管理对象和范围、职责、施工机具计划编制、施工机具采购或租赁（包括供方评价、采购合同确定等）、验收及不合格品处理、安装调试（包括方案制定和审批）、使用前检验、使用与安全操作（分别对自有和租赁设备、分包方自带设备进行描述）、维护保养（包括日常保养、大中小修、使用前检验）、特殊过程使用设备的认可、日常管理（建立台账、检查、考核、操作培训、操作人员管理、资产管理）、备件管理、拆卸、报废等方面的内容。

5. 工程项目投标及工程承包合同管理制度

工程项目投标及工程承包合同管理制度的内容应当包括目的、适用范围、职责、市场投标信息获取和评价、投标资格审查、投标、合同谈判与签订、合同交底、合同履约及监控、纠偏、合同变更管理、合同收尾等管理流程和要求的内容。

6. 建筑材料、构配件和设备的管理制度

管理制度中应明确各管理层次的管理活动的内容、方法及相应的职责和权限。具体应包括：目的、范围、职责、采购计划制订、供应方选择和评价、合同签订、实施采购、运输、采购品验收、安全环保、现场管理（包括出入库、贮存、摆放、隔离、保管、保养、标识、搬运、防护、账目、盘点）、使用、不合格品处理、发包方提供产品管理、确保采购相关的各项工作符合要求的监督机制和措施（如内部分级授权、结果双岗联签、内部承包考核、集中采购主材、纪委和工会参与评价选择供方等内容）。

7. 分包管理制度

劳务、专业工程承包、设备设施租赁、技术服务等，并根据所确定的分包类别制定相应的管理制度。制度内容应包括：分包策划（分包计划、分包招标、定标、分包合同签订及合同管理）；对分包方的现场管理（分包方进场验证、分包合同内容和施工方案交底、分包方施工过程控制、顾客直接施工队伍管理、分包工程验收）、公司对项目现场分包管理的监督检查。

8. 工程项目管理策划及保修管理的制度

工程项目管理策划及保修管理的制度，对工程项目施工的质量管理活动加强管理，有效控制工程施工质量和服务质量。制度包括：项目质量策划管理制度、施工设计管理制度、施工准备管理制度、质量责任制度、施工过程管理制度、客户服务管理制度、回访保修管理制度、现场文明施工管理制度。

9. 质量检查制度

公司质量检查制度应包括：

（1）对原材料、构配件和设备的质量检查；

（2）对半成品、中间品（检查批、分项、分部工程）和最终产品（单位工程）检查；

（3）施工准备工作状态检查；

（4）施工过程和结果检查；

（5）对施工人员的检查；

（6）对施工管理的检查；

（7）对施工技术的检查；

（8）对施工设备的检查；

（9）文明施工检查。

质量检查制度的内容应包括：目的、范围、职责、检查流程、组织者、检查内容、检查方式、检查依据和准则、检查频次和检查结果处理。

10. 质量管理自查与评价制度

质量管理自查与评价制度由日常质量管理检查制度、管理体系年度审核和评价制度、相关方满意信息调查和利用制度组成，内容包括：目的、范围、职责和权限、对象、流程和步骤、频次、组织管理、方法、发现问题的处理及记录要求。

11. 公司质量信息管理和质量管理改进制度

公司质量信息管理和质量管理改进制度包括：信息收集、获取、分析，利用管理制度、质量管理体系分析和评价制度，项目质量管理策划结果总结、分析评价制度，纠正措施和预防措施管理制度，质量改进和创新管理制度。制度的内容应包括：目的、范围、职责和权限、流程、频次、渠道、方法和要求。

二、企业质量管理制度范例

以下是根据《规范》要求，企业需要建立的质量管理制度范例：某施工企业依据 G/T 50430—2007 和 GB/T 19001—2008 建立的 15 个质量管理制度（其中"文件、记录管理制度"合并成"文件记录管理制度"）案例，供转换的组织参考。

（一）质量目标管理制度

1. 目的及适用范围

通过对质量目标的制定、指导目标的实施、衡量目标实现的结果、实施改进，以确保质量方针的贯彻执行，制定本制度。

本制度适用于公司组织范围内与质量管理体系相关的各主管部门及项目部的自评、考核及评价活动（不适用分公司）。

2. 职责和权限

（1）总经理是质量目标管理的主管领导，负责本制度的有效实施、保持和改进，具体负责制定公司年度质量总目标；对公司总目标完成情况进行评审；负责考核、评价公司总目标的实现情况，并依据考核结果提出改进。

（2）经理办公室是质量目标管理的主管部门，负责收集、汇总各相关部门、项目部的分目标；组织公司目标管理考核领导小组对各相关部门目标完成情况进行定期考核；组织公司目标管理考核领导小组及各相关部门对项目部目标完成情况进行定期考核；对本制度的落实情况进行定期评审，保持其有效性；负责与公司最高管理层、各相关部门及项目部的信息交流与协调工作。

（3）各职能部门是本制度的相关部门，负责本部门分目标的制定、落实、自我考核；根据本部门职能监督、检查项目部相关目标的分解、落实情况及考核。

（4）项目部是公司实现目标的基础，负责依据公司质量总目标分解项目部分目标；负责自我考核、评价项目部目标的实现情况，并依据考核结果实施改进。

3. 管理要求

（1）质量目标管理流程见附图

（2）制定年度质量管理总目标

每年1~2月最高管理层根据公司质量方针、上一年质量目标完成情况的评审结果及集团总公司的要求制定公司新一年度的质量总目标。

（3）目标分解

1）各相关部门以公司质量管理总目标为依据，按照本部门主要职能对质量管理总目标进行分解，形成本部门可测量的目标（即质量管理应达到的水平），报主管领导审查后，交经理办公室汇总。

2）各项目部开工后，依据当年质量管理总目标、工程合同要求及各相关部门目标对质量管理目标进行分解，形成本项目部可测量的目标文件（包括工程质量及项目质量管理两个方面），经项目负责人审查后，根据各部门职能分别报公司各相关部门审核，审核通过后由项目部将项目部目标报经理办公室汇总。

3）经理办公室将部门、项目部目标汇总呈报公司最高管理层审批后，将审批结果及意见转发各部门及项目部。

（4）目标的层层分解

1）各相关部门接到公司最高管理层的审批意见10日内对本部门目标进行修改，完成后由部门负责人将目标按照岗位职责落实到各个岗位，并将各岗位的目标落实情况在公司网络平台上的本部门公文栏中公示。

2）项目部接到公司最高管理层的审批意见15日内对目标进行修改后，项目部施工组织设计中应包含项目部目标的内容；项目负责人应将项目部目标分配到项目管理各系统，并将各岗位的目标落实情况在公司网络平台上本工程项目部文件栏中公示。

（5）修改目标的情况

对因出现不可抗拒或不可预料的客观因素，致使目标不能实施或不能完成，由负责该项目标的各相关部门、项目部写出具体详细的情况分析交经理办公室，由经理办公室负责转交公司最高管理层。经公司最高管理层审批同意后，可对目标进行修订变更，各相关部门、项目部及时在公司网络平台上更新目标信息。

（6）质量目标管理考核流程

1）成立质量管理目标考核领导小组，负责对质量管理目标完成情况的考核。

2）目标完成情况的监督检查

A. 每年6月底各相关部门负责人组织部门人员依据本部门目标与实际工作情况进行比较、分析，并预测年终部门目标完成情况，7月由经理办公室组织质量管理目标考核领导小组召开目标考核报告会听取各相关部门的目标完成情况、预测结果的汇报。

B. 每年12月各部门负责人组织本部门对目标完成情况进行自我考核、分析，次年1月经理办公室负责组织公司质量管理目标考核领导小组召开目标考核报告会听取公司各相关部门目标完成情况及存在问题的汇报。

C. 每年12月各项目负责人组织本项目部人员对目标完成情况进行自我考核、分析，次年1月经理办公室负责组织公司质量管理目标考核领导小组及各部门负责人去各项目部听取项目部目标完成情况及存在问题的汇报。

D. 工程项目竣工后，项目负责人组织本项目部人员对目标完成情况进行总结、分析，经理办公室组织公司质量管理目标考核领导小组及各部门负责人听取项目部目标完成情况及结果分析，并将结果作为质量信息用于质量管理改进，信息收集及改进程序执行《质量信息和质量管理改进制度》的相关规定。

E. 质量管理目标考核领导小组根据审核中发现、汇报的问题进行分析并提出改进要求。经理办公室将各部门、项目部年度质量目标考核结果汇总后，对本制度的执行、落实情况进行评审，并将汇总的考核结果、评审结果上报公司最高管理层，并作为管理评审的输入信息。最高管理层根据上报的考核结果，分析、评审目标的实现情况，将评审结果及改进意见作为管理评审的输出信息，以此来制定新一年度公司质量总目标。

3）质量目标奖惩

A. 公司年度质量目标完成情况应与《年度经营业绩考核责任书》挂钩，实行奖罚。

B. 根据相关部门年度分解质量目标完成情况，由主管领导提出奖罚意见，报公司最高管理层审批实施。

C. 项目部年度质量目标按《项目部年度目标管理责任书》考核结果实行奖罚。

4. 本制度的支持性文件

（1）《质量信息和质量管理改进制度》；

（2）《年度经营业绩考核责任书》；

（3）《项目部目标管理责任书》。

5. 记录

（1）年度目标分解考核记录；

（2）项目经理部目标分解考核记录；

（3）公司年度目标分解展开图；

（4）目标完成情况报告及自评结果。

质量目标管理流程，见图 4-5。

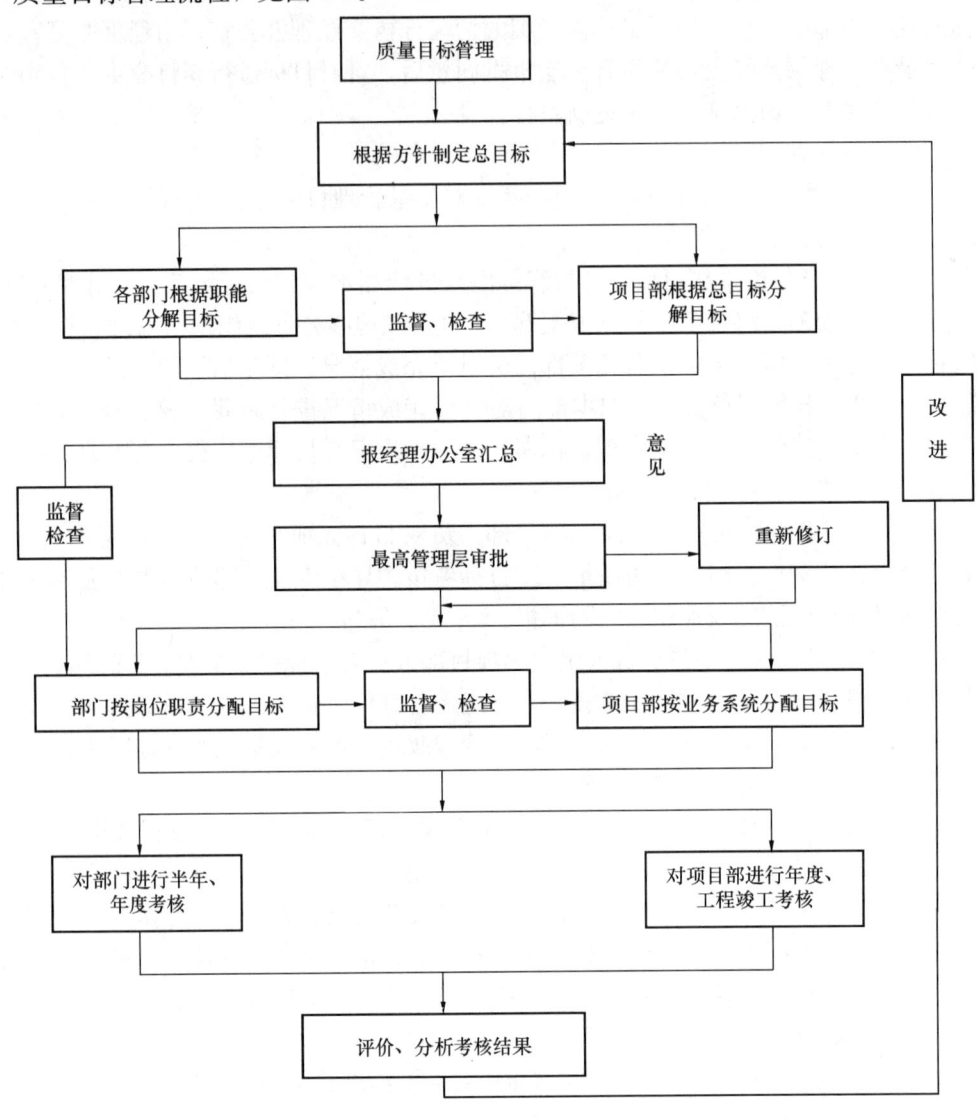

图 4-5　质量目标管理流程图

（二）文件记录管理制度

1. 目的及适用范围

为规范对质量管理体系文件和记录进行管理和控制，确保各个场所都能得到并使用文件的现行有效版本，防止使用作废文件。确保所有记录准确有效，为管理体系各项活动有效运行及公司产品满足规定要求提供客观证据，特制定本制度。

本制度适用于公司管理体系运行有关的文件和记录的控制。

2. 职责和权限

（1）管理者代表是本制度的主管领导，负责本制度的有效实施、保持和改进。

（2）经理办公室是本制度的主控部门，负责上级及外来文件的收发和本公司文件的审核、收发、登记、控制、行政及工程技术资料的归档管理；制订并发布公司有效文件清单，对文件记录的管理情况进行监控。

（3）技术管理部是本制度的协控部门，负责工程技术资料的审查、归档；与质量有关的法规、标准、规范的收集、获取、更新。

（4）其他部门负责与本部门管理职能有关的文件、记录的发放、登记、管理。

（5）项目部是本制度的实施单位，负责按照本制度要求做好文件和记录的管理。

3. 管理要求

（1）文件编号

1）管理体系文件代号

A. 管理手册—SC；

B. 管理制度—ZD；

C. 制度的支持性文件—ZDZ；

D. 记录—JL。

2）管理手册　XY- SC - 03

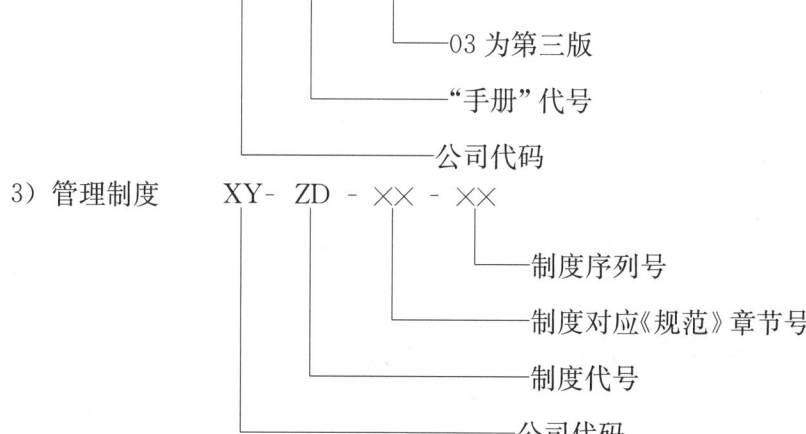

3）管理制度

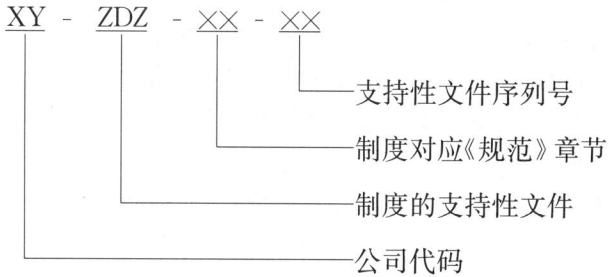

4）管理制度的支持性文件

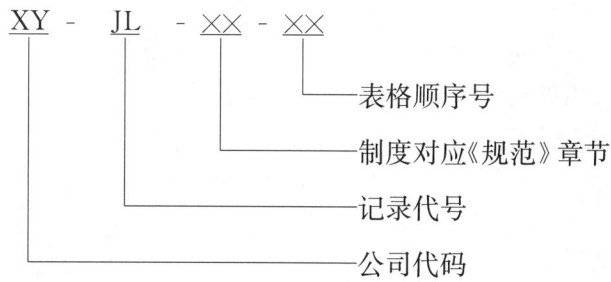

5）记录表格

(2) 文件编写

1) 管理手册、管理制度和制度的支持性文件由管理者代表组织编写。根据需要按照公司主管领导的要求由各职能部门负责组织编写。

2) 适用的外来行政文件由经理办公室负责识别和获取。技术标准、规范、标准图集的识别和获取由技术质量部负责，同时组织制订管理方案、技术方案和施工组织设计。

3) 与本部门职能和业务直接相关的文件由各部门负责编写。

4) 公司内部自行制订的记录表式根据文件规定和业务需要，由各部门设计后经部门负责人审核，报主管领导批准。

(3) 文件审批

1) 文件写好后，填写发文稿纸，由主管领导审批并在签发栏中签字，办公室主任核稿。审批分工：

2) 管理手册由管理者代表审核，总经理批准；管理制度由公司主管领导审核，最高管理者代表批准。管理制度的支持性文件由部门负责人审核，主管领导批准。

3) 企业技术、工艺标准、施工组织设计、临电及需要专家论证的专项施工方案等重要技术文件由总工程师批准。

4) 其他只涉及本部门管理活动的文件分别由各部门主管领导审核批准。

5) 有关适用的法律法规、标准规范的购置和发放范围经各自主管领导审批后下发执行。

6) 项目部的管理和技术文件分别按各项管理制度规定的审批权限进行审批。

(4) 文件发布

(5) 文件、记录的保管与存档

1) 由经理办公室统一保管纸质文件，待年底归档时，将文件发至拟稿部门，按《公司公司档案管理办法》的要求进行整理，档案部门负责存档。各责任部门要明确相关人员的记录保管责任，并建立便于存取和查找的记录保管办法。

2) 归入工程档案的记录的保存期执行《档案管理办法》，工伤记录永久保存。记录的贮存除书面形式以外可采取硬拷贝或电子媒体等形式保存。

3) 记录的贮存环境要防水、防盗、防潮、防虫、防高温、防光、防尘、防有害气体。

4) 文件记录的销毁与处置。参照《档案管理办法》的相关规定执行。

(6) 文件的标识的控制

各部门应自行建立现行有效文件清单。文件清单应注明文件的编号、名称及发布实施日期等信息。出现失效或作废文件时要在清单上标识作废字样，确保防止作废文件被误用。

(7) 文件查询和借阅

当部门或项目人员查阅文件时，可自行登录局域网进行查询。需借阅文件原件的人员，向经理办公室提出借阅申请，经主管领导同意后办理借阅登记手续。

4. 本制度的支持性文件

《档案管理办法》。

5. 记录

(1) 受控文件清单

(2) 文件审批表

(3) 文件发放登记表

(4) 文件收文登记表

(5) 文件档案借阅台账

(6) 文件和资料销毁记录

(三) 人力资源管理制度

1. 目的和适用范围

为规范公司人力资源管理开发与管理，维护企业和劳动者的合法权益，提高人力资源管理中的有效性、可行性，不断满足企业战略发展的需要，提供良好的人力资源支持，特制订本制度。

本制度适用于公司及项目经理部（以下简称项目部）对人力资源的管理。

2. 名词解释

人力资源管理：人力资源管理是指根据企业发展战略的要求，有计划地对人力资源进行合理配置，通过对企业中员工的招聘、培训、使用、考核、激励、调整等一系列过程，调动员工的积极性，发挥员工的潜能，为企业创造价值，确保企业战略目标的实现。

3. 编制依据

(1)《劳动法》；

(2)《劳动合同法》；

(3)《劳动合同法实施条例》。

4. 职责和权限

(1) 总经济师是公司人力资源管理的主管领导，负责对本制度的有效实施、保持和改进。具体负责对培训管理办法、薪酬管理办法、员工绩效考核管理制度等重要文件的发布、修订的审批，负责审议年度人力资源规划、年度培训计划，指导人力资源部招聘录用、培训、人员调配、薪酬核定调整及员工绩效考核工作。

(2) 人力资源部是公司人力资源管理的主控部门。负责制定与完善人力资源管理制度；负责审核汇总各部门呈报的年度人力资源需求计划，统筹制定公司的年度人力资源规划；结合年度招聘需求，组织实施招聘工作；办理人员录用、调配的审批管理手续；结合企业战略发展、年度重点工作和人员培训需求，制订公司教育培训计划，并组织具体推进整体培训工作，提高员工岗位任职能力；负责公司人员的薪酬核定和调整，具体实施员工绩效考核管理制度。

(3) 公司各部门和项目部是公司人力资源管理的具体实施部门。负责按照本制度规定实施人力资源部各项管理办法，制定具体的招聘和培训需求，按规定履行人员招聘、入职、培训、调配、薪酬核定调整及员工绩效考核等管理流程。

5. 管理要求

(1) 对人力资源管理的管理流程见附件。

(2) 人力资源规划

1) 公司各部门依据现有人力资源状况，结合次年业务发展需要，制订部门年度人力资源需求计划，于2月30日前上报人力资源部。

2) 人力资源部根据公司发展的整体规划，审核汇总各部门呈报的年度人力资源需求计划，统筹制定公司的年度人力资源规划。

3）公司年度人力资源规划经总经理办公会议审定后，由人力资源部负责实施。

(3) 人力资源配置

1）公司人力资源配置要求

公司人力资源配置要求具备所在岗位相适应的任职条件，包括：

A. 具备相关专业技能和能力水平；

B. 接受相关专业培训，取得岗位资格证书；

C. 具备相关工作经验。

2）招聘及录用

A. 优先考虑企业内部调剂，从而提高员工的工作积极性，降低离职率，有利于解决企业富余人员的上岗问题。

B. 外部招聘的岗位主要是专业技术人员和管理人员，可以采用刊登招聘广告、参加招聘会、网站公布、职业介绍所、推荐等渠道招聘。

3）招聘程序

A. 招聘需求的申报

（A）若各单位有招聘需求，应提前 30 日填写《_____公司招聘需求申报表》报公司人力资源部。

（B）人力资源部在接到《_____公司招聘需求申报表》后，认真审核，检索企业内部、外部人才库，提出采用企业内部调剂或外部招聘的建议，报公司主管领导审批。

B. 企业内部调剂

（A）人力资源部根据招聘职位具体情况，在企业内部人才库里进行筛选，提供合格人选名单。

（B）将合格人选名单送用人单位，人力资源部协助办理面试工作，进行双向选择。

（C）达成共识后，人力资源部负责协助办理内部调动手续及相关事宜，具体流程按《员工调动管理办法（暂行）》执行。

C. 外部招聘

若企业内部没有合适人选或双方没有达成共识，由人力资源部组织外部招聘。

（A）制订招聘计划

人力资源部根据用人单位招聘需求制订招聘计划，通过各种招聘渠道向外界发布招聘信息，收集应聘人员资料。

（B）应聘资料的筛选

人力资源部对应聘人员资料按照招聘标准进行初步筛选，对初选合格者通过电话、邮件方式组织初试。

A）初试

人力资源部对初选合格者进行面试，主要采取面谈方式考察应聘者的工作态度、求职动机、沟通能力、应变能力、综合能力等。负责解答应聘者提出的关于薪酬待遇、劳动合同期限等相关问题。通过初试，进一步筛选应聘人员，将初试合格人员名单送用人单位。

B）复试

人力资源部会同用人单位对初试合格者进行第二次面试，即复试。主要考察应聘者的岗位专业技能、岗位知识学习能力、解决实际问题能力、团队合作精神等，并最终确定招聘人选。

C）办理聘用手续

员工报到时需携带的资料：

a. 离职证明：原单位提供的离职证明（解除或终止合同证明、原单位解除或终止合同文本）。

b. 个人证件：身份证、户口簿、毕业证（包括初始学历和深造学历）、学位证、职称证书、职（执）业资格证书、所有岗位证书原件和重要获奖证书，人力资源部审验证书原件，留存电子版。

c. 体检报告：公司指定医院出具的体检合格证明，签订劳动合同后，费用由企业报销。

d. 照片：一寸彩照 4 张、二寸彩照 2 张。提交一寸彩照电子版。原单位未办理《——市社会保障卡》人员请另外准备白底彩照 2 张。

e. 个人档案。

f. 工资卡：提供建设银行卡号用于工资发放。

g. 独生子女证明。

h. 党团及工会关系转移证明。

（4）培训管理

1）培训计划的编制

A. 各部门、各项目部负责编制本系统、本项目部的培训计划，每年 12 月 31 日前向人力资源部填报《年度培训计划表》。人力资源部依据各单位的培训计划，编制公司年度培训计划，报公司教育委员会审批，于次年 4 月底前发布实施。

B. 对员工的培训应包括：

（A）质量管理方针、目标、质量意识；

（B）相关法律、法规和标准规范；

（C）施工企业质量管理制度；

（D）专业技能和继续教育。

2）培训实施

A. 公司内部举办的各类培训班应按照"先审批，后实施"的要求，主办部门要提前向人力资源部填报《业务系统培训申报表》，经审批同意后组织实施。

B. 员工参加外出培训须遵循"先审批，后培训"的原则，员工本人填写《个人外出学习申请表》，本部门负责人、专业主管领导签署意见，报经人力资源部审批后方可派出学习。

3）培训效果的评价

A. 各部门提交《培训结果反馈表》，对员工培训效果进行评价。

B. 外出培训后，所取得相应的岗位证书或培训合格证书作为外出取证培训效果的依据。

4）教育经费的使用管理

教育经费使用参见《——公司职工教育经费管理暂行规定》。

5）培训记录的管理

A. 各业务部门举办的培训班结束后，应交人力资源部备案的培训记录有：《业务系统培训申报表》、培训通知、考勤表、《培训结果反馈表》。由主办部门和人力资源部各保存一份，保存期限为 2 年。

B. 外出培训记录包括《个人外出学习申请表》、培训通知及取得的证书复印件或培训证明，待培训结束后提交人力资源部存档。

(5) 员工内部调动管理

1) 员工在办理内部调动前，应先由用人单位填写《——建设有限公司员工内部调动审批表》，调入单位和调出单位同意调动后，报公司人力资源部审批，经批准后，由员工本人到公司人力资源部办理调动手续。

2) 员工离岗手续按《不在岗职工管理办法》执行。

3) 调动报到时间原则上为 2 天以内，如过期不报到者，所过期的天数按旷工处理。

(6) 员工辞职管理

1) 各单位员工要求调到公司以外单位时，本人应当提前 30 日填写《——建设有限公司员工调出审批表》，经所在单位负责人签署具体意见后，在本人提出申请的 5 日内报公司人力资源部。

2) 经公司领导审批后，方可办理调出手续。

3) 如员工未提前 30 日以书面形式通知公司，或员工给公司造成经济损失尚未处理完毕或未按照劳动合同约定承担违约责任的，公司可以不办理调出手续。

(7) 薪酬管理：

1) 有关薪酬管理规定参见《薪酬管理实施办法》。

2) 公司执行以下薪酬体系：

A. 公司管理员工执行岗薪工资制。即薪酬基本组成结构为基薪、岗位工资及辅助工资。依据不同岗位的责任、技术、管理的复杂程度、承担风险的程度和工作态度大小的不同，确定岗位工资级别。再根据员工的职称、学历、工作年限、工作业绩、工作能力、工作表现、劳动技能、劳动强度等因素确定工资档序。岗薪工资制是在"以岗定薪，岗变薪变"的基础上结合员工个人具备的条件和工作实际情况确定薪酬标准。

B. 企业经营者年薪制。适用于公司的企业经营者，企业经营者指企业的总经理。党委书记按同级标准参照执行。企业经营者年薪制具体实施办法按照集团总公司有关规定执行。

C. 项目经理、项目领导班子年薪制。项目经理、项目领导班子以工程项目合同工期为时间单位，以合同额为标准，来确定合同工期内年度总薪酬标准的分配制度。

D. 特殊人才的谈判工资制。为引进企业急需重点岗位的技术管理人才和短缺人员，通过适当提高待遇，吸引人才、留住人才和发挥他们的作用。实施方式是企业与本人在平等协商一致的原则下确定薪酬标准。针对企业急需引进的稀缺人才保留薪酬标准的通道。

E. 新招大中专毕业生的初期工资制。大中专毕业生统一执行学生初期工资待遇，初期工资待遇为二年，从第三年起，纳入岗薪工资标准。

(8) 考核管理：

1) 有关考核管理规定参见《员工绩效考核管理制度》。

2) 公司执行以下考核体系：

A. 公司领导班子成员、管理人员及其他员工在内的全体员工执行集团总公司领导干部及员工年终考核有关规定。

公司领导班子成员的考核工作，结合领导班子和领导个人的思想、工作实际，从德、能、勤、绩、廉等方面进行总结，重点是对年度承担的各项经济责任指标和岗位职责完成情况的考核。

公司管理人员的考核工作，要按照各岗位职责的要求，在德、能、勤、绩四个方面进行总结的基础上，实行以岗位责任制为主要内容的考核。

B. 在项目部层面执行项目部季度考核。以季度为单位，由各在施项目部按照《项目季度考核管理办法》完成员工的季度绩效考核的基础上，结合本单位员工的岗位情况、工作业务量、工作强度等多方面因素对本单位员工作出综合的评价。

6. 本制度的支持性文件

（1）《员工招聘管理办法》；
（2）《员工调动管理办法》；
（3）《能力、意识和培训管理办法》；
（4）《项目季度考核管理办法》；
（5）《员工绩效考核管理制度》。

7. 记录

（1）《＿＿＿＿公司招聘需求申报表》；
（2）《＿＿＿＿外部招聘人员审批表》；
（3）《年度培训计划表》；
（4）《业务系统培训申报表》；
（5）《个人外出学习申请表》。

（四）员工绩效考核制度

1. 目的和适用范围

为了加强企业领导班子建设和员工队伍建设，改善工作业绩，提升员工能力，规范公司员工绩效考核管理工作，特制订本制度。

本制度适用于公司领导班子成员、管理人员及其他员工在内的全体员工的年终考核，在项目部层面执行项目部季度考核。

2. 专用术语

全体员工的年终考核：指对包括班子成员、管理人员及其他员工在内的全体员工一年中的工作进行客观、全面的总结、考核和评价，将考核结果作为领导干部、管理人员和其他员工聘用、薪资调整、奖惩、培训等方面及人力资源管理评价和改进的依据。

项目部季度考核：指在项目部层面执行项目部季度考核。以季度为单位，由各在施项目部结合本单位员工的岗位情况、工作业务量、工作强度等多方面因素对本单位员工作出的综合评价。

3. 职责和权限

（1）总经济师是公司员工绩效考核管理工作的主管领导，负责对本制度的有效实施、保持和改进。具体负责对员工绩效考核管理制度的发布、修订进行审批，指导人力资源部开展员工绩效考核工作。

(2) 人力资源部是公司员工绩效考核管理工作的主控部门。负责制定与完善员工绩效考核管理制度；组织年终考核和项目部季度考核工作。负责对绩效考核全过程的指导、监督和检查；根据审批后的考核结果进行薪酬调整。

(3) 公司各部门和项目部是公司员工绩效考核管理工作的具体实施部门。负责本单位员工考核等级的综合评定，审核签认考核结果及薪酬调整申请上报。

4. 全体员工的年终考核管理要求

(1) 全体员工的年终绩效考核目的、范围及内容：

1) 考核目的：

坚持"公开、公平、公正"的原则，对包括班子成员、管理人员及其他员工在内的全体员工一年中的工作进行客观、全面的总结、考核和评价，以达到加强队伍建设、改善工作业绩、提高员工能力、推动企业发展的目的。

2) 考核范围和依据

A. 考核范围：

（A）公司领导班子成员；

（B）本年度在管理岗位上工作的所有专业技术人员和管理人员；

（C）本年度在岗工作的其他员工。

B. 对员工绩效考核的依据可包括以下方面：

（A）质量管理制度；

（B）各岗位的工作标准；

（C）各岗位的工作目标。

3) 考核内容

A. 公司领导班子成员的考核工作，要紧密结合领导班子和领导个人的思想、工作实际，从德、能、勤、绩、廉等方面进行总结，重点是本年度本人承担的各项经济责任指标和岗位职责完成情况。

B. 公司管理人员的考核工作，要按照各岗位职责的要求，在德、能、勤、绩四个方面进行总结的基础上，实行以岗位责任制为主要内容的考核。

(2) 全体员工的年终绩效考核的管理流程见附件。

(3) 思想动员

各单位、部门要召开年度绩效考核工作动员会，明确年度绩效考核工作的目的和意义，公司各级领导和全体职工对绩效考核工作要端正态度、明确认识、认真对待。

(4) 个人总结

1) 公司领导班子成员（正职和副职）结合年度总结撰写个人述职报告，总结一年来的主要工作、取得的主要成效和存在的主要差距。总结要实事求是，简明扼要，填写《＿＿集团领导干部年终考核表》，党政领导班子要有书面工作报告（或年度工作总结）。

2) 管理人员要求有个人书面工作总结并填写《＿＿集团管理人员年终绩效考核表》，被聘为中级以上专业技术职务的人员，还要完成一篇专业技术论文。

3) 工人和服务人员的考核要求填写《＿＿集团员工年终绩效考核表》，针对考核内容完成自我评价。

(5) 述职报告

公司召开中层以上领导干部会议,由领导班子成员作述职述廉报告。

(6) 民主测评

1) 在述职基础上,对领导班子成员进行民主测评,填写测评表;有重点地召开中层以上领导干部座谈会,听取意见和建议;

2) 管理人员的绩效考核,要在相关范围内召开考核测评会,在个人总结基础上,由主聘领导、本部门及相关部门人员进行测评;

3) 其他员工要在班组会议上进行个人工作总结,由相关范围人员、班组人员及主管领导进行测评打分。

(7) 考核评价

绩效考核采取百分制评价方式,通过加权平均计算总评价分。

1) 公司领导班子民主测评:总评价分为 90 分以上为很满意;70 至 79 分为满意;60 至 69 分为比较满意;59 分以下为不满意。

2) 领导干部、管理人员和其他员工民主测评:总评价分为 90 分以上为优秀;70 至 79 分为称职;60 至 69 分为基本称职;59 分以下为不称职。

(8) 考核反馈

公司领导班子成员绩效考核测评结果由集团党委进行综合分析后反馈,并在反馈的基础上开好民主生活会。

公司领导班子正职考核结果由集团公司主管领导或主管部门进行反馈。

公司领导班子副职考核结果由公司党政正职进行反馈。

管理人员和员工的反馈,由主聘领导将被考核人的考核结果及是否续聘的意见直接反馈给本人,并签署考核意见。

(9) 绩效考核结果的应用:

年终绩效考核是对企业全体员工的全面客观公正的综合评价,各单位要将绩效考核结果作为领导干部、管理人员和其他员工聘用、薪资调整、奖惩、培训等人力资源管理评价和改进方面的重要依据。促进提高员工素质,加强员工队伍建设。

5. 项目季度绩效考核管理要求

(1) 项目季度绩效考核目的、范围及内容

1) 项目季度绩效考核目的:为了强化公司项目部整体管理水平,切实落实岗位责任制度,通过对员工业绩、能力、工作态度的评价,实现薪酬与考核结果挂钩,指导员工提升自身工作水平,调动员工的工作积极性,从而提高员工整体工作绩效,保证企业各项目标指标完成。

2) 项目季度绩效考核范围

A. 只适用于公司各所属项目部的领导班子成员、一般管理人员和工人。

B. 本办法只适用于项目部季度考核,年终考核不执行本办法。

C. 执行大中专毕业生初期工资待遇的学生,第一年按照相关规定实行见习期考核;第二年按照本办法执行。

D. 无施工任务期间,执行无活工资人员不执行本办法。

3) 考核周期

项目部季度绩效考核于每年 4 月 20 日、7 月 20 日、10 月 20 日前完成并上报考核结

果，第四季度统一按照集团要求进行年终绩效考核，四季度绩效考核结果等同于年终考核结果，薪酬的调整期为一季度。

4）考核关系

季度考核以直接上级考核为主，即：

A. 一般管理人员和工人的直接上级为项目部班子成员；

B. 项目部班子成员的直接上级为项目部项目经理。

5）考核关系权重

绩效考核关系权重代表不同考核角度评价结果在考核成绩中所占的比重，季度考核关系权重如表 4-4 所示。

季度绩效考核关系权重表 表 4-4

自我评价结果	直接上级评价结果	合计权重
10%	90%	100%

6）考核内容

员工考核内容分为工作态度、工作能力、工作业绩和协作精神四个方面。

7）评定等级

评定等级定义表，见表 4-5。

评定等级定义表 表 4-5

考核成绩	100～95	94～80	79～60	＜60
考核等级	优秀	称职	基本称职	不称职

8）评定等级比例限制

(1) 在综合评定等级时，对于不同类型人员有等级比例限制，各个项目部班子成员和一般管理人员及工人中优秀的比例均不能超过总数的 15%，其他等级比例无限制。

(2) 项目部季度绩效考核管理流程见附件。

(3) 项目部进行考核申报：各项目部在每个季度末自行组织考核范围内的人员进行季度绩效考核工作，并于下个季度第一个月的 20 日前将考核结果，即《项目季度绩效考核评价记分表》《项目部一般员工季度绩效考核情况汇总表》《项目部班子成员季度绩效考核情况汇总表》上报公司绩效考核管理办公室。

(4) 项目部出具薪酬调整意见：各项目部可以对本项目中连续两个季度绩效考核评价等级为优秀和不称职的人员提出调整薪酬标准意见，填写《项目部员工季度薪酬调整审批表》。

(5) 报公司领导审批：绩效考核管理办公室将《项目部员工季度薪酬调整审批表》报公司考核领导小组审批。

(6) 绩效考核结果的应用：审批通过后，绩效考核管理办公室对考核结果实施应用，对薪酬标准给予调整。薪酬标准调整幅度按照薪酬管理办法中岗薪工资标准项目部班子成员上调或下调一个档序，一般管理人员及工人上调或下调一个档序或级别。薪酬调整期限为一个季度，一季度后恢复原薪酬标准，其他员工按正常标准发放工资。

6. 本制度的支持性文件

(1)《项目季度绩效考核管理办法》;

(2)《____年度领导干部及员工年终考核工作的通知》。

7. 记录

(1)《项目季度绩效考核标准》;

(2)《项目季度绩效考核记分表》;

(3)《项目部一般员工季度绩效考核情况汇总表》;

(4)《项目部班子成员季度绩效考核情况汇总表》;

(5)《项目部员工季度薪酬调整审批表》;

(6) 集团管理人员年终绩效考核表;

(7) 集团员工年终绩效考核表;

(8) 管理人员民主测评表;

(9) 员工民主测评表。

(五) 施工机具管理制度

1. 目的和适用范围

为进一步提高公司施工机具的管理水平,确保施工机具管理活动得到有效控制,从而达到保证工程施工质量和安全的目的,特制订本制度。

本制度适用于公司所在行政区域内所属项目经理部(以下简称项目部)工程施工现场中所使用的施工机具的管理控制。公司外埠所属项目部施工机具的管理。

2. 专用术语

施工机具指进入公司所属项目部施工现场内,用于施工生产、加工制作、场内运输、建筑安装等作业所使用的各类建筑机械设备和周转工具。机械设备包括各种起重机械、施工机械、运输机械、加工机械、动力设备及电动工具等。周转工具包括大钢模板、小钢模板、早拆支撑、钢管及各种扣件、配件等。

3. 编制依据

(1)《建筑施工安全检查标准实施指南》;

(2)《建筑工程施工现场安全资料管理规程》DB 11/383—2006;

(3)《建筑机械使用安全技术规程》JGJ 33—2001;

(4) 其他相关法规及规定。

4. 职责和权限

(1) 主管生产的副总经理是公司施工机具管理的主管领导,负责对本制度的有效实施、保持和改进工作的领导,负责对施工机具租赁的审批。总经济师是施工机具管理的协管领导,负责施工机具合同费用审定的领导工作。

(2) 安全监管部为本制度的主控部门,负责公司施工现场机械设备使用管理活动的指导、监管、检查和改进,负责机械设备租赁的审核、机械设备合格供方名录的发布。

(3) 大宗物资招标采购部为本制度的协控部门,负责公司施工现场周转工具使用管理活动的指导、监管、检查和改进。

(4) 施工管理部、预算合约部、技术部、质量部、法务部为本制度实施控制的相关部门,各部门依据自身职能对施工机具管理活动进行管控,施工管理部主要负责施工机具配备的监管,预算合约部主要负责施工机具相关费用的审定,技术部主要负责施工机具相关技术及方案的监管,法务部主要负责施工机具合同有关法律方面的审定。

(5) 项目部是本制度实施的直接责任单位。负责在公司"施工机具合格供方名录"中选择供方,对名录外的供方代表公司进行审核评价并留存相关资料;负责施工机具租赁的初审;按要求组织施工机具进场、安装、检测、验收、使用、检查、维保、退场等,保证安全、有效地使用管理施工机具。

5. 管理要求

(1) 对施工机具管理的流程见附图。

(2) 施工机具需求计划

项目部根据工程实际,由技术人员在编制施工组织设计时确定工程所需的施工机具的种类、型号和数量,应达到满足使用、安全经济、技术先进、环保节能等要求;计划使用的施工机具,除劳务或专业分包自带的,应从市场中租赁。

(3) 合格供方管理

1) 项目部拟用施工机具的租赁(产权)单位及安装拆卸单位须从公司的合格供方名录中选取。

2) 如需在公司合格供方名录外选择的,项目部应在租赁合同签订、设备进场前对其进行评价考核,合格后上报公司,公司将其纳入合格供方名录中作为试用单位,项目部可以选用;工程结束后,项目部或公司相关管理部门如对原试用单位无异议,则该单位转为正式合格供方。项目部对其考核评价内容如下:

资质许可证件和营业执照原件验证、机械设备状态、拟派出人员素质结构、技术服务管理体系、安全环保管理体系、既往机械分包历史、风险防范保障能力等。

(4) 机械设备的租赁管理

1) 机械设备的租赁(产权)单位及安装拆除单位应从公司合格供方名录中选择;禁止转租起重机械;禁止劳务分包单位租赁起重机械;禁止劳务分包及专业分包单位(建筑幕墙工程专业承包企业除外)租赁吊篮。

2) 项目部租赁的设备必须是由符合相关规定的合格单位生产、出租、安装,合格作业人员安装、操作、指挥的合格设备。

A. 拟用设备应具有产品合格证,起重机械还应具有制造许可证、制造监督证明、自检合格证明,塔吊、外梯(包括物料提升机)应有全国统一编号;相应设备应具有检测报告、安全防护装置定检文书等相应设备许可使用所必需的各种资格材料,不能提供有效检测报告的起重机械严禁租赁使用。

B. 设备产权单位应具备有效的营业执照,起重机械的安装及拆卸单位(以下统称安装单位)还应有拆装资质、安全生产许可证等相应设备许可拆装所必需的各种资格材料;起重机械的安装(包括顶升和附着)必须由一家安装单位完成。

C. 设备的相关作业人员应持证上岗,应经过岗位技术培训、安全教育,取得相应设备许可作业所必需的资格证件;起重机械安装拆卸工、起重信号工、起重司机等特种作业人员应取得建设主管行政部门颁发的特种作业操作资格证书;无特定机构颁发作业证的作业人员应由其所在单位对其进行岗位培训,合格后方可上岗。

3) 租赁的机械设备在签订租赁合同前须报公司批准,塔吊、外梯、龙门吊等起重机械须报经集团公司审批后方可进行下一步工作。塔吊、外梯、龙门吊等起重机械按《＿＿＿集团大型起重机械管理补充规定》附表一中所列项按顺序备齐一台设备两份资料上报，其他按 5.4.2 条要求的内容上报。

4）租赁机械设备进场安装前必须与出租方及相关方签订经济合同、安全及环保协议，合同须经公司相关部门会审批准。

5）租赁设备使用过程中，机管员要对超出合同约定的设备的故障停机情况进行记录，并及时取得出租方有关人员的确认，以备在必要时作为索赔依据。

6）机械设备停止使用后项目机管员要及时通知出租方，停用期间的租赁费用问题应在经济合同中有具体规定。

7）机械设备停租后机管员要督促出租方尽快将设备退场，不能及时退场的要责成出租方履行其应负的安保责任。

(5) 机械设备的安全使用管理

1) 机械设备安全使用管理的综合要求

A. 项目部应制定现场机械管理制度，制定机械事故应急预案。

B. 项目部应组织编制设备相关的方案并按要求报审，进入现场内使用的机械设备及其相关单位、作业人员应符合 5.(4)2 条的要求及相关规定的要求；设备使用完毕，及时组织退场。

（A）项目应与进入现场的各相关单位签订经济合同及安全协议等合同附件，合同中应对有关机械设备的维修保养、环保、安全等方面的责任与义务进行规定；相关单位应制定各自的方案、机械管理制度及相应应急预案。

（B）设备进场前，项目部应按有关要求审核相关资料、组织落实设备进场条件。

（C）机管员要对进场的机械设备进行检查，有明显外观缺陷的设备严禁入场。设备相关的各种安全装置必须齐全、可靠，设备的电气安装、消防设置、现场防护等须符合相关要求，要做好安装调试检测等工作。

（D）进入现场的机械设备，须经验收合格方可使用；项目部按北京市地标等相关要求组织验收租赁的机械设备及劳务分包自带的设备并收集整理资料，监督专业分包单位验收其自带设备并保证其资料完整以备查。

（E）使用前，项目部组织相关单位对作业人员进行安全教育，根据相关方案及工程的针对性实际对相关单位及人员作出技术安全交底，并接受对方必要的交底，要求进行共同联合交底的要组织相关单位共同对相关作业人员做联合交底。

C. 机械设备使用中安全装置须齐全有效、安全防护措施应到位；按有关要求防止或减少粉尘、废气、污水、噪声和光污染对人和环境造成的污染和危害，固定的设备应搭设机篷，相应的走道应有护栏或防护篷，要做好排水、防雨、防砸、防坠落等安全防护措施；现场机管员要定期监督检查，以防失效。

D. 设备的电气要符合现场安全用电要求，配电要做到"一机、一闸、一箱、一漏"；设备停用要做到人离电断。

E. 每台设备应在设备上或附近显著位置悬挂安全操作规程牌、本台设备负责人牌，塔吊、外梯等还应悬挂统一编号及备案文书。

F. 机械设备应配备足够的作业人员；操作人员应相对固定，大型机械应做到定人定机、合理安排班次；操作、指挥及相关人员应熟悉本职工作，必须熟练掌握安全规程、按相应规程工作，不得违章操作、指挥。

G. 项目经理部应组织协调、督促相关单位做好机械设备的日常使用、保养、维修和管理，严格执行现场机械设备的安装、使用、保养制度，做到操作按规、保养到位、维修及时、有章有序、正常安全运行。

H. 机管员应坚持每日巡视一次现场机械设备，每月至少组织两次全面的机械设备检查；要督促相关单位定期进行设备性能安全检查，及时发现和排除隐患，确保机械设备的安全运行；公司相关部门安全监管人员要经常进入现场，定期检查机械设备管理及安全运行状况。任何人发现安全险情都要及时采取措施。

I. 天气异常变化后（如大风、暴雨、雷电），项目经理部应对施工现场机械设备进行安全检查，如发现倾斜、变形、下沉、漏电等异常现象，立即采取措施，以防事故发生；高大机械设备要按要求定期测量基础沉降、垂直度偏差、接地电阻等。

J. 机械设备运行中出现事故，现场机管员要根据规定及时上报，项目部适时启动应急预案，开展人员救护、疏散等，协助生产负责人组织好现场保护等工作。

2) 起重机械的安全使用管理的特殊要求

A. 项目经理部技术人员编制《施工组织设计》时，应确定塔吊、外梯、电动吊篮、移动式起重机等设备需用的型号及数量，按要求编制《起重吊装方案》并报批。

B. 项目部按 5.4.2 及 5.4.3 条要求审核相关设备资料，合格后上报，经上级批准后方可租赁；禁止先进场安装后报审。

C. 起重机械如需现场安装的除签订租赁安全协议外，还应签订安装拆除作业的安全协议，该协议应三方签订。

D. 设备安装、拆除前，由有关单位编制塔吊、外梯等机械的施工（包括基础）方案、拆装方案、锚固方案、群塔作业方案，项目部应按相关要求进行审核或报公司技术质量部审批；塔吊、外梯等现场安装的起重机械进场安装的两个工作日前，项目部应完成对安装单位"拆装报审表"的资料审核，并督促其报审当地建委，获得批准后方可组织进场安装，禁止先安装后报审；塔吊、外梯等设备基础必须严格按方案、生产厂家的要求施工，保证坚实，做好地基处理、排水设施和防雷接地，做好隐蔽工程检验、接地检测；禁止相关单位擅自在起重机械上安装非原厂制造的标准节和附着装置。

E. 拆装作业时，项目经理部安全管理人员应监督安装单位设置警戒区域及标志、由专业人员旁站监察，无关人员禁止入内。

F. 安装后，项目部应督促安装、产权单位对设备自检、检测，并组织产权、安装、分包、监理等单位进行验收，按要求完善相关验收手续，合格后方可使用；塔吊、外梯等应由集团指定的具备检测资质的机构进行现场检测。

G. 机械设备在使用前，项目经理部技术、安全、生产部门应根据实际对相关人员制定有针对性地安全技术交底，塔吊等需要共同联合交底的要组织相关单位共同进行；塔吊、外梯验收合格使用后 30d 内应按《关于进一步规范建筑起重机械备案等工作的通知》的要求备案，从现场拆卸后应办理注销。

H. 在大型机械设备使用过程中，项目经理部机管员要督促责任单位（租赁单位、分包单位）做好设备维护保养，定期对机械设备进行安全与性能检查，发现故障、隐患及时排除，按北京市地标的要求做好相关资料收集整理；外梯单位应每三个月做一次防坠落试验；在用的起重机械的吊具、索具等要做好检查、维护和保养，并有记录。

3）电动工具的使用管理

A. 电动工具包括手钻、冲击钻、云石机、手电锯、射钉枪等。

B. 进入施工现场的电动工具应具有其产权管理单位提供的产品合格证。

C. 电动工具的管理单位要设专人负责电动工具的管理，定期检查、保养及维修。

D. 手持电动工具应按要求接地或接零，须有二级漏电保护，随机开关灵敏可靠。

E. 手持电动工具的防护装置必须齐全有效，严禁带病运转。

F. 项目经理部应有专人负责手动电动工具的安全使用监督管理。

（6）施工现场周转工具管理

1）周转工具种类：大钢模板、小钢模板、早拆支撑、钢管及各种扣件、配件等。

2）租赁周转工具进入施工现场时，应对照相关标准及供方提供各种资料组织质量、数量验收，确认无误的情况下方可进场使用。钢管及扣件实行"谁使用谁负责"的制度。在采购和租赁钢管、扣件时，项目经理部要与生产或租赁单位签订质量担保协议，查验和保存其生产许可证、产品合格证、检测报告等有关资料，对到货的钢管、扣件进行抽检，填写钢管、扣件抽检记录，并委托法定检验机构抽检扣件的力学性能。

3）项目经理部材料部门负责建立周转工具租赁台账，及时登记品名、规格、数量、租赁日期、领用单位、发放数量、清退数量与退料日期等。

4）项目经理部应与现场周转工具的使用单位签署使用协议，明确发放、使用、保管、维修、清退等环节的相关责任，明确因使用不当、野蛮施工、保管不利造成的丢失、赔损等问题的处罚措施。

5）项目经理部应加强周转料具领用程序管理，加强施工过程中使用的监督、检查、纠正、处罚，技术、生产、材料部门应紧密配合，充分做好现场周转工具的调度管理，及时做好周转工具的清退工作。

6. 本制度的支持性文件

（1）《纠正及预防措施控制制度》；

（2）《工程项目投标及工程承包合同管理制度》；

（3）《建筑材料、构配件和设备管理制度》；

（4）《环境保护管理制度》；

（5）《施工现场安全生产管理制度》；

（6）《质量问题处理及质量事故责任追究制度》；

（7）《关于进一步规范建筑起重机械备案等工作的通知》。

7. 记录

（1）《机械设备供方综合评价表》

（2）《现场机械设备台账》

（3）《现场起重机械联合验收表》

（4）《机械设备检查记录表》

（5）《周转工具租赁台账》

（6）《租赁抽检记录》

施工机具管理流程,见图4-6。

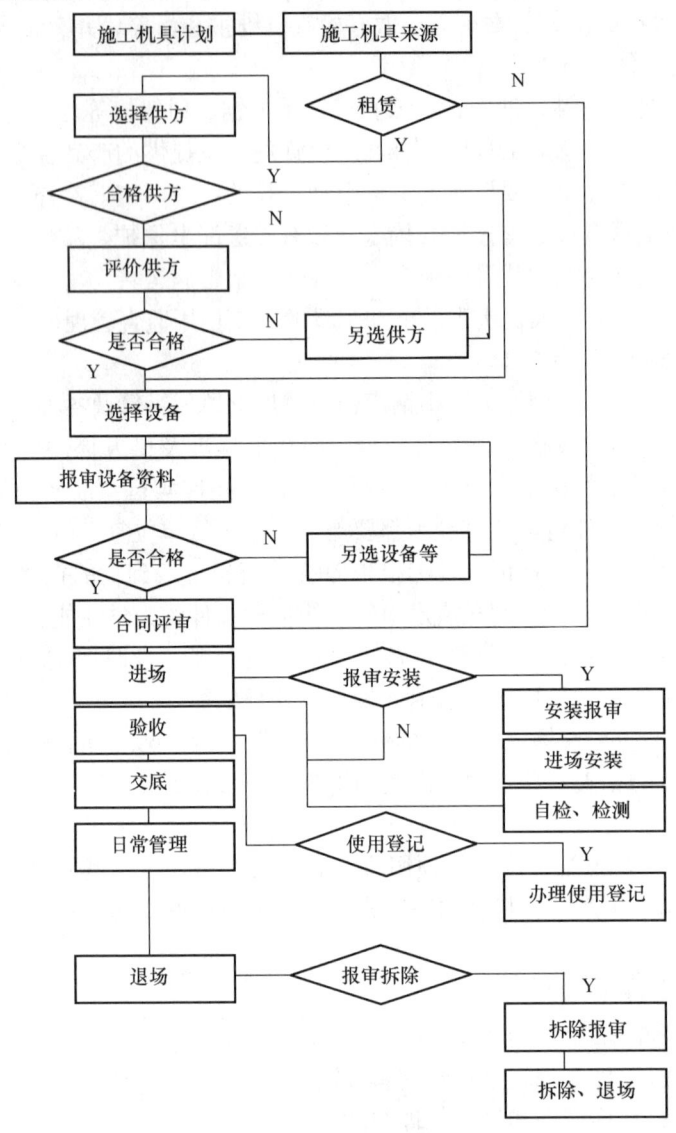

图4-6 施工机具管理流程

(六)工程项目投标及工程承包管理制度

1. 目的

为了适应建筑市场的竞争环境,进一步规范和加强公司投标管理及施工合同管理工作,维护企业的合法权益,保证建设工程施工合同的全面履行,为企业争取最大的经济效益,满足建设单位的要求,结合公司的实际情况,制定本办法。

2. 适用范围

凡公司参加工程投标及签订建设工程施工合同的项目,均适用本管理办法。

3. 编制依据

《中华人民共和国招标投标法》、《中华人民共和国合同法》

4. 职责

(1) 营销经理为本制度的主管领导，公司法定代表人及在合同审批表上签署最终审批意见的领导是合同管理总负责人，其他业务主管领导为该业务部门合同管理的第一负责人。

(2) 市场拓展部为本制度的主控部门，负责主管工程投标工作和施工合同的订立。

(3) 预算合约部为本制度的协控部门，负责施工合同履约的各项管理工作，是合同管理工作的直接责任人。

(4) 施工管理部、技术管理部、质量管理部、安全监管部、资产财务部、法律事务部是合同管理工作的相关部门，按其各自的业务范围负责对施工合同进行评审及对施工合同的履行进行指导、监督。

(5) 项目经理部代表公司履行施工合同的全部要求。

5. 管理要求

(1) 工程投标阶段的管理主要流程如下：

收集工程信息→跟踪工程信息→报名刷卡→资格预审→投标前评审→购买图纸和招标文件→答疑、踏勘现场→投标意见评审→编制投标文件→召开投标分析会→确定最终投标方案→封标、送标→参加开标→结果分析

1) 市场拓展部对工程信息进行收集、跟踪、汇总，企业投标报名、购买资格预审文件并编制企业投标资格预审文件，负责提供企业资质等级证书、营业执照、业绩等资料。

2) 在收到招标人发出的"投标申请人资格预审合格通知书"后，根据招标人对投标人参加投标的具体要求和承诺条件，由公司经理、公司总工、公司经营经理决定是否参加投标，并填写参加投标意见评审单。

3) 公司决定参加投标的项目，由市场拓展部负责购买招标文件并交纳图纸押金，提交投标保证金。

4) 工程项目有关要求的确定：在拿到招标文件和施工图纸后，由市场拓展部负责组织公司预算合约部、施工管理部、技术管理部、质量管理部、安全监管部、资产财务部、法律事务部、项目经理部及公司领导对招标文件进行评审，以充分识别顾客对工程项目的各项要求，要求包括：A. 发包方明示的要求；B. 发包方未明示、但应满足的要求；C. 与工程施工、验收和保修等有关的法律、法规和标准规范的要求；D. 其他要求。一般工程采取会签评审的方式，由市场拓展部将招标文件复印件及会签单发送上述部门，上述部门对各自业务范围内容进行识别、确认、评审并签署意见；对于国家、省、市重点工程，大型公共设施（场馆、剧院等）；采用"四新"具有特殊工艺的工程采取会议评审的方式，由市场拓展部向上述部门发出会议通知，上述部门对招标文件中业务范围内容进行集中讨论，市场拓展部做好会议记录，整理保存。

5) 公司对招标文件评审通过，决定投标。由市场拓展部组织投标人员依据招标文件及施工图纸，根据市场行情和公司自身情况编制投标文件。

6) 投标文件编制完成后，市场拓展部牵头由公司总经理、营销经理、总工程师、项目经理并相关人员就投标文件中的报价金额、工期、工程质量及奖项、投标承诺事项等进行评审，以决定最后的投标方案。市场拓展部对此评审形成评审纪要。

7) 投标方案确定后，由市场拓展部负责填报投标报价书，整理招标文件中规定的投标文件，封标。严格按招标文件中要求的时间和地点报送投标书。并按时参加开标会议，做好开标记录。并将开标记录发放总经理、主管领导。

(2) 建设工程施工合同的管理

建设工程施工合同的管理主要流程如下：

施工合同会签评审→签订施工合同→施工合同备案→施工合同及中标预算交底→移交中标相关资料给预算合约部→合同变更控制→合同履行情况监控→合同履约情况分析→与发包方或其代表进行有效沟通→合同的中止及解除→竣工决算。

1）合同的评审与签订：工程中标后，由市场拓展部根据投标前向建设单位提供的承诺内容，与建设单位联系有关合同事宜、并负责起草拟订施工合同，组织公司预算合约部、施工管理部、技术管理部、质量管理部、安全监管部、资产财务部、法律事务部及项目经理部有关人员参加合同评审会签。参加评审会签的部门领导须对合同草稿提出是否具有满足合同草案中规定的各项要求能力的具体意见，不可只签名。

2）市场拓展部负责对会签结果进行整理，对争议大的问题（条款）组织相关部门的负责人、三总师、主管领导就分歧意见再度沟通，力求达成一致意见，最终形成正式合同文件，与建设单位办理合同签订事宜。

3）市场拓展部负责向参加合同会签的部门及项目经理部相关人员进行施工合同及中标预算交底，并做好交底记录。项目经理部是负责全面履行建设工程施工合同的第一责任人，应对合同各项条款做全面、详细的了解，并在项目部各职能组对合同进行二次交底，并做好记录。

4）合同变更的控制

A. 施工过程中发生工程变更，项目经理部与建设单位协商后，出具变更合同或补充协议（合同）草本，并上报至预算合约部。预算合约部依据《施工合同评审会签单》，组织公司相关部门及领导针对合同条款进行评审会签工作，并将评审结果反馈给项目经理部。项目经理部针对反馈意见，负责与建设单位进行洽谈，双方达成一致意见，并经公司总经理确认后，签订变更合同或补充协议（合同），将变更合同或补充协议（合同）原件上报预算合约部，作为合同的组成部分。

B. 预算合约部将签订后的变更合同或补充协议（合同）复印件分发至《施工合同评审会签单》涉及的公司相关部门及项目部，作为合同履约依据。

C. 变更合同或补充协议（合同）签订后，项目经理部应及时对变更有关的文件（例如施工组织设计等）进行调整，并将调整后文件上报公司相关部门。

5）合同履行情况的监控

A. 预算合约部将备案后的合同文本复印件，分发至参加会签的公司相关部门，并负责组织和落实施工合同履约数据网上填报工作。

B. 经理办公室负责施工合同履约中与资质动态监管相关的管理工作。

C. 资产财务部负责按预算合约部提供的施工合同和中标通知书及时办理施工人员意外伤害保险、承包履约保证担保及购买印花税税票。

D. 人力资源部负责按预算合约部提供的施工合同和中标通知书及时办理农民工工伤保险，为施工许可证的办理提供必要的材料。

E. 合同履行过程中项目部应负责合同变更资料（洽商变更、电话、传真、会议纪要、协议书，补充合同等）的签认、收集、整理、归档，做好竣工结算的基础性工作。

F. 预算合约部每季度参加施工管理部牵头组织的施工项目考核，对项目经理部进行施工合同履约情况检查，并将检查结果递交施工管理部，作为对项目经理部质量管理的依据。

G. 项目经理部年中及年末，针对工程范围及其质量、进度和成本的执行情况等进行分析，形成《施工合同履约情况汇报》，以书面形式上报至预算合约部。

H. 预算合约部通过对各项目经理部上报的《施工合同履约情况汇报》进行统计整理，分析出合同实施过程中的偏差及趋势。

I. 根据合同偏差分析的结果，预算合约部负责组织召开在施工程施工合同履行情况评审会，查找造成施工合同偏差的原因，确定责任部门。相关责任部门应采取相应的纠偏措施，并将处理结果传递给预算合约部，作为质量改进的依据。

6）与发包方或其代表沟通的要求

A. 招投标及合同签订阶段

市场拓展部负责收集投标阶段与建设方关于招标文件相关内容的质疑及答疑记录。

B. 施工准备、现场施工、竣工验收及交付阶段

（A）施工准备阶段

双方项目主要负责人之间的沟通作为主要沟通渠道，通过书面沟通、言语沟通、非言语沟通、结构化内容的沟通等方式，采取见面会、技术研讨会、项目需求方案、进度计划等等形式，对施工准备阶段的各项主要工作进行了商讨。沟通结果以会议、书面情况报告、电子邮件、传真、电话或其混合形式来进行确认。

（B）现场施工、竣工验收及交付阶段

A）项目经理部借助于定期召开的例会，注意收集、整理、归档参会人员签到表及会议纪要，总结工程进度完成情况和在工程中遇到的问题，提出工程中隐存的风险，探讨降低风险的手段。

B）项目经理部负责收集工程施工全过程，建设方、监理方来访、来电、信函等形式的意见或建议，能够自行处理的由项目经理部自行解决，如果需要公司帮助处理的，应及时向公司相关责任部门报告。

（C）保修阶段

项目经理部通过工程质量回访、电话等形式，直接与建设方（或用户）进行沟通，做好工程竣工后的质量保修工作。

7）合同的中止及解除

A. 对于特殊情况下发生的合同履行中的合同中止（包括停建、缓建），项目经理部必须及时办理中止手续，收集因中止给我方造成的经济损失和资料，及时追究对方责任。中止的合同又恢复履行时，依相同程序办理恢复手续。

B. 对于合同终止，不再继续履行的，项目经理部应作好终止记录，收集履行过程中所有与合同有关的文件资料，作好经济往来和工程结算工作，预算合约部依据工程变更的相应程序，办理解除合同手续。

8）竣工决算

工程竣工后，项目经理部负责编制工程结算书，经公司预算合约部审核后在合同约定的时间内报送建设单位。

（3）罚则

1）公司及所属各单位必须把施工合同管理工作作为一项重要的企业管理内容，凡不

按合同管理办法执行的单位，公司将追究该单位责任人的责任。

2) 在订立、履行施工合同过程中玩忽职守、利用合同收受贿赂，损害国家和公司利益的，视情节轻重给予相应的行政处分，直至追究其法律责任。

3) 未经授权、超越授权或授权终止的，以公司名义订立合同的，由行为人承担全部责任，造成公司损失的，由行为人承担赔偿责任和行政责任。构成犯罪的，移交司法机关处理。

6. 本制度的支持性文件

《＿＿＿公司工程项目投标过程风险评审管理办法（试行）》。

7. 记录

（1）《招标文件评审会签单》

（2）《招标文件会议评审记录》

（3）《参加投标意见评审单》

（4）《投标文件评审纪要》

（5）《工程开标记录》

（6）《施工合同评审会签单》

（7）《合同交底内容记录》

（8）《工程任务合同登记表》

（9）《工程洽商台账》

（10）《施工合同履约情况汇报》

8. 附则

（1）本办法内容如与国家和上级有关法律、法规不一致或相抵触的，应以国家和上级有关法律、法规为准。

（2）本办法自发布之日起执行。

（七）建筑材料、构配件和设备管理制度

1. 目的及适用范围

为进一步规范公司材料系统管理工作，明确相关部门管理职责，加强工程建筑材料、构配件及设备的采购供应、验收保管、消耗使用、固体废弃物处置等环节的控制，保证建筑材料、构配件及设备管理工作做到高效有序进行，特制定本制度。

本制度适用于公司所属各工程项目经理部的建筑材料、构配件及设备的管理工作。

建筑材料主要包括：钢材、水泥、商混凝土、木材、粉刷材料、建筑砌块等；

构配件主要包括：钢木构件及混凝土构件等；

建筑设备主要包括：建筑给排水、建筑通风、建筑照明、采暖空调、建筑电气等系统设备、电梯等安装在建筑工程上的各类设备。

2. 管理职责

（1）公司主管生产的副经理为本制度的主管领导，负责指导、检查招标采购部的日常工作；负责相关文件的审核审批工作。

（2）大宗物资集中招标采购部（以下简称"招采部"）是本制度制定、实施、保持和改进的主控部门，负责公司所属各项目部的建筑材料、构配件及设备（以下简称为"物资"）的采购管理工作，负责贯彻执行国家及上级主管部门对建筑企业下发的相关法律、法规、规范、规程、标准及文件。

(3) 预算合约部负责提供工程预算及相关资料信息；负责项目经理部建筑材料、构配件及设备采购合同的审批工作。

(4) 资产财务部负责向项目经理部拨付生产资金；监督检查项目经理部生产资金的使用情况，负责各单位材料清产核资工作。

(5) 质量管理部负责施工现场材料、半成品质量的抽检工作，负责建筑材料、构配件及设备不合格品的处置管理。

(6) 人力资源部负责材料系统培训的组织与落实。

3. 管理要求

建筑材料、构配件及设备管理流程（见附图）

(1) 材料计划编制

1) 一次性物资需求计划由项目部经营人员会同生产、材料、预算、技术部门依据施工预算进行编制。

2) 项目经理部材料部门施工准备阶段编制本工程物资需求计划，根据工程施工进度编制月度物资需用计划，上报招采部审核。

3) 项目经理部材料部门根据该工程施工进度编制月度招标采购计划，上报招采部审批并进行招标采购的相关工作。

4) 项目经理部技术部门负责编制各项材料的委托加工计划，经项目部主管经理审批后，由项目部材料组负责计划的具体实施。

(2) 物资采购控制

1) 物资采购工作实行领导负责制，坚持"谁采购谁负责"的原则，杜绝不合格的建筑材料、构配件及设备进入施工现场。凡因材料不合格造成工程质量事故的要追究主管领导和采购人员的责任。

2) 项目经理部必须成立由项目经理为组长的采购评审小组，负责对采购物资的考察评审工作。

3) 项目经理部应收集所需物资供方的信息，其中包括：营业执照（企业经营范围）、企业资质、合格证、样品、相关材质证明文件、相关技术文件等资料，对商混凝土等重要物资采购前，评审小组应对供方进行实地考察并留存相关影像资料；涉及环保节能的建筑材料在评价时应关注其环保性能及节能指标。发包方提供产品项目部材料部门也应保存其相关资料。

4) 对物资供方评价内容包括：

A. 经营资格和信誉；

B. 建筑材料、构配件和设备的质量状况；

C. 供货能力；

D. 建筑材料、构配件和设备的价格；

E. 售后服务等进行评价。

评价小组将评价意见汇总后填写物资供方评价表，并由项目经理及相关人员签字给予确认（签字必须手写）。

5) 项目经理部每年年初须对上一年使用的物资供方进行质量、履约能力、技术更新能力等内容的再评价，对评价不合格的供方应从合格物资供方名录中删除。

再评价内容包括：

A. 供货的质量水平及其稳定性；

B. 服务的及时性和满意度；

C. 其他履约情况；

D. 技术更新情况；

E. 与质量管理体系相关的变化情况；

F. 社会信誉的保持等。

6）项目部应对评价合格的供方建立档案，编入合格物资供方名录，上报招采部作为采购依据。

7）依据《工程项目投标及工程承包合同管理制度》的相关规定与合格物资供方签订采购合同，其内容包括：采购时间、品名、型号、规格、单位、数量、供货单位、生产厂家、质量标准、验收标准、结算方式、违约责任、合同争议的解决方式等；钢材、商混凝土、水泥等材料还应与合格物资供方签署安全环保协议。

8）项目经理部在采购物资时应做到货比三家；采购油漆、稀料、涂料等有毒、有害物资时，应和供货方签订包装物回收协议。

9）项目经理部应建立健全物资采购台账。

（3）建筑材料、构配件和设备的进场验收

1）项目经理部材料部门应组织物资进场验收，对来料的品名、规格、质量标准、资质文件、合格证、数量等与材料采购计划、合同要求逐项对照核实，确认无误后，依据法定计量单位，进行检尺量方、称重，以实收数量签认，填写进场物资验收记录。

2）现场材料验收记录范围：钢材、水泥、木材、竹胶板、商混凝土、砂、石、砖、各种砌块、白灰粉、预拌砂浆等材料。其他材料以运输单、入库单签认形式记录（主要材料验收标准详见附表1）。

3）在验收中，如发现与材料采购合同中的质量、数量不相符时，应及时反映给采购、技术部门进行解决，通知供货单位退货或降级使用，并填写不合格品记录；发包方提供产品验收方法、要求同上。

4）进场物资按技术要求需要取样复试的，材料部门应根据所进物资的厂家、规格、批号和数量等信息内容填写《试验通知单》（一式二份），及时通知现场试验人员按见证取样规则进行取样送检，确保物资复试合格后使用。发包方指定提供的材料、产品，验收方法同上。具体按《试验、检测管理制度》执行。

5）所有进出场材料必须有相应的原始单据、原始资料。原始单据按月汇总装订成册，原始资料集中统一保管。发包方提供产品单独汇总、存放、记录并标识。

原始单据：运输单、入库单、发料单、钢筋加工单等。

原始资料：材料合格证（填入编号）、材质单（填入编号）、材料复试报告、外分包工程合同（如防水工程、内墙工程）等。

6）各项目经理部应在每季度末25日前填写材料进场验收记录汇总，经项目经理部主管经理签字、加盖公章后报招采部。

（4）建筑材料、构配件及设备的现场管理

1）现场物资耗用计划管理

A. 施工现场材料管理人员应参与施工组织设计的编制工作，在技术部门主持下，制定工程所采用的材料技术节约措施、材料管理节约措施，确定材料节约数量目标，并组织实施。

B. 项目经理部应建立材料加工订货的审批控制管理，完善技术、生产、预算部门三算对比制度，不断提高加工订货的准确性。

C. 项目经理部材料管理部门应对钢材、商品混凝土、水泥等材料建立健全月材料消耗台账；分栋号、按照材料品种（钢材、商品混凝土、水泥等）和施工部位划分（基础、结构、装修）建立收入与实耗台账，对于出现的节约与超耗情况应进行原因分析。

D. 项目经理部应针对设计变更、洽商、投标漏项等各类施工材料变化，及时调整施工应用材料品种、数量，办理相关手续，妥善保管证据资料，为材料消耗管理和工程结算提供基础依据。

E. 项目经理部材料组是材料消耗管理的执行部门，负责办理进、出库等全部环节的管理工作，必须严格控制外分包料具的发放、使用、耗料结算等工作。

F. 单位工程或分部、分项工程材料应耗量的测算是材料控制使用的龙头，是最基础的工作，不论是材料全额承包使用、材料数量承包使用、还是项目部自己发料控制使用，都必须按施工预算先行测算单位工程、分部、分项工程材料应耗数量，作为材料控制使用依据，不管选用哪种使用方案，都必须与材料使用单位签订材料使用协议，明确双方责任，节奖、超罚标准。

（A）钢筋应耗量：可选用钢筋翻样量加损耗作为钢筋控制用量，损耗率应不超过3%，或选用钢筋加工出材率，出材率应大于97%。

（B）混凝土应耗量：应以图纸几何尺寸扣除钢筋量作为应耗量，加损耗率作为控制用量，损耗率底板混凝土不超过1%，结构混凝土不超过1.5%。

（C）周转工具：原则上应采用数量承包使用方法，根据工程进度、施工方案测算总用量及使用时间，随工程进度分期分批进入施工现场。项目部与使用方签订使用协议，明确丢失、损坏赔偿额度及逾期未清退的责任。周转工具进场时，项目部与使用方双方点交，并登记周转工具租赁台账。周转工具管理见《施工机具管理制度》。

（D）木工工具、电动工具、低值易耗品应采用平方米单价包干方法。

2）物资堆放贮存的管理

A. 施工现场要根据不同的施工阶段绘制料具存放平面布置图，并按平面布置图指定位置存放材料，分品种规格码放整齐、稳固，做到一头齐一条线。

B. 施工现场要做到整齐干净，无废弃材料，材料存放场地的零散碎料、钢筋头、垃圾、渣土要及时清理、分类存放；露天存放材料无扬尘，采用分区、分段、划分责任区、责任人的方法，并设标识，做到管理有序。

C. 施工现场、建筑物内外、材料堆放区、大型工具堆放区、材料加工区，要保持无渣土、无废弃物、无杂草、无积水，设专人随时清理；建筑作业面要做到"活完料净脚下清"。

D. 施工现场循环道路应坚实硬化，两侧设有排水沟，保证雨季材料进出场运输。材料存放场地、仓库，应选择地势较高，远离水源、高压线，做到平整坚实，有排水措施。

E. 大型料具贮存区域应考虑起重机械设备的吊装覆盖范围，避免二次搬运及重复劳动。施工现场料具码放距建筑物不小于2.5m，脚手架近旁、首层安全网下严禁堆放材料；基础工程施工阶段距坑槽0.5m外方可堆放材料。水泥、白灰粉等易飞扬材料要入库保存,水泥库应设在地势较高处,或垫高夯实,周围应设有排水沟。水泥库应设两个门,做到先进先出,库门要严密牢固有锁,库内地面要做防潮处理,内墙做1.5m高防水砂浆,码放应距墙0.15m以上,码放高度不得超过10袋,应按不同品种、标号、生产厂家及出厂日期分别码放,并设标识牌,库内外散灰要及时清理。

F. 钢材料场要有良好的排水措施,场地平整无杂草、无杂物,各种钢材码放垫底高度不得低于0.25m,无垂落于地。应分品种、规格码放,不得混放,做到一头齐有标识。

G. 木材堆放垛不应过大,垛距间隔合理,并根据消防要求配备合格消防器材,按规格码放,码放高度不超过1.5m,远离易燃、易爆品仓库、高压线。

H. 大钢模板存放场地要平整夯实,设1.2米围栏,必须将地脚螺栓提上去,使自稳角成70°~80°角,必须双脚支撑地面一对一对码放,没有支撑或自稳角不足的大钢模板,必须放在插板架内,不准平放。小钢模脚手钢管,要集中存放,好坏分开,高度不得超过1.5m。

I. 砖、砌块应成丁、成行,码放高度不得超过1.5m,砂、石料场要平整夯实有围挡、苫盖,不得混放,随用随清不留料底。(见附表2)

J. 施工现场材料保管要根据材料的性质,采取必要的防雨、防潮、防腐、防晒、防冻、防火、防爆、防虫、防损坏、防污染措施,贵重物品、易燃易爆或有毒物品要及时入库、专库、专管,油料仓库必须有防止泄露和防止污染措施,并设明显标志。

K. 外埠工程在允许的情况下如需现场搅拌砂浆、混凝土时,应采用集中搅拌的形式,搅拌机与拖式泵周围、施工现场、建筑物内,不应有废弃砂浆与混凝土,场内道路与操作面落地灰应及时清理,运输浇注应有有效的防散落措施,人工搅拌混凝土时,应垫铁板,使用砂浆应有容器。

L. 施工现场必须设密闭垃圾站,生产、生活垃圾必须分开存放。施工剩余料具,包装容器应及时回收、集中堆放整齐并及时清运,废钢材要集中单独存放,存放量不宜过多。建筑垃圾废料应请有资质的单位清运,符合环保要求。

M. 建筑物内原则上不允许存放材料,如确属现场狭小,必须经招采部和公司行政安全部门批准。建筑物内严禁存放易燃易爆物。

N. 施工现场要做好节约能源工作,杜绝长明灯、长流水现象。

O. 项目经理部材料部门每月两次对现场进行自检自查,填写《集团施工现场料具管理达标评分记录》及《项目部自检记录》。

3)仓库管理

A. 仓库应按施工组织设计平面布置图规定的位置进行搭建,库房有消防措施及警示语,仓库管理制度应悬挂在明显处。

B. 仓库应尽量选择地势较高、有排水措施、远离高压线的地方,做到平整坚实;材料仓库应分区、分类码放,悬挂标识;有特殊要求的物资应专库存放,专人保管,严格收发手续。各种仓库应根据不同物资要求具有干燥、通风、防冻、防晒、防火、防潮、防雨、防高温等相应功能。

C. 物资入库前首先应核对相关供料凭证(收料单、货运单、磅单)及质量证明(合格证、材质证明、产品说明书、资质证号等)是否真实有效,核对无误方可办理入库手续,与工程无关的物资不能入库;在保证正常施工情况下应尽量减少库存量。

D. 库管物资的发放必须按控制使用措施的规定及领料单规定的品种、规格、型号、数量发料,无正式领料手续库管员可拒绝发料。物资发放应坚持先进先出的原则,及时上(下)卡,入(销)账,日清月结,做到账、卡、物相符,记账清楚、数字准确;各种单据凭证装订成册,妥善保管。

E. 易燃、易爆材料的仓库要远离火源,有明显的标志,设消防器材和灭火材料;油漆、稀料、油料必须单独设库,库房照明用防爆灯;库内不得有电源插座及明火,并安装通风装置。

4) 材料标识与可追溯管理

A. 物资的标识采用标牌、标签、记录(收料单、物资采购台账)等形式。

B. 现场物资标牌:按集团VI要求的标准制作。

C. 标识牌按不同材料注明名称、规格、状态、生产日期等内容,如果是发包方提供产品的应注明。所有物资要保存物资原出厂的标识,并标明进场日期。

D. 结构用钢筋、商混凝土等重要物资应保存其进场记录、复试报告及出场记录等资料,以满足实现可追溯的要求。

5) 施工现场固体废弃物的管理

A. 项目经理部负责本单位施工现场固体废弃物管理,施工现场建立密封式垃圾站,存放建筑施工垃圾。施工现场废钢材堆料场设置围挡,并设立标识,明确责任人。施工中的渣土集中堆放,要有遮盖,不得扬撒,及时分拣清运。施工垃圾消纳时应有消纳证、准运证等相关手续。

B. 根据有关规定,项目经理部应对环境有污染的固体废弃物进行收集、储存、运输,在消纳过程中要采取措施,防止扬撒、遗撒、流失、丢弃。

C. 项目经理部负责监督材料供方对废弃物的回收,并做好记录,在记录中注明回收单位、日期、废弃物名称、数量等,填写固体废弃物处置登记表。

(5) 对发包方提供物资的管理

1) 发包方提供的物资到达现场后,现场物资人员依据材料采购计划会同发包方代表共同验收到场物资的品名、规格型号、材质等级等,对发包方提供技术复杂的物资应会同技术人员共同验收,验收方式可采取复试、点数、过磅、检尺、量方、外观检查、开箱点验等方法。

2) 对发包方提供的物资进行验收后应进行记录、标识、单独存放,并根据发包方财产的特点妥善保管、维护。

3) 发包方提供物资在验收、施工安装、使用过程中出现丢失、损坏、不适用等情况,应予以记录,并反馈给发包方,按发包方的意见办理,并记录处理结果存档、备查。

(6) 对分包方材料管理

1) 项目经理部在签订外分包协议时,应对现场料具管理、材料控制使用有明确的规定,要求外分包队设1~2名专职材料员,负责材料的领料和用料的结算工作;实行材料分包的工程,在分包合同中必须明确分包材料的品种、范围、质量、金额及节超奖罚规定;实行材料包干使用时,在签外分包合同同时须签订材料包干使用协议。

2) 项目经理部负责组织对分包材料管理人员及相关人员进行入场材料管理知识与管理要求的业务培训。针对施工现场的材料管理,划片分区专人负责,责任到人。

3）项目经理部与分包单位应就材料管理各项内容签订管理协议，纳入劳务合同管理，明确管理责任及奖罚条款。项目经理部负责劳务分包单位材料管理的监督、检查、纠正、处罚与经济索赔。

4）分包单位在材料管理中的采购、验收、使用、保管、现场材料管理等各项要求均应执行本办法的相关条款。

(7) 统计管理

1）各项目经理部要依据统计法的要求，全面、及时、准确编报各类材料物资统计报表。

2）各项统计报表必须按规定日期及时上报，不得以任何借口延报、拒报。报表格式应统一，数字要首尾衔接，交圈对口，不能颠倒、漏项、涂改，一律使用法定计量单位。

3）各项物资统计报表，必须经主管领导签字，加盖公章后方可生效。

4）物资统计报表采用季报形式，上报时间为季后 5 日前报公司招采部。

(8) 材料系统人员培训管理

1）施工现场材料管理人员必须持证上岗，加强岗位知识学习，做到应知应会。

2）项目经理部自有材料管理人员、分包材料管理人员必须持证上岗。

3）招采部负责对本单位材料系统管理人员每年至少一次专业知识或材料管理专题培训，负责组织材料系统岗位培训、业务培训，做好培训效果的总结。负责制订本单位材料系统年度培训计划，报送有关部门。

(9) 材料管理表彰与处罚

1）公司所属各项目经理部的材料管理工作，要严格按本管理制度执行。

2）招采部将定期对各项目经理部的材料管理工作进行检查和考核。

3）在材料管理的各项工作中，对那些管理到位，有创新的单位和个人，采取适当形式给予表扬；对那些不重视材料管理，玩忽职守以至造成损失，影响很坏的单位和个人不仅进行通报批评，对有关责任人建议调离材料管理岗位。

4. 本制度的支持性文件

(1)《试验、检测管理制度》；

(2)《工程项目投标及工程承包合同管理制度》；

(3)《施工机具管理制度》。

5. 记录

(1)《＿＿＿物资需求计划》；

(2)《（ ）月物资招标采购计划》；

(3)《委托加工计划》；

(4)《供方评价表》；

(5)《供方再评价表》；

(6)《合格供方名录》；

(7)《物资采购台账》；

(8)《进场验收记录》；

(9)《不合格品记录》；

(10)《材料进场验收记录汇总》；

(11)《单位工程月材料消耗台账》；

(12)《单位工程材料收入与消耗对比台账》；
(13)《项目部自检记录》；
(14)《固体废弃物处置登记表》。

建筑材料、构配件及设备管理流程图，见图4-7。

(八) 分包管理制度

1. 目的和适用范围

为规范公司分包管理的管理行为，保证工程的施工质量和施工安全，确保分包管理活动得到有效控制，特制订本制度。

本制度适用于公司及项目部对工程专业分包、劳务分包的管理控制。其他服务类的分包活动（如委托试验、设备安装拆卸、运输、计量设备的检定、技术服务等）可参照本制度中对分包方控制要求的原则执行。

2. 专用术语

(1) 分包管理。公司将所承包建筑工程中的专业工程或劳务作业发包给具备相应资质的其他建筑业企业完成的活动。

(2) 专业分包。公司将所承包工程中的专业工程依法发包给具备相应专业承包资质的建筑业企业所完成的活动。

(3) 劳务分包。公司将所承包工程中的劳务作业依法发包给具备相应劳务分包资质的建筑业企业所完成的活动。

3. 编制依据

(1)《建筑法》；
(2)《招标投标法》；
(3)《合同法》；
(4)《建设工程质量管理条例》；
(5)《建设工程安全生产管理条例》；
(6)《房屋建筑和市政基础设施工程施工分包管理办法》；
(7)《房屋建筑和市政基础设施工程施工招标投标管理办法》。

4. 职责和权限

(1) 总经济师是公司分包管理的主管领导，负责对本制度的有效实施、保持和改进。具体负责对分包方选择、评价的最终审批，对分包招标、分包合同的审定。

(2) 劳务管理部是公司分包管理的主控部门。负责发布和维护公司《合格分包方名录》（以下简称《名录》）；对项目部新引进的分包方和分包招标文件进行审核，组织分包招标和投标评审，编制、发送中标通知书；对分包合同进行审核，办理分包合同及人员备案；对分包方进行年度考核评价。对项目部进行分包管理指导、监督、检查、考核，对分包管理相关信息进行汇总、分析、利用、改进。

(3) 预算合约部、施工管理部、安全监管部、技术管理部、质量管理部、行政保卫部、招标采购部、法律事务部是公司分包管理的相关部门，负责依据本部门的管理职能协助劳务管理部对分包招标、分包合同进行审核，对分包方合同履行情况进行管控。

(4) 项目部是本制度实施的直接责任单位。负责在公司《名录》中选择分包方，对《名录》外的分包方进行初审、评价并收集相关证据；编制分包招标文件，配合公司完成

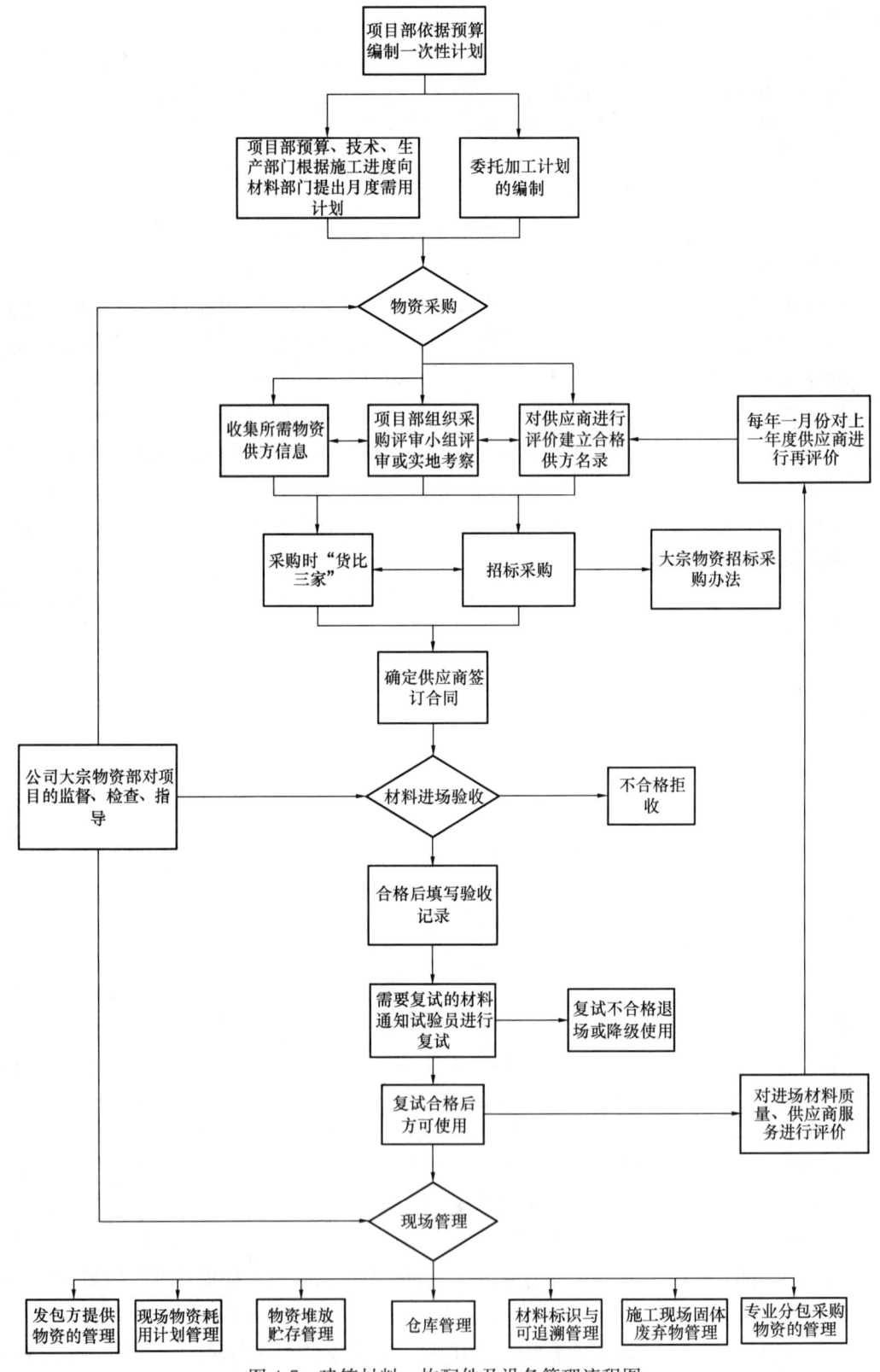

图 4-7 建筑材料、构配件及设备管理流程图

分包招标，签订分包合同，提供分包合同及人员备案手续并留存相关资料；在分包项目实施前进行合同交底及审批施工方案，在分包项目实施中进行质量检查，在分包项目完成后进行竣工验收；对分包方进行年度合同履约及业绩考核。

5. 管理要求

（1）分包管理流程见附件。

（2）分包方评价与选择

1）劳务管理部年初根据上一年度对分包方的考核评定结果，发布《名录》，并定期对《名录》进行维护。

2）凡列入《名录》的分包方，项目部可通过价格比选或分包招标的方式选择；没有列入《名录》的分包方，项目部须对分包方进行资质初审、考察评价，经评价合格列入《名录》后方可选择。

评价内容：

A. 经营许可和资质证明；

B. 专业能力；

C. 人员结构和素质；

D. 机具装备；

E. 技术、质量、安全、施工管理的保证能力；

F. 工程业绩和信誉。

（3）分包招标

1）专业分包合同价款 200 万元以下，劳务分包合同价款 50 万元以下的工程，项目部采用价格比选方式在《名录》中选择分包方。

2）专业分包合同价款 200 万元以上，劳务分包合同价款 50 万元以上的工程，项目部采用分包招标方式在《名录》中选择分包方。

3）项目部编制分包招标文件，到公司相关部门进行评审。

4）劳务管理部、预算合约部、施工管理部、安全监管部、技术管理部、质量管理部、行政保卫部、招标采购部按各自职能分别对分包招标文件的相关要求进行审核。

5）分包招标文件评审通过，经总经济师审批后，项目部向参加投标的分包方发送招标文件。

6）项目部编制分包工程预算，报公司预算合约部审核，预算合约部根据预算编制分包工程标底。

7）劳务管理部组织分包工程开标，开标后组织公司相关部门评审分包投标文件，根据评标结果选择中标单位、编制《中标通知书》。

8）劳务管理部向项目部、分包方发送《中标通知书》。

（4）订立分包合同

1）项目部根据《中标通知书》拟定分包合同，到公司相关部门进行评审，评审流程执行《工程项目投标及工程承包合同管理制度》的相关规定。

2）项目部签订分包合同时，要依据国家的相关法律、法规，遵守集团及公司的有关规章、制度；合同标的明确、范围准确、涵盖内容完整、文字表达严谨，明确约定双方的权利、义务及违约责任，确保合同有效履约；并将公司有关职业健康安全及环境保护的规定以合同补充条款的形式告知分包方。

3) 劳务管理部、预算合约部、施工管理部、安全监管部、技术管理部、质量管理部、行政保卫部、招标采购部、法律事务部按各自职能分别对分包合同的相关约定进行审核。

4) 分包合同评审通过，经总经济师审批后，项目部与分包方签订合同。

5) 项目部督促分包方提供分包合同、人员备案相关资料，劳务管理部办理分包合同及人员备案，项目部留存相关备案资料。

(5) 对分包方施工过程的控制

1) 合同交底

项目部在分包方进场施工前进行分包合同交底。交底内容：

A. 工期要求；

B. 质量要求；

C. 安全文明施工要求；

D. 技术交底；

E. 合同价款支付方式及途径；

F. 人员资格与能力要求；

G. 材料、机械与机具要求；

H. 职业健康安全及环境保护要求；

I. 其他有关事项。

2) 方案审批

A. 分包方根据分包合同及交底要求编制专项施工方案，经项目部技术负责人审核确认后按照施工方案组织施工。

B. 分包方按照施工方案设置现场组织机构，确保人员的技术能力、综合素质满足项目部要求，并提供人员岗位证书；项目部对分包方进入现场的人员能力进行确认。

C. 分包方按照施工方案提供材料、机械及机具清单，确保其质量、数量满足项目部要求，并提供产品合格证明；项目部对分包方提供的材料、机械及机具进行验收、验证，必要时对安全性能进行检测。

3) 对分包质量的检查

项目部需每月不少于2次对分包方施工过程能力进行检查，劳务管理部不定期对项目部进行分包管理控制工作的检查，发现问题及时纠正并跟踪复查整改结果，执行公司《质量问题处理及质量事故责任追究制度》、《纠正及预防措施控制制度》的有关规定，确保分包管理满足工程项目质量管理的要求。

4) 对分包工程的检查验收

A. 项目部负责对分包项目的检验批、分项、分部工程的施工质量进行检查验收，执行公司《施工质量检查制度》的有关规定。

B. 项目部对分包方提供的材料、构配件和设备及施工机具的验收，执行公司《建筑材料、构配件和设备管理制度》、《施工机具管理制度》的有关规定。

C. 项目部对分包方的环境行为和环境影响、职业健康安全运行情况的检查，执行公司《环境保护管理制度》、《施工现场安全生产管理制度》的有关规定。

D. 分包方如出现不合格品，执行《质量问题处理及质量事故责任追究制度》的有关规定。

5) 对分包方的重新评价

A. 项目部和劳务管理部每年末或每项合同完成后要对分包方合同履约及其业绩进行考核评价。

B. 项目部对分包方进行考核评价后,填写《分包方考核评定表》报劳务管理部。

C. 劳务管理部根据项目部对分包方的考核评价结果和分包管理检查情况,对分包方进行年终合同履约及其业绩评价。评价合格的,列入下年度《名录》,并保存相关记录;评价不合格的,不再列入《名录》,项目部也不得继续使用。

6. 本制度的支持性文件

(1)《施工机具管理制度》;

(2)《工程项目投标及工程承包合同管理制度》;

(3)《建筑材料、构配件和设备管理制度》;

(4)《环境保护管理制度》;

(5)《施工现场安全生产管理制度》;

(6)《质量问题处理及质量事故责任追究制度》;

(7)《纠正及预防措施控制制度》;

(8)《分包管理工作程序》。

7. 记录

(1)《合格专业分包方名录》;

(2)《合格劳务分包方名录》;

(3)《分包方能力评审表》;

(4)《拟引进分包方审批表》;

(5)《中标通知书》;

(6)《分包合同交底表》;

(7)《分包管理检查表》;

(8)《分包方考核评定表》。

(九) 工程项目施工质量管理制度

1. 目的和适用范围

为了进一步规范对工程项目施工质量的管理控制,依据国家有关法律法规、标准和有关规定,制定本制度。

本制度适用于公司及公司所属所有项目经理部(以下简称项目部)对项目施工质量的管控。

2. 编制依据

《建筑工程施工质量验收统一标准》GB 50300—2001;

《建筑工程施工组织设计规范》GB/T 50502—2009;

《建筑工程施工组织设计管理规程》DB11/T363—2006;

《建筑工程施工技术管理规程》DBJ 01—80—2003;

《建筑工程资料管理规程》DB11/T 695—2009。

3. 职责与权限

(1) 公司总工程师和生产副总是本制度的主管领导,其中:

1) 总工程师是技术质量系统的主管领导,负责对项目部申报的重大施工组织设计及特殊施工方案进行审批;负责对公司科室和项目部技术质量系统进行监督指导。

2) 公司生产副经理是施工生产的主管领导,负责对项目部和公司部门的生产组织和落实进行监督、检查的领导。

(2) 技术管理部是本制度的主控部门,负责组织有关部门对一般工程施工组织设计及部分施工方案进行评审和审批,负责对项目部的施工组织设计的执行情况进行检查。

(3) 施工管理部是本制度的协控部门,负责施工全过程的生产计划、统计报量、施工进度控制、成品保护、计量器具、能源控制的管理;参加竣工验收和组织移交;回访维修管理;负责监督本办法的实施,检查实施效果。

(4) 质量管理部负责施工全过程的质量监督、抽查及质量活动分析工作。

(5) 行政保卫部负责施工全过程的消防和文明施工管理。对施工现场消防和文明施工管理进行监督、检查与纠正;负责外施人员的入场安全教育。

(6) 安全监管部负责施工全过程的安全、环保的管理。对施工现场安全生产、文明施工进行监督、检查与纠正;负责外施人员的入场安全教育。

(7) 人力资源、劳务管理部负责组织对劳务分包方的考察、评估及过程监控,对劳务用工进行管理;负责专业工程分包的审批、考核;负责对项目部管理人员的继续教育和岗位培训。

(8) 招标采购部负责施工过程中物资的招标、采购、验收、保存、检查和监督管理。

(9) 资产财务部负责施工工程中的资金供应、审批、检查和监督管理。

(10) 项目经理部职责

项目部是本制度的直接执行单位,负责施工策划、准备、过程中的施工机具、材料、设备等管理。

4. 管理要求

(1) 工程项目施工质量管理流程,见图 4-8。

(2) 施工策划

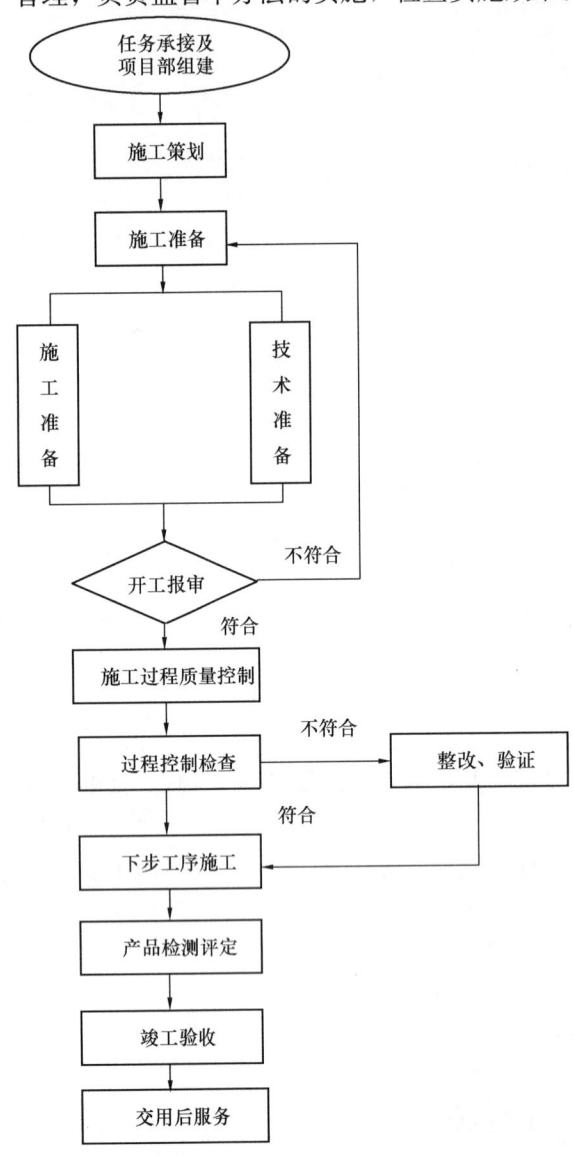

图 4-8 工程项目施工质量管理流程

1) 组织机构设置和人员配备

A. 项目经理应具有注册建造师执业资格,按照执业等级允许的范围与规模承揽工程。一级注册建造师可担任大、中、小型工程施工项目负责人,二级注册建造师可以承担中、小型工程施工项目负责人。见表4-6。

注册建造师执业工程规模标准　　　表4-6

项目名称		单位	大型	中型	小型	备注
一般房屋建筑工程	工业、民用与公共建筑工程	层	≥25	5～25	<5	建筑物层数
		m	≥100	15～100	<15	建筑物高度
		m	≥30	15～30	<15	单跨跨度
		m²	≥30000	3000～30000	<3000	单体建筑面积
	住宅小区或建筑群体工程	m²	≥100000	3000～100000	<3000	建筑群建筑面积
	其他一般房屋建筑工程	万元	≥3000	300～3000	<300	单项工程合同额

B. 建筑面积在5万 m² 以下的工程,项目部主任工程师应具有中级以上技术职称;建筑面积在5万 m² 以上10万 m² 以下的工程,项目部主任工程师应具有高级以上技术职称;建筑面积在10万 m² 以上的工程,项目部主任工程师应具有高级以上技术职称,并应有相应技术职称2年以上类似工程建设技术质量管理工作经验。

C. 建筑面积在5万 m² 以下的工程质量检查员人数土建专业不应少于2名,水电专业各不应少于1人;建筑面积在5万 m² 以上10万 m² 以下的工程,质量检查员人数土建专业不应少于4名,水电专业各不应少于2人;10万 m² 以上的工程质量检查员人数土建专业不应少于6名,水电专业各不应少于3人。分包单位工程项目管理部应至少配备2名质量检查员,并应纳入总包单位管理。质量检查员应具有中级以上技术职称或从事质量管理工作5年以上,并取得企业培训上岗证书。

D. 建筑面积在5万 m² 以下的工程施工试验管理人员人数不应少于1名;建筑面积在5万 m² 以上10万 m² 以下的工程,施工试验管理人员人数不应少于2名;10万 m² 以上的施工试验管理人员人数不应少于3名。分包单位工程项目管理部应至少配备1名施工试验管理人员,并应纳入总包单位管理。施工试验管理人员应具有初级以上技术职称或从事质量管理工作3年以上,并取得企业培训上岗证书。

E. 项目经理部的机构设置应与工程项目的规模、结构复杂程度、专业特点、人员素质相适应,并根据项目经理部的管理需求决定是否设立专业职能部门。

F. 项目经理配备的人员应满足相应质量管理的需求,保证人员持证上岗。具体岗位要求参见人力资源部的《人力资源管理制度》。

2) 图纸会审和设计交底管理

A. 技术管理部负责从建设单位接收图纸,并及时发放给项目部,图纸收发要有记录;发放新的图纸时,如果旧图同时作废,项目部应做好旧图的回收处理工作;如果图纸涉及保密内容,则应在施工过程中按规定做好保密工作,施工完成后,由技术管理部负责图纸回收处理工作。

B. 项目部接到施工图纸后,技术人员首先应分专业各自熟悉图纸,由主任工程师组织各专业施工图纸的内部会审,内部会审后主任工程师组织技术质量人员参加建设单位组织的图纸会审和设计交底。

3) 主任工程师组织项目部技术管理人员参建建设单位组织的设计交底,并在交底后一周内完成各专业一次性洽商的办理工作,并由资料员收集保管。

(3) 施工策划管理

施工策划的输出文件包括:施工组织设计、质量计划、应急预案,施工方案等一组文件,见表4-7和表4-8。

施工组织设计内容　　　　　　表4-7

序号	项目	内　　容
1	编制依据	(1) 施工合同、设计文件 (2) 与工程建设有关的国家、行业和地方法律、法规、规范、规程、标准、图集
2	工程概况	(1) 工程基本情况和相应的监督单位、参建单位(含建设、监理、设计、勘察)的基本情况 (2) 工程各专业设计概况
3	施工部署	(1) 施工部署原则 (2) 施工管理目标 (3) 项目经理部组织机构 (4) 计算主要工程量 (5) 施工进度计划 (6) 原材料、构配件、设备的加工及采购计划 (7) 劳动力计划 (8) 协调与配合 (9) 工程重难点分析
4	施工准备	(1) 技术准备 (2) 现场准备
5	主要施工方法	(1) 流水段划分 (2) 大型机械设备选择 (3) 分部分项工程施工方法
6	主要管理措施	单位工程的主要管理措施,如分包管理措施、保证工期措施、保证质量措施、保证安全措施、消防措施、环保管理措施、文明工地管理措施、违规事件报告及处理措施等分别编制
7	施工总平面图	施工总平面图应按施工阶段(如地基与基础工程、主体结构工程、装饰装修工程)分别绘制,内容包括现场的场地、道路、水电、消防、临时设施等的布置情况

质量计划内容 表 4-8

序号	项目	内容
1	编制依据	1) 施工合同、设计文件 2) 工程建设有关的国家、行业和地方法律、法规、规范、规程、标准、图集
2	工程概况	应重点描述与施工方案有关的内容和主要参数,对该工程的特点、重点、难点进行分析
3	施工部署	1) 质量目标 2) 组织机构及职责
4	施工准备	1) 技术准备 2) 材料准备 3) 现场准备
5	主要施工控制方法	1) 各分项工程质量检查、控制及其标准 2) 施工记录管理 3) 施工试验管理
6	主要管理措施	单位工程的主要管理措施,如分包管理措施、信息收集及管理措施、保证质量措施、与工程建设有关方的沟通方法、保证安全措施、消防措施、环保管理措施、文明工地管理措施等分别编制

项目部应根据识别出的潜在的施工现场紧急情况,有针对性的编制突发事件应急预案。编制格式参见《应急准备与响应管理制度》,见表4-9。

突发事件应急预案种类 表 4-9

序号	预案名称	备注
1	突发公共事件总体应急预案	
2	生产安全事故应急救援预案	
3	环境保护应急预案	
4	机械设备事故应急预案	
5	防汛应急预案	
6	急性职业中毒防控应急预案	
7	传染病疫情防控应急预案	
8	食品安全(防食物中毒)防控应急预案	
9	消防治安刑事案件应急预案	
10	工资拖欠事件应急预案	
11	劳务费纠纷事件应急预案	
12	重大工程质量事故应急预案	

1) 施工组织设计及施工方案管理

A. 施工组织设计及施工方案的编制

(A) 市级以上重点工程的施工组织设计由技术管理部主持编制;一般工程的施工组织设计、施工方案、专业分承包管理方案由项目部负责编制;由专业公司承担的工程项目由承包公司编制。

（B）一般工程的施工组织总设计、单位工程施工组织设计由项目部项目经理主持组织编制工作，施工方案、专业分承包管理方案由项目部主任工程师主持组织编制工作；编制时可指派1~2名具有专业技术职称的技术人员作为主要编制人，进行总体编写及将项目部内各部门分别编制的内容进行汇总、整理成文。

B. 施工组织设计编制程序

单位工程施工组织设计的编制工作应按下列程序进行，并填写《施工组织设计编制过程记录表》。

C. 报审

（A）项目部主任工程师应对施工组织设计及施工方案的报审稿进行审核，报审稿要做到：内容科学合理、有针对性、指导性及可操作性、文法通顺。报审通过电子邮件以电子版形式报审。

（B）编制施工组织设计时如有个别分项工程暂时无法确定施工方法，须在施工组织设计中注明，并在该分项工程施工10日以前报审该项工程的施工方案。

（C）单位工程开工15日前，项目部将施工组织设计的报审稿报技术管理部审批。技术管理部在收到报审稿后应在7日内收集各科室意见给项目部回复。

（D）审批

A）施工组织设计及施工方案审批权限，见表4-10。

施工组织设计及施工方案审批 表4-10

方案名称	编制单位	审批人	备注
施工总组织设计	项目部	公司总工	
单位工程施工组织设计	项目部	公司总工	超过10000m^2的单位工程
临时用电施工组织设计	项目部	公司总工	
塔吊拆装方案	专业分包	公司总工	
起重吊装方案	项目部	公司总工	
群塔方案	项目部	公司总工	
外挂架施工方案	项目部	公司总工	
卸料平台方案	项目部	公司总工	
脚手架施工方案	项目部	公司总工	超过50m脚手架
测量方案	项目部	技术管理部	
施工组织设计	项目部	技术管理部经理	低于10000m^2的单位工程
绿色施工方案	项目部	技术管理部经理	
冬季施工方案	项目部	技术管理部经理	
雨季施工方案	项目部	技术管理部经理	
高压线防护方案	项目部	技术管理部经理	
其他项目部编写施工方案	项目部	主任工程师	
专业分包方案	专业分包	专业分包单位总工程师	项目部主任工程师审核后报监理单位审批

B）危险性较大工程应当在危险性较大的分部分项工程施工前编制专项方案；对于超过一定规模的危险性较大的分部分项工程，应当组织专家对专项方案进行论证，见表4-11。

超过一定规模的危险性较大的分部分项工程范围　　　　　　表4-11

序号	专业类别	超过一定规模的危险性较大的分部分项工程	备注
1	岩土工程	1. 开挖深度超过5m（含5m）的基坑（槽）的土方开挖、支护、降水工程。 2. 开挖深度虽未超过5m，但地质条件、周围环境和地下管线复杂，或影响毗邻建筑（构筑）物安全的基坑（槽）的土方开挖、支护、降水工程。 3. 开挖深度超过16m的人工挖孔桩工程。 4. 地下暗挖工程、顶管工程、水下作业工程。 5. 采用新技术、新工艺、新材料、新设备及尚无相关技术标准的危险性较大的分部分项工程	
2	模架工程	1. 工具式模板工程：包括滑模、爬模、飞模工程。 2. 混凝土模板支撑工程：支撑高度8m及以上；搭设跨度18m及以上，施工总荷载15kN/m² 及以上；集中线荷载20kN/m及以上。 3. 承重支撑体系：用于钢结构安装等满堂支撑体系，承受单点集中荷载700kg以上。 4. 搭设高度50m及以上落地式钢管脚手架工程。 5. 提升高度150m及以上附着式整体和分片提升脚手架工程。 6. 架体高度20m及以上悬挑脚手架工程。 7. 施工高度50m及以上的建筑幕墙安装工程。 8. 跨度大于36m及以上的钢结构安装工程；跨度大于60m及以上的网架和索膜结构安装工程。 9. 采用新技术、新工艺、新材料、新设备及尚无相关技术标准的危险性较大的分部分项工程	
3	吊装及拆卸工程	1. 采用非常规起重设备、方法，且单件起吊重量在100kN及以上的起重吊装工程。 2. 起重量300kN及以上的起重设备安装工程；高度200m及以上内爬起重设备的拆除工程。 3. 采用新技术、新工艺、新材料、新设备及尚无相关技术标准的危险性较大的分部分项工程	
4	拆除、爆破工程	1. 采用爆破拆除的工程。 2. 码头、桥梁、高架、烟囱、水塔或拆除中容易引起有毒有害气（液）体或粉尘扩散、易燃易爆事故发生的特殊建、构筑物的拆除工程。 3. 可能影响行人、交通、电力设施、通信设施或其他建、构筑物的拆除工程。 4. 文物保护建筑、优秀历史建筑或历史文化风貌区控制范围的拆除工程。 5. 采用新技术、新工艺、新材料、新设备及尚无相关技术标准的危险性较大的分部分项工程	

C）技术管理部、施工管理部、安全监管部、行政保卫部等有关部门参加施工组织设计、施工方案的审批工作，按管理职能对相应内容进行审批。各审批部门审阅后提出审批意见，提出的意见应具体。

D）审批过程采用网上申报方式：项目部以电子邮件方式将施工组织设计、施工方案上报技术管理部，技术管理部从公司内网以工作流方式发给各相关部门完成审批过程。审批完成后工作流应存档到工程结束后1年，以备查阅。

E）审批合格的施工组织设计、施工方案，由技术管理部填写《施工组织设计、施工方案审批单》，根据审批意见修正、打印完成后技术管理部在审批单上盖章生效。

F）审批不符合要求的施工组织设计、施工方案限期整改，重新报审。

G）由项目部主任工程师负责审批的施工方案，审批合格后及时报技术管理部备案。

H）施工组织设计及施工方案在完成公司内部审核后应上报建设单位或监理单位审批，审批完成后方可实施。

D. 施工组织设计实施及检查

技术管理部组织人员对项目部施工组织设计实施情况进行检查。项目部对施工方案的实施情况进行检查。

E. 施工组织设计的修改、调整

施工组织设计、施工方案因设计及合同变更需进行调整的，应及时编制修改方案，经原审批单位审批后，方可实施。修改后的施组、方案应注明修改的版本。

2）质量计划管理

A. 项目部主任工程师组织编制

编制时可指派1～2名具有专业技术职称的技术人员作为主要编制人，进行总体编写及将项目部内各部门分别编制的内容进行汇总、整理成文。

B）质量计划由主任工程师负责审批。

质量计划审批后应报送公司技术管理部和质量管理部备案。

3）突发事件应急预案管理

A. 项目部各部门根据自身主管的内容，分别编制各种应急预案。项目部各专业应急预案应由项目经理进行审批。

B. 项目部根据公司的要求，结合本项目的实际情况，加强自救、互救和逃生知识和技能的培训。

C. 项目部应组织本单位人员进行应对突发公共事件的分项演练，建立演练记录和图像记录。

D. 项目部如遇突发公共事件，应立即启动相关应急预案，采取措施，组织人员抢救伤员，防止事故扩大，保护事故现场。按照《安全生产事故报告及处理规定》采取事故报告和处理措施。

（4）施工准备

1）施工技术准备

A. 项目部应依据施工组织设计的内容进行施工组织准备。编制各种专项施工方案。

B. 施工组织设计、施工方案实施前，必须召开有项目部主任工程师主持的施工组织设计、施工方案交底会。

C. 施工组织设计交底应由项目技术负责人组织专业技术人员、生产经理、质检人员、安全员及分承包方有关人员等进行交底。重点工程施工组织设计交底应由公司总工进行交底。

D. 专项施工方案技术交底应由项目技术负责人负责，根据专项施工方案对专业工长进行交底。

E. 分项工程施工技术交底应由专业工长对专业施工班组（或专业分包）进行交底。

F. "四新"技术交底由主任工程师组织相关专业技术人员编制并对专业工长交底。

G. 设计变更交底应由项目技术部门根据变更要求，并结合具体施工步骤、措施及注意事项等对专业工长进行交底。

H. 施工组织设计及施工方案交底时应填写《施工组织设计、施工方案交底记录单》。

2) 施工组织准备

项目部应依据施工组织设计的内容进行施工组织准备。

A. 临设准备

（A）根据项目及现场管理人员规模配备能够满足办公要求的办公用房、办公设施及办公用具。

（B）项目部严格依据施工现场平面布置图及文施、消防等要求搭建现场临时设施。

B. 开工准备

（A）项目部应及时收集开工所需的建设工程施工许可证、建设工程规划许可证、安全施工许可证、消防安全许可证等相关手续。并报送公司相关部门。

（B）项目部编制各种分项计划，主要有：

A）施工进度计划、计划保证措施，上报施工管理部；

B）根据施工进度计划编制材料计划、各种规格型号的设备租赁计划，上报招标采购部。

（C）编制施工安全及防护方案、文明施工方案、环保方案上报安全监管部审批；编制质量保证措施和成品保护措施。

（D）项目部与施工分包方签订"健康安全"、"消防安全"、"质量保证"、"场容卫生"、"环境保护"等协议书和相关要求。

（E）组织工程施工所需的材料、机械设备等进场。办理相关检测、检验及备案手续。

（F）选择合格的分包单位。

C. 开工报审

（A）公司确认项目部施工准备工作已具备开工条件，按规定由项目部向监理单位或发包单位提出开工申请，经监理单位或发包单位批准后方可开工。

（B）开工应具备的条件：

A）已取得开工所需的建设工程施工许可证、建设工程规划许可证、安全施工许可证、消防安全许可证等相关手续；

B）现场具备"七通一平"（给水、排水、通电、通路、通信、通暖气、通天然气或煤气、场地平整）的开工条件；

C）施工组织设计已编制完成并已完成审批手续；

D）施工图、地勘报告已审查；

E）现场地上、地下障碍物情况已查明；

F）建筑红线已经规划批准，已具备施工放线条件；

G) 施工材料已进场并已进行报验和检验合格；

H) 施工机械设备已进场并已进行检测和备案；

I) 对外施工队已进行安全入场教育、考核及安全交底；

J) 现场安全防护措施已做到位；

K) 合同、图纸、施组、方案等交底工作已完成；

L) 已进行质量教育并交底等。

(5) 施工过程质量控制

1) 施工依据

A. 正确使用施工图纸、设计文件（包含工程洽商、设计变更等）、验收标准及适用的施工工艺标准。

(A) 项目部依据施工图纸、设计文件、验收标准及适用的施工工艺标准编制施工组织设计及施工方案，施工组织设计交底应由项目技术负责人组织专业技术人员、生产经理、质检人员、安全员及分承包方有关人员等进行交底。重点和大型工程施工组织设计交底应由公司总工进行交底。专项施工方案技术交底应由项目技术负责人负责，根据专项施工方案对专业施工员进行交底。

(B) 施工员在下达任务书时，要根据图纸设计要求，结合验收规范，质量验收统一标准等文件，以书面技术交底形式明确分项工程应达到的质量标准，以及相关的技术要求和施工方法。

(C) 施工班组（队）在施工中必须有工长下达的书面技术交底，并按其施工，要严格执行"三检制"，即："自检、互检、交接检"，并填写检查记录。

B. 样板制度

(A) 结构和装饰装修工程全面实行样板制，结构工程要做样板项，装饰装修工程要做样板间，样板做完后上报公司技术、质量管理部，经检验合格后方可进行大面积施工；不做样板项、样板间不得进行下道工序或大面积施工。

(B) 样板间应起到统一质量标准，评定操作者技艺，策划施工方法的作用。

(C) 样板间的质量鉴定、验收由技术管理部、质量管理部和主任工程师共同负责；创长城杯等级工程的样板间，在技术管理部和质量管理部检验通过后，上报集团总公司有关部门检验。

2) 操作人员

项目部根据项目施工要求合理调配符合规定的操作人员，组织分包单位施工人员进行技能培训考核，不具备操作技能的人员不允许进行操作作业。特种作业人员必须取得合格的岗位证书，才允许上岗作业。具体要求详见《分包管理制度》。

3) 材料、构配件、设备、施工机具、检测设备管理

A. 项目部按施工规模、交底要求合理配备、使用建筑材料、构配件和设备、施工机具、检测设备等。

B. 项目部对工程中使用的成品、半成品施工材料应严格检查、监测，对不符合要求的施工材料严禁使用。具体管理要求详见《材料、构配件及设备管理制度》。

C. 在工程中使用的检测设备应及时检测，确保施工状态良好，在有效的监测期内。具体检测要求详见《检测设备管理制度》。

D. 项目部根据生产计划、施工组织设计等要求选择确定各种工程所需的机械设备，对进场起重机械等大型机械进行资质资格审查并按要求上报审批。负责进场设备的检验，审验保存相关资料文件，完备入场手续；组织大型机械（承租）的验收工作，负责劳务分包单位机械设备的进场验收，监督专业分包单位机械设备的验收工作。具体管理要求详见《施工机具管理制度》。

4）检查、监测管理

A. 项目部应按照规定组织施工并及时检查监测，确保工程质量能够满足顾客的要求。

B. 项目部对施工管理的执行、落实情况进行检查、监督，并形成检查记录，对不符合要求的项目提出限期整改。

5）施工作业环境管理

A. 项目部组织分包单位按照现场施工平面图修建现场道路、排水、照明、消防设施等，经常检查现场道路、排水、消防设施的运行情况，对损坏部位及时进行修理，以满足现场安全文明施工的需要。

B. 施工现场材料保管要根据材料的性质，采取必要的防雨、防潮、防腐、防晒、防冻、防火、防爆、防虫、防损坏、防污染措施，贵重物品、易燃易爆或有毒物品要及时入库，专库、专管，油料仓库必须有防止泄露和防止污染措施，并设明显标志。

C. 施工现场应按照季节性施工方案的要求布置现场设施。

D. 项目部应按照施工组织设计的要求配备和布置满足正常施工的机械设备、加工场地、料场等基础设施。配备能够满足正常生产需要的辅助工具。

E. 施工现场搭设安全设施前，应依据相关规程编制专项施工方案，并应严格按照施工方案进行搭设。施工现场的安全防护设施须经项目经理部主任工程师、安全员、主管工长、使用班组联合验收合格后方可使用。一经使用，严禁私自拆改。如需拆改须经项目生产经理、主任工程师、安全员共同确认，并做好记录。

6）四新技术管理

A. 使用新材料、新产品，应经过设计单位和建设单位认可，并办理书面认可手续。

B. "四新"技术应在施工前编制专项施工方案。结合工程使用的新技术、新材料、新工艺、新产品的特点、难点，明确"四新"技术的使用计划、主要施工方法与措施，以及注意事项等。专项施工方案应经公司技术管理部审批。

C. "四新"技术应用过程中由施工员负责进行质量监控，质检员检查其成品质量，并作专项检查记录。

7）施工进度管理

A. 项目部施工前根据合同工期要求制定合理可行的施工总控计划和计划保证措施，并将总控计划和计划保证措施报送公司施工管理部，项目总体进度控制应以实现施工合同约定的竣工日期为最终目标。根据总控计划和措施制定劳动力、材料、机械设备配备计划。

B. 项目部设专业计划统计员1名，负责日常的计划统计管理工作。依据工程合同及公司生产计划指标要求编制准确可行的季度、节点、期间（月度）、周施工生产计划，项目部应加强计划的预测预控能力，编制计划要合理、可行，应严格按照所编制计划指导施工。并按规定时间将项目部计划报送到公司施工管理部。计划执行过程中,实际进度与计划产生偏离的,应及时分析、总结偏离原因,采取相应措施纠偏,以保证下步计划的实施。季度、月度实际进度与计划偏离过大时,应编制《生产计划未完成原因分析报告》报送施工管理部。

C. 项目部每星期要召开生产例会,会上要对本周生产计划执行情况进行分析总结,月末的生产例会应对本月生产计划执行情况进行分析总结,并形成生产会议纪要。每月25日上午将《生产进度情况分析报告》(月度)、工程进度照片(word格式)、生产会议纪要、监理会纪要录入到PMS信息平台上。

8) 半成品、成品保护管理

A. 项目部根据《成品保护措施》落实建筑工程施工中的产品防护工作;负责对产品防护措施的实施和检查。

B. 项目部接到施工工程后,在编制施工组织设计的同时编制《成品保护措施》,建立产品防护领导小组,该小组自工程开工之日起,就要对产品的防护工作负责。

C. 防护小组成员要经常到施工现场巡视检查,发现没有按照产品防护措施实施的或对产品有破坏现象的应立即提出纠正,以保证对产品的保护。

D. 施工员在做技术交底的同时也要进行产品防护交底,并随时检查措施的逐条落实情况。

E. 对产品防护的检查要有记录,发现问题要有整改记录,并且记录要保存。每月填写2次的产品防护检查记录。产品防护检查记录表见附件。

F. 公司施工管理部定期对项目部的成品保护情况进行检查,检查产品防护检查记录是否齐全、属实。

9) 对不稳定和能力不足的施工过程、突发事件管理

项目部应识别出不稳定和能力不足的施工过程,制定保证措施并及时监控。

10) 分包管理

A. 项目部应选择列入《合格劳务分包企业(队伍)名录》的分包方。

B. 外分包队应设置专职技术员、质检员。

C. 外分包单位具体管理办法见《分包管理制度》。

11) 特殊过程管理

特殊过程是指产品合格与否不易或不能经济的进行检测的过程。

根据本公司目前施工项目的特点,确定桩基础、混凝土施工、地下防水工程和无法做防渗漏试验的屋面防水工程、外墙保温、管道防腐、结构安装的焊接等为特殊过程。

A. 为保证工程质量,最大程度降低返修风险,项目部应针对特殊过程编制专项方案。

(A) 方案至少应包括以下内容:

A) 明确使用的施工规范或标准;施工机具、材料质量要求;

B) 对施工设备和人员的要求;

C) 施工的顺序和方法;

D) 需监控和记录的质量技术参数。

专项方案由项目部主任工程师审批后方可实施。

（B）进行特殊过程施工的人员必须持有相应的有效资质证书。如果采取专业分包，分包单位必须具有相应的资质。

B. 特殊过程的施工由施工员负责进行质量监控，质检员检查其成品质量，并作专项检查记录。

C. 在施工前应对特殊过程的施工能力进行预先鉴定，由项目部的主任工程师、生产经理、质检员、工长组成能力评测小组，对其如下能力进行评定：

（A）对专项施工方案的适宜性和可行性进行专项评审。

（B）选用适宜、性能良好的设备，使用前对性能进行评价。

（C）操作工人符合规定要求，特殊工种需持证上岗。

（D）工作环境要求的符合性。

12）施工过程及进度标示管理

公司根据项目的规模和施工情况对项目部报送的季度、节点、期间（月度）、周施工生产计划统计资料进行分析审核，对计划的完成情况进行比较，并定期对项目部计划的执行情况进行检查监督。每月召开公司生产例会，对各项目的生产执行情况进行分析总结，形成生产会议纪要记录。

项目部应及时收集好施工过程中的各种施工记录，确保记录的真实、有效性，保证施工过程的可追溯性。

13）与工程建设有关方沟通

A. 项目部应确保与建设单位、监理单位、设计单位、勘察单位、监督执法单位等工程建设相关方的有效沟通，对于监理通知单、工作联系单、监督站的检查单等处理之后应立即回复。项目部应把与各方的沟通内容及时反馈给公司相关部门。

B. 施工中如遇到需各方协调的问题应通过联系单的形式与建设单位、监理单位、专业分包和劳务分包进行沟通。

C. 项目部与建设相关方沟通的文件应有收发文记录，如与相关方沟通采用电子邮件的形式也应在对方确认收到之后在发文本上登记。

14）质量检查评定与验收。对检验批、分项工程、分部工程、单位工程验收等内容执行《建筑工程施工质量验收统一标准》GB 50300—2001 的有关规定，具体执行《施工质量检查制度》、《试验、检测管理制度》。

15）施工记录

A. 项目部应建立施工过程中的质量管理记录，施工记录应符合相关规定的要求，施工过程记录应包括：

（A）施工日志和专项施工记录；

（B）交底记录；

（C）上岗培训记录和岗位资格证明；

（D）施工机具和检验、测量及试验设备的管理记录；

（E）图纸的接受和发放、设计变更的相关记录；

（F）监督检查和整改、复查记录；

（G）质量管理相关文件；

（H）工程项目质量管理策划结果中规定的其他记录。

B. 外埠施工的项目部应按照当地的地方标准规定保存好工程资料。

16）竣工及验收

项目部在完成合同所规定的所有施工项目后，由质量管理部组织进行竣工验收，项目部按照《建筑安装工程资料管理规程》的要求汇总、整理完成全部技术质量资料。列入城建档案馆（室）档案接收范围的工程，建设单位在组织工程竣工验收前，应提请城建档案管理机构对工程档案进行预验收。建设单位未取得城建档案管理机构出具的认可文件，不得组织工程竣工验收。工程竣工验收后3个月内，向当地城建档案馆（室）移交一套符合规定的工程移交。

(6) 交付后服务

1）工程最终检验完成后，由公司组织项目部进行工程移交。项目部工程移交工作的内容：

　　A. 编制移交计划。包括工程移交的内容、时间、有关资料、参加人员和程序。

　　B. 编制防护计划。包括工程移交期间的防护内容、技术措施和人员要求等。

　　C. 向建设单位移交全部竣工资料，同时办理移交手续和移交证明，签订《北京市建设工程保修合同》，相关资料由施工、技术、质量安全等部门存档。

　　D. 对交付后留存的零星收尾工程或顾客（业主）要求增加的临时工程，由项目部继续组织按时完成。

2）回访维修管理

　　A. 项目部应加强对交付使用后处于保修期内工程的回访和维修工作，保证服务质量，及时解决和处理用户（业主）的反馈意见，改进工作，提高工程质量和公司信誉。

　　B. 公司施工管理部负责对项目部回访维修工作服务质量和维修质量进行监督和检查。

　　C. 回访维修的管理要求

3）服务响应

公司应在规定的期限内对服务的需求信息作出相应，对服务质量应按照相应规定进行控制、检查和验收。公司应及时收集服务的有关信息，对信息进行分析用于质量的改进。

5. 本制度的支持性文件（公司相关管理制度）

（1）《人力资源管理制度》；

（2）《应急准备与响应管理制度》；

（3）《材料、构配件及设备管理制度》；

（4）《施工机具管理制度》；

（5）《分包管理制度》；

（6）《检测设备管理制度》；

（7）《施工质量检查制度》；

（8）《试验、检测管理制度》；

（9）《安全生产事故报告及处理规定》。

6. 记录

（1）《检查表》；

（2）《产品防护检查记录》；

（3）《保修记录》；

(4)《回访记录》；

(5)《顾客投诉台账》；

(6)《工程维修记录台账》；

(7)《施工技术管理检查记录表》；

(8)《施工组织设计编制过程记录表》；

(9)《施工组织设计、施工方案审批单》；

(10)《施工组织设计、施工方案交底记录单》；

(11)《施工组织设计中间检查记录》；

(12)《施工组织设计、施工方案审批会签单》；

(13)《特殊过程施工能力评价表》。

(十)施工质量检查制度

1. 目的和适用范围

为了贯彻、实施公司的质量目标，规范公司质量检查、评定、验收工作，提高质量管理水平，特制定本制度。

本制度适用于房屋建筑工程施工、市政用工程施工总承包产品范围内的质量检查、评定及验收，及公司参与质量检查的相关部门及所有项目部。

2. 编制依据

(1)《建设工程质量检测管理办法》建设部令第 141 号

(2)《建筑工程施工质量验收统一标准》GB 50300—2001

(3)《建筑工程资料管理规程》DB 11/695—2009

3. 职责和权限

(1) 公司总工程师是本制度的策划、实施的主管领导，参加公司所提供产品的竣工验收、单位工程竣工验收的签署工作。

(2) 质量管理部为本制度的主控部门，负责组织制定公司质量检查文件及公司日常的质量检查工作；参加分部工程验收、工程竣工预验收、工程竣工验收、工程创优检查工作；对工程质量通病进行统计并提出防治措施；提出制定新工艺、新技术的质量保证措施建议；对项目部质量检查、评定活动实施情况的监控。

(3) 技术管理部为本制度的协控部门，负责对工程资料的管理进行策划和控制；负责工程施工技术文件的检查；规定检查时机，管理职责、填写要求、标识、收集、保管、检索、保存期限等；负责施工现场试验室的检查，包括取样数量、各种工作记录、试验结果及对结果的处置等。

(4) 施工管理部为本制度的相关部门；参与工程竣工验收工作，做好产品的回访维修工作。

(5) 项目部为本制度的具体贯彻和实施单位，负责对单位工程原材料的检验、试验、工程产品的检验批评定、分项、分部（子分部）的评定工作，参加工程竣工验收工作，并对发现问题的整改、验证。

4. 管理要求

(1) 质量检查管理工作流程

(2) 工程施工质量检查评定及验收的依据

1）国家、行业颁布的现行有效的标准、规范、规程等。

2）经审核批准的施工组织设计文件及质量计划、设计文件和施工图纸、图纸会审记录、设计变更通知单、工程洽商记录。

3）施工合同中规定的技术指标及质量要求。

（3）质量检查策划

1）质量检查策划

项目部应针对工程合同要求在施工策划时应对质量检查与评定进行策划并编制质量检查计划，对质量检查的检查项目、部位、人员、依据、标准、程序、时机、方法和记录进行规定，也可编制在施工组织设计或质量计划中。

试验检验计划：对建筑材料试验和施工试验的内容、取样方法、取样数量、试验结论进行规定，具体可见《试验、检测管理制度》的有关要求。

项目质量检查计划和试验检验计划应经项目主任工程师批准后实施。

2）项目部质量管理人员配置要求

项目质量组的人员资质与数量应根据工程的规模符合法规规定的配置要求。

（4）施工过程产品质量的检查

1）项目部工程所用建筑材料、构配件、设备进场检验、验收：

按公司《建筑材料、构配件和设备管理制度》要求执行，对需进行检测、见证取样和复试的材料按公司《试验、检测管理制度》要求进行取样、送检，并对检测结果进行评定，未经验收的建设材料、构配件和设备不得用于工程施工。

2）工序质量检查评定：

项目部确保对单位工程所包含的每首工序进行专项检查；分包单位做好本单位所分包工序各专业班组间的自检、交接检查、专检，还应做好与其他分包单位分包工序间的交接检查，对每道工序检查合格后按《建筑工程资料管理规程》DB11/695—2009要求形成施工测量记录、施工物资记录、施工记录、检验批验收记录等技术文件，经质检员签认合格后报送监理单位监理工程师进行检查、验收并签字认可。

3）分项、分部的工程检查与验收

由项目部主任工程师组织进行分项工程、分部（子分部）工程质量检查验收，对于地基与基础、主体结构、设备安装分部工程必须由公司技术、质量部门经理参加进行现场检查、验收，并签字认可形成检查记录，合格后方可报送监理单位总监理工程师进行检查、验收并签字认可。质量记录应在该分项或分部工程完成后及时进行整理，确保与工程施工进度同步。

4）单位（子单位）工程的竣工验收

单位工程所包含的各个分部工程全部完工并经检验评定合格后，由公司质量管理部组织公司技术管理部、施工管理部等相关部门对该工程进行企业内部的检查预验收，对检查中发现的问题，项目部要组织及时整改并验证，验证合格后项目部提交监理工程师进行预验收，对发现的问题组织及时整改和验证。

5）工程资料的检查与验收

单位工程所包含的各个分部工程全部完工后，项目部对所形成的工程资料先自行检查验收，符合条件后呈公司技术管理部组织核查，对发现问题项目部及时整改并验证合格后，由建设单位组织上报城建档案馆进行工程资料预验收。

6）其他专项验收

项目部对单位工程的节能保温分部及无障碍设施进行专项验收，并按要求形成验收文件。

7）单位工程竣工验收

单位工程经公司内部预验收、监理预验收、工程档案预验收分别验收通过后，经监理单位同意上报建设单位，由建设单位组织设计单位、监理单位、施工单位、分包单位进行单位工程竣工验收工作，公司总工、质量管理部、技术管理部、施工管理部的负责人、项目经理、项目主任工程师参加单位工程竣工验收。

（5）质量问题及质量事故处理

在对施工过程检验批、分项、分部和单位工程检查、评定与验收过程中发现的质量问题或质量事故，要认真进行处理并验证，具体按公司《质量问题处理及质量事故责任追究制度》要求执行。

（6）检测设备管理

各级质量检查所使用的各种检测设备必须经过校准合格后方可使用，对其的管理控制依据公司策划的《检测设备管理制度》执行，由施工管理部主控负责。

5. 本制度支持性文件

(1)《检测设备管理制度》；

(2)《建筑材料、构配件和设备管理制度》；

(3)《试验、检测管理制度》；

(4)《质量问题处理及质量事故责任追究制度》。

6. 记录表单

(1)《工程质量检查记录》；

(2)《施工项目考核表》。

（十一）实验、检测管理制度

1. 目的及适用范围

为加强公司各项目部施工现场试验管理的严谨性、规范性和一致性，全面提高工程技术管理水平，特制定本制度。

本制度规定了实验、检测管理的职责、流程和要求。

本制度适用于公司所属工程施工全过程所涉及的需要实验、检测的各个组成部分。

2. 职责与权限

（1）总工程师是公司试验工作的主管领导，负责审定、批准公司的试验管理制度，对项目部的试验工作进行指导；对试验管理工作中出现的问题组织处理并研究制定相应的解决办法。

（2）技术管理部是本制度的主管部门，负责制定、修订本制度；负责对项目部试验工作进行检查指导；对现场试验室的试验设备、仪器、工具、试件、各类试验台账等进行抽查管理；对不合格品/项进行预防、处置和纠正；抽查项目部的试验管理工作；收集、汇总试验管理工作中存在的问题，及时向公司总工及集团技术质量部上报并研究解决办法，负责进行季节施工的试验培训、考核工作。

(3) 公司质量管理部协助技术管理部负责监督检查各项目部各种试件的真实准确，发现问题协同技术管理部及时处理，重大问题及时向公司总工上报。

(4) 项目部经理负责决策本项目试验工作的资源配置，含试验人员的确定、试验经费等。

(5) 项目部主任工程师总体负责项目部试验工作。负责审定材料试验和施工检测计划，并组织实施；组织处理试验结果反映出来的技术问题和试验中不合格项的处理；负责现场试验场地的划分、设备、设施的配备、试验条件的保障等；负责检查指导技术组试验管理工作；负责试验人员的培训和考核，保证其持证上岗。

(6) 项目部技术组负责项目部施工现场试验的具体管理工作。负责编制原材料及施工试验计划，主任工程师审定后，由技术组长向试验人员进行技术交底。负责与现场监理单位协商工程施工不同阶段"见证"取样试验的计划。负责现场养护室的设计和建成后的验收工作，对试验环境及设施进行检查。负责审核混凝土、砂浆施工配合比及各种试验报告，发现问题及时向主任工程师汇报。负责试验资料的收集、整理和组卷工作。

(7) 项目部专业工长（施工员）负责施工过程中检测与试验的控制，检查并分析试验的结果，以便指导施工。根据施工进度及试验检验计划确定现场检测项目和检测数量，向试验人员下达《现场检测通知单》。未经检测及试验不合格材料严禁使用在工程上。

(8) 项目部质检员参加原材料及施工试验的取样工作；监督试验不合格材料（项目）的退场（处理）工作。

(9) 项目部材料组负责向技术组提供各种原材料的合格证、材质证明及其他相关资料。材料组根据材料进场信息及试验检验计划，及时向试验人员下达《材料（制品）试验通知单》，通知试验人员取样。对防水材料、钢筋、水泥、砖等进场后需进行试验的原材料，及按规定需进行试验的门窗、保温、构配件建筑制品，上报主任工程师及质量组。负责试验不合格材料的退场工作。

(10) 项目部试验人员是现场试验、取样具体的操作者。负责进行各种原材料和施工过程中要求试验项目的取样、制样和送样工作；检测报告的领取；与检测单位沟通等各项试验相关工作。现场取样、制样应符合有关标准和本管理办法的规定，试验人员对取样的真实性和代表性负责。负责进行施工过程中的现场试验，包括简易土工试验等，并对试验数据的准确性负责。试验员应及时、准确、认真填写相关记录、台账和委托单。负责监控和记录养护室的环境条件，每天不少于2次，确保其始终满足标准养护所需的状态。负责试验设备和工具的使用、维护和保养。对试验结果为不合格的或有疑问的项目，应及时上报技术组。试验人员负责对大气温度和冬期施工混凝土温度的观测和记录。大体积混凝土测温及同条件试件的现场放置、收集工作。

3. 管理要求

(1) 现场试验室的设置和管理

1) 现场试验室的建设：项目主任工程师应依据施工组织设计及试验管理规程中的要求，负责现场试验室的选址工作，并按工程规模大小，配备相应的试验人员、仪器设备和设施。

2) 施工现场试验室负责原材料和砂浆、混凝土试块的送试及简易的土工、砂石试验等。

3）现场试验室应设有标准养护室和实验操作间

4）现场试验室示意图（图4-9）

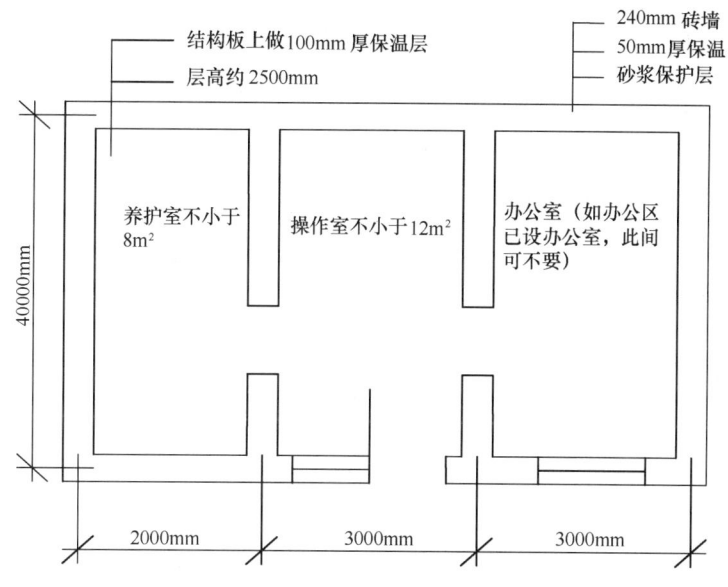

图4-9 现场试验室示意图

（2）试验工配备及持证上岗

项目部按规定配备专职施工试验管理员，负责试验管理工作：建筑面积5万m^2以下的工程施工试验管理人员人数不应少于1名；建筑面积5万m^2以上，10万m^2以下的工程，施工试验管理人员人数不应少于2名；10万m^2以上的工程施工试验管理人员人数不应少于3名。施工试验管理人员应具有初级以上技术职称或从事质量管理工作3年以上，并取得企业培训上岗证书。

（3）检验试验计划的编制

1）单位工程施工前，应由项目技术员与试验员结合工程进度编写工程试验计划，包括见证取样和实体检验计划。当施工进度计划或材料变更等情况发生时，应及时调整试验计划。

2）检验试验计划内容

A. 编制目的及依据；

B. 工程概况；

C. 流水段划分示意图；

D. 施工试验的前期准备；

E. 有见证试验计划；

F. 本工程所涉及的试验项目；

G. 现场试验计划。

（4）原材料复试

1）袋装水泥组批原则：对同一水泥厂生产同期出厂的同品种、同强度等级、同一出厂编号的水泥为一验收批，但一验收批的总量不得超过200t。

2）砂组批原则：以同一产地、同一规格每400m³或600t为一验收批，不足400m³或600t也按一批计。每一验收批取样一组（20kg）。

3）石子组批原则：以同一产地、同一规格每400m³或600t为一验收批，不足400m³或600t也按一批计。每一验收批取样一组。当质量比较稳定，进料量较大时，可以1000t为一验收批。

4）轻集料组批原则：以同一品种、同一密度等级每200m³为一验收批，不足200m³也按一批计。

5）常用砌体的组批原则，见表4-12。

常用砌体的组批原则　　　　　　　　　　　　　　　表4-12

序号	材料名称	组批原则
1	烧结普通砖	3.5万~15万块为一验收批，不足3.5万块也按一批计
2	烧结多孔砖	每5万块为一验收批，不足5万块也按一批计
3	烧结空心砖，空心砌块	3.5万~15万块为一验收批，不足3.5万块也按一批计
4	普通混凝土空心砌块	每1万块为一验收批，不足1万块也按一批计
5	轻集料混凝土小型空心砌块	每1万块为一验收批，不足1万块也按一批计
6	蒸压加气混凝土砌块	同品种、同规格、同等级的砌块，以10000块为一验收批，不足10000块也按一批计

6）钢材组批原则及取样规定：同一厂别、同一炉罐号、同一规格、同一交货状态每60t为一验收批，不足60t也按一批计。每一验收批取一组试件（拉伸2个、弯曲2个）。

7）常用防水材料组批原则及取样规定，见表4-13。

常用防水材料组批原则及取样规定　　　　　　　　　　表4-13

序号	材料名称	组批原则
1	弹性体改性沥青防水卷材	以同一类型、同一规格10000m²的产品为一批，不足10000m²按一批计
2	聚氨酯防水涂料	同一生产厂，以甲组份每5t为一验收批，不足5t也按一批计算。乙组份按产品重量配比相应增加
3	高分子防水材料止水带	以同一生产厂、同月生产、同标记的产品为一验收批
4	高分子防水材料（遇水膨胀橡胶）	

8）外门窗组批原则及取样规定

A. 单位工程建筑面积5000m²（含5000m²）以下时，同一生产厂家的建筑外窗抽检有代表性的1组，每组为3樘试件（同系列、同规格、同分格形式）；户门抽检1樘。

B. 单位工程建筑面积5000m²以上时，同一生产厂家的建筑外窗抽检有代表性的2组，每组为3樘试件（同系列、同规格、同分格形式）；户门抽检2樘。

9）外墙砖组批原则及取样规定，见表4-14。

外墙砖组批原则及取样规定　　　　　　　　　　　　　　　　　　　表 4-14

序号	材料名称	组批原则及取样规定
1	干压陶瓷砖	以同一生产厂、同种产品、同一级别、同一规格，实际的交货量大于 5000m² 为一批，不足 5000m² 也按一批计
2	彩色釉面陶瓷墙地砖	以同一生产厂的产品的每 500m² 为一验收批，不足 500m² 也按一批计
3	陶瓷锦砖	以同一生产厂、同品种、同色号的产品 25～300 箱为一验收批，小于 25 箱时，由供需双方商定

10）保温材料

A. 墙体节能工程用保温材料 GB 50411—2007，见表 4-15。

墙体节能工程用保温材料　　　　　　　　　　　　　　　　　　　表 4-15

序号	材料名称及相关标准、规范代号	组批原则及取样规定
1	模塑聚苯乙烯泡沫塑料板（GB/T 10801.1—2002）	同一厂家同一品种的产品，当单位工程建筑面积在 20000m² 以下时，各抽查不少于 3 次；20000m² 以上时各抽查不少于 6 次。抽样数量：2m²
2	挤塑聚苯乙烯泡沫塑料板（GB/T 10801.2—2002）	
3	建筑保温砂浆（GB/T 20473—2006）	同一厂家同一品种的产品，当单位工程建筑面积在 20000m² 以下时，各抽查不少于 3 次；20000m² 以上时各抽查不少于 6 次。抽样数量：7kg 干混合料

B. 屋面、地面节能工程用保温材料 GB 50411—2007，见表 4-16。

屋面、地面节能工程用保温材料　　　　　　　　　　　　　　　　表 4-16

序号	材料名称及相关标准、规范代号	组批原则及取样规定
1	模塑聚苯乙烯泡沫塑料板（GB/T 10801.1—2002）	同一厂家同一品种的产品，当单位工程建筑面积在 20000m² 以下时，各抽查不少于 3 次；20000m² 以上时各抽查不少于 6 次。抽样数量：2m²
2	挤塑聚苯乙烯泡沫塑料板（GB/T 10801.2—2002）	
3	建筑保温砂浆（GB/T 20473—2006）	同一厂家同一品种的产品，当单位工程建筑面积在 20000m² 以下时，各抽查不少于 3 次；20000m² 以上时各抽查不少于 6 次。抽样数量：7kg 干混合料

11）以上为施工中常用材料的取样规定，施工中，如有其他材料的使用，其组批原则及取样规定，应查找相关标准，按规程中的要求送检。

（5）施工试验

1）施工混凝土配合比标示牌

A. 现场设置搅拌站的项目部，要在搅拌机棚墙上悬挂混凝土配合比标示牌，见表 4-17。

配合比标示牌　　　　　　　　　　　　　表 4-17

工程名称：							
浇筑部位			浇筑日期		浇筑总量（m³）		
强度等级			配合比编号		初凝时间		
水泥品种、强度等级			砂子规格		石子规格		
外加剂品种			掺合料品种		坍落度		
	材料名称	水泥	水	砂子	石子	外加剂	掺合料
设计配合比	配合比比例						
	每 m³ 用量 kg/m³						
	每盘用量 kg/盘						
施工配合比	每盘实际用量（kg/盘）						
	小车运料每车重量（不含车自重）						
	砂石含水率（%）						
	加水计量装置每秒流量（kg/s）						
	加水时间（s）						

工程项目技术负责人：
施工配合比调整负责人：
搅拌操作负责人：

注：使用皮带传送砂石的自动计量上料装置，在有"＊"一栏内填写冲击量。

B. 现场搅拌的混凝土在浇筑地点的坍落度，每工作班至少检查四次。预拌混凝土进入施工现场时，对拌合物的质量应逐车验收；对坍落度的测试每工作班不应少于四次且每 10 车不应少于一次；坍落度数值应符合混凝土供应合同的要求。坍落度测试的偏差应符合表 4-18 的规定。

坍落度测试的偏差　　　表 4-18

要求坍落度（mm）	允许偏差（mm）
≤40	±10
50～90	±15
≥100	±20

2）普通混凝土组批原则及取样规定

A. 标养试块留置原则：当一次连续浇筑超过 1000m³ 时，同一配合比混凝土每 200m³ 混凝土取样不得少于一次；当一次连续浇筑不足 1000m³ 时，同一配合比混凝土每 100m³ 混凝土取样不得少于一次。每一楼层，同一配合比的混凝土，取样不得少于一次。

B. 同条件养护试件的留置组数（如拆模前、拆除支撑前等）应根据实际需要确定。

C. 对有抗渗要求的混凝土结构，其试块的留置：连续浇筑抗渗混凝土每 500m³ 应留置一组抗渗试件（一组为 6 个抗渗试件），且每项工程不得少于两组。采用预拌混凝土的抗渗试件，留置组数应视结构的规模和要求而定。混凝土的抗渗性能，应采用标准条件下养护混凝土抗渗试件的试验结果评定。

D. 冬期施工时，掺用外加剂的混凝土，还应留置与结构同条件养护的用以检验受冻临界强度试件及与结构同条件养护 28d、再标准养护 28d 的试件；未掺用外加剂的混凝土，应留置与结构同条件养护的用以检验受冻临界强度试件及解除冬期施工后转常温养护

28d 的同条件试件。

E. 用于结构实体检验的同条件养护试件留置应符合下列规定：对混凝土结构工程中的各混凝土强度等级，均应留置同条件养护试件；同一强度等级的同条件养护试件，其留置的数量应根据混凝土工程量和重要性确定，不宜少于 10 组，且不应少于 3 组。

F. 建筑地面工程的混凝土，以同一配合比，同一强度等级，每一层或每 1000m² 为一检验批，不足 1000m² 也按一批计。每批应至少留置一组试块。

G. 按集团规定，各单位工程增加 7 天标养试块，验证搅拌站的混凝土强度的稳定性，保留试块试压记录，备集团检查。

3）砂浆组批原则及取样规定

A. 每一检验批且不超过 250m³ 砌体的各种类型及强度等级的砌筑砂浆，每台搅拌机应至少抽验一次。每次至少应制作一组（3 个）标准养护试块。如砂浆等级或配合比变更时，还应制作试块。

B. 冬期施工砂浆试块的留置，除应按常温规定要求外，尚应增留不少于 1 组与砌体同条件养护的试块，测试检验 28d 强度。

C. 建筑地面用水泥砂浆，以每一层或 1000m² 为一检验批，不足 1000m² 也按一批计。每批砂浆至少取样一组。当改变配合比时也应相应地留置试块。

D. 干拌砂浆：同强度等级每 400t 为一验收批，不足 400t 也按一批计。每批从 20 个以上的不同部位取等量样品。总质量不少于 15kg，分成两份，一份送试，一份备用。

4）试件编号应按单位工程分类顺序排号，不得空号和重号。同一取样批所留置的不同用途的混凝土、砂浆试件试验编号可以相同，但应按照下表规定的后缀字符予以区分。

试件类型与后缀字符对照表　　　　　　　　　　　　　　　　　表 4-19

试件类型	后缀字符	试件类型	后缀字符
同条件试件	T	抗冻临界强度试件	DT
结构实体试件	ST	同条件 28d 转标养 28d 试件	ZB

5）混凝土、砂浆应在拆模前进行标示以防混淆，样品标示可在试件上直接书写，标示方法如图 4-10 所示。

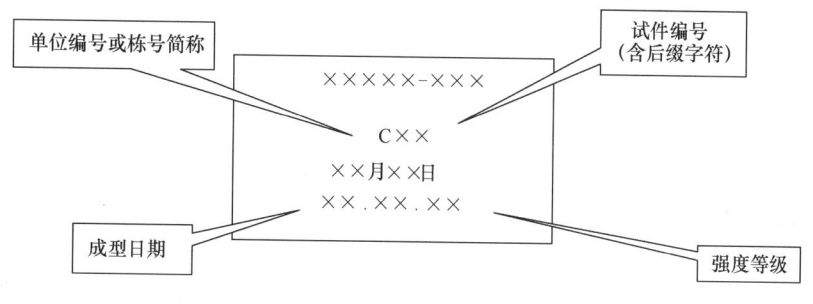

图 4-10　标示方法

6）回填土试验

A. 在压实填土的过程中，应分层取样检验土的干密度和含水率。

（A）基坑每 50~100m² 应不少于 1 个检验点。

(B) 基槽每 10~20m 应不少于 1 个检验点。

(C) 每一独立基础下至少有 1 个检验点。

(D) 对灰土、砂和砂石、土工合成、粉煤灰地基等，每单位工程不应少于 3 点，1000m² 以上的工程每 100m² 至少有 1 点，3000m² 以上的工程，每 300m² 至少有 1 点。

B. 场地平整：每 100~400m² 取 1 点，但不应少于 10 点；长度、宽度、边坡为每 20m 取 1 点，每边不应少于 1 点。当用环刀取样时，取样点应位于每层 2/3 的深度处，每分层检验点的间距应小于 4m。

7) 钢筋连接

A. 工艺检验：在正式施工前，按同批钢筋、同种机械连接形式的接头试件不少于 3 根，同时对应截取接头试件的母材，进行抗拉强度试验。

B. 现场检验：接头的现场检验按验收批进行。同一施工条件下采用同一批材料的同等级、同形式、同规格的接头每 500 个为一验收批。不足 500 个接头也按一批计。每一验收批必须在工程结构中随机截取 3 个试件作单向拉伸试验。在现场连续检验 10 个验收批，其全部单向拉伸试件一次抽样均合格时，验收批接头数量扩大一倍。

8) 施工过程中出现试验结果不合格或不符合要求时，应在试样（件）委托台账中注明处理意见，不得删除台账中的相应内容。试样（件）委托台账应作为施工技术资料存档。

(6) 有"见证"取样的规定

有"见证"取样和送检管理执行地方建设工程见证取样和送检管理规定并按项目部有见证试验计划，由监理监督取样和封样，并出具见证记录。

(7) 现场试验资料的管理应符合地方标准的规定进行整理及归档。

(8) 施工现场检查工作：公司技术管理部协同质量管理部应对现场的试验工作定期进行检查，检查内容包括：现场试验室的设施、试验台账及现场试验资料等。

4. 支持性文件

(1) 建筑工程资料管理规程；

(2) 建筑工程施工质量验收统一规程；

(3) 检验和试验设备管理规定；

(4) 原材料、构配件和设备管理制度；

(5) 不合格品控制程序；

(6) 纠正措施和预防措施控制程序；

(7) 记录管理制度。

5. 记录

(1) 混凝土（砂浆）试块试验台账；

(2) 钢筋原材试验台账；

(3) 钢筋接头试验台账；

(4) 原材料试验台账；

(5) 养护室温湿度监控记录；

(6) 混凝土坍落度测试记录；

(7) 砂、石含水率测试记录；

(8) 回填土干密度试验记录；

(9) 年大气测温记录；

(10) 冬季施工浇筑混凝土测温记录；

(11) 材料（制品）试验通知单；

(12) 现场检测通知单；

(13) 混凝土、砂浆浇筑通知单；

(14) 样品标识；

(15) 结构实体用混凝土测温记录。

(十二) 事故责任追究制度

1. 目的和适用范围

为规范对施工产品出现质量问题和质量事故时的处理方法和处理程序，使不合格产品在施工全过程中得到有效控制，防止不合格产品的非预期使用或交付，以满足工程质量标准要求，特制订本制度。

本制度适用于公司各部门、项目部对房屋建筑工程施工、市政公用工程施工总承包产品范围内的质量问题、质量事故处理的管理。

2. 编制依据

(1)《工程建设重大事故报告和调查程序规定》建设部令 1989 年第 3 号；

(2)《建设工程质量检测管理办法》建设部令第 141 号；

(3)《建筑工程施工质量验收统一标准》GB 50300—2001；

(4)《建筑工程资料管理规程》DB11/T 695—2009。

3. 职责和权限

(1) 公司总工程师是本制度的策划、实施、保持和改进的主管领导，参加公司所提供产品施工过程中发生质量问题、质量事故的处理，签署对责任单位和责任人的处罚决定。

(2) 质量管理部为本制度的主控部门，负责本制度的编制和实施过程中的指导、监督检查，参与严重质量问题和质量事故调查分析、评审、处理工作，参与研究处理、制定处理方案和纠正措施，并对处理结果进行验证。

(3) 技术管理部为本制度的协控部门，参加严重质量问题和质量事故的调查分析工作，负责严重质量问题和质量事故技术方案的审批。

(4) 施工管理部为本制度的相关部门，负责对造成严重质量问题和质量事故的责任单位进行责任追究。

(5) 项目部为本制度的具体贯彻实施单位，负责对一般质量问题的处置；对严重质量问题和质量事故上报、处置、参与原因调查分析、编制技术方案，经批准后进行处置，编制处理报告，并组织对处理结果进行验证。

4. 管理要求

(1) 质量问题、质量事故的分类

1) 质量问题分类

施工质量问题可分为不合格品和质量事故两大类。其中：不合格品又可分为一般不合格品、严重不合格品两种；质量事故又可分为一般质量事故、严重质量事故、重大质量事故和特别重大质量事故四类。界定准则如下：

2) 不合格品分类：

A. 一般不合格品：指未满足规定的质量要求，但不影响产品质量等级评定的不合格品。如混凝土的几何尺寸超差或出现蜂窝、麻面等。

B. 严重不合格品：指严重性超出一般不合格品，不能满足产品质量等级评定为"合格"等级的质量问题，或返工处理直接经济损失在5000元以下的不合格品。如在检验批质量评定中未满足影响建筑物结构安全性能的主控项目中一项或多项的质量问题。

3) 质量事故分类：

A. 一般质量事故：由于施工责任过失造成直接经济损失在5000元以上（含5000元）、1万元以下的质量事故。

B. 严重质量事故：造成人身伤亡或造成直接经济损失在1万至10万元以下的质量事故。

C. 重大质量事故：系指在工程建设过程中由于责任过失造成工程倒塌或报废、机械设备毁坏和安全设施失当造成人身伤亡或者重大经济损失的事故。造成的质量损失构成《工程建设重大事故报告和调查程序规定》（建设部令 第3号）中质量事故分类规定中规定的质量事故（注：可分为四个等级，见3号令）。

D. 特别重大质量事故：造成的人身伤亡和财产损失超过"重大质量事故"规定等级的质量事故。

(2) 质量问题、事故处理原则

发生质量问题、质量事故，必须坚持"四不放过"原则处理，即"事故原因和事故责任不清不放过、未采取有效处理措施不放过、事故责任者和群众未受到教育不放过、未采取有效防范措施不放过。"认真调查原因，研究处理措施，制定处理方案，查明责任，做好事故处理工作。

(3) 质量问题上报及处理程序

1) 一般不合格品：

项目质检组和项目经理部在工程施工检查及规定的各项检验和试验中发现的不合格品由项目专职质量检查员填发不合格品通知单，由施工员负责组织分包单位进行整改，质检员对整改结果进行检查验证。经验证合格后方可进行下一道工序施工。

2) 严重不合格品：

项目质检组和项目经理部在工程施工检查及规定的各项检验和试验中发现的严重不合格品，由项目专职质量检查员签发严重不合格品整改通知书，并报项目主任工程师。责任单位编制整改方案，报项目主任工程师审批，得到批准后按方案进行整改，由施工员负责组织分包单位进行整改，责任单位整改完成后报项目专职质量检查员检查验证，验证合格后报项目主任工程师，经主任工程师批准后方可进行下道工序施工。对严重不合格品必须制订防止再发生的纠正措施，对严重不合格品处理结果应报公司主管部门备案。

3) 质量事故：

A. 项目质检组和项目经理部在工程施工检查及规定的各项检验和试验中发现的质量事故，由项目专职质量检查员填写停工通知，经项目主任工程师同意并签字后发暂停施工通知。

B. 项目主任工程师及时将具体情况上报公司质量管理部，质量管理部经理上报公司总工程师。

C. 质量管理部与项目相关人员对质量事故进行调查，并编制调查处理方案，经公司总工程师审批后报设计部门及监理单位总监代表审核签认。

D. 由施工员负责组织分包单位按方案进行整改，整改结果经验证合格后方可复工。

E. 质量检查部门和公司总工程师制定责任追究意见报告，对责任单位及人员进行处罚。

4) 质量事故处理流程，见图 4-11。

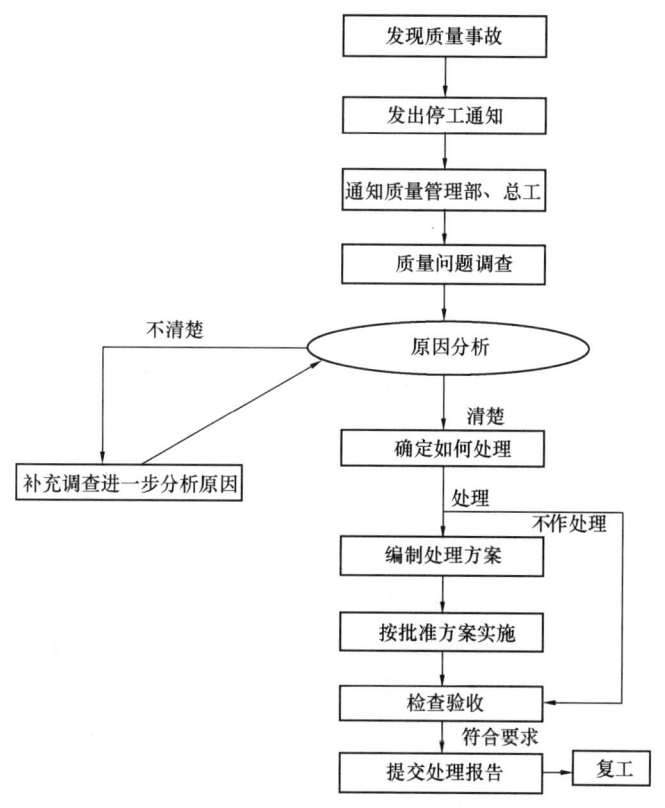

图 4-11 质量事故处理流程

5. 质量事故上报处理程序：

（1）项目主任工程师立即向参建分包单位发出工程停工通知，填写并上报工程质量事故报表。

（2）项目主任工程师立即报告质量管理部、公司总工；质量管理部根据事故严重程度和范围大小等因素决定调查处理程序。一般质量事故组织本公司施工管理部、技术管理部、工程监理单位、设计单位现场分析事故情况，提出处理方案，经设计部门、工程监理单位签字认可后，责任分包单位无偿组织返工。

（3）经调查若属于严重/或重大质量事故的，必须立即报告行政主管部门（当地工程质量监督站），由当地建设主管部门组织专家组论证，提出处理意见，报请设计部门修改设计/或提出事故处理设计方案。

（4）专家论证意见和事故处理设计方案完成并经验收合格后，由总监理工程师签发复工通知书。

(5) 质量事故分析处理流程见图 4-12。

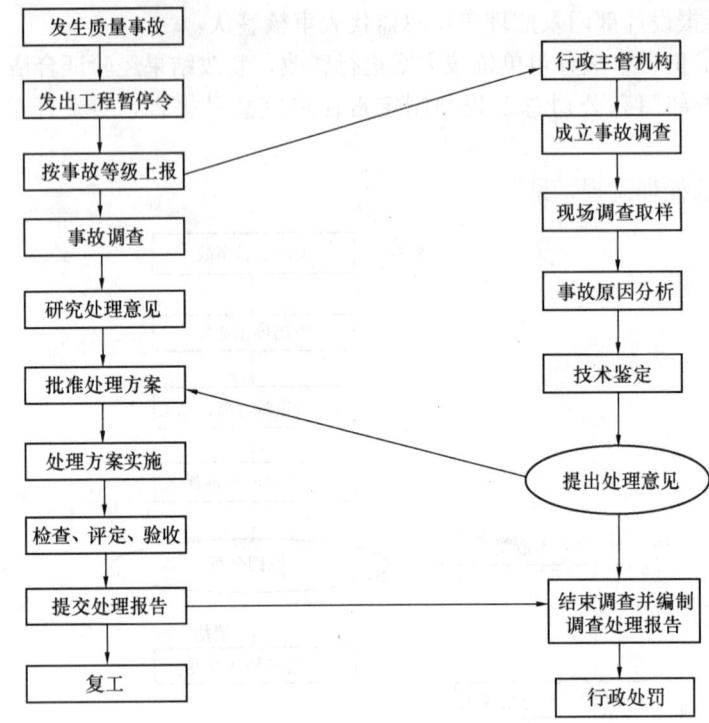

图 4-12 质量事故分析处理流程

(6) 质量事故处理

1) 质量事故发生后，应立即启动事故应急预案，救护人员、防止事态扩大。应当立即停止进行质量缺陷部位和与其有关联部位及后续部位施工作业，并采取必要措施，防止事故扩大。同时事故发生单位应迅速按类别和等级向相应的主管部门及政府机构报告，在24 小时内写出质量事故报告。

2) 质量事故报告包括以下内容

A. 事故发生的工程名称、部位、时间、总、分包施工单位；

B. 事故概况、事故的等级；事故造成的直接、间接经济损失初步估计；

C. 事故发生原因的初步分析和经过；

D. 事故发生后拟采取的处理措施；

E. 事故调查的简要过程；

F. 质量事故责任的认定以及对事故责任者的处理建议；

G. 质量事故整改和防范措施。

H. 事故相关的其他资料；质量事故调查报告应附具有关证据材料，质量事故调查组成员应在质量事故调查报告上签名。

3) 责任方应配合事故调查取证、分析原因、完成调查报告。

4) 由设计单位出具技术处理方案，必要时应聘请专家分析、论证、确定方案可行性，保证工程结构安全和使用功能。

5)项目部根据技术处理方案,制定详细的施工方案并实施。完工后应提供相应的检验、试验记录证实处理结果达到预期要求。

6)由监理单位、公司施工管理部、技术管理部、质量管理部对质量事故处置结果进行检查验收,必要时委托工程质量检测单位对处置结果进行再鉴定。

7)项目部编制质量事故处置报告,并报监理单位、公司施工管理部、技术管理部、质量管理部审批后存档保留。

(7)责任追究(新增内容)

1)质量问题责任追究

A. 一般不合格品责任追究:由项目部对责任人进行批评教育,使其提高认识,如再次出现类似质量问题由项目部对其进行经济惩罚,根据情节轻重处以500~1000元处罚。

B. 严重不合格责任追究:由项目部对责任分包队进行经济处罚,根据造成损失处以1000~5000元。

2)质量事故责任追究

A. 一般质量事故:由项目部根据造成损失对责任单位处以5000~10000元经济处罚,同时上报公司劳务管理部对其资质重新评审。

B. 严重质量事故:由公司质量管理部、技术管理部、施工管理部、劳务管理部出具处理方案,方案包括对项目部负责人的行政处罚;对分包单位的经济处罚和使用处理意见,上报公司主管领导批准。

C. 重大质量事故和特别重大质量事故:由行政主管部门依据国家的相关法律法规对企业、企业法人、事故责任人进行行政处罚。

6. 本制度的支持性文件

《纠正及预防措施控制制度》

7. 记录

(1)不合格品处置记录

(2)不合格品通知单

(3)《建筑工程资料管理规程》

(4)建设工程质量事故调(勘)

(5)建设工程质量事故报告书

(十三)质量管理自查与评价制度

1. 目的及适用范围

为保证公司各质量管理活动能够有效运行,增加满足工程建设相关方的满意程度,提高质量管理水平,特制定本制度。

本制度适用于公司所有各职能部门及施工项目开展质量管理的各项监督检查与评价活动。

2. 职责和权限

(1)最高管理者代表是公司质量管理自查与评价管理的主管领导,负责对本制度的有效实施、保持和改进,具体负责审批公司的质量管理检查活动的策划及评价报告;根据评价结果提出要求。

(2)经理办公室是公司质量管理自查与评价管理的主管部门,负责对职能部门及项目部的质量管理活动进行监督检查,对检查中发现的问题提出书面整改要求,并追踪、验证整改效果;组织内审员开展年度审核和评价工作;负责保存监督检查和审核的记录。

(3) 各职能部门是公司质量管理自查与评价管理的相关部门,负责依据本部门职能对项目的质量活动进行指导、监督、检查及评价;对检查中发现的问题提出书面整改要求,并追踪、验证整改效果。

(4) 项目部是本制度的执行单位,负责对本项目的质量活动进行检查,发现问题提出书面整改要求,验证整改效果;收集与本项目工程建设有关方的信息,定期上报预算合约部。

3. 管理要求

(1) 质量管理自查与评价流程见附图

(2) 对各管理层次的质量管理活动的监督检查

1) 对各相关部门质量管理活动的监督检查

经理办公室代表公司对各相关部门的质量管理活动进行半年及年度的质量管理监督检查,检查一般以质量管理监督检查汇报会形式召开,并按50%的比例抽取相关部门作为质量管理监督检查情况的现场检查对象,检查内容至少包括以下四项内容:

　A. 法律、法规和标准规范的执行(参照执行《落实北京市建筑业企业资质及人员资格动态监督管理办法的实施细则》的相关规定);

　B. 质量管理制度及其支持性文件的实施;

　C. 岗位职责的落实和目标的实现;

　D. 对整改要求的落实。

2) 对项目部的监督检查

各相关部门根据部门职能对项目部的质量管理活动进行每季度至少一次的监督检查,检查内容至少包括以下四项内容:

　A. 对项目质量管理策划结果的实施;

　B. 对本企业、发包方或监理方提出的意见和整改要求的落实;

　C. 合同的履行情况;

　D. 质量目标的实现。

3) 项目部自查

项目部自查是项目管理的一项日常性工作,项目部相关人员应根据工程进度情况进行每周不少于一次的检查,相关记录留存备查。

(3) 质量管理活动监督检查和审核的策划

经理办公室负责组织每年至少一次的年度审核和评价工作(内部审核),审核前应进行策划,并选择有审核资格的内审员,内部审核流程执行《内部审核管理制度》的相关规定。

(4) 收集、分析工程建设相关方的满意信息

项目部应根据工程的不同阶段不定期收集工程建设有关方的满意信息报预算合约部,预算合约部根据相关信息汇总、分析出公司整体对外的满意程度,对工程建设相关方满意的监测程序执行《对工程建设有关方满意度调查制度》的相关规定,找出差距并明确改进的方向。预算合约部每年年末或年初将顾客满意度相关信息和改进方向作为管理评审的输

入信息，由最高管理者提出改进措施和建议，具体执行《管理评审制度》的相关规定。

（5）发现问题的整改要求

公司各管理层次在质量管理活动的监督检查中发现问题，应及时提出书面整改要求，检查人员应监督问题整改情况，并验证整改效果。对重复出现或发现隐患的问题，检查人员应分析原因，按照《纠正及预防措施控制制度》的相关规定提出纠正或预防措施。

4. 本制度的支持性文件

（1）《内部审核制度》；

（2）《对工程建设有关方满意度调查制度》；

（3）《纠正及预防措施控制制度》；

（4）《管理评审制度》。

5. 记录

质量管理检查、自查报告、内审检查表、整改记录及顾客满意度调查记录等。

（十四）质量信息管理和质量改进制度

1. 目的及适用范围

通过对质量信息的收集、传递、分析和利用，判断质量管理状况和质量目标实现的程度，实施质量管理的改进与创新，从而提高质量管理水平，特制定本制度。

本制度适用于质量信息的收集、传递、分析、利用和质量管理改进与创新有关的活动。

2. 职责和权限

（1）最高管理者代表是质量信息管理和质量管理改进的主管领导，负责对本制度的有效实施、保持和改进，具体负责审核质量管理策划结果情况的总结报告；定期开展管理评审活动；对质量管理体系运行情况进行评价；提出改进、创新要求。

（2）经理办公室是质量信息管理和质量管理改进的主管部门，负责质量信息的收集、传递；协助组织管理评审活动；验证改进效果；保存质量管理改进与创新的各项记录。

（3）各职能部门是本制度的相关部门，负责收集、汇总与本部门职能相关的信息；定期对质量管理活动信息进行分析；执行管理评审决议。

（4）项目部是本制度的执行单位，负责分阶段对施工质量和质量管理活动信息进行分析；项目竣工后，总结项目质量管理策划结果的实施情况，并编制项目总结报告；执行管理评审的决议。

3. 管理要求

（1）质量信息管理和质量管理改进流程见附图

（2）质量信息的收集和传递

1）经理办公室负责质量、环境和职业健康安全管理体系有关的信息的收集与传递。

2）各相关部门负责收集、传递与本部门职能相关的质量信息。

3）质量信息的传递可采用网络、会议、电话、报告等形式，信息的收集与传递执行《协商沟通与信息交流管理制度》的相关规定，通过公司网络平台的沟通执行《网络使用管理规定》的相关规定。

4）质量信息应收集的内容至少包括以下七项：

A. 法律、法规、标准规范和规章制度等；

B. 工程建设有关方对施工企业的工程质量和质量管理水平的评价；
C. 各管理层次工程质量管理情况及工程质量的检查结果；
D. 施工企业质量管理监督检查结果；
E. 同行业其他施工企业的经验教训；
F. 市场需求；
G. 质量回访和服务信息。

(3) 质量信息的分析与利用

1) 各职能部门每年至少两次对质量信息进行分析，并将分析结果报经理办公室汇总。

2) 项目经理部应按工程实施进度，分阶段（基础、结构、装修）总结项目质量策划结果的实施情况，形成《某工程某阶段质量管理策划结果实施情况的汇报》，上报公司经理办公室。

3) 公司主管部门及项目经理部在项目竣工结束后，对项目质量管理策划结果的实施情况进行总结和分析，并编制项目总结报告上报经理办公室。总结内容至少包括：

A. 施工和服务质量目标的实现结果；
B. 关键工序和特殊工序的控制情况；
C. 项目质量管理策划结果中各项内容的完成情况；
D. 项目质量管理策划及实施结果的评价结论；
E. 存在的问题及分析和改进意见。

4) 经理办公室将汇总的质量信息分析的结果上报最高管理层审查；经理办公室负责将各项目的汇报传递给各相关部门，各相关部门审核后，将意见反馈给经理办公室，由经理办公室将反馈结果上报最高管理层审查。

质量信息分析结果应包括：

A. 工程建设有关方对施工企业的工程质量、质量管理水平的满意程度；
B. 施工和服务质量达到要求的程度；
C. 工程质量水平、质量管理水平发展趋势以及改进的机会；
D. 与供货方、分包方合作的评价。

质量信息分析应明确的内容包括：

A. 作用；
B. 职责；
C. 方法；
D. 对象。

调查表法、排列图法、分层法、因果关系图法、直方图法、控制图法和相关图法。

(4) 质量管理体系的评价

公司最高管理者定期对质量管理体系运行的状况进行全面评价，对管理评审会议中提出的问题提出改进决议，具体执行《管理评审制度》的相关规定。

(5) 质量管理改进与创新

最高管理者代表应组织最高管理层根据质量管理体系的分析和评价的结果，确定质量管理创新的目标及措施，并明确负责落实决议的主管领导、部门、项目部及时限，由经理办公室负责监督落实整改与创新的实施结果，具体执行《纠正和预防措施控制制度》，经理办公室负责保存质量管理改进与创新记录。

4. 本制度的支持性文件

(1)《协商沟通与信息交流管理制度》；

(2)《纠正及预防措施控制制度》；

(3)《管理评审制度》。

5. 记录

质量管理信息分析、评价、总结报告及管理评审会议相关记录等。

GB/T 50430—2007《规范》明示的制度、文件和记录

表4-20给出了GB/T 19001明示的程序与GB/T 50430明示的质量管理制度的对照。

GB/T 19001明示的程序与GB/T 50430明示的质量管理制度的对照　　表4-20

序号	9001标准条款	9001标准明示的程序	50430规范明示的质量管理制度	50430规范明示的质量管理制度的支持性文件
1	4.2.2	质量手册	质量管理体系的说明	
2	4.2.3	文件控制程序	文件管理制度	
3	4.2.4	记录控制程序	记录管理制度	
4	5.4.1		质量目标管理制度	
5	6.2		人力资源管理制度 员工绩效考核制度	
6	6.3		施工机具管理制度	施工机具供应方的评价方法
7	7.2		工程项目投标及工程承包合同管理制度	
8	7.3		工程项目施工质量管理制度	施工设计所需的评审、验证和确认活动，明确其程序和要求
9	7.4		建筑材料、构配件和设备管理制度	供应方的评价、选择和再评价的标准、方法和职责
10	7.4		分包管理制度	评价、再评价标准和评价办法
11	7.5		工程项目施工质量管理制度	
12	8.2.1		质量管理自查与评价制度	工程建设有关方满意情况的信息收集的职责、渠道、方式及利用这些信息的方法
13	8.2.2	内部审核程序	质量管理自查与评价制度	
14	8.2.3		质量管理自查与评价制度	
15	8.2.4		施工质量检查制度 试验、检测管理制度	
16	8.3	不合格品控制程序	质量问题处理制度 质量事故责任追究制度	

续表

序号	9001标准条款	9001标准明示的程序	50430规范明示的质量管理制度	50430规范明示的质量管理制度的支持性文件
17	8.4		质量信息管理和质量管理改进制度	
18	8.5	纠正措施程序	质量信息管理和质量管理改进制度	
19	8.5	预防措施程序	质量信息管理和质量管理改进制度	

《规范》明示的文件/记录与ISO 9001标准明示的文件/记录对照表,见表4-21。

《规范》明示的文件/记录与ISO 9001标准明示的文件/记录对照表　　　表4-21

序号	9001标准	9001标准明示的文件/记录	50430规范明示的文件/记录
1	5.2	质量方针形成文件	质量方针形成文件
2	5.4.1	质量目标形成文件	质量目标形成文件
3	5.5.1		1. 管理体系的组织机构及相应质量管理人员,规定相应的职责和权限并形成文件 2. 各级专职质量管理部门和岗位的职责和权限形成文件 3. 其他相关职能部门和岗位的质量管理职责和权限,形成文件 4. 以文件的形式公布组织机构的变化和职责的调整
4	5.6	管理评审的记录	质量管理改进与创新的记录
5	6.2	教育、培训、技能和经验的适当记录	1. 人力资源发展规划 2. 以文件的形式确定与质量管理岗位相适应的任职条件 3. 培训相应的记录
6	6.3		1. 施工机具配备计划 2. 施工机具供应方相应的证明资料和评价记录 3. 施工机具供应方订立合同 4. 施工机具验收记录
7	7.1	质量计划	工程项目质量管理策划的结果形成文件
8	7.2	与产品有关的要求的评审结果及由评审而引起的措施的记录	1. 工程承包合同 2. 评审、投标和签约的相关记录 3. 相关部门及人员掌握合同的要求,并保存相关记录 4. 施工过程中发生的合同变更,应以书面形式签认

续表

序号	9001标准	9001标准明示的文件/记录	50430规范明示的文件/记录
9	7.3	1. 与产品要求有关的设计和开发输入的记录 2. 设计和开发评审结果以及必要的措施的记录 3. 设计和开发验证的结果以及必要的措施的记录 4. 设计和开发确认的结果以及必要的措施的记录 5. 设计和开发更改评审结果以及必要的措施的记录	1. 设计结果应形成必要的文件 2. 设计变更评审相关记录
10	7.4	供方评价结果，以及由评价而采取的必要措施的记录	1. 采购计划 2. 供应方的评价、选择和再评价的相应的记录 3. 采购合同 4. 验收的过程、记录 5. 对验收不合格的建筑材料、构配件和设备处理结果的记录 6. 建筑材料、构配件和设备的发放记录 7. 评价和选择分包方的记录 8. 分包合同 9. 对分包方的履约情况进行评价并保存记录
11	7.5	1. 生产和服务提供过程的确认适用时记录的要求 2. 当有可追溯性要求时对产品的唯一性标识的记录 3. 丢失、损坏或者被发现不适宜使用的顾客的财产的记录	1. 开工申请 2. 施工企业应将质量管理策划的结果向项目经理部进行交底，并保存记录 3. 施工过程中的质量管理记录。质量管理记录应包括： （1）施工日记和专项施工记录 （2）交底记录 （3）上岗培训记录和岗位资格证明 （4）施工机具和检验、测量及试验设备的管理记录 （5）图纸的接收和发放、设计变更的有关记录 （6）监督检查和整改、复查记录 （7）质量管理相关文件 （8）工程项目质量管理策划结果中规定的其他记录 4. 发包方提供的建筑材料、构配件和设备在验收、施工安装、使用过程中出现的问题，应做好记录

续表

序号	9001标准	9001标准明示的文件/记录	50430规范明示的文件/记录
12	7.6	1. 当无国际或国家测量标准时，用以检定或校准测量设备的依据的记录 2. 当测量设备被发现不符合要求时对先前的测量结果的有效性评价的记录 3. 测量设备校准和验证的结果的记录	1. 校准记录应予以保存 2. 对国家或地方没有校准标准的检测设备制定相应的校准标准
13	8.2.2	内部审核结果	1. 对审核中发现的问题及其原因提出书面整改要求 2. 建立和保存监督检查和审核的记录
14	8.2.3		1. 对质量管理活动监督检查中发现的问题应及时提出书面整改要求 2. 建立和保存监督检查和审核的记录
15	8.2.4	指明授权放行产品的人员的记录	1. 施工质量检查策划结果 2. 对质量检查记录的管理应符合相关制度的规定 3. 工程资料管理
16	8.3	不合格品性质以及随后所采取的措施，包括所批准的让步的记录	质量问题的处理和验收记录
17	8.5.2	纠正措施的结果	质量管理改进与创新的记录
18	8.5.3	预防措施的结果	质量管理改进与创新的记录

4.3 转换认证的实施

4.3.1 基本要求

按国家两部委2010"21公告"要求获得认可资格的认证机构应从2010年11月1日起对建筑施工企业按照《规范》GB/T 50430—2007和GB/T 19001—2008标准要求开展认证活动，并颁发同时标注两个标准名称的新证书。自2010年8月1日起，在建筑施工领域质量管理体系认证中，应依照《质量管理体系 要求》GB/T 19001—2008和《规范》GB/T 50430—2007执行。按照《质量管理体系 要求》标准已获得质量管理体系认证的企业，在到期换证时，应增加《规范》要求审核后完成认证证书转换工作；逾期未完成转换的认证证书均属无效。

已获GB/T 19001—2008认证的和新认证的施工企业应该如何实现证书的到期转换和顺利实现"双标"认证？主要应做到以下几点：

1. 应对开展以GB/T 19001—2008标准和《质量管理规范》为依据的QMS建立、实施、保持和完善工作进行认真总结，深入研究《规范》GB/T 50430—2007，准确理解

《规范》GB/T 50430—2007 的实施目的和各项要求的内涵，不断提高 QMS 的有效性。

2. 应识别相关质量管理工作人员、内审员等进行《规范》GB/T 50430—2007 的培训需求，并确保相关人员得到必要的培训。

3. 应依据《规范》GB/T 50430—2007 要求识别原有质量管理体系存在的不足、偏离或缺失，采取改进措施。这包括对现有体系文件的评审，识别不足、修改质量体系文件/或换版，需要时聘请外部咨询人员提供帮助；也包括对原有质量体系的运行不足的识别，发现不足，则需要制定和实施必要的改进措施，改进和完善质量管理体系有效性。

4. 开展对新的体系文件的培训，根据新的体系文件和标准运行质量管理体系，形成有关运行记录。原则上，新的体系文件发布和运行时间不少于 3 个月，但如果原体系或体系文件已经基本满足《规范》GB/T 50430—2007 标准的要求，这个时间可以缩短。

5. 根据新的体系文件和标准要求进行一次全面的内部审核（包括文件评审）和管理评审。

4.3.2 认证转换

1. 转换时间

从 2010 年 11 月 1 日起，在新认证或复评审核中必须发放同时注有《规范》GB/T 50430—2007 和 GB/T 19001—2008 标准的质量管理体系证书。处于监督审核期间的获证客户可以根据自身的情况选择是否实施标准转换审核。

2. 转换准备

获证组织应按照《规范》GB/T 50430—2007 条文 4.4.1 条款所提出的要求，为转换工作进行必要的准备。

3. 转换申请

（1）获证组织在完成《规范》要求转换的相关准备工作后，可向认证机构提出认证证书转换申请并签订正式转换合同。

（2）利用后续复评（再认证）或专项审核的方式进行转换的申请，可用国家标准《规范》GB/T 50430—2007《转换申请表》或书面形式向认证机构报告。

（3）利用后续监督审核的方式进行转换的申请，可用《管理体系获证组织信息确认表/信息快报》或书面报告形式的向认证机构提出审核需求。

4. 转换实施

（1）获证组织依据《规范》GB/T 50430—2007 对管理体系文件进行修改后，转换审核方案将包括对获证组织按照《规范》GB/T 50430—2007 修改后的 QMS 文件进行评审。按照《规范》的要求，对获证组织修订的质量管理体系文件进行符合性评审。特别关注各项管理制度对过程的相关部门和人员的职责是否明确、流程是否清晰、要求是否清楚、方法是否正确。

（2）现场审核时审核组将重点关注《规范》GB/T 50430—2007 要求的质量管理活动、质量管理文件和记录是否得到有效识别、实施和保持。获证组织是否依据 GB/T 19001—2008 和 GB/T 50430—2007 进行了全面的内部审核。对审核的充分性、有效性和可信程度进行评价。对存在问题或达不到《规范》GB/T 50430—2007 要求的获证组织，审核组将开具《不符合项报告》，提出整改要求，并确保验证合格。

(3) 审核过程中关注《规范》的特殊要求。转换审核是全过程审核，可以以 GB/T 50430—2007 的要求为主，重点关注 GB/T 50430—2007 中超越 GB/T 19001—2008 要求的内容。

(4) 按过程进行策划和审核，重点做好项目部的审核；设计专用的审核报告模板，按照过程描述各过程的策划、运行和改进情况。

5. 认证证书

(1) 对 QMS 认证证书转换审核的认证决定按认证机构的相关要求执行，在确认获证组织的 QMS 已符合《规范》GB/T 50430—2007 要求后，才能换发增加《规范》GB/T 50430—2007 的认证证书。

(2) 选择初次认证、再认证（或提前再认证）审核进行标准转换的，《规范》GB/T 50430—2007 认证证书有效期自重新签发证书之日起三年。

(3) 选择监督审核或专项审核方式进行标准转换的，《规范》GB/T 50430—2007 认证证书有效期保持原证书的有效期。

附录 4.1 方针目标管理流程

方针目标管理流程，见附图 4.1-1。

方针和目标管理流程说明

1. 一般要求

(1) 方针目标管理包括方针目标的制订、分解、过程管理及考核、改进等活动。

1) 方针应与企业总体战略相一致，及时进行评审修订。目标项目和目标值，按部门、职能人员依次细化分解。必须做到下级目标的总和达到或略微超过上一级目标。

2) 方针目标考核包括对部门、项目和各级员工考核（可与员工绩效考核并行开展，见流程《员工绩效管理》），考核应分阶段进行（如半年、季度、月度等）。

(2) 方针目标管理权责

1) 企业策划管理部门负责根据企业战略管理要求组织制订总体方针目标、中短期目标和年度目标，并组织对目标进行分解，目标实施过程中对目标进行监控管理，组织进行各阶段考核，通过对各阶段考核结果分析和方针目标评审，不断改进方针目标；

2) 各职能部门负责根据企业方针目标制订部门目标，并在部门内部进行分解、实施、检查和改进工作，其中由工程管理部门组织实施对项目经理部的目标管理工作；

3) 项目经理部负责实施项目管理目标建立、实施、考核兑现工作。

(3) 项目目标管理责任书签订、项目目标管理责任书实施、目标管理责任书考核兑现见流程《项目经理部组建与管理》。

2. 节点 C2 "方针修订目标制订"

(1) 方针制定步骤

1) 分析企业的内外部环境。在分析内外部环境时，尤其是要注意分析顾客的要求和期望，分析企业自身的产品历史和现状，分析企业管理水平。通过分析，确定企业的质量管理和产品所应遵循的原则以及在市场中的地位和水平。

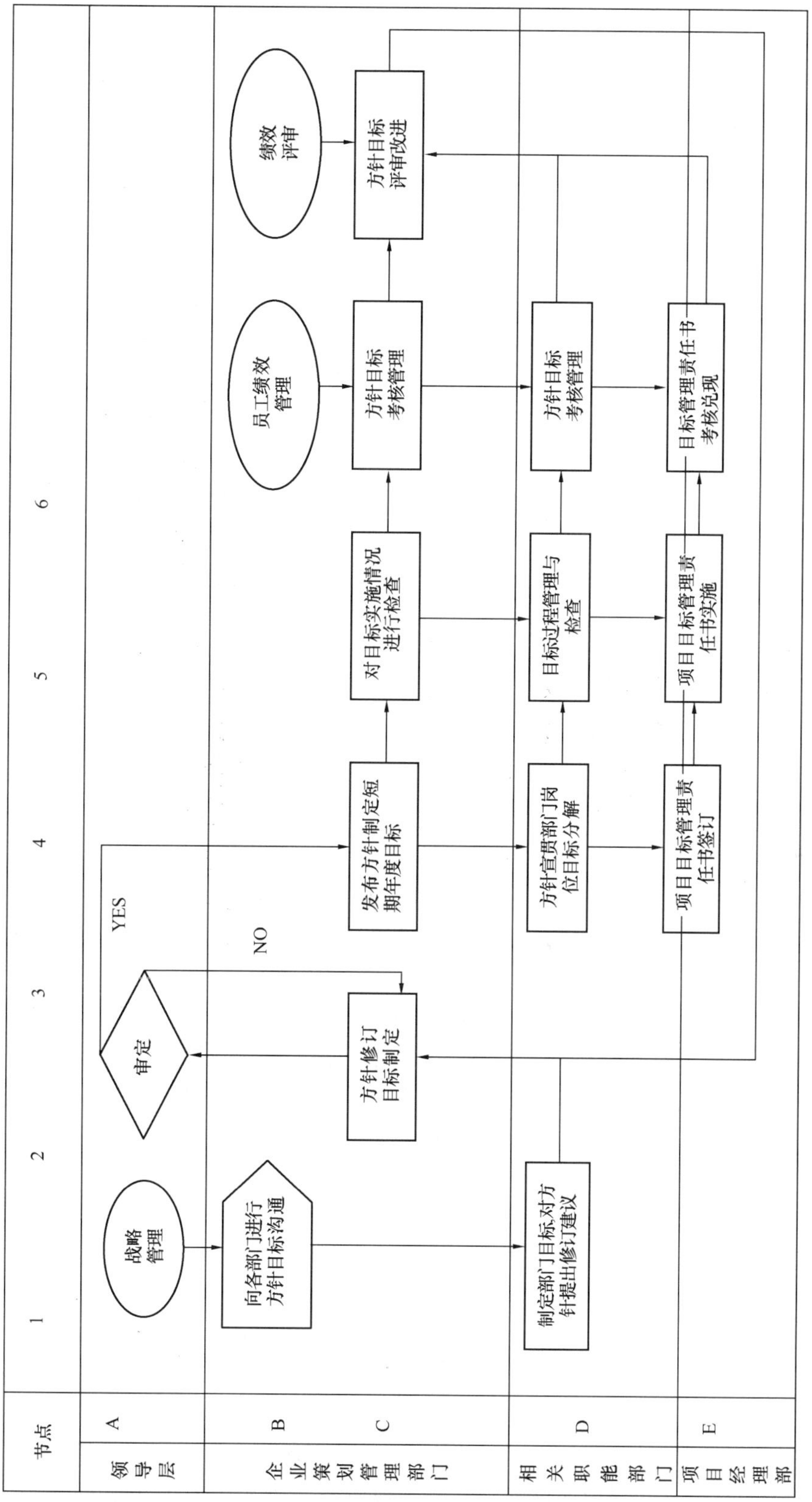

附录 4.1 方针目标管理流程

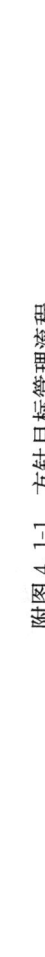

附图 4.1-1 方针目标管理流程

2) 明确企业的质量管理思想。根据对企业内外部环境的分析结果来确定企业的质量管理的发展战略。

3) 经过反复讨论、修改形成方针。方针应能反映企业的质量管理特点，而且应使各部门员工加深对企业方针的认识和理解，形成质量行为的依据，便于今后的顺利贯彻。

4) 方针必须形成文字，经过最高管理者批准后才能生效。方针可以单独发布或并入企业的特定管理文件中发布。

(2) 方针传达与宣贯

1) 最高管理者在质量方针中对质量的承诺应是看得见的、积极的并且是被有效沟通的。企业应通过各种方式、途径向全员传达贯彻，并要确保员工理解其内涵。了解方针如何影响他们，明确他们在质量管理体系中的作用，清楚自己的本职工作与组织的方针、管理体系的关联，知道如何做才能为实现方针作出贡献。

2) 传达贯彻的方法可以是会议上宣读解析方针，向每位员工发放方针及理解的小册子，利用内部刊物、标语、告示栏进行宣传等。一份公开展示的、由企业所有人签署的方针是一个可以用来表现对员工和顾客承诺的方法。

3. 节点C3"发布方针制定短期年度目标"

(1) 质量管理目标的建立应能为企业及其员工提供质量管理工作的方向，合理分配和利用资源，达到规定的结果。质量目标的制订应能实现以下目的：

1) 激发员工的积极性；

2) 提高工程质量，使实现质量目标的过程成为质量改进的过程；

3) 提高作业的有效性；

4) 提高业绩，增加预防成本，降低故障成本；

5) 增强发包方的满意度。

(2) 目标制定前，要对企业目前的现状和所处的市场及政策环境进行全面的调查、研究，并在此基础上考虑企业未来的发展，制定企业年度、短期或中期目标。

(3) 企业的总目标可以分为管理目标和经济目标两大类。

1) 企业管理目标主要针对工程项目管理制定，可以进一步细化为工程项目施工预算编审率、工程项目管理目标责任书签订率、工程项目管理风险抵押金收缴率、在建工程财务状况分析率、工程项目送审决算编报率、工程项目考核决算编审率、工程项目成本归集率、工程项目竣工决算办理率、工程项目财务结算办理率、工程项目考核审计率、工程项目目标责任奖赔兑现率、资金回收率、资金周转率、工程项目合同履约率、质量管理、安全生产及文明施工、工程技术管理等指标；

2) 经济目标则包括资产保值增值率和利润率等指标。

(4) 目标制定原则：本着整体性、激励性、针对性、可行性的原则，达到制定科学化、指标具体化、管理系统化、实施考核化的目的。目标设定坚持以市场为导向，遵循市场价值规律、紧密联系实际，与企业中、长期发展规划相一致。目标的设定应体现在现有条件下的可行性、与历史数据相比的进步性及经过全体职工努力拼搏才能实现的挑战性。

(5) 目标制定方法：

1) 关键绩效指标KPI可以使部门主管明确部门的主要责任，并以此为基础，明确部门人员的业绩衡量指标。建立明确的切实可行的KPI体系，是做好绩效管理的关键。关键绩效指标是用于衡量工作人员工作绩效表现的量化指标,是绩效计划的重要组成部分。

2)平衡计分卡 BSC 是一个对企业长期战略目标进行综合评价的方法。它同时也是一个从价值和战略的角度,对企业各个部门和员工的绩效进行评价和引导,以便形成正确的决策,共同为实现企业的战略价值而努力的管理体系。

3)目标管理 MBO 是以目标为导向,以人为中心,以成果为标准,而使组织和个人取得最佳业绩的现代管理方法。目标管理亦称"成果管理",俗称责任制。是指在企业个体职工的积极参与下,自上而下地确定工作目标,并在工作中实行"自我控制",自下而上地保证目标实现的一种管理办法。

4. 节点 D3"方针宣贯部门岗位目标分解"

1)总目标在企业的纵向行政管理层和横向职能部门之间进行层层分解,便形成了企业目标管理体系。首先,在纵向上可根据企业的总目标,结合各项目的具体情况制定出项目目标,再把项目目标分解形成项目员工的分目标;在横向上以项目企业目标管理为主线,落实各职能部门的目标责任,确定他们在项目部经营活动中的义务与权利,让职能部门成为项目部职能管理的支持者与监督者。通过目标的纵向与横向的分解,形成企业完整的目标体系。

2)企业质量目标一般分为三级,第一层次由总经理审定企业总的质量目标;第二层次由各职能部门、施工项目根据总目标分解部门质量目标,由目标管理部门审定;第三层次由各部门岗位员工根据部门质量目标分解岗位质量目标。

3)在目标体系的制定中,企业最高管理者应与项目经理——为项目目标的第一责任人之签订项目管理目标管理责任书。在项目管理目标管理责任书中应对成本、工期和质量三大目标进行量化处理,形成指标体系,明确规定公司与项目经理的权利与义务。

4)施工企业质量目标应在相关职能和各层次机构中分解展开,建立各自的质量管理目标,使其能在相关职能和层次中具体落实,增加质量管理目标的可操作性和可评审性。质量目标可以结合各部门、各岗位的工作职责和计划加以分解和展开,具体施工项目的工程质量目标应作为企业质量管理目标分解展开的结果之一。

5. 节点 D4"目标过程管理与检查"

1)企业各管理层次应监督、检查目标的分解、落实情况,并对其实现情况进行考核。目标制定部门应采用定期或不定期方式监督、检查各部门和项目部质量目标完成情况;各部门、项目部应通过过程监督和阶段考核方式掌控所属岗位员工目标完成情况。目标的监督、检查易与绩效考核相结合开展。

2)实施管理目标考核时可以采取针对各管理层次由下至上的方法,管理目标的考核应符合既定的管理目标中各项指标的内涵,目标考核结果既应成为质量管理水平评价和质量管理改进的依据,又应成为重新确定和修订质量管理目标的依据。

3)目标管理的机构应贯穿于企业的各个管理层,以监督管理质量目标的落实和分解,并对目标实现情况进行考核,同时将考核结果按照规定的要求传递,保证企业总体目标的考核评价信息的准确性。

4)在目标实施过程中,各职能和层次按期(月、季)对目标进行自检诊断,利用 PDCA 循环,对影响目标完成的因素进行分析并提出措施,不断对目标进行修正,使目标能够如期实现。认真填写和传递上报"目标管理卡"(见附表 4.1-1),使目标始终处于受控状态。

目 标 管 理 卡　　　　　　　　附表 4.1-1

目标项目					
负责人		责任人		要求进度	
检查标准					
对策措施					
一季度	实际完成情况		原因分析及改进措施		
二季度	实际完成情况		原因分析及改进措施		
三季度	实际完成情况		原因分析及改进措施		
四季度	实际完成情况		原因分析及改进措施		
进度检查及沟通记录					
检查结果评价					
未完成原因					
奖罚结果					

责任人：　　　　　　　　负责人：　　　　　　　　考核小组：

6. 节点 C5D5 "方针目标考核管理"

（1）企业目标管理绩效考核分为三个序列

1）项目经理部执行"包死基数、确保上交、盈利分成、欠收自补、责任追溯"的考核原则；

2）分公司执行"企业目标管理、动态考核、强化协作、降低成本、提高效益"的考核原则；

3）职能部门执行"企业目标管理、动态考核、强化服务、降低成本、工作创新"的考核原则。

（2）通过层层考核，责任落实到各级部门和个人。

1）总经理依据项目管理目标管理责任书对项目经理进行考核，项目经理依据分目标对项目员工进行考核。

2）职能部门的目标考核不仅要由主管领导进行，还要考虑项目经理对他们服务质量的评估。依据目标完成情况和取得的结果确定员工的绩效工资。

3）有了明确的指标作为绩效考核标准，对员工工作成果的评价客观、合理，能充分调动员工的积极性，使每个员工都为实现自己的目标而努力工作，保证企业总目标的实现。

4）目标考核结果一方面可以作为企业方针目标制定合理性的分析依据，另一方面可以作为员工职位调整、薪酬调整、职业发展、培训计划、员工聘用等工作的依据。

(3) 目标考核及结果应用可参考附表 4.1-2。

目标考核及结果应用　　　　　　　　　　　　　　　　　　　　　附表 4.1-2

被考评对象	分类	考评人员 责任人	考评人员 参与者	考评方式	周期	主要内容	结果主要应用
项目部经理	岗位业绩考核	企业主管副总经理	企业总部相关部门	(1) 项目绩效检查；(2) 企业领导、相关部门共同考核	每半年	年度工作目标完成情况	(1) 薪酬调整及绩效薪金 (2) 职位变动
项目部经理	员工评价	企业策划管理部、人力资源部	项目部各部门经理	企业相关部门和项目部员工共同评价	每半年	品行、能力、知识、敬业精神	(1) 职位变动 (2) 培训等
职能部门负责人	岗位业绩考核	分管领导		企业绩效检查；	季度	月度或年度工作目标完成情况	(1) 职位变动 (2) 薪酬调整及绩效薪金
职能部门负责人	员工评价	人力资源部	部门员工	企业领导、部属员工共同评价	年度	品行与职业素养、能力、知识	(1) 职位变动 (2) 培训、合同续签
部门员工	岗位业绩考核	部门负责人	部门员工	部门负责人或同事评价	季度	月度工作目标完成情况	(1) 职业生涯发展 (2) 薪酬调整及绩效薪金
部门员工	员工评价	部门负责人	部门员工	部门负责人或同事评价	年度	工作品行与职业素养、行为、能力	(1) 职位变动 (2) 薪酬调整及绩效薪金 (3) 培训、合同续签

7. 节点 C6 "方针目标考评审改进"

(1) 对方针的评审和修订是施工企业质量管理改进的重要手段之一。应根据内外部条件的变化，保持方针的适宜性。评价方针的贯彻落实是评价员工质量意识和理念是否符合企业要求的重要方法，也是衡量方针是否符合内、外部环境要求的手段。见流程《绩效评审》。

(2) 对贯彻实施方针的效果进行评价需收集以下信息：

1) 质量目标的实现情况；

2) 各项质量管理制度的执行情况；

3) 发包方对工程质量和质量管理水平的评价；

4) 各项质量管理要求与外部环境的适应性。

(3) 对方针的调整会涉及质量目标、组织机构、职责权限、管理的范围、管理制度等方面的调整，应予以重视并确保与各项工作协调一致。

附录 4.2　人力资源规划和员工绩效考核流程

(一) 人力资源规划流程（见附图 4.2-1）

第4章 施工企业质量管理体系转换

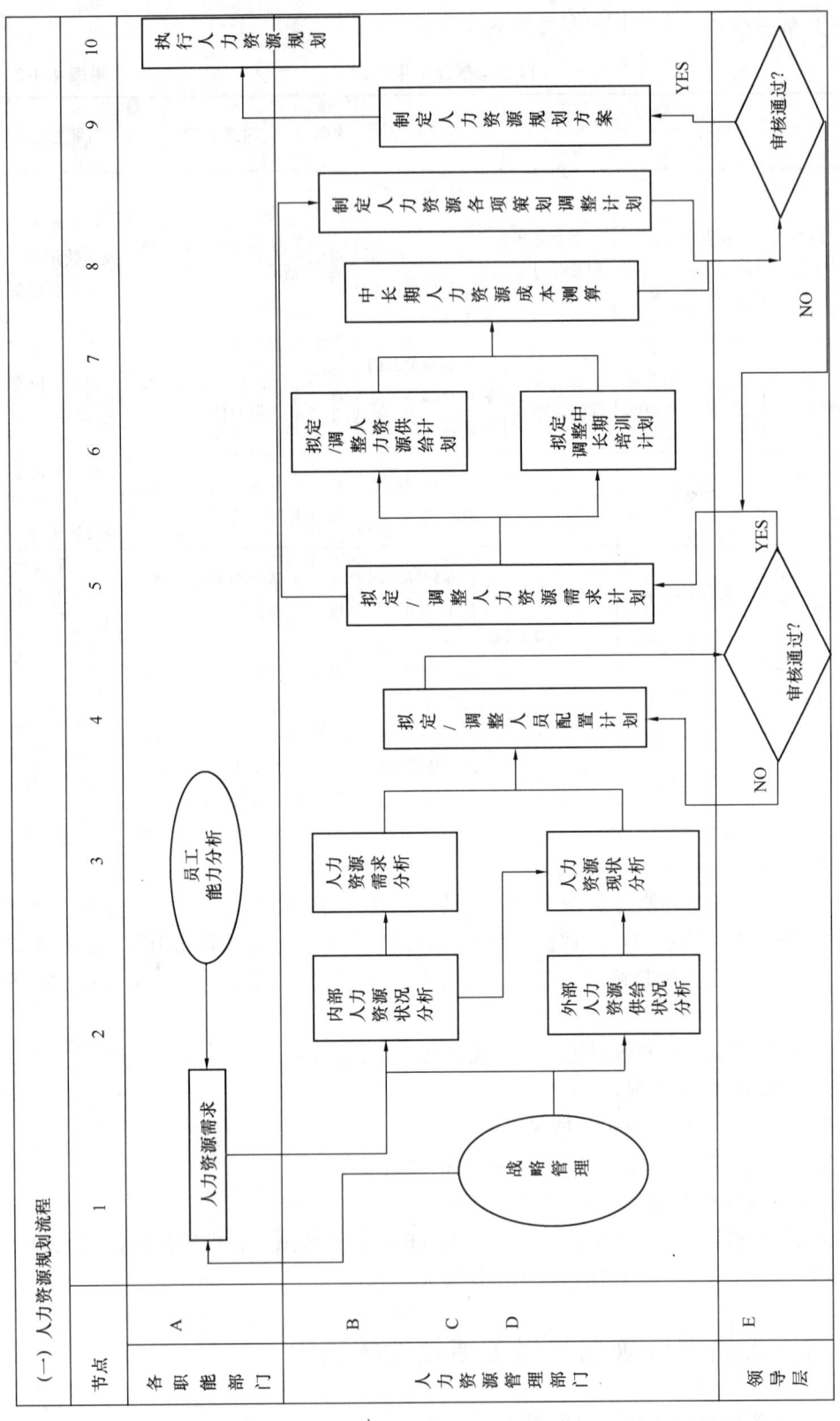

附图 4.2-1 人力资源规划流程

人力资源规划流程说明

1. 一般要求

1）人力资源规划包括人力资源需求趋势预测、供给趋势预测、配备计划、补充计划、使用计划、退休及解聘计划、培训计划、接班人计划、绩效管理计划、薪酬福利计划、职能水平改进计划等。

2）各职能部门负责对人员的需求进行分析（人员数量、能力提升等）、提出相应的人员晋升、加薪；解聘和退休、招聘；培训等相关需求。人力资源管理部门负责汇总相关需求内容，进行可行性分析，报领导层进行审批，落实相应工作。

3）编制规划依据包括企业战略规划、绩效文件、绩效考核管理制度、薪酬管理制度等。

2. 节点 A1"各部门提供人力资源需求"

1）人力资源管理部门根据"企业战略规划"和各部门提出的人力资源需求对内部人力资源状况和外部人力资源供给状况进行分析。

2）企业各部门根据业务发展状况和人员匹配情况填写各部门人员需求表和能力提升需求表，见附表 4.2-1、附表 4.2-2。

人 员 需 求 表　　　　　　　　　　　　　　　　　　　　　附表 4.2-1

人员类别按职务分	现有人员	计划人员	余缺	预期人员的损失						本期人力资源"净需求"
				调职	升迁	辞职	退休	辞退	其他	合计	
高层管理人员	15	18	3	1		1					
中层管理人员	32	36	4			2		1			
项目经理	18	22	4								
技术人员											
……											
合计											

培 训 需 求 表　　　　　　　　　　　　　　　　　　　　　附表 4.2-2

人员类别	业务培训	培训时间	通识培训	培训时间	学历教育	培训时间	个人素质提升培训	培训时间	技能培训	培训时间	其他培训	培训时间
总经理级							成本管理	3月				
							激励机制	4月				
总工副总							领导力培训	3月				
项目经理							沟通技巧	4月				
技术工人												

3. 节点 B2"内部人力资源状况分析"

内部人力资源状况分析主要是企业运作现状与未来业务发展需求之间的对比，总结出人力资源需求。供给分析涉及内部与外部的有效人力资源量。内部供给是近年来组织追求的合理化目标，涉及现有劳动力及发挥潜力。

4. 节点 D2 "外部人力资源供给状况分析"

外部供给取决于组织外的人员数，受人口趋势、教育发展以及内部劳动力市场竞争力等多因素影响。这部分将概括出有关人力需求，并为下列活动，如人员选拔、培训与奖励提供所需信息。

5. 节点 C4 "拟定/调整人员配置计划"

1) 人力资源管理部门以公司战略规划为指导，参考目前组织结构和岗位说明书以及上述分析，提出公司未来组织结构和岗位配置调整计划（有时候组织结构和岗位配置不一定需要调整，实际操作中可以跳过这一步骤）。

2) 人力资源管理部门制定/调整人员配置计划（岗位人员定编）。经过高层领导的审批形成公司层面人力资源需求计划。

3) 该阶段工作成果为"未来组织结构和未来岗位说明书"、人员配置计划、人力资源需求计划等。

6. 节点 C7 "中长期人力资源成本测算"

1) 根据人力资源需求计划，人力资源管理部门会同各相关部门负责人制定/调整人力资源供给计划（时间，数量，要求），同时制定/调整中长期培训规划（政策，需求）。人力资源部根据人力资源供给计划和长期培训规划，对总的人力成本进行评估和测算，制定公司各项人力资源政策调整计划（薪酬福利、考核等）。

2) 该阶段的工作成果为人力资源供给计划、中长期培训规划。

7. 节点 C9 "制定人力资源规划方案"

1) 结合上述企业组织结构、人力资源需求、供给计划、中短期培训计划等和内部各部门的改进需求，对人力资源管理其他部分进行相应调整，如绩效管理、薪酬福利等。

2) 根据上一次规划实施情况，对人力资源管理进行分析，提出改进计划。

3) 形成人力资源规划方案，分别在各部门中实施。

4) 人力资源规划包括年度的人员配备计划、人员补充计划、人员晋升计划等，以及中长期的人员培训开发计划、员工薪酬激励计划、员工职业生涯规划等。

（二）员工绩效考核流程（见附图 4.2-2）

1. 一般要求

1) 人力资源管理部门负责组织实施员工绩效管理工作。

2) 在企业的人力资源管理中，员工绩效管理是一个非常重要的工作，实施绩效考核是使企业不断自我提升和达成战略目标的重要保证。而员工绩效管理建立在关键业绩指标的基础上，通过业绩考核，并与相应的激励措施相结合，能促使员工努力工作，不断提高绩效，最终实现企业的目标。

3) 确认企业战略、战略目标及部门策略，调整组织结构，优化业务流程。这是设计关键绩效指标体系的基础。

4) 明确岗位或部门业务重点，确定对于企业发展有影响的个体因素或组织因素，确定每一岗位、部门和项目的职责标准，定义成功的关键因素，即满足业务重点所需要的策略和途径。

2. 节点 B3 "制定绩效管理制度"

（1）目的和范围

(2) 在企业内部建立目标管理与绩效考评相统一的管理体系，公正、公平、合理的考核和衡量员工的工作能力、工作态度和工作业绩，为薪酬管理、员工调配与晋升、员工培训、奖励等提供依据，保证企业（或分公司）、职能部门（或项目经理部）和员工发展目标的实现。

(3) 企业实行全员绩效考评；其中见习期员工根据国家规定进行考核鉴定。

(1) 员工绩效考评分类

①员工绩效考评由季度岗位业绩考核与年度员工评价两部分组成，实行定量和定性考核相结合。

②员工岗位业绩考核每季度进行一次，重点考核员工工作成绩和效果；主要用于年度绩效薪金、培训、评先等。

③员工评价每年（半年）进行一次，主要考核员工工作能力、品行与职业素养、工作业绩；主要用于晋升等。员工绩效考评分类见附表 4.2-3。

员工绩效考评分类 附表 4.2-3

被考评对象	分类	考评人员		考评方式	周期	主要内容	结果主要应用
		责任人	参与者				
企业领导	岗位业绩考核	办公室	相关职能部门	（1）企业绩效检查、绩效评审；（2）企业领导、相关部门共同考核	每半年	年度工作目标完成情况	（1）薪酬调整及绩效薪金（2）职位变动
	员工评价	人力资源部门	职能部门经理、员工代表	相关职能部门和企业员工共同评价	每半年	品行、能力、知识、敬业精神	（1）职位变动（2）培训等
职能部门负责人	岗位业绩考核	分管领导			季度	月度或年度工作目标完成情况	（1）职位变动（2）薪酬调整绩效薪金
	员工评价	人力资源部门	部门员工	企业领导、部属员工共同评价	年度	品行与职业素养、能力、知识	（1）职位变动（2）培训、合同续签
部门员工	岗位业绩考核	部门负责人	部门员工	部门负责人或同事评价	季度	月度工作目标完成情况	（1）职业生涯发展（2）薪酬调整及绩效薪金（3）培训、合同续签
	员工评价	部门负责人	部门员工	部门负责人或同事评价	年度	工作品行与职业素养、行为、能力	

2) 员工岗位业绩考核

① 考核指标：

员工岗位业绩考核实行基于关键业绩指标的目标管理制度；每季度进行一次。

② 考核方式见附表 4.2-4。

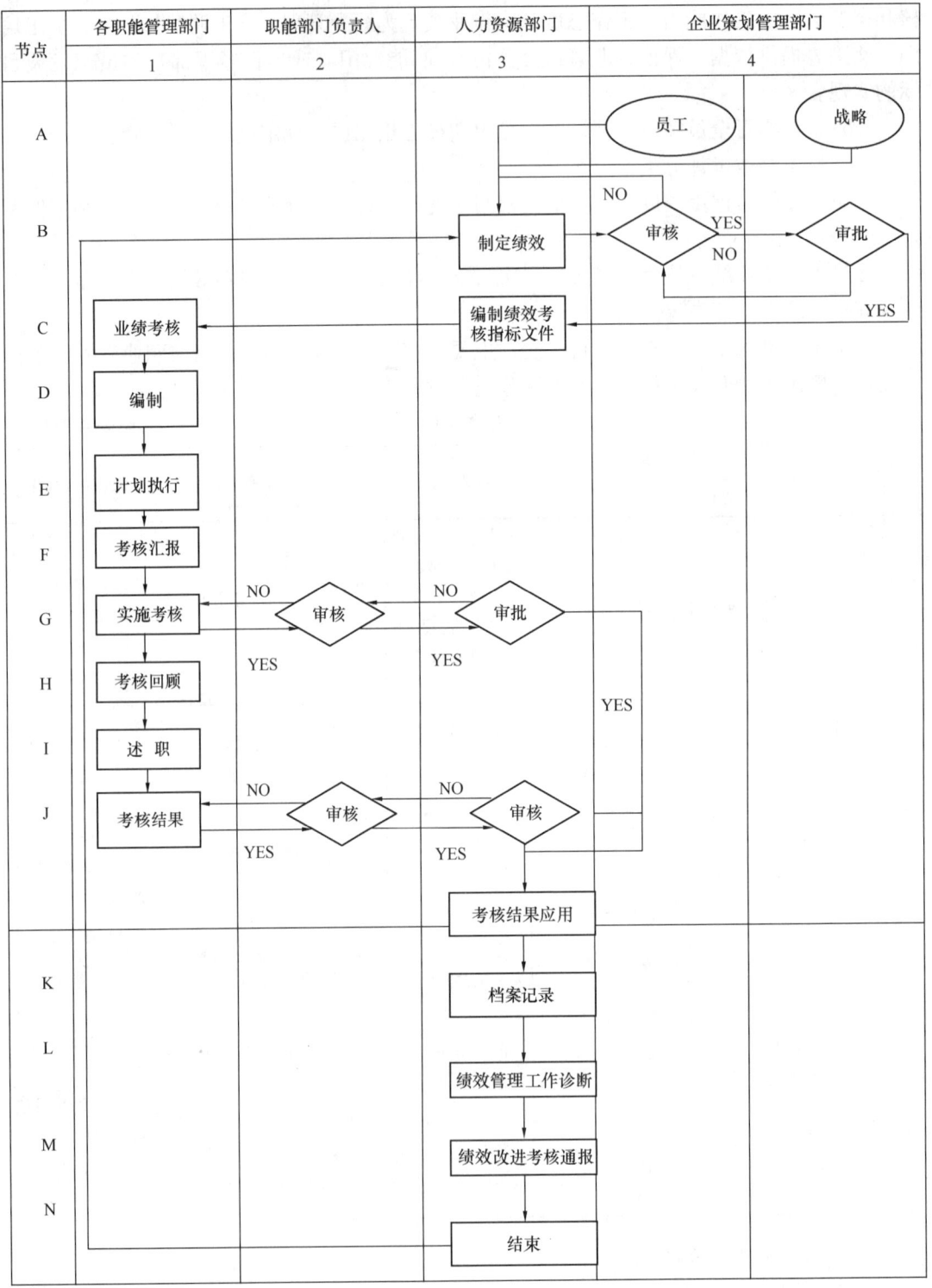

附图 4.2-2 员工绩效管理流程

考 核 方 式 附表 4.2-4

被考评对象	考评人员		考评方式	周期	主要内容
	责任人	参与者			
企业领导	办公室	相关职能部门	（1）企业绩效检查、绩效评审； （2）企业领导、相关部门共同考核	半年	年度工作目标完成情况
职能部门负责人	分管领导		关键业绩指标 目标完成情况	季度	季度或年度工作目标完成情况
部门员工	部门负责人	部门员工	部门负责人或同事评价	季度	季度工作目标完成情况

3）员工年度评价

①员工评价每年进行一次，其中企业领导班子每半年进行一次。

②员工评价要素：员工评价要素分为工作业绩、品行与职业素养、能力三部分。不同职位员工其考核权重也不同。对一般员工实行一级评估，即由直接主管评估；其他员工实行二级评价。

③各职能层次负责人年度评价见附表 4.2-5。

④员工评价等级：绩效等级：优秀、良好、可接受、需改进、不可接受。

各职能层次负责人年度评价 附表 4.2-5

岗位		考核项目	权重	考核方式和考核责任人
企业管理总部	企业领导	年度业绩	60%	四个季度业绩考评得分平均分
		品行与职业素养	20%	人力资源管理部门评价（50%）；总经理评价（50%）
		能力	20%	人力资源管理部门评价（50%）；总经理评价（50%）
	职能部门负责人	年度业绩	80%	四个季度业绩考评得分平均分
		品行与职业素养	10%	人力资源管理部门评价（50%）；主管领导评价（50%）
		能力	10%	人力资源管理部门评价（50%）；主管领导评价（50%）
项目经理部	项目经理	年度业绩	60%	项目年度目标责任状考核得分；
		品行与职业素养	25%	工程管理部门评价（50%）；主管领导评价（50%）
		能力	15%	工程管理部门评价（50%）；主管领导评价（50%）
	项目副经理职、技术负责人	年度业绩	70%	四个季度业绩考评得分平均分
		品行与职业素养	15%	工程管理部门评价（50%）；主管领导评价（50%）
		能力	15%	工程管理部门评价（50%）；主管领导评价（50%）
	项目各业务主管负责人	年度业绩	75%	四个季度业绩考评得分平均分
		品行与职业素养	15%	工程管理部门评价
		能力	10%	工程管理部门评价

绩效等级结果应符合正态分布。具体如下附表 4.2-6。

绩效等级结果

附表 4.2-6

年度考评得分	90 分以上	85～90	75～85	60～75	60 分以下
考评等级	优秀	良好	可接受	需改进	不可接受
人员比例	10%～15%	25%～30%	40%～50%	5%	5%

3. 节点 C1 "业绩考核指标分解"

1）设立各项绩效指标。每季度由主管根据企业目标和部门工作目标进行分解，与被考核对象共同确定下季度工作目标和考核标准，分为重要目标任务和日常目标任务。

2）在得到的指标中，首先去除可控性和可测性很差的指标、对经济效益影响不大的指标、重复的指标及已过时的指标，再选择对经济效益影响大的指标；指标可控性要强；计算不要过于复杂；指标数量控制在 5～10 个；必须列出的但可测性、可控性不强或有重复的指标，可作为监控指标。遵循"SMART"原则，依据平衡计分卡从财务方面（选取施工产值、资产负债率、利润、工程款回收等）、战略方面（选取业主满意度、业内知名度等）、内部业务流程指标（选取停工期、工程合格率、安全事故率等）、发展指标（选取培训费用等）四个方面，确认关键绩效指标。

3）权重设定是 KPI 体系构建中一个很重要的环节，KPI 权重一般在 5%～30% 之间。另外出于简化计算难度的考虑，所取的权重一般取 5 的整倍数，并且得分一般利用线性变化算比例。权重设定的方法有很多，主要有专家判定法、倍数加权法等。这里，设置关键绩效指标权重时主要考虑各指标对经济效益的影响、可控性、可测性三方面的因素。

4）选定关键绩效指标后，就需要将指标层层分解到各部门或各相关人员，具体工作可以通过访谈或分析历史资料，以及不断沟通反馈的方法进行，并保证指标分解后的有效性、可控性和指标的可测性。

5）根据实际执行的效果进行审核及改进，以保证这些指标能够全面、客观，形成建筑企业的关键绩效指标库。通过业绩考核实现企业内的人力资源管理。

4. 节点 C3 "编制绩效考核指标文件"

针对绩效考核指标的设定进行绩效考核指标文件的编制，并在绩效考核指标文件中体现：岗位员工关键绩效范围及关键绩效指标、组织重点关注周边绩效（如：企业文化落地、员工个人工作效率）、绩效改进计划、绩效结果应用、绩效结果确定等，以绩效考核指标文件作为载体，支撑组织战略实施实现，为人力资源管理模块提供支持与依据。

5. 节点 E1 "工作计划执行绩效沟通"

日常绩效管理是保证季度目标达成并最终实现年度目标的重要管理和控制步骤，是各级主管不可推卸的责任。在目标执行过程中，主管与下属应经常就目标执行情况进行沟通和反馈，并主动对下属工作给予支持或辅导。

6. 节点 G1 "实施考核"

（1）员工岗位业绩考核

1）季度绩效考评

A. 考核期末（每季度最后一周），员工对照岗位职责和季度绩效计划/考核表确定的工作目标进行述职，与主管讨论本季度工作目标完成情况，进行绩效考评面谈，直接上级考评，填写绩效考评表。

B. 主管对下属工作表现予以反馈，并共同分析目标达成和未达成的原因，共同提出改进计划。

2) 考评面谈

A. 评估面谈前：员工个人须作自我评估，填写绩效评估表，就工作目标完成情况及原因进行分析，并对个人能力和发展目标进行分析；主管应同时事先思考下属的工作及发展情况，约定面谈时间和地点。

B. 评估面谈：面谈过程中，主管和下属应本着信任、平等、公正的品行与职业素养讨论分析，帮助员工改进绩效，促进个人发展和企业目标实现；绩效面谈应做好记录，经双方签字认可。

C. 评估面谈后：面谈后，双方应相互配合改进下一步工作；绩效评估表和面谈记录交人力资源部门。

(2) 员工年度评价

A. 每年元月份组织进行上一年度员工评价（年度评价须在2月底以前结束）；各级人力资源部门具体颁布实施时间、步骤和工作要求。

B. 员工与直接主管讨论年度个人工作目标完成情况，并共同分析目标达成或未达成的原因，并共同提出改进计划。

C. 评估员工的技能、能力是否达到现职位要求，引导员工个人近期、长期发展。

D. 考评内容：

Ⅰ. 年度绩效（工作目标达成）情况分析：年初确定的关键业绩指标完成情况，多大程度上完成了，哪些完成了，哪些未完成；分析关键指标完成或未完成的原因，根据原因由主管和下属共同谈论，确定下年度如何改进提高，制订出切实可行的改进计划。

Ⅱ. 任职能力与品行与职业素养评估分析：对该岗位所任职能力的要求进行分析评估，哪些能力达到要求，哪些能力未达到要求，并对员工品行与职业素养、协作精神等予以评估，共同确定员工的个人发展目标。

Ⅲ. 确定下年度关键业绩指标：主管与下属共同讨论制定员工下年度关键工作目标。

E. 评价面谈，同员工岗位业绩考核。

7. 节点K3"考核结果应用"

1) 企业本着吸引、保留和激励优秀员工的原则进行人力资源管理，尽可能为员工提供培训发展的机会。对不能胜任工作、绩效表现不能令企业满意的员工，即每年绩效评估等级为"需改进"和"不可接受"的员工将纳入绩效改进程序。但违反国家法律或企业规章的员工直接进行公司奖惩管理。

2) 人力资源管理部门、直接主管和需进行绩效改进的员工共同讨论绩效表现，分析造成绩效不佳的原因，并书面提出通常为3个月的改进计划和需要达到的目标。

3) 根据具体原因制订和实施改进计划，给予培训、调职、辅导等，同时人力资源管理部门和直接主管随时观察和记录员工在改进计划期内的表现，并适时给予积极的反馈，帮助员工改进和提升绩效表现。

4) 对于改进期满，仍不能取得令企业和主管满意绩效的员工，将给予内部调换，直至解除/终止劳动合同。

第5章 质量管理体系内部审核

按照国家认监委、住房和城乡建设部的要求,工程建设施工企业要按照《工程建设施工企业质量管理规范》GB/T 50430(以下简称规范)和《质量管理体系 要求》GB/T 19001两个标准建立实施和保持质量管理体系。因此,无论企业的内部审核,还是第三方认证审核都要按两个标准进行,为了确保审核的一致性和有效性,我们编写了施工企业依据《规范》和GB/T 19001的内部审核要点,施工企业的内部审核可按照内部审核要点的要求实施。

5.1 内部审核指南

1. 目的

由于工程建设施工企业的产品——建筑物具有多样性和社会性,其质量的优势涉及国家和人民生命财产的安全。在对工程建设施工企业的质量管理体系进行审核时,为了保证工程建设施工企业的质量管理体系不仅要符合GB/T19001要求,而且必须满足《规范》及国家有关法律法规要求,为了便于施工企业进行有效内审,我们编制了本审核指南。

2. 范围

本审核指南适用于所有工程建设施工企业。

3. 引用标准

(1)《质量和(或)环境管理体系审核指南》GB/T 19011—2003;

(2)《工程建设施工企业质量管理规范》GB/T 50430—2007;

(3)《质量管理体系 基础和术语》GB/T 19000—2008;

(4)《质量管理体系 要求》GB/T 19001—2008;

(5)《建筑业组织审核指南》CNAS-TRC-004:2009;

(6)工程建设有关的法律法规 第6章6.1法规汇总。

4. 定义

本指南对建设行业常用的术语做以下定义:

(1)建设单位—即建设工程的投资人,也称"业主",是工程建设项目建设全过程的总负责方,拥有确定建设规模、功能、外观、选用材料设备、按照法律、法规规定选择承办单位等权利。建设单位可以是法人或自然人,包括房地产开发商。

(2)施工单位—是指经过建设行政主管部门的资质审查,取得相应资质证书,从事工程建设安装的单位。

(3)工程监理单位—是指经过建设行政主管部门的资质审查,取得相应资质证书,受建设单位委托，依照国家法律法规、技术标准、手册要求和接受单位要求，在建设单位委托的范围内对建设工程进行监督管理的企业。

（4）工程项目——是指具有独立的设计文件，建成后可以独立发挥生产能力或使用效益的工程。

（5）单位工程——具备独立施工条件并能形成独立使用功能的建筑物及构筑物为一个单位工程。建筑规模较大的单位工程，可将其能形成独立使用功能的部分为一个子单位工程。

（6）分部工程——是单位工程的一部分，分部工程的划分应按照专业性质、建筑部位确定；当分部工程较大或较复杂时，可按材料种类、施工特点、施工程序、专业系统及类别等划分为若干子分部工程。

（7）分项工程——是分部工程的组成部分，分项工程应按主要工种、材料、施工工艺、设备类别等进行划分。分项工程可由一个或若干个检验批组成。检验批可根据施工及质量控制和专业验收需要按楼层、施工段、变形缝等进行划分。

（8）施工组织设计——是指导建设工程施工准备和施工全过程的技术管理文件。一项单位工程的施工组织设计内容包括：工程概况、质量目标、施工方案和施工方法、检验和试验要求、施工进度计划、各项资源需求计划、施工平面图、技术质量措施、安全技术措施及技术经济指标等。建设工程项目由多个单位工程组成时需要编制施工组织设计。

（9）隐蔽工程——在施工过程中，下道工序将上道工序完全覆盖住，则称上道工序或被覆盖的分项工程为隐蔽工程。

（10）技术交底——建筑公司传统的技术管理制度之一。由项目部到施工作业班组逐级交底，随着接受交底人员岗位的不同，交底的内容也有所不同。交底的内容大体是：工程概况、设计要求、图纸做法、施工组织设计与施工方案的要求；设计变更；手册、规程和工法的要求；施工顺序、施工方法；特别是特殊过程的作业方法、质量要求及验收标准等。

（11）三通一平——指施工现场开工前，水通、电通、路通和场地平整。

（12）临时场所——组织为在有限的时间内完成特定的工作或服务而临时负有一定管理职能的、且不会成为常设场所的场所。

（13）建设工程临时场所——建筑业组织在顾客提供的活动场所，从事合同约定的产品（工程项目）施工和服务，并临时具有一定管理能力的管辖区域。包括在建的和已竣工的尚未交付的临时场所。

（14）质量管理活动——为完成质量管理要求而实施的行动。

（15）质量管理制度——按照某些质量管理要求建立的、适用于一定范围的质量管理活动要求，质量管理制度应规定质量管理活动的步骤、方法、职责。质量管理制度一般应形成文件，需要时，质量管理制度可有更加详细的文件要求加以支持。

（16）质量信息——反映施工质量和质量活动过程的记录。

（17）质量管理创新——在原有质量管理基础上，为提高质量管理效率、降低质量管理成本而实施的质量管理制度、活动、方法的革新。

(18) 施工质量检查——公司对施工质量进行的检查、评定活动。

5. 产品、服务范围和特点

(1) 产品特性、服务质量手册的要点

1) 产品质量要求

A. 项目投标承包要求：项目投标时期建设单位或通过代理单位向公司提出，包含在施工承包合同、工程设计文件及投标要求等文件中。

B. 项目施工期中，建设单位、监理单位针对施工进展状况随时提出的质量管理要求。

C. 项目保修期：施工单位根据法规及合同规定应免费保修的工程缺陷的期限。

D. 公司的内部管理要求。

E. 项目施工应符合《建筑法》以及国务院、住房和城乡建设部、各行业主管部门、地方建设主管部门相关的法律、法规、标准、手册等要求。

2) 产品特性要点

A. 工程建筑产品特点分别来自该项目的工业、民用等用途所产生的建设要求，因此，具有单向性、社会性、设计及施工工艺和组织的多样性、产品的生产周期长、耗工多及费用高等特点。

B. 项目设计、施工的单向性：每个工程项目都是根据建设单位的特定条件设计而成。施工则是在该建设地区专门创造施工条件后开工，在当地地理、地质、气候以及人文等方面条件下，按照上述专业设计要求及承包合同要求完成。

C. 满足政府单项监控的要求：工程建设项目的主项、设计、招标、开工许可、质量监控及竣工验收，质量保修等都应符合政府各主管部门的监控要求，以及以相关法律、法规为依据的单项监控要求。

D. 满足建设单位一方面的监控要求：项目的勘察、设计、施工、保修都需以合同要求为依据，在建设单位或其委托的监理单位对项目的监控下实施，施工期间建设单位及监理单位在现场驻地监控。

E. 各产品实现单位单项组织生产：项目的勘察、设计、施工、监理等单位分别与建设单位签订承包合同，分别组织生产，产品质量是各自专项管理的成果。

F. 为满足不同的实用功能，建筑产品更要关注结构工程质量和使用功能质量，这就要求在实施建筑企业质量管理体系审核时，对工程形象进度进行全面抽样，要重点关注在建工程质量及竣工工程的安全使用质量。

(2) 主要顾客群

1) 产品实现各阶段中，建设单位/总包单位是顾客。它与所委托的监理单位一起对施工进行全过程监控。

2) 竣工验收后该产业的产权人或经营运作人或使用者也是顾客。

(3) 业务、服务流程

业务服务流程见图 5-1 及图 5-2。

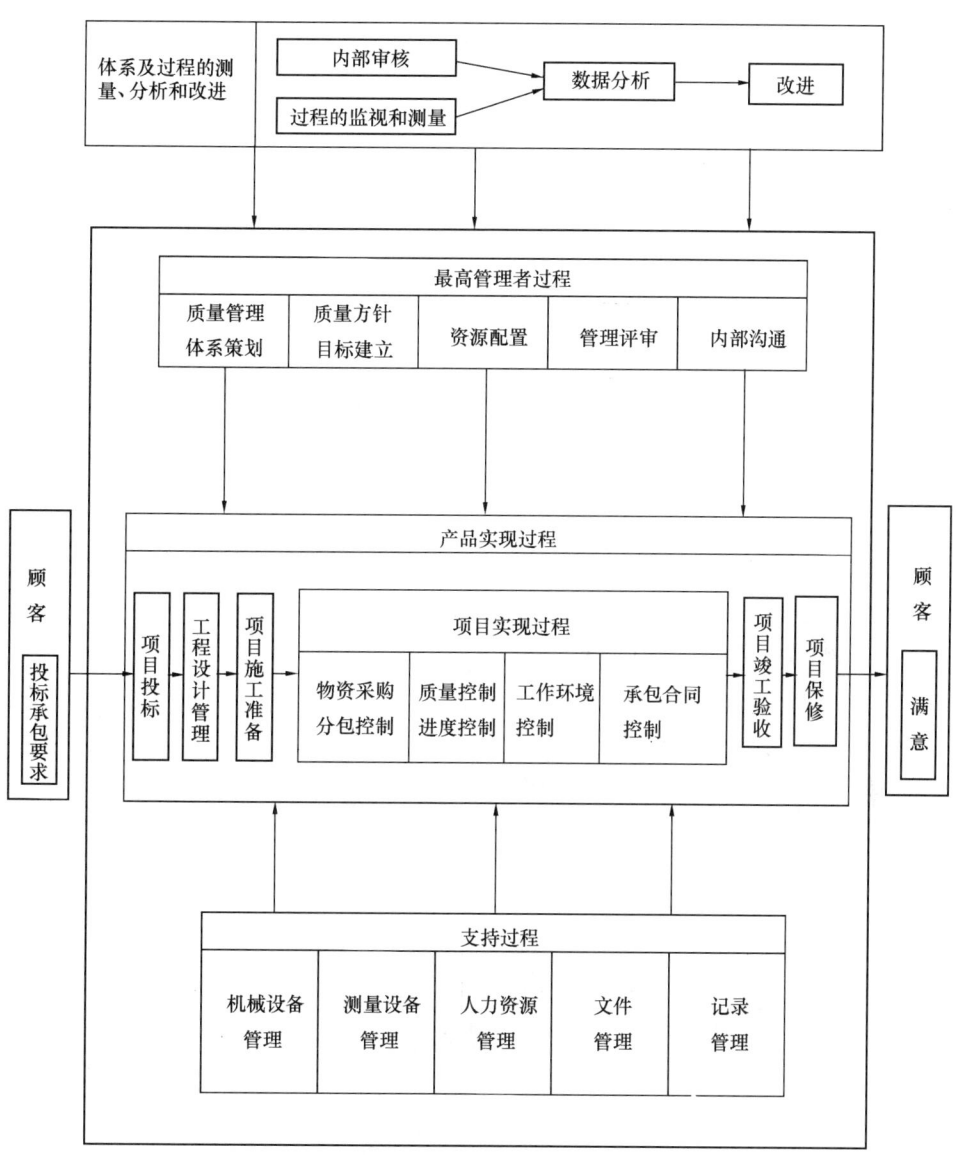

图 5-1 典型的质量管理体系过程

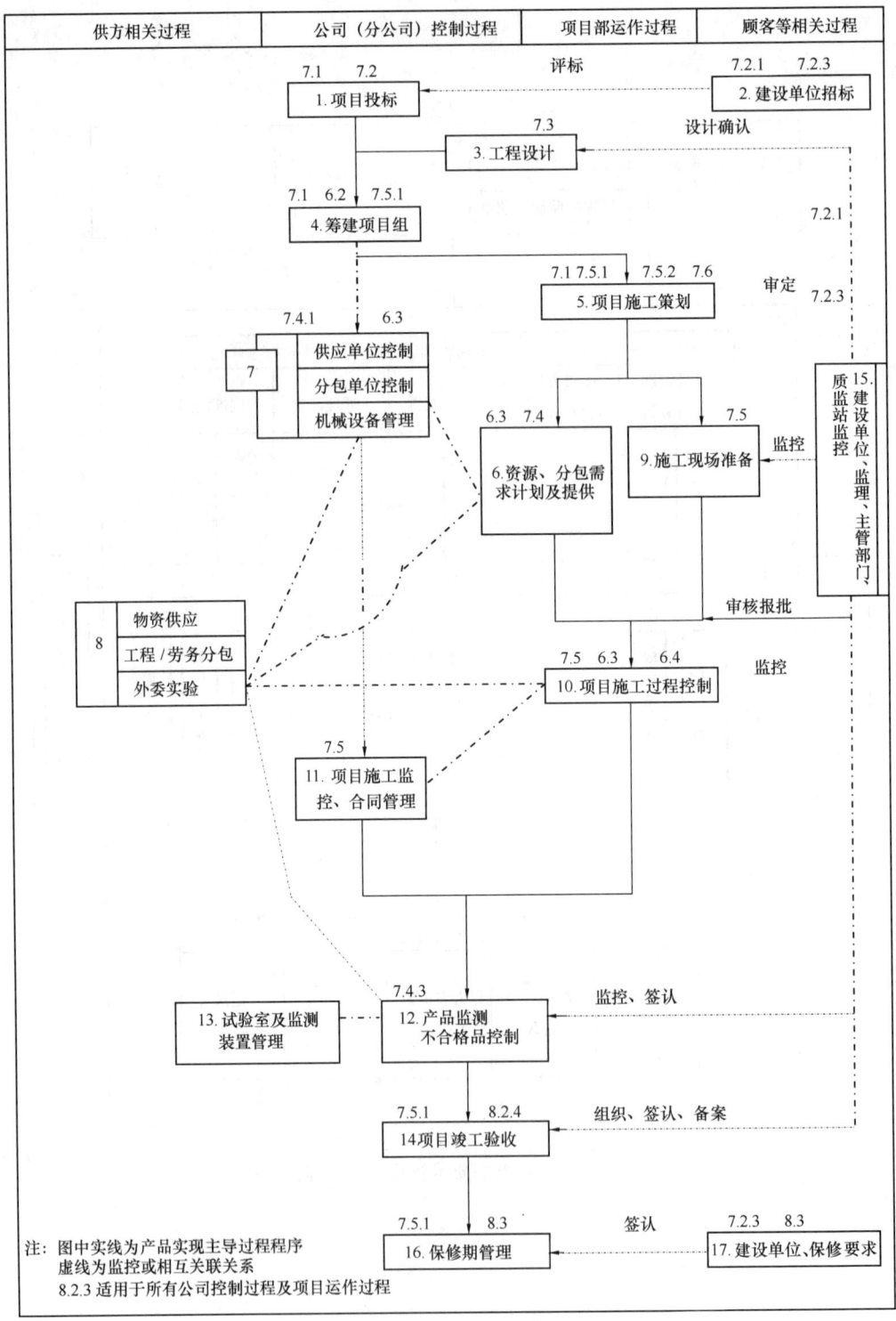

图 5-2 典型业务流程图

6. 关键质量活动（表5-1）

关键质量活动　　　　　　　　　　表5-1

管理过程名称	管理过程内容	可能涉及的部门	管理过程内容对应的标准条款
质量管理体系的管理过程	质量管理体系要求	企管部	4.1　总要求
			4.2.1　文件要求总则
			4.2.2　质量手册
	总经理过程	最高管理层	5.1　质量承诺
			5.2　以顾客为关注焦点
			5.3　质量方针
			5.4.1　质量目标
			5.4.2　质量管理体系策划
			5.5　职责、权限与沟通
			5.6　管理评审
	质量管理体系的改进过程	管理层/企划部	8.1　"测量、分析和改进"总则
			8.2.1　顾客满意
			8.2.2　内部审核
			8.2.3　过程的监控和测量
			8.4　数据分析
			8.5　改进
产品实现过程	工程项目招投标和合同管理过程	经营合约部	7.1　产品实现的策划
			7.2　与顾客有关的过程
	施工准备管理过程	施工管理部、经营合约部、人力资源部、技术部、设备部、物资供应部、企管部、实验室、项目部	7.1　产品实现的策划
			7.2　与顾客有关的过程
			7.5.1　生产和服务提供过程的控制
			7.5.2　生产和服务提供过程的确认
			6.2　人力资源
			6.3　基础设施
			7.4　采购
			6.4　工作环境
			7.6　监视和测量设备的控制
			8.2.1　顾客满意
	项目施工质量、技术、进度、安全、文明施工管理过程	质量监督部、施工管理部、技术部、企管部、设备部、物资供应部、项目部	7.2　与顾客有关的工程
			7.5　生产和服务提供
			7.4　采购
			8.2.4　产品的监控和测量
			7.4.1　采购过程
			8.3　不合格品控制
			6.4　工作环境
			8.2.1　顾客满意

续表

管理过程名称	管理过程内容	可能涉及的部门	管理过程内容对应的标准条款
产品实现过程	保修期管理过程	施工管理部、技术部、安全环保部、项目部	7.5.1 生产和服务提供过程的控制
			7.2.3 顾客沟通
			8.3 不合格品的控制
			8.2.1 顾客满意
			8.2.3 过程的监视和测量
	工程物资管理过程	施工管理部、技术部、设备部、物资供应部、试验室、安全环保部、项目部	7.4 采购
			8.2.4 产品的监视和测量
			7.5.3 标识和可追溯性
			7.5.5 产品防护
			7.5.4 顾客财产
			8.3 不合格品的控制
			8.2.2 内部审核
支持过程	人力资源管理过程	人力资源部、项目部	6.2 人力资源
	机械设备管理过程	施工管理部、技术部、设备物资部、项目部	6.3 基础设施
			7.5 生产和服务提供的控制
			7.4 采购
	检测设备管理过程	试验室、施工管理部、技术部、项目部	7.6 监视和测量设备的控制
	文件管理过程	企管部、项目部	4.2.4 记录控制
			4.2.3 文件控制

5.2 内部审核要点

5.2.1 审核方法

用"过程方法"来建立和改进施工企业的质量管理体系有效性，是 GB/T 50430—2007 规范和 GB/T 19001—2008 标准的重要特点之一，在对质量管理体系进行审核时也应采用针对过程的审核方法，因此，本审核要点按照一般施工企业的典型业务过程编制而成，考虑施工企业管理典型管理职能（见图 5-2）的划分，并未在各个过程中具体体现 PDCA 的原则。企业在使用时应按照本企业的业务过程的划分方法，采用过程方法实施审核，审核计划、审核线路、审核思路等应尽量按"过程方法"展开。

1. 审核计划的编制

针对本企业质量管理过程，采用针对部门审核的方法时，应在审核计划中明确所有过程的主管部门和相关部门，除过程的主管部门外，应确保审核时各个过程在相关的执行情况能予以覆盖，并尽可能按照 P→D→C→A 的顺序安排审核路线。此外应注意：审核计划中仅列出了各部门被审核的规范和标准条款,内审员应明确所审核的活动所在的过程及应符合的规范和标准条款,并要体现在检查表中。建议在检查表中明确每个过程的审核负责人,并由其收集和汇总该过程的审核结果,以便进行综合判断。

2. 审核组内部沟通

应在每天内审结束后,由审核组长主持,将每个过程的审核情况,由该过程的审核负责人汇总,并提出该过程在后续审核过程中的注意事项。

3. 审核结果的汇总和综合评价

全部现场审核结束时,由各过程的审核负责人收集各过程的审核情况,并进行初步分析后,由审核组长主持,全体内审员参加对所有过程的符合性和有效性进行综合评价,确定审核的不符合项,编制审核报告。

例如:培训管理过程,主管部门为人事部,相关部门有"办公室(负责外培的管理)、质安部(质检员和安全员证书的管理)、设备部(机械设备操作人员的培训和证书管理)、施工项目部(作业工人的操作技能培训)"。若这三个部门及项目部分别由不同的内审员进行审核,则在审核计划中均应明确对"人力资源管理"的审核,但应由审核人事部的审核员对所有有关培训的审核结果进行汇总。

4. 内审"不符合项"性质的判定

企业管理体系的建立和实施中一般可能会出现的不符合会有三类,即:"体系性、实施性、效果性"不符合;对质量管理来讲也是如此。

在第二方或第三方审核时,由于为了对受审核方的管理体系作出评定以便决定是否能够通过注册(也可称为认证)或认可(也可称为认定),常将不符合分为"严重"和"一般/轻微"两类;而企业自我完善的内审活动,不存在是否通过"注册或认可"的问题,所以企业管理体系的内审按性质分为三类,有利于企业查找不符合的原因和持续改进。

(1)体系性不符合:未按管理体系标准要求建立程序或文件,或已建立的管理体系文件与有关的法律法规、标准、合同等的要求不相符。例如,公司未按标准要求建立对"与采购的货物、设备和服务相关的质量控制措施(见规范和标准的相关要求)",或采购程序中只明确规定了有关"物资和设备"的价格、质量、数量、送货到现场的时间等,而未对其运送到施工现场"如何进行质量验收和后续服务"的责任进行明确,这就是一种体系性的不符合。

(2)实施性不符合:虽然建立了相应的程序,但未按文件规定去实施。例如,公司的采购程序中已规定了"各级采购人员在与提供物资和设备的供方签订采购合同时,要在合同条款中明确采购物资和设备拉运至施工现场卸车时双方验收的质量责任"。但抽查所签订的合同发现,合同条款中没有明确双方验收的质量责任,这就是一种实施性的不符合。

(3)效果性不符合:体系文件已建立且符合规范和标准的要求,而且也确实实施了,但是由于实施的过程中不够认真或由于某些偶发的原因而导致其实施的效果未能达到规定的要求,这种不符合即称为效果性不符合。

内审是企业管理体系自我完善和改进的主要一环(即:企业三级自我监测"日常定期/不定期检查,按计划的内审,最高管理者按时间间隔的管理评审"中的主要一环),且对施工质量管理而言，监测（检查、内审和管理评审）所发现的不符合项均属于质量管理的隐患，均需要立即整改，不应用严重或一般来定性，所以更不宜给出"观察项"的错误概念。

5.2.2 审核要点

（1）施工企业内部审核要点包括了"施工企业一般过程审核要点（A）"、"企业部门审核要点（B）"及"分公司（或子公司，下同）审核要点（C）"三个部分（详见本章附录5.2）。

"施工企业的一般过程审核要点"列出了施工企业一般过程的"审核要点"及审核"取证证据方法"，"审核要点"中包含了按规范和标准要求对各过程进行审核时的主要内容，及结合建筑行业特点给出了审核时常用的取证证据方法和涉及的内容。

"企业部门及分公司审核要点"按照PDCA的过程原则，分别阐述了对施工企业的"管理层各部门"、"分公司"审核的主要内容。

在"施工企业的一般过程审核要点"中未列出所有过程的P→D→C→A循环的原因主要是：所有质量管理体系所包含的过程都采用了"PDCA"的方法实施管理并进行审核，因此在对部门和分公司审核中体现，企业内审员在实施内审核时予以关注和参照落实。

（2）"施工现场审核提示（D）"主要是针对工程项目部，因为工程项目部是施工企业内部审核的重点区域，内审员对项目部进行审核时，不仅仅要查阅各项技术管理资料，还必须对施工现场各方面的情况进行详细观察，以收集企业质量管理的准确信息，有助于对质量管理体系的有效性的客观判断，本要点列出了内审员应认真观察的现场管理内容。

5.3 内部审核流程

内部审核流程，见图5-3 管理体系内部审核流程。

5.3.1 一般要求

（1）内部审核对质量管理体系审核和评价的目的是检查质量管理体系建立和运行与有关准则要求和计划的符合性，发现质量管理体系运行中存在的问题，通过落实整改要求，跟踪整改结果，达到完善质量管理体系的目的，并向企业管理层通报审核的结果。

（2）企业管理者代表或最高管理者制定或授权制定并责成实施内部审核方案，企业策划管理部门负责策划内部审核方案、成立审核组，审核组负责实施内部审核，受审核的各职能层次接受审核、负责整改不符合。

（3）应监视和持续改进内审方案。年度审核可集中一次进行，也可根据所属机构、部门、项目部的分布情况，按照策划的结果分阶段进行。可行时可以将内部审核与其他管理体系审核、日常的产品和管理监督检查结合进行，这个方式特别适用于对分处外地的项目部的审核。

（4）审核准则一般包括现行有效的GB/T 50430及GB/T 19001、GB/T 19011标准、

5.3 内部审核流程

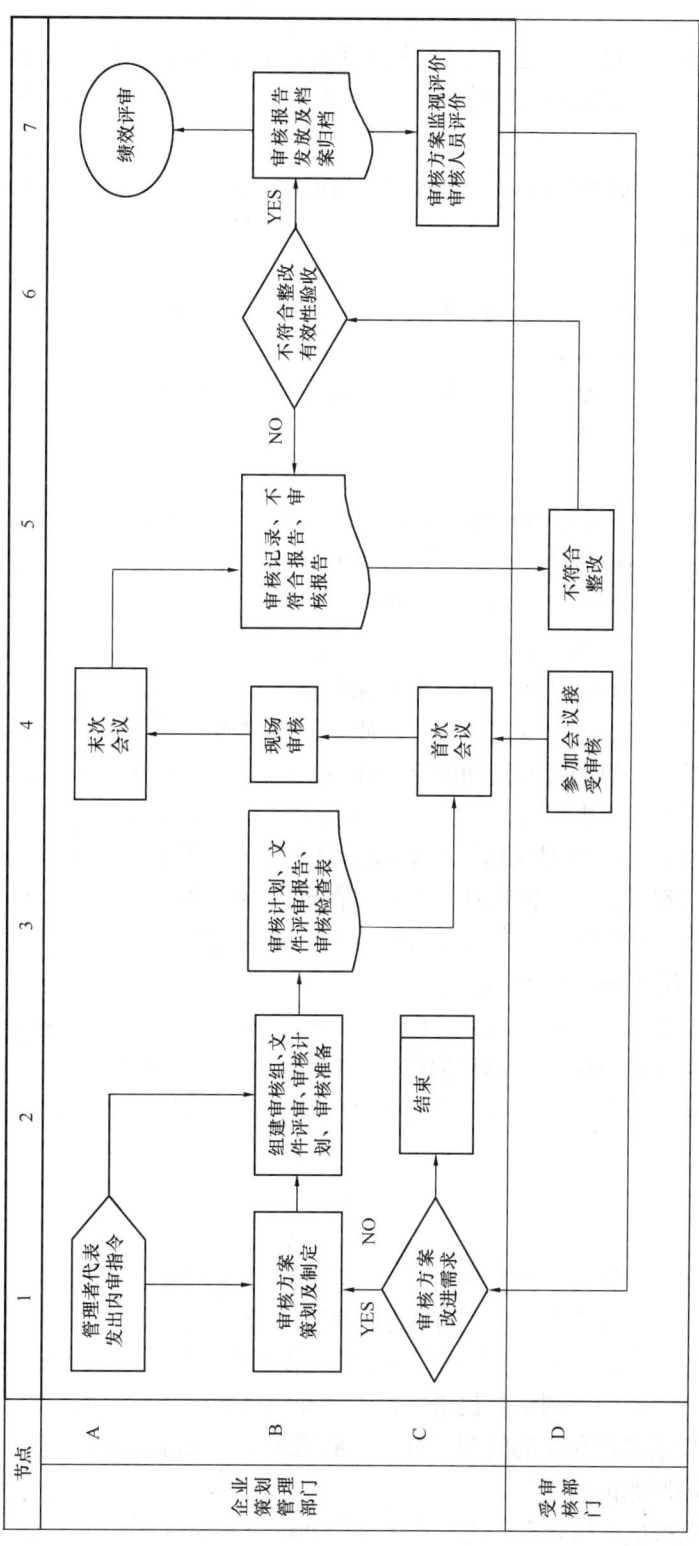

图 5-3 管理体系内部审核流程

适用的法律法规、规程规范标准及有关要求（含合同要求或协议）、企业质量管理制度及文件。

（5）内部审核是一项正式活动。应进行文件评审、制定审核计划和抽样方案、编制审核检查清单、保障审核所需的资源、有关审核发现及结果信息应形成文件并予以保存。

（6）审核发现的不符合项应认真分析原因，制定和实施纠正预防措施，并验证其有效性。

5.3.2 审核准备

（1）为保证审核的有效性，审核组的组成应满足专业能力要求和公正性要求。内部审核的实施人员（内审员）应通过必要的培训、具备有关的专业技术能力和审核能力，其能力应获得评价和确认。需要时，可以利用管理和专业技术专家辅助审核组工作。内审人员可以是内部的，也可以是外部的。审核的最低公正性要求是审核员不得检查自己负责的事务或工作。

（2）审核组应对现行质量管理体系文件进行审核，其目的是检查体系文件的符合性并为制定审核计划、编制审核检查表和现场审核做准备。进入现场审核前充分地评审和熟悉体系文件，对于审核员的审核工作是极其重要的，它可以使审核更加专业、系统和有效。

（3）审核组应制定内审计划。审核计划应充分考虑审核的时间资源需求，这是保证审核深度、有效性和完整性的基本要求。应确保审核员具备足够的专业能力，这是有效审核的基础。内审策划应考虑各个部门的职责、质量管理中的薄弱环节、有关的意见建议、以往审核检查的结果、部门场所及活动的重要性及风险。应制定固定场所和施工项目审核的抽样方案，抽样方案应考虑尽可能覆盖不同的施工阶段（分部分项工程），同时考虑各个分支机构和工程项目部（临时场所）的规模、复杂程度及风险。审核可以是根据部门进行，也可以根据过程进行，无论哪种方式，应在审核计划中给予体现。对于审核人日数及固定及临时场所的审核抽样方案，可参考第三方认证审核的规定。

（4）审核组开始实施审核前应进行充分的准备，包括交通工具及行程、审核文件和表格准则、编制审核检查清单等。由于 GB/T 50430 标准在标准和要求设计上与 GB/T 19001 存在显著的不同，事先编制好适用的审核检查表则显得更加必要，有助于取得事半功倍的效果。审核检查表编制应考虑文件审核的结果、机构及职能划分、过程及活动、拟定审核的路线或思路。

5.3.3 现场审核

（1）简短的首次会议对于审核的有效开展具有一定作用，它至少可以提醒"内部审核"开始了。末次会议是必需的，它有利于将审核发现特别是不符合发现以及体系存在的其他问题通过会议向最高层和中级管理层报告，借此引起管理层对质量及质量管理的重视，管理者可以利用这个有利机会提出质量管理和改进的指令及要求。各个部门管理者借此可以知晓企业质量管理存在的问题，有利于从系统上及根源上去分析原因采取措施避免问题再发生或预防问题的发生。

（2）审核组应根据审核分工，进驻有关部门和场所实施审核。任何部门或场所的第一责任人应成为审核的首要对象。恶意逃避接受审核的情况，审核组应及时向管理者代表或最高管理层通报。必要时，审核双方事先协商，可以调整审核计划。

（3）请特别注意，事先编制的审核检查表只能作为审核的指导和索引，现场审核时审核员应结合具体情况适度应用和展开，否则审核难达成预期的效果，也将机械乏味。审核时应关注管理体系各个部门和各个过程活动间内在的必然联系和接口关系。审核员应将有限的审核时间用于多样本（人员、记录、场所和项目）抽查审核，而不能主要用于记录一般的审核发现。审核不是为了发现不符合，对于重要的正面审核发现，也需给予必要记录。审核记录应尽可能简洁，通常只需记录关键词和信息、具备可追溯性即可，需要时可以使用复印、拍照等高效的内审记录手段。审核员离开某一被审核部门或场所前，宜请有关人员或负责人对负面审核发现进行必要的确认。

（4）文件和记录查阅、面谈、现场巡视是现场审核常用的 3 种方式。合理有效地使用何时的审核的方式方法和技巧，对于取得良好的审核效果至关重要。

1）文件和记录查阅适合于对有关策划活动、计划、文件、制度及过去进行的活动或过程及绩效的审核；

2）面谈适合于某个场景审核的开始及过渡，适合于对员工质量意思和技能的审核确认，面谈还是审核未策划、未执行、未完成、或未取得预期绩效的过程或工作的有效手段，通过不同人员的面谈，还有利于发现受审核者可以回避如质量事故、投诉等的问题线索，但很多情况下，面谈获得的信息很多情况下需要通过其他审核手段予以验证方可成为最终审核证据；审核提问时，应多提开放式的问题（即多用使用特殊疑问句，即什么人、审核地点、什么时期、干什么工作、为什么这样、用怎样的方式方法——5W+1H），尽可能少提封闭式的问题（即少提对方可以简单用"是"与"否"回答的问题）

3）现场巡视、简易的试验或测试活动，是质量体系审核特别是项目部施工现场审核的特别有效方式。

4）对于某些质量管理活动，将文件和记录查阅、面谈、现场巡视等三种方式结合使用，效果更好。

（5）审核报告发放及档案归档

内审报告及结论是重要的管理评审输入信息，审核应对全部的审核发现进行评审、总结并形成审核报告。审核报告应发放给企业管理层、管理者代表及各个部门领导。所有审核档案应保存或归档。审核过程中借阅的资源应归还。

（6）审核方案监视评价审核人员评价

内部审核是有效的管理手段，审核组及审核工作本身也需要持续改进和完善。审核方案全过程中，管理者代表应委托有关人员（如审核组长、受什么部门及人员）对审核方案和审核人员进行监视，并提出审核方案持续改进和审核人员能力提升的意见建议和需求。有关审核方案改进需求信息应予以记录、保存和归档，并用于下次或下一阶段审核方案的改进活动。

附录 5.1 内部审核计划（样式）

1. 审核目的

检查质量管理体系是否符 GB/T 19001—ISO 9001：2008 标准和 GB/T 50430—2007

规范，及有效运行，决定是否申请质量管理体系认证注册。

2. 审核范围

GB/T 19001—ISO 9001：2008 标准；GB/T 50430—2007 规范所要求的相关活动及质量管理体系覆盖的产品有关的所有部门、岗位、人员以及设施。

3. 审核依据：

（1）GB/T 19001—2008 标准；GB/T 50430—2007 规范；

（2）质量手册及整套的质量管理体系文件；

（3）适用的法律、法规。

4. 审核组：

审核组长：

第一组：_____；第二组：_____

5. 审核时间：2012 年 3 月 5 日至 6 日。

6. 审核日程安排，见附表 5.1-1。

审核日程安排 附表 5.1-1

时间 \ 内容		第 一 组	第 二 组
月 日	8：30～9：00	首次会议	
月 日	9：00～12：00	管理层、管理者代表 4.1；5.1；5.2；5.3；5.4；5.5；5.6；6.1；8，1；8.2.3；8.5.1。 《规范》3.1；3.3；3.2.1，2；3.2.3 3.4；13.2.4；13.1；12.1.1	经营部 5.2；7.2；7.5.3；7.5.5；8.2.1 《规范》4.3.2；3.2.3；6.2.3；9.2.2；12.2.6
	13：00～17：00	行政部 4.2；6.2；8.2.2；8.2.3；8.4。 《规范》4.3.2；3.2.3；5；3.5.2；3.5.3，12.2.3；13.2.1；13.2.2；13.2.3；	采购部 7.4 《规范》4.3.2；3.2.3；8；9
月 日	8：00～10：00	生产部 6.3；6.4；7.5.1；7.5.2；7.5.3；7.5.4；7.5.5 8.2.4；8.3	质检部 7.5.3；7.6；8.2.4；8.3；8.5.2；8.5.3
	10：00～16：00	技术部 7.1	工程部/项目部 6.3；6.4；7.5.1；7.5.2；7.5.3；7.5.4；7.5.5；8.3；8.2.3；8.2.4；8.5.3 《规范》4.3.2；3.2.3；6.2.1；6.2.2；6.2.4；8.2.1；8.3.1；8.4；10.2；10.4；10.5；10.6；11；13.3
月 日	16：30～16：30	补充审核	
	16：30～17：00	审核组会议	
	17：00～17：30	末次会议	

注：各部门均审核 4.2.3、4.2.4、5.3、5.4.1、5.5.1、5.5.3、8.2.3、8.4、8.5。

编制人：_____ 审批：_____

日 期：_____ 日期：_____

项目部内审检查表，见附表 5.1-2～附表 5.1-4。内审不合格报告见附表 5.1-4。

项目部内审检查表（样式）

受审核部门：项目工程部（含测量队、试验室、档案室）
审核依据：GB/T 19001—2008，GB/T 50430—2007；相关法律、法规
审核员： 日期： 附表 5.1-2

序号	检查内容	要素及要求	检查方法	检查记录	判定
1	（1）岗位职责是什么？部门内的岗位设置情况如何？每人的职责分工是否明确，职责情况都是什么？ （2）项目有无建立完善的现场质量管理办法	4.3 10.1 5.5.1 7.1	（1）向部门负责人询问了解部门的主要职责和分工情况以及各岗位对人员能力、资质的要求，并与相关国家、地方、行业、业主、公司的要求进行核对； （2）查看项目的现场质量管理办法		
2	（1）设计文件接收是否建档？图纸的收发使用管理是否建档？ （2）图纸会审制执行情况如何？会审记录是否齐全？ （3）标后施工总策划和施工组织设计有无编制完善	10.2 7.1	（1）查看设计文件台账，有无将全部设计资料等级建档？设计资料的下发、使用、作废记录是否齐全； （2）查看图纸会审记录，看会审是否规范、会审内容是否建档并上报跟踪		
3	（1）总体施工组织设计（总体开工报告）是否经过业主审批？各分项开工报告是否经业主审批？ （2）施工总策划有无公司交底并保留相关记录？施工总策划和总体施工组织设计并进行了逐级技术交底，交底记录是否齐全	10.4 6.4	查看项目总体施工组织设计和施工总策划，检查策划和总体施工组织设计的内容是否齐全，签字记录是否齐全，公司对项目的策划交底是否记录齐全		
4	（1）测量队、试验室及质检部等有无配置满足相关资质要求和数量的操作人员？ （2）项目使用的各项规范、标准、法律法规等是否满足要求？ （3）项目是否实行有首件认可或者相关的样板引路制度，执行情况如何？ （4）项目的科技研发情况如何，是否有立项或者四新应用，有无具体的执行部门和责任人，相关记录情况是否齐全？ （5）现场施工标识是否齐全、规范？ （6）施工日记是否齐全，日记内容是否符合要求？ （7）项目有无安全、环保应急预案和各类专项预案，预案编写是否完备并经过审批？专项预案是否进行了演练？ （8）分项工程开工是否进行技术交底，交底记录是否完备？ （9）项目部与业主方、监理方的质量管理文件收发、处理情况是否齐全并保留相关记录	10.5 5.5.3	（1）询问项目总工或者工程部负责人，对工程部、测量队、试验室人员数量、资质取证情况进行了解，并对证件进行核对和记录； （2）查看项目相关法律法规和文件清单台账，检查其是否满足当前使用要求，是否满足公司和业主的要求？ （3）检查现场的材料、半成品、成品，检验状态有无进行相应的标识； （4）检查项目部现场作业人员施工日记，并抽查 2～4 本，查看日记记录是否规范、统一、完整		

续表

序号	检查内容	要素及要求	检查方法	检查记录	判定
5	（1）项目是否建立项目质量检查管理办法或者执行公司的质量检查管理办法？ （2）施工与内业施工资料是否同步，资料的齐全、完备、真实、及时性如何？ （3）项目有无发生质量事故，如有发生是否按规定进行上报和处理？ （4）项目是否有不合格品管理制度，项目是否存在不合格品，对不合格品的处理是否满足要求？ （5）项目是否编制有纠正、预防措施，在现场施工是否进行了有效执行	11.1 11.2 11.3 11.4	（1）查看项目的项目质量管理办法； （2）查看施工档案资料，结合现场查看情况，看资料与施工是否同步，并抽查不同分项的施工记录3～5份，检查记录的完整性、规范性、及时性、真实性是否满足要求？ （3）查看项目质量事故记录； （4）查看项目不合格品管制制度，查看项目不合格品台账或者各类检查记录，看项目是否有不合格品，不合格品处置如何进行，处理过程是否满足要求？ （5）查看项目纠正、预防措施，对照项目出现的不合格品查看纠正措施编制是否符合要求		
6	（1）项目的检测设备采购是否进行了申报和审批，供应方确定是否进行了评价和选择？ （2）各项检测设备是否齐全，并满足使用要求？ （3）各类仪器设备的操作规程是否齐备，维护、保养有无按规定进行，并保留相关记录	11.5	（1）检查检测仪器设备清单，看其是否进行购置审批？购置要求是否满足要求？ （2）检查试验、检测仪器台账，了解数量和规格是否满足工程要求，查看仪器的检验、标定校准记录和使用台账，记录仪器的校准和使用是否满足要求？ （3）实地检查试验室、测量队，查看各类仪器设备的操作规程上墙情况，并随机抽查3～4本仪器使用台账，查看仪器的使用保养情况是否符合要求		
7	（1）项目部有无质量检查制度，并按照要求定期组织质量检查，并对检查情况作出及时、有效的处理？ （2）查看项目对于业主、监理关于质量、进度、安全环保目标提出意见和要求的执行落实情况	12.1 12.2	（1）查看逐月的质量大检查记录，并抽取其中的3～5份对内容进行详细查看，对检查记录、检查发现问题、检查整改记录情况是否符合要求 （2）查看业主监理整改通知单和阶段考核文件，检查项目与业主、监理方的沟通情况，合同履行情况，并查看对业主、监理提出意见的整改落实情况是否满足要求		
8					

项目部内审检查表（项目部）

受审核部门：项目领导层

审核依据：GB/T 19001—2008，GB/T 50430—2007；相关法律、法规

审核员：　　　　　　　　　　日期：　　　　　　　　附表 5.1-3

序号	检查内容	要素及要求	检查方法	检查记录	判定
1	（1）项目的质量方针和质量目标是否明确？该方针与目标是否与公司、国家法规相适应？ （2）项目有无结合自身情况的编制的质量管理体系文件	3.1 3.2 3.3 5.1 5.2 5.3	1）向项目负责人询问项目的质量方针、目标，已经制定的依据； 2）向项目负责人询问项目的质量体系文件有哪些，并现场查看质量管理体系文件目录及文件		
2	（1）质量管理体系策划和建立过程是否完备，并经过审批？ （2）项目的资源配置情况是否满足要求	3.3 3.4 5.4.2 6.1	1）现场查看项目的策划指导书和实施性施工组织设计文件，查看策划及施工组织设计的编制是否符合公司及业主要求，内容是否全面，是否经过公司及业主审批； 2）询问项目负责人项目部各种资源的配置情况（人力资源、物资设备、资金资源、技术资源、工作环境、基础设施等），是否满足要求		
3	（1）项目是否根据公司要求建立并实施文件管理制度，对各类文件（公司方、业主方、施工类、管理类、安全类、环保类等）明确具体的范围、职责、处理流程？ （2）项目的各类文件、记录管理是否符合要求，如审批、发布、执行、修订、更新、作废等	3.5 4.2.3 4.2.4	查看项目文件管理办法，结合部门检查项目部各类文件的管理流程，是否满足规范要求？		
4	（1）项目的组织机构是否完善？ （2）组织机构成立是否经过公司及业主的审批同意？ （3）质量管理部门及其他相关部门的职责、权限是否明确清晰，并以制度或者文件形式发布？ （4）项目组织机构主要管理人员的能力、意识要求怎样？有无培养计划	4.1 4.2 4.3 6.1.1 6.2.2	1）向项目部负责人了解项目的组织结构设置情况，及部门负责人安排和各部门的职责分工情况； 2）查看项目领导班子公司任命文件、岗位职责制度、部门负责人任命文件； 3）向项目负责人询问项目部主要管理人员的能力、资质持证情况是否满足国家、行业及业主的要求		
5	项目是否有质量手册，质量手册的符合性如何？	4.2.2	查看项目有无《质量手册》，并检查《质量手册》的版本、内容是否符合要求		

续表

序号	检查内容	要素及要求	检查方法	检查记录	判定
6	（1）项目有无人力资源需求计划和人才培训计划？ （2）对项目人力的培训是否到位？培训内容是否齐全（质量方针、目标、相关法律法规、各类施工文件、技术交底、专业技能和继续教育等）？ （3）职业健康安全和环保培训情况如何？	5.1 5.2 5.3 6.2	1）询问项目部负责人项目人力资源需求情况，对照项目策划书查看人力资源配置及需求计划、人才培训、培养计划，查看是否符合要求？ 2）询问项目领导，人员培训的范围、层次等基本内容，是否符合要求？		
7	项目的基础设施（含软硬件设施）和工作环境是否满足工程施工要求，且与施工策划的总体施工安排相符合	6.3 6.4	现场查看项目部的临时驻地、其他临时设置（便道、水、电、通信等）和项目部的各类办公设施、办公环境、施工环境等是否满足要求		
8					

项目部内审检查表

受审核部门：项目物资机械部

审核依据：GB/T 19001—2008，GB/T 50430—2007；相关法律、法规

审核员：　　　　　　　　　日期：　　　　　　　　　附表5.1-4

序号	检查内容	要素及要求	检查方法	检查记录	判定
1	岗位职责是什么？部门内的岗位设置情况如何？每人的职责分工是否明确，职责情况都是什么	4.3 5.5.1	向部门负责人询问了解部门的主要职责和分工情况以及各岗位对人员能力、资质的要求，并与相关国家、地方、行业、业主、公司的要求进行核对		
2	项目有无结合自身情况制定或者执行公司的施工设备管理制度和施工材料管理办法	6.1 8.1.1 6.3	查看项目物资机械管理办法，是否符合体系管理要求		
3	（1）施工设备、机具的购置、租用是否对采购方或租用方进行了全面评价（资质资信、质量品牌、供货能力、合作经验等），并经过公司审批同意？ （2）购置、租用合同的签订是否完备？ （3）设备、机具进场后是进行验收并出具了详细的验收记录？ （4）设备机具使用过程中的调配、使用、维护保养管理是否到位，并做了全面的记录	6.2 6.3	1）查看项目设备机具采购评审记录，看是否有评审，内容齐全性如何？ 2）查看合同台账，抽查2～3份设备租用合同，合同是否符合要求，合同内容符合性如何？ 3）查看验收台账，抽查2～3份进场验收记录，看验收记录是否符合要求？ 4）查看设备使用管理台账，检查设备使用和维护保养是否满足要求		

附录 5.1　内部审核计划（样式）

续表

序号	检查内容	要素及要求	检查方法	检查记录	判定
4	（1）施工材料、半成品的购置是否对采购方进行了全面评价（资质资信、质量品牌、价格、供货能力、售后服务、合作经验等），做了完整的评价纪录，并经过公司审批同意？ （2）材料采购合同的签订是否采用公司范本，内容是否完备	8.2 7.4	1）查看项目材料采购评审记录，看是否有评审，内容齐全性如何？ 2）查看合同台账，抽查2～3份材料购买合同，合同是否符合要求，合同内容符合性如何		
5	项目有无材料需求总计划和分阶段物资需用计划，现场采购与物资需用计划是否符合？ 材料的到场验收记录是否齐全（数量及附带资料－质保书、出场证明等）？ 到场材料的现场存储、收发、保管、标识是否到位并做了详细记录？ 对于甲方提供的材料是否进行了验收并做好记录	8.3 8.4 8.5 7.5.3	（1）查看物资需用计划，是否符合要求？ （2）查看验收台账，抽查2～3份进场验收记录，看验收记录是否符合要求？ （3）查看项目材料收发台账，检查物资管理是否符合要求？ （4）查看现场，检查现场物资存储、标识、保管是否符合要求		
6					

内审不合格报告（样表）　　　　　　附表 5.1-5

编号：

受审核部门		项目部		审核员		时间	

不合格事实：

不符合标准 GB/T 19001—2008 条款：
不符合标准 GB/T 50430—2007 条款：
不符合性质：一般 □　严重 □

受审核部门负责人：　　　　　　　　　　　　　　　　　　　　　　日期：

原因分析：

纠正措施：

实施效果：

　　　　　　　　　　　　　　　　　　　　部门负责人：　　　日期：

验证结果：

　　　　　　　　　　　　　　　　　　　　验证人：　　　日期：

附录 5.2　施工企业一般审核过程

1. 质量体系管理过程
(1) 质量管理体系策划和建立
【审核要点】
1) 查是否结合企业自身特点按规范和标准要求建立了确保施工产品符合要求和适用法律法规要求的质量管理体系、且形成了文件？对质量管理体系过程活动的识别是否全面和充分（包括过程的外包，以及若有删减是否说明理由，且充分？）
2) 策划的各过程活动（包括外包过程）的顺序规定是否合理？过程之间的接口是否明确？
3) 如何证实企业的质量管理体系能稳定的提供顾客满意和适用的法律法规要求的建筑产品？
4) 企业的质量管理体系是否具备了持续改进的能力？
5) 质量管理体系文件的策划（质量管理手册、程序文件、方针、目标等）是否满足规范和标准的要求？其内容是否描述得充分、适宜？是否覆盖了规范和标准要求的内容（即：GB/T 50430—2007 的 3.3.1、3.3.2、3.3.3 条款，和 GB/T 19001—2008 的 4.1、5.4.2 条款），并考虑了质量管理体系变更时保持完整性的策划？
6) 规范和标准要求编制的程序、管理制度等是否已形成了可操作性的文件？
7) 是否按要求编制了文件控制程序和记录控制程序？程序文件、作业文件是否能确保部门和所有过程的有效运行和控制？程序文件、作业文件是否明确了文件管理范围、职责、流程和方法，且易于操作？
8) 文件发布前是否由授权人批准其适用性？
9) 文件的"编制、发放范围、使用、回收和修改"等的管理是否经过评审和批准？如何标识作废文件，保留的作废文件是否标识？
10) 现场使用的文件是否为适用的有关版本？是否对文件保持清晰且易于识别？
11) 所需的外来文件如何识别，转发是否进行了有效的控制和管理？
12) 各项运行活动记录（施工准备工作、技术交底、现场管理、质量检验等记录）是否完整、齐全？
13) 记录能否保持清晰？是否易于识别？编号、签署是否符合要求？
14) 记录的归档是否规范？检索是否方便？记录的保管、贮存环境是否符合要求？
15) 是否按要求规定了记录的归档、保存期限和处置方法？
16) 是否对计算机系统数据库内的和电子的文件及记录制订了适宜的管理办法，并按其实施了有效的控制？
【取证证据方法】
1) 与企业最高管理者（层）及相关领导交谈了解；
2) 查阅企业质量管理体系策划会议纪要及体系文件，管理评审文件等；
3) 结合企业产品实现，监视、测量过程检查取证，对本企业的质量管理体系运行及持续改进能力进行综合分析/评价；

4）查阅质量管理手册、相应的程序文件；
5）查阅流程图和相应的管理制度及作业文件等；
6）查阅标准、软件有效版本清单；
7）企业、部门文件控制清单，文件发放清单（包括外来文件的复制发放）；
8）文件审批记录，文件评审修改批准记录，文件受控标识及作废文件管理办法；
9）通过抽样选取记录样本，查阅记录的完整性；
10）查记录的归档及贮存环境；
11）查记录的编目、检索和借阅登记；
12）查阅数据库和电子文件及记录管理办法（或程序文件）和管理落实证据。

(2) 质量方针和质量目标

【审核要点】

1）质量方针中是否有遵守法规、持续改进和顾客满意（产品要求）的内容？
2）质量方针是否反映了建筑施工行业的特点、并体现了本企业的质量管理宗旨和方向？
3）最高管理者是否定期评审了质量方针的持续适宜性，并作了必要的修订？
4）最高管理者是否向员工宣讲了质量方针的内涵？员工对方针是否理解？
5）质量目标是否在质量方针的框架下展开？是否具有激励性？
6）质量目标是否包含了质量管理和工程质量的要求？是否用工程质量特性指标表示？并具有可测量性（定量测量、定性评价）？
7）组织的质量目标是否分解到各部门各层次予以细化？部门职责是否有预期目标？
8）是否建立并实施了质量目标管理制度？采取什么措施实现质量目标？实施效果如何？
9）制定质量目标的依据是什么？是否考虑了组织现状和同行业水平？

【取证证据方法】

1）查阅质量手册或经审批的质量方针和质量目标文件；
2）查阅质量方针宣讲会议记录和管理评审、对质量方针进行评审的记录；
3）与员工交谈询问；
4）查阅各部门、下属单位、项目部的质量目标；
5）查阅目标考核与评价记录；
6）查阅质量目标管理制度。

(3) 资源配置

【审核要点】

1）企业（最高管理者）是否为实施、保持和改进质量管理体系确定和配备了充足的资源（人力资源、专业技能、基础设施、技术和财力等）？
2）是否规定了各级管理人员对各项质量管理活动监督检查的职责、依据和方法？监督检查的方法是否灵活，并密切结合了企业的实际工作？
3）是否为确保质量管理体系持续的适宜性、充分性和有效性进行了质量管理体系的评审？评审是否包括了"评价改进的机会和质量管理体系变更的需求、及质量方针和质量目标变更的需求"？且保持了评审的记录。

4) 企业组织结构设置是否适应质量管理的需要？相应管理部门和岗位的确定是否满足建筑施工行业管理要求，并能体现合理的分工机制和良好的协作机制？

5) 最高管理者是否清楚自己在质量管理方面的职责和权限（见 GB/T 50430—2007 中 4.3.1 条和 GB/T 19001—2008 中 5.1-5.6 条）？并以文件形式规定了各部门、各层次、各岗位管理、执行和验证人员的专职质量管理的职责和权限；及其他相关职能部门的质量管理职责和权限？

6) 部门、层次及各岗位负责人是否明确并到位？员工是否明确自己的职责？各级人员的岗位责任制是否得到了沟通并执行？

7) 质量体系的管理者代表是否来自于本企业管理层，且明确自己的作用、职责和权限？并能及时向最高管理者汇报体系运行情况和提供改进建议？

【取证证据方法】

1) 与企业最高管理者（领导层）交谈；

2) 查阅所编制的有关"各级部门、岗位设置的组织机构图"和明确"责任制或岗位职责和权限的规定文件（或管理手册）"，以及质量管理体系职能分配表；

3) 管理者代表任命文件，并与管理者代表交流询问；

4) 与各级管理和操作人员交谈，并现场观察了解管理体系资源需求和配置及职责和权限的落实情况；

5) 查阅和了解各项资源配置的台账；

6) 查阅对质量活动进行评价的记录或报告等证实资料。

(4) 管理评审

【审核要点】

企业的最高管理者（层）是否按照规定的时间间隔和周期组织并主持了质量管理体系运行状况的分析评价（评审）？且有针对性地提出了改进的目标和要求，并得到落实和跟踪验证（有关管理评审的方法、要求和内容详见 GB/T 50430—2007 规范中 13.2.4 条规定的 6 项和 GB/T 19001—2008 标准中 5.6.1、5.6.2 和 5.6.3 的三个条款要求。）？

【取证证据方法】

查阅管理评审"计划、通知、输入资料、记录、报告和改进措施及跟踪验证"等所形成的系列资料。

(5) 内部沟通

【审核要点】

是否在企业内部的管理部门之间、各管理层次之间（直至项目部操作层）建立了质量管理体系的内部信息沟通机制？沟通"方式、职责及其信息范围"的有效性如何？

【取证证据方法】

分别与公司部门、分公司负责人座谈，及现场与项目部有关人员交谈询问，查会议记录、有关文件和信息简报等。

2. 资源管理过程

(1) 临时设施管理

【审核要点】

1) 是否按照《施工组织设计》中的策划和相关法规规定的要求，并按照现场施工平面规划搭建了施工生产所需的各项临时设施（通常称为"基础设施"）（如：施工生产和生活用临时房屋、物资仓库、施工道路、临时用水、临时用电、电信、机加工场地等）？

2) 是否建立和实施了"临时设施管理制度"（或"基础设施管理制度"、"办法"等）。

【取证证据方法】

1) 施工现场巡视、观察和查阅管理台账；

2) 查阅所制定的管理制度、办法或其他文件。

（2）施工机具管理（同上1有接口，审核时可根据项目实际的投入情况进行分开或结核审核和检查）

【审核要点】

1) 企业（下属专业单位）是否按建设主管部门核准的施工经营范围、施工生产能力的需求配置和提供了基础设施（工作场所、半成品加工场地、物资仓库、临电临水装置等；过程机具设备、施工用工、量、卡具、计算机、自动监控装置等；支持性的运输，通信等相关设施）；

2) 是否制定了施工需要设施、机具和设备的管理制度/办法？并对其的"配置、验收、安装调试、使用维护"等作出了详细的规定，和明确了各管理层次及相关岗位在上述管理中的职责？且按规定在使用中落实了各项要求？

3) 对施工需要的基础设施进行配置、采购或租赁前，是否按规定进行了"计划→审批→实施"和对采购或租赁方进行了"能力评价（包括风险能力）→合同签订（如明确设施质量和服务要求及应急责任等）→进场验收（如合格证、安拆方案、说明书、安全设施的性能，以及随行操作人员的资格证明等；还有特殊设施按照有关规定的经国家授权单位或监理的验收等。针对采购或租赁供方的控制，更详细内容可参见 GB/T 50430—2007 规范中 6.2.2，6.2.3，6.2.4 条，和 GB/T 19001—2008 标准中 7.4.1，7.4.2，7.4.3 条要求；另对施工机具的进场验收和控制管理必须遵守国家和行业现行规定，如：国务院令第 393 号《建设工程安全生产管理条例》中"十五至十九条"和"二十四、二十五条"等规定内容；又如：建设部令第 166 号《建筑起重机械安全监察管理规定》、建设部"建质[2009] 87 号《危险性较大的分部分项工程安全管理办法》"等的落实情况均需内审员关注和掌握)"？

4) 供方的支持性服务是否快捷、准时、满足需求？

【取证证据方法】

1) 查阅设备设施需求计划、配置台账、及管理制度/办法；

2) 抽查"设备设施采购和租赁计划、供方评价记录（包括评价依据的证实资料等）、合同（或协议）、进场验收记录，以及相关的方案等"；

3) 设备定检、安装调试、运转台时、监督检查、拆出等记录；

4) 基础设施维护、维修、保养记录等。

（3）检测设备管理

【审核要点】

1) 是否按施工生产和服务过程的需求确定了监视和测量的部位、方法？并选择和配置了准确度、精密度合适的监视和测量设备（检测设备）？

2) 根据需要采购或租赁的检测设备，是否对供方进行了评价？

3)所配置和使用的监视和测量设备是否按规定的周期校准?在用设备是否在有效期内?使用前是否进行了验收?是否对设备实施了维护保养?搬运和储存期间是否按要求采取了有效地防止损坏或失效的措施?

4)自检的监视和测量设备,是否制定了作为检验依据的自检文件(如:自校规程)?

5)在监视和测量过程中,若发现有设备失准的情况,是否评价了已测结果的有效性,并采取后续措施和保存了记录?

6)用于测量、试验的计算机软件是否经过有效鉴定或确认以及必要时的再确认?

7)上述校准、确认和维护保养、搬运和储存等管理的记录是否按规定保存?

【取证证据方法】

1)查阅检测设备需求和配置计划?

2)查阅对检测设备采购或租赁计划及对供方的评价记录,和评价所依据的有效证据;

3)查阅检测设备检定、校准计划?检测设备台账、检测设备检定、校准合格证书,标识记录;使用维护记录(包括搬运/储存注意事项的管理落实记录);

4)查阅自校依据文件夹,自校记录等;

5)查阅对仪器失准后的跟踪处置记录;

6)查阅检测设备软件鉴定记录,确认和再确认记录;

7)巡视和查阅各项记录管理。

(4)工作环境管理

【审核要点】

1)是否为施工生产提供了符合要求的施工作业环境(项目部的施工作业环境内容至少应包括:气候影响、操作人员作业环境、施工机具设备运行环境、试验工作环境,以及作业场所周边的环境影响等)?

2)是否针对工作环境的管理建立了相应的管理制度,且各项制度均已落实(施工作业环境至少应涉及"文明施工、环境保护、劳动防护和保护、安全施工以及法律法规规定要求"等多方面)?

3)是否针对建筑施工中可能出现或发生的"不稳定和能力不足的施工过程、突发事件"策划、制定、实施和监控了这些过程?

【取证证据方法】

1)查阅管理制度和制度的落实记录或文件;

2)施工现场巡视和查阅工作监查记录等;

3)查阅企业和项目部的应急响应文件和演练记录等(注:有关劳动保护和劳动防护的要求,以及建筑施工企业和项目部的应急预案的控制管理,内审员应学习和掌握:建设部"建质2007255号《建筑施工人员个人劳动保护用品使用管理暂行规定》、国家安全生产监督管理总局令(第17号)《生产安全事故应急预案管理办法》,以及国务院第393号令《建设工程安全生产管理条例》"等)。

(5)人力资源管理

【审核要点】

1)企业是否策划和编制、并实施了满足质量管理需要的《人力资源管理制度》?

2)企业是否根据质量管理的长远目标策划/制定了《人力资源发展规划》?

3）是否对从事质量管理和工作并可能产生或造成影响的（直接或间接）各级人员规定了任职条件？该条件是否包含了基于教育、培训、技能和经验（经历）等方面的能力要求？

4）是否对在岗人员的任职能力进行了评价、考核和资格确认？对破格任职人员是否经过相应的考核，并计划了持续能力发展的内容；对招聘、借用人员如何进行资格确认？

5）是否根据组织的经营性质、规模、资质范围、人员素质和质量方面的风险大小等情况确定培训需求，制订培训计划并实施培训？（包括被确定为从事重要分部分项工程的内部或代表企业工作的人员。）

6）采取什么方式方法和措施确保员工对贯彻质量方针、实现质量管理目标意识的提高（包括对"项目经理、施工质量检查人员、特种作业人员"等按照法律法规的持证上岗方面的意识和职责落实）？

7）是否对培训有效性进行了跟踪评价？

8）是否正确地保存了各种人员的"教育、培训、技能和经验"的适当记录？

【取证证据方法】

1）与企业领导交谈；

2）查阅所策划和编制的有关"人力资源管理、人力资源发展"的相关文件；

3）到企业人力资源管理部门查阅：各级人员任职条件规定文件、人员资格确认名单、评价记录等；

4）查阅培训需求计划、培训计划（年度、专业、专项等）及培训实施记录；

5）查阅人力资源管理办法、人员能力考核记录、培训有效性评价记录（包括对招聘、借用人员）；

6）现场检查/抽查从事重要工作（如架子工、电焊工、电工、机械操作工、防腐工、质量检查员、安全员等）人员的培训/持证情况（包括员工和为企业工作的人员〈提供劳务和服务的人员以及其他外包人员〉）。

现场询问2~3名员工是否了解在工作偏离标准时可能造成的结果，以及质量职责、企业的质量方针/目标是否清楚（可在施工项目现场巡查时找2~3名在岗员工交谈了解并记录）。

3. 工程项目实现过程

（1）投标及合同管理

【审核要点】

1）企业是否建立了工程项目投标及工程承包合同管理制度，且能依法进行工程投标及签约活动，并对合同履行情况进行监控？

2）是否通过招标文件和合同草案信息识别了顾客"明示、隐含，以及法律法规所必须和其他附加"的要求？并且予以确定（如：对招标文件和合同草案的条款确认等，这里也包括对施工过程中的环境保护、安全生产的要求）。

3）对与满足工程项目有关要求的能力评审是否是在合同签订前（如投标文件报送前，合同或协议签订前等）进行？

4）当工程产品的要求变更时，是否重新评审，并对相关文件（如施组和作业文件等）及时修改，且将合同变更的信息及时传递到相关人员？

5)上述评审结果的有关记录是否按规定保存?

6)是否策划了"对合同履约情况进行及时分析和记录"的安排?并按规定在合同履行的各阶段与工程发包方或其代表进行了有效的沟通?如何处理沟通中反馈的相关意见和信息?是否保存了相关的记录?

【取证证据方法】

1)查阅相应的管理制度;

2)查阅对"招标文件、协议(合同)草案、电话通知"的确定记录;

3)查阅"问询、信函、来访记录、现场答疑、协调会议等"的记录或纪要;

4)查阅对招标(投标)文件已确定的要求、其他附加的要求等,进行评审的记录或合同协议草案传递确认评审的记录;

5)查阅合同更改/重新评审的记录,相关文件修订和重新审批的记录,相关信息传递的记录等。

(2)施工设计

【审核要点】

1)施工设计资质的施工企业内审时应按其相关规定要求(即:GB/T 50430—2007规范10.3.1~10.3.3条的规定和GB/T 19001—2008标准7.3.1~7.3.7条的要求)进行审核;

2)工企业不具备施工设计资质,但总承包合同中又包括了施工设计的内容,对施工设计的委托及监控的审核应按"分包管理审核"进行;

3)按发包方给的施工图进行施工,且也无施工设计资质和能力的施工企业,应审核其是否在质量手册的总则中和相应条款中阐明了"删减的细节和理由"?

【取证证据方法】

与企业领导交谈和查阅资质证书等。

(3)设计和开发策划

【审核要点】

1)设计和开发策划是否确定了阶段的要求?是否理解设计意图?

2)策划的输出是否编制了项目设计计划、并适合于每个设计和开发阶段的评审、验证和确认的活动?计划是否按规定审批和发放?

3)设计人、项目负责人、验证人(校核、审查、核定)是否具备相应的资格?职责和权限是否明确(即:设计计划是否阐明了不同设计阶段应开展的各项活动的内容?以及实施这些活动的职责权限)?

4)设计计划是否规定了设计评审的频次和时机。设计验证/确认活动(注:评审、验证和确认可单独或以任意组合的方式进行并记录)的安排?设计资源是否有保证?

5)设计计划是否随设计进展和情况变化而修改?

6)对外部接口和内部专业的接口项目、分工、提供进度、沟通和要求是否有明确的规定?

7)设计负责人是否对组织和技术接口进行协调、沟通和管理,并定期评审?

【取证证据方法】

1)交谈和查阅设计任务书,会议纪要,现场查勘记录;

2) 查阅设计计划，计划发放记录，更改记录；
3) 查阅总设计师召开接口协调/评审会议记录。
(4) 设计和开发输入
【审核要点】
1) 设计输入是否明确规定了有关建设项目的功能要求和性能要求及社会需求，并形成文件？
2) 设计输入是否包括适用的法律法规、技术标准（特别是强制性的标准）的要求和必要的说明？
3) 以前类似的设计信息包括上一个设计阶段的设计文件以及设计基本资料（包括收集、专业互提资料）是否评审了其适用性和完整性？
4) 对应急工程输入的假定设计资料是否有跟踪措施及处置结果？
5) 是否对设计输入的充分性和适宜性进行了评审？是否保证了输入信息的完整、清楚？对自相矛盾的输入要求，是否已协商解决？

【取证证据方法】
1) 设计任务书，合同，设计批文，设计计划；
2) 基础资料（内部专业间互提资料、接收记录等）；
3) 适用的法律法规、技术标准、文献等；
4) 应急工程假定资料跟踪记录；
5) 设计输入信息评审记录。

(5) 设计和开发输出
【审核要点】
1) 设计输出的文件（如：图纸、技术要求、计算书、说明书、采购清单、工程验收标准等）是否满足设计输入的要求？
2) 设计文件是否标出了与安全和正常使用条件有关的工程项目（或材料、构配件和设备等）的质量特性？
3) 设计输出文件、图纸、设备清册、概算书等是否经过验证/评审？
4) 设计计算书是否有计算依据、计算条件的说明并经校审？
5) 设计文件中是否有为其后的工艺制作、施工、安装、运行、服务提供适当信息（包括施工措施、检验规范、接收准则等）？
6) 设计文件打印装订是否正确？设计输出文件在放行和发放前是否按规定得到批准（按规定的资格人员）？

【取证证据方法】
1) 设计输出文件，设计报告，说明书，图纸，计算书等；
2) 设备清册，概预算书，试验报告，物资标准，施工技术标准、措施等；
3) 采购物资清单，检验规范，软件，程序等；
4) 对设计文件放行批准的记录。

(6) 设计和开发评审
【审核要点】
1) 是否按设计计划的安排对设计项目的各设计阶段的结果进行了系统的设计评审，

以评价设计结果满足要求的能力？

2）参加设计评审人员是否有职能部门代表，必要时邀请本设计组以外的有关专家参加？

3）设计评审是否对阶段设计成果作出了评价，推荐了合理的设计方案？

4）设计评审是否识别了问题，评审意见是否有跟踪措施，跟踪结果有否记录？

【取证证据方法】

1）查阅设计评审会议记录，或设计评审会议纪要；

2）参加设计评审人员签到；

3）查阅对问题的解决措施及跟踪记录。

(7) 设计和开发验证

【审核要点】

1）是否对设计成品（图纸、说明书、计算书等）都进行了多级校审？校审单上的各级校审签署是否符合文件规定？

2）校审意见是否得到执行？存在的问题是否进行跟踪并得到解决？

3）使用的计算机验证软件是否经过鉴定？

4）当采用变换方法进行计算时，其计算原则、计算方法、计算软件是否经过评审？

5）当进行模型、模拟试验时，其试验成果是否经过评审/验证？

6）当采用类比方法进行设计验证时，其类比条件是否经过适宜性评审？

7）当存在多种设计验证方法时，最终选用的方法是否经过论证？

【取证证据方法】

1）查阅设计成品校审单，软件有效版本号，软件鉴定证书等；

2）模型模拟试验报告（如建筑材料、构配件和设备等的监测试验）；

3）多重计算评审记录。

(8) 设计和开发确认

【审核要点】

1）是否针对设计工程项目规定的使用要求或预期的用途要求在设计成品交付或实施之前进行了设计确认？

2）涉及安全或行业要求的设计项目是否经过主管部门组织外部评审会议予以确认？

3）设计确认结果是否得到执行？实施情况是否符合确认文件要求？

【取证证据方法】

1）设计确认会议纪要，参与人员名单；

2）设计确认会议批文；

3）确认和必要措施记录。

(9) 设计和开发更改的控制

【审核要点】

1）设计更改的原因是否识别？更改所带来的影响是否进行了评审并消除其原因？

2）设计更改前是否经过审批？

3）设计更改后的文件是否进行设计验证、评审、确认，实施前是否得到批准？

4）更改的评审结果及跟踪措施是否有记录？

【取证证据方法】

1) 设计更改识别记录和评审记录;

2) 设计更改文件验证记录等。

(10) 策划(工程项目施工策划)

【审核要点】

1) 是否针对企业的"工程项目施工质量策划(注:企业根据承接工程项目内容的范围实施"施工质量策划"的结果,可为:施工组织总设计、单位施工组织设计或施工方案,以及主要施工管理计划。详见《建筑施工组织设计规范》GB/T 50502—2009)、施工设计、施工准备、施工质量和服务"等的控制,建立并实施了工程项目施工质量管理制度?

2) 各管理层次的职能部门是否按规定要求对项目经理部的工作进行了监督、指导、检查和考核?

3) 是否针对工程项目的施工质量管理和项目实现过程(生产、技术、质量)和职业健康安全防护、环境的污染预防等的有效控制进行了策划?

4) 策划内容是否满足了"管理体系、施工总承包合同、现场实际的要求并包括了管理目标和要求、确定过程、识别环境因素、危险源、文件和资源需求"等(策划应包括的内容详见 GB/T 50430—2007 规范中 10.2.3 条规定的 15 项基本要求,及 GB/T 19001—2008 标准中 7.1 条款所确定的 4 项要求和策划时应考虑 7.5 过程中各子过程需关注受控条件的内容)?且施工过程所要求的验证、确认、监视、测量、检验和试验活动,以及分项分部工程和工程项目的接收准则(如:创优或达标等)是否得到确定?

5) 对特殊项目或分项分部工程是否按要求编制了质量计划?对实施确认的过程(如关键//特殊过程)的运作安排是否进行了策划?是否确定了要对相应过程参数进行监测,并策划了为提供证据所需的记录?

6) 工程项目的质量策划所形成的文件是否在发布前经审批?并按规定得到发包方或监理的认可?且对策划的文件和相应的文件实行了动态管理?

【取证证据方法】

1) 查阅所编制发布的管理制度或管理规定;

2) 查阅管理层次各部门按规定对项目部进行监督、指导、检查和考核的记录;

3) 查阅针对项目、合同的实现的策划"会议纪要、施工组织设计、项目质量计划、措施、方案等(按单位工程、分部工程或分项内容而对应的策划文件和有关职业健康/安全环保等的专项的措施方案);

4) 查阅施工作业流程图、作业指导书、程序文件;过程监控记录表式。

5) 策划发布的文件审批、确认和动态管理的证据等。

(11) 施工准备

【审核要点】

1) 是否按工程项目质量策划的结果(施工组织总设计、单位施工组织设计或施工方案,以及主要施工管理计划)实施了施工准备?

2) 是否按规定向监理方或发包方进行了各项(如:施工组织设计、专项方案、主要施工管理计划、进场人员、机械设备、施工机具、工程物资、安康及文明施工措施、分包状况等）报审、报验，以及提出和报批了开工申请？

3）是否按规定的阶段、职责、内容、方式和管理需要的层次将质量管理策划的内容，向项目经理部及作业层或操作人员进行了交底（如：施工技术交底、施工安全技术交底、专项方案交底、特种作业交底、样板观摩或演练等）并保存了记录？

【取证证据方法】

1）现场观察和查阅各项资源台账；
2）查阅各项报审、报验及审批签认的记录；
3）查阅各项交底签认记录。

（12）建筑材料、构配件和设备管理

【审核要点】

1）企业是否建立并实施了"工程项目所需的建筑材料、构配件和设备采购的管理制度"并规定和明确了各项职责、权限和管理办法（包括采购验收发现不合格的处理）？

2）是否对"工程项目所需的建筑材料、构配件和设备（下称工程物资）"提供的供方选择、评价和重新评价的准则作出了规定？

3）对供方和采购的品种的控制类型和程度是如何划分的？

4）工程物资采购合同签订前是否对供方进行了评价？（评价的内容主要是供方的质量保证能力和资信方面，更多内容见GB/T 50430—2007规范中8.2.2条规定，和GB/T 19001—2008标准7.4.1条要求，内审员应掌握。）

5）是否建立了合格供方名录？抽查所采购的工程物资供方是否在名录内？

6）对合格供方是否有跟踪措施并进行动态管理？

7）采购文件（采购计划和采购合同等）是否清楚地规定了有关的技术质量要求和验收或验证的职责、权限及方式方法、，重要环境因素与供方及承包方的沟通，已识别的重要环境因素、职业健康风险的适用程序的要求，风险通报给供方和合同方的安排是否实施？以及产品的放行方式？（对采购文件中应明确的内容，内审员应关注和掌握GB/T 50430—2007规范中8.2.1，8.2.5和8.3.3的规定，和GB/T 19001—2008标准中7.4.2条的要求）

8）采购文件发放前是否经过审批，以确保采购要求是充分的、适宜的？

9）是否对采购的工程物资确定并实施了"为满足规定的采购要求"的有效验收或验证（包括进货检验、构配件和设备的过程监测或同发包方代表到供方处的验证等）？

10）是否保持了上述过程实施的记录？

11）当采购的物资验收或验证的方式采用对其特性实施监测活动时，是否依据"GB/T 50430—2007规范中11.3施工质量验收"和"GB/T 19001—2008标准中8.2.4产品的监视和测量"要求进行了控制与管理？（内审员应掌握）

12）当对采购物资进行验收或验证发现不合格的"建筑材料、构配件和设备"时，是否按规定进行了处理、并保持了处理记录？

13）进入现场的物资（工程所需的建筑材料、构配件和设备）是否按管理制度的要求和有关规定进行了适宜环境的贮存、保管和标识（包括有关职业健康和安全环保方面的标识以及检验状态的标识）；

14）是否按规定对贮存的物资进行了检查，并对检查所发现的问题及时进行了有效的处理？

15）对有可追溯要求的物资（重点部位、隐蔽工程、特殊过程、重要环境影响的物资、职业健康安全设施等），在发放时标识是否具有唯一性？并可追溯（包括发放记录和相关的技术资料的可追溯性）？

16）对物资的搬运及防护是否明确和落实了规定的要求？是否适宜？

17）对发包方（即顾客）提供组织使用或构成产品一部分的、或在组织控制下的"建筑材料、构配件和设备，以及其他产品"等顾客财产，是否按照有关规定和标准的要求进行了"识别、登记、保护和维护、标识和验收/验证其适用性"等的控制管理（包括有关影响到职业健康和安全环保方面的顾客财产）；

18）对顾客财产是否进行保护和维护的检查？是否在发现有丢失、损坏或不适用的情况时，及时向顾客报告并记录，且按有关规定实施了处理？

【取证证据方法】

1）查阅针对"工程项目所需建筑材料、构配件和设备采购"的管理文件；

2）查阅供方评价准则文件，对供方的评价（重新评价）记录，供方档案资料，合格供方名录；

3）抽样选取进货供方看是否为合格供方名录中的供应商；

4）查阅采购文件（计划、合同）、采购清单、采购物资按重要性的分类表等；

5）查阅采购物资的验收或验证记录；向物资供方进行有关职业健康、安全和环保要求的沟通、通报记录等；

6）查阅对采购物资进行特性复试和现场抽样试验的报告；

7）查阅对不合格物资的有效处理记录；

8）施工现场查验各种物资的产品标识、产品检验状态标识等；

9）仓库储存物资、车间设备标识；化学危险物资、安全防护设施等的标识；

10）图纸图标、技术资料、物资试验合格证明，试验仪器标识等的可追溯性（包括化学品的 MSDS 的获取）；

11）查阅产品搬运和防护制度或防护措施文件，并验证落实情况等；

12）现场实地观察询问；

13）顾客提供财产清单、验证文件/验收记录、标识；

14）顾客财产保管、使用、维护和检查记录（包括发现问题时的报告和处置记录）。

（13）分包管理。

【审核要点】

1）是否对分包（此处是指"劳务、专业工程承包、技术服务及检验和试验等的分包控制管理审核；有关施工用的设施设备租赁、和工程项目所需的建筑材料、构配件、设备等供方的控制管理审核见上述 6 和 8 章的审核要点"）的评价、选择、履约情况的考核和重新评价等的准则作出了规定（或称为制度）？规定中是否明确了各管理层次和部门在分包管理活动中的责任和权限、并已落实？

2）与分包方签订分承包合同前，是否按照管理规定的标准和评价办法对供方进行了评价？（主要的是"按要求提供产品的能力"方面的评价，评价具体内容详见 GB/T 50430—2007 规范中 9.2.1 条，和 GB/T 19001—2008 标准中 7.4.1 条的要求）；并保持了对分包方评价、选择和重新评价的记录?

3)是否建立了合格分包方名录?在用的分包方是否在名录内?是否与分包方按总包合同的约定依法订立了分包合同、合同内容满足要求(如:合同文件是否清楚地规定了有关的技术质量要求和验证方法,重要环境因素与分包方的沟通,已识别的重要环境因素、职业健康风险的适用程序的要求,风险通报给供方和合同方的安排是否实施?以及产品的放行方式等方面)?

4)分包合同文件发放前是否经过审批,以确保分包要求是充分的、适宜的?

5)是否在分包项目实施前,对分包项目内容和有关人员实施了"施工或服务要求的交底、施工或服务方案的审核批准"?并据此对分包方进行了确认和验证(详见 GB/T 50430—2007 规范中 9.3.1 条规定)?

6)是否对分包项目和服务实施过程的各项活动,按要求进行了有效的"监督和指导,并对检查所发现的问题进行了整改后的验证和跟踪落实等"控制管理(包括的内容详见 GB/T 50430—2007 规范中 9.3.2 条)?

7)见上 9.1,9.2 的 1)重新评价并保存记录。

【取证证据方法】

1)查阅对分包方的评价准则文件,对分包方的评价、考核及重新评价的记录,分包方的档案资料,合格分包方名录等;

2)抽取 3—5 个在用的分包方(可选不同专业或服务内容的)资料,看其是否为合格分包方名录中的成员;

3)查阅所签订的分包合同或其他分包文件;

4)查阅对分包方进行"交底、方案审批、能力条件确认和验证、监督和指导、及发现问题整改后跟踪验证和对分包项目验收等记录或文件";

5)查阅考核和重新评价的记录。

(14)施工过程质量控制

【审核要点】

1)同上"施工准备"的审核内容;

2)施工和服务作业班组是否获得和正确使用了有关技术、质量要求的信息,如:施工图纸、设计文件、验收标准及适用的施工工艺标准、相关计划、文件、作业指导书、交底记录等(包括对采用新材料、新工艺、新技术、新设备等的策划和控制要求)?

3)进入施工现场的"操作人员,配备和使用的建筑材料、构配件和设备、施工机具、检测设备"等是否满足要求和受控?

4)施工作业环境、施工工序过程和服务活动是否在受控条件下进行?现场作业是否严格执行相关技术标准、作业指导书?是否按操作规程正确使用设备?

5)对特殊过程、关键工序是否进行了识别?对进入"特殊过程和关键工序"实现的"人员、机具设备、物资、工艺方法、工作环境、监测设备"等方面的能力及参数,是否进行鉴定、确认和认可?确认是否证实了过程能力,并保留了确认的记录?是否对变异进行了再确认?

6)是否对施工工艺、分项分部工程的实现过程实施了有效检查、监视和测量(包括对半成品、成品保护措施的落实,施工进度计划的落实、施工过程应具有的物资/进度可追溯性标识的管理、不稳定和突发事件应急能力的监控、分包施工质量能力的监督等的检查、检测)?

7) 生产设备、测量设备是否齐备？工作环境、设备维护是否到位？

8) 是否保持了与工程建设有关方进行沟通的活动，并按规定的职责、方式对有关的信息进行了管理（如：图纸会审、交底、例会、专项方案论证、文件传递、中间交接验收等记录或纪要)?

9) 是否建立并实施了对施工过程中的质量记录进行管理的制度或规定？对施工记录的管理是否满足规定的要求？（注：a. 施工过程中的质量记录至少应包括的种类见 GB/T 50430—2007 规范中 10.5.5 条的 8 个方面；b. 对质量记录管理的审核方法和内容见本审核要点 3.5 条中的 1)、7)、8)、9)、10)、11))。

【取证证据方法】

1) 查阅施工计划，作业指导书，操作规程，施工技术交底/施工安全技术交底等记录；

2) 查阅施工日志，工序交接检记录，现场观察、巡视检查记录；

3) 查阅设备运转台账，设备定期维护保养记录，安全检查记录；

4) 查阅对从事特殊过程/关键工序操作的人员、设备鉴定、物资和工作环境等的确认记录、及工艺方法试验记录（或样板评定记录）；

5) 过程参数的连续监控记录；

6) 查阅对施工各过程和工序进行管理和控制及检查/监测的各项记录和文件等；

7) 查阅与建设有关方进行信息交流和沟通的有关记录和文件。

(15) 施工质量检查与验收

【审核要点】

1) 是否针对所需的"施工质量的检查与验收"建立了相应的检查制度？制度中是否规定了各管理层次人员对施工质量检查与验收活动进行监督管理具备的相应资格、职责和权限？

2) 对分包工程的质量检查和验收是否进行了明确的规定并落实？

3) 是否对施工质量检查所需的各类检测设备的配备和管理进行了确定？

4) 是否对施工质量形成过程的监视和测量方法作出规定？规定中是否明确了质量检查的依据、内容、人员、时机、方法和记录？且规定经审批后实施？

5) 对哪些过程采用什么方法进行监视和测量，以证实质量管理过程实现预期结果的能力？

6) 项目经理部是否根据策划的安排和施工质量验收标准实施了对施工项目的"过程检查、中间检查、巡视、评估过程能力"等活动，各项活动是否按规定行成了质量记录，并按规定对质量记录进行管理？

7) 当发现过程能力不足或未达到所策划的结果时，采取了哪些纠正或纠正措施？效果如何？

8) 企业各职能部门是否按职能对项目经理部的质量检查活动实施了监控，是否保存了监控记录？

9) 是否按要求策划并实施了施工质量的验收、试验和检验的管理制度？

10) 是否按制度和计划在竣工验收前，对"进场物资、分项、分部、单位工程"的质量特性进行了内部的监视和测量，以验证产品符合性？并按规定进行工程的竣工移交工作？

11) 不同阶段的"进场物资、分项、分部、单位工程"的监视和测量内容和职责是否有规定？

12) 是否规定了接收准则，保持了接收证据？

13) 各个阶段的"进场物资、分项、分部、单位工程"放行是否有授权人批准，适用时得到顾客的批准？

14) 工程资料的形成是否与工程进度同步？并按适用法规和有关规定要求及时进行组卷、审查、移交和按档案管理规定归档？

15) 策划和实施的"不合格品控制程序"文件，是否明确规定了对不合格品（包括不合格服务及其他质量问题）的控制方式、有关处置的职责和权限以及活动的流程和质量事故责任追究制度？

16) 对发现的不合格品（包括不合格服务及其他质量问题）是否规定了分类、分级报告流程，以及按照有关要求分别报告工程建设的有关方？是否对不合格品采取了经审批并相适宜的处理措施？处置后的不合格品是否进行了验证（检查验收）？

17) 对工程交付或开始使用后发现的施工质量不合格，是否评价了与不合格的影响或潜在影响程度相适应的措施，并消除其原因？

18) 当不合格品提出让步使用时，是否经授权人或顾客批准？

19) 是否按规定保存了不合格品和其他质量问题性质、处理和验收的记录？

【取证证据方法】

1) 查阅策划的质量管理规定文件，作业指导书，其他文件；

2) 交谈和查阅过程监控点记录，中间检查单，过程监视记录、摄像等；

3) 查阅项目质量巡检记录，后续措施记录，以及监督检查、纠正或纠正措施记录；

4) 查阅各职能部门对项目经理部质量检查的记录；

5) 查阅工程项目"进场物资、分项、分部、单位工程"监测和验收规定文件；

6) 查阅施工不同阶段对"进场物资、分项、分部、单位工程"的检验记录（包括：监理见证取样的原材料复试报告、隐蔽工程的验收记录、专项试验报告、检验批记录表等）、报告、证书、放行记录等；

7) 查阅接收文件，接受记录；

8) 查阅施工项目"进场物资、分项、分部、单位工程"接收准则，产品（进场物资、分项、分部、单位工程）放行人授权证明文件；

9) 抽查3~5份竣工资料的备案移交回执和企业留存的资料；

10) 查验程序文件（是否也规定了"中止不合格服务、道歉、适当赔偿或给予适当优惠条件等的内容）；

11) 查阅不合格品报告单，不合格品评审报告；

12) 不合格品处置及再验证记录；质量事故处理报告等；

13) 查阅让步接收记录；

14) 查阅记录的管理等。

(16) 服务

【审核要点】

1) 是否按程序规定和施工合同及国务院 279 号令、建设部 80 号令等的要求，对工程的移交和移交期间的防护进行了控制管理？其"保修、非保修范围内的维修、合同约定的其他服务"等是否编制了计划（如：工程回访计划），并组织了有效的实施？

2) 对工程保修期内顾客（指建设方、监理方、物业或使用者）所反馈的有关工程质量信息是否作出了积极的响应和处理？并对保修的服务质量［指返修的工程质量和参加返修人员的工作质量及服务态度等（有关服务态度可进入 12.2 条）］按规定进行了有效的控制、检查和验收？

3) 对所收集到的有关服务质量方面的信息是否用于了质量分析和改进（即进入 13.2 和 13.3 条)？

4) 是否对工程项目的交付和交付后的活动实施有效控制和落实？

【取证证据方法】

1) 交谈和查阅管理规定，工程承包合同，工程回访计划；

2) 查阅回访记录，返修记录，顾客满意的感受信息调查表；

3) 工程移交计划/防护计划，工程防护措施落实和检查记录等；

4) 服务信息收集和分析/利用的有关记录。

4. 质量管理自查与评价、质量信息和质量管理改进

(1) 质量管理活动的监督检查与评价（包括内审）

【审核要点】

1) 是否针对"质量管理活动的自查与评价"建立了相应的制度？制度中是否对企业各管理层次人员监督检查的相应职责、权限、频度和方法作出了明确规定？

2) 是否按策划的规定开展了日常定期和不定期的质量管理活动的监督检查？监督检查是否覆盖了企业各管理层次和项目经理部的质量管理活动（监督检查的内容至少应包括：a. 管理层次—法规和标准规范的执行、质量管理制度及其支持性文件的实施、岗位职责的落实和目标的实现、对改进要求的落实等；b. 项目经理部—项目质量策划结果的实施、对本企业职能部门和发包方或监理方提出的改进意见和整改要求的落实、合同的履行情况、质量目标的实现等。）？

3) 对监督检查中所发现的问题是否及时提出了书面的整改要求，并对整改过程和结果实施了有效的监督和验证？

4) 是否按计划的安排对质量管理体系，组织和实施了由有相应资格审核员进行的年度（集中或滚动式的）内部审核和评价？并对内审中发现的问题及其原因提出了书面的整改要求，且跟踪验证了整改结果？（有关企业的质量管理体系内部审核的更详细内容和要求见 GB/T 19001—2008 标准中 8.2.2，及 GB/T 19011—2003 指南）

5) 对质量管理活动的监督检查和审核进行策划时，是否依据了"各部门和岗位的职责、质量管理中的薄弱环节、有关的意见和建议、以往检查的结果"等信息？

6) 是否监视和收集了工程建设有关方（或称为"顾客"）满意情况的信息，并明确了信息收集的职责、渠道、时机、方式及分析利用这些信息作为体系业绩评价的方法？实施效果如何？

7）对顾客满意调查样本（有关顾客感受信息的样本提示可参见 GB/T 19001—2008 标准中 8.2.1 的"注"）策划是否合理？获取的信息是否可靠？且对顾客的意见、抱怨是否即时处置？

8）是否对监督检查、审核、顾客满意度调查等过程形成的记录进行了保存？并将所发现的问题及整改的结果作为了质量管理改进的重要信息？

【取证证据方法】

1）查阅有关"质量管理自查与评价"制度文件；

2）查阅各管理部门（层次）日常定期和不定期质量活动的监督检查记录或记要、大检查通报等；

3）查阅对监督检查提出不符合或不合格的整改和验证记录；

4）查阅企业质量管理体系内部审核系列"计划、检查表、记录、报告、不符合项报告及纠正措施和整改验证资料、内审员培训和资格证书"等有关文件和记录资料；

5）查阅监督检查和审核策划文件；

6）查阅顾客满意度调查记录，调查结果分析资料；及了解和查阅顾客信访，媒体报道，简报，座谈会记录及监理例会纪要等；

7）查阅顾客意见处置记录；

8）查阅对监督检查、内审、顾客满意度调查、信息分析传递等记录。

（2）质量信息的收集传递、分析和利用（包括管理评审的信息）

【审核要点】

1）是否建立了质量信息收集、分析（包括确定统计技术方法的应用程度）管理和质量管理信息利用、改进的制度？制度中是否明确了各层次、岗位质量信息管理和改进的职责，并确定了改进的目标和改进的活动（质量改进活动至少应包括：质量方针和目标、信息分析、监督检查、质量管理体系评价、纠正与预防措施等）。

2）是否对为正确评价质量管理体系水平所需"收集的信息及其来源、渠道、方法和职责"进行了明确？

3）所收集的信息是否满足和适宜（工程建设施工企业为正确评价质量管理体系水平应收集的信息至少应包括"法规和标准及规章制度等、工程建设有关方对施工企业的工程质量和质量管理水平的评价、各管理层次工程质量管理情况及工程质量的检查结果、施工企业质量管理监督检查结果、市场需求、同行业其他施工企业的经验教训、质量回访和服务信息"等）？

4）对所承建的各工程项目质量管理策划结果的实施情况是否进行了总结？并将其作为了企业质量分析和改进的有效信息予以保存和利用？

5）各管理层次是否按规定对质量信息进行了分析？并据此判断出了质量管理状况和质量目标实现的程度？且识别了需要改进的领域和机会及已采取了有效的改进措施？

6）对信息进行分析所应用的方法是否有效？分析结果是否达到了预期的目的（施工企业对信息进行分析的结果一般至少应包括：工程建设方对施工企业的工程质量、质量管理水平的满意程度；施工质量和服务质量达到要求的程度；工程质量水平、质量管理水平、发展趋势以及改进的机会；与供应方、分包方合作的评价）等？

7）企业的最高管理者（层）对质量管理评审的有关决定和改进措施的信息是否传递

和落实？［见前面"1、中的（4）管理评审"］

【取证证据方法】

1) 查阅相关"质量信息和质量管理改进"方面所策划文件内容及查阅相关规定；
2) 查阅确定的所确定应用的统计技术的对应程序；
3) 查阅质量信息收集台账或记录；
4) 查阅质量信息分析记录和制定的改进措施；
5) 查阅数据统计分析报告（包括统计技术的应用记录）；
6) 查阅管理评审所形成的系列资料。

（3）质量改进与创新

【审核要点】

1) 企业是否根据对质量管理体系的分析和评价结果，提出了改进目标，并制定和实施了改进措施且跟踪了改进的效果？对所分析出的"工程质量、质量管理活动"中存在或潜在问题原因，是否采取了适当的措施，并验证了措施的有效性？

2) 日常的或重点的持续改进项目的实施结果是否有效？

3) 是否对纠正措施和预防措施的需求进行了评价、并确定和实施了所需的措施？对措施的执行情况是否进行了跟踪检查，并对所采取措施的结果进行了记录？且对所采取的纠正措施和预防措施的有效性进行了评审？

4) 是否定期对质量信息进行整理分析，采用统计技术分析潜在不合格？潜在不合格原因分析是否准确？

5) 是否根据质量管理分析、评价的结果，确定了质量管理创新（如：激励机制的创新、实施结果的反馈机制的创新、绩效的考核机制的创新等，即质量管理工作的"不断地推陈出新、追求卓越"）的目标及措施，并跟踪、反馈了实施结果？

6) 是否按规定保存了质量管理改进与创新的记录（见 GB/T 50430—2007 规范中 3.5.3 条规定，和 GB/T 19001—2008 标准中 4.2.4 条要求）？

【取证证据方法】

1) 与质量管理主责部门责任人员交谈、查阅相关质量管理体系分析和评价记录；
2) 查阅持续改进策划文件、重点改进项目建议书，科技成果报告，QC 小组成果，技术革新成果；
3) 查阅纠正措施和预防措施评价、验证、有效性评审等记录；
4) 查阅定期质量信息整理和分析报告；
5) 查阅质量管理创新措施和跟踪落实报告；
6) 巡视和查阅记录储存管理。

（1）施工企业管理层各部门审核：

内审员应依据 PDCA 的原则，按照以下要点对企业管理层各部门所主管和相关的过程进行审核，有关过程和取证方法的内容参见"施工企业一般过程审核要点"：

1) 是否明确和熟知本部门的质量管理职责？
2) 部门内部是否将公司赋予的质量职责进行了二次分配和具体的岗位分工？
3) 是否确立了本部门的质量目标，且目标与公司总目标保持一致（分解）、并体现了本部门的质量管理工作内容？

4) 是否规定了部门各岗位人员的能力要求？部门所配置的人员实际能力是否满足要求，与岗位职责是否相符？

5) 所管理的主要过程与规定的质量责任是否相一致？相关工程的接口是否明确和清楚，并按照控制文件的规定执行和落实了相关接口工作的内容？

6) 所主管的过程是否按要求制定了相关的控制文件？文件是否满足规范、标准、适用法规和实际的控制需求？

7) 所颁布的管理文件是否按规定的要求进行了控制（编制、审批、使用场所及时到、评审、修订等）？

8) 对本部门主管的过程是否按照规定的要求及时进行了监视和测量及控制（即按规定的时间和内容对本部门和相关部门/分公司/项目部进行监督检查和指导）？

9) 对所主管的过程运行情况的信息是否进行了及时的收集、分析或传递到负责改进的主管部门？

10) 是否识别和确定了所主管过程的改进（包括创新方面内容和课题）需求，并制定了相应的改进措施，或按照负责改进主管部门的要求实施了改进措施？

11) 是否对改进措施的实施效果进行了跟踪和验证，以确保改进措施的有效性？

12) 是否将有关的改进措施和改进（包括创新方面内容和课题）的信息提交了管理评审？对内审发现的不符合项和管理评审决定中涉及本部门的措施，是否跟踪落实和验证？

(2) 分公司审核

1) 目前建筑施工企业多为两级质量管理，即公司管理部门和施工项目部，对此内部审核可按以上的审核思路进行。

2) 对于大型建设集团或设立三级质量管理机构的建筑施工企业而言，其各级管理层次的职责（或职能）一定要明确清楚，不然会导致内审的重复性或漏项。

一般设置三级质量管理的施工企业：(a) 其公司层的管理部门的主要职责是"监管"，即：协助公司主管领导和按管理职能制定主责过程范围的控制文件（企业标准、管理规定、制度、大型方案等）和审批分公司或项目部编制的管理文件，并负责控制文件的发布、评审、修订、再发布和上级文件的转发等，且对分公司和项目部对控制文件的执行和有效落实进行监督、指导。(b) 而分公司是公司控制文件和相应管理文件执行和落实的主要管理层次，其职责是"监控"，即：对公司制定和转发，以及适用的法规文件等的执行和落实，负有组织落实、监督检查、控制管理等责任。

因此，对分公司的部门进行内审时，除参照上述"施工企业管理层各部门审核要点"外，内审员还应重点关注以下5点：

1) 组织机构、岗位人员是否健全？职责是否明确？

2) 是否及时将适用的法规和文件传递给所属项目部？

3) 是否按规定要求（定期和不定期）对所属项目部进行了监督检查？（包括大检查和联合检查通报）

4) 对检查发现的质量问题和隐患是否下达整改通知，并及时跟踪验证（外地项目部的问题可委托现场有资格的人员进行跟踪验证，如：质检员、安全员、项目技术负责人等），且保存了记录？

5) 办公环境、仓储条件（若有时）、文档暂存条件等是否按规定落实？

（3）施工现场审核

审核"施工管理过程"时，除在企业管理层（包括分公司管理层）、项目部办公室查阅各种资料和记录外，还应对施工现场就以下方面仔细观察：

1. 有关工程质量的内容

（1）根据审核时的工程实际形象进度，观察工程施工过程的：

1）工人的操作方法是否符合操作规程的要求（必要时可与工人交谈，询问工人对操作规程有关规定的熟知程度）？

2）询问操作工人是否接受过技术交底，技术交底的内容有哪些？

3）观察工人所操作的前道工序是否经过检查或验收（必要时可现场实测或比对）？询问工人是如何得知本道工序准许施工的？

4）对于需要持证上岗的工序（或特岗人员），现场核查操作人员的岗位资格证及对操作能力进行满足要求的鉴别？

（2）工程和劳务分包方的施工作业是否符合操作规程及技术交底的要求？

（3）对建设单位另行分包的工程内容是否实施了妥善的维护？

（4）对施工材料、构配件和设备、分部分项工程质量现状进行观察、询问、评价，对比质量检查、评定记录中的内容、评定结果与实物质量是否相符？

（5）对进场物资和半成品的取样试验及管理过程进行观察？

（6）成品保护措施与《施工组织设计》或各类技术交底中的要求是否一致？是否起到保护作用？

（7）对于观察到的质量问题，项目部是否能提供出对其按照不合格品控制的有关程序进行处置的记录？

（8）在项目部审核发现的，需在现场证实的质量问题，如重要不合格品处置的实际效果是否符合要求等？

（9）是否对频繁发生的质量问题采取了与问题相适宜的纠正措施？

（10）是否根据以往不合格品的信心和潜在不合格问题制定和落实了适当的预防措施？

2. 有关安全健康、文明施工和环境保护的内容：

（1）针对基础施工阶段、结构施工阶段、装饰施工阶段、特殊季节（如：冬、雨、冰、霜等）施工阶段，根据审核时所处阶段观察相关管理是否符合要求，例如：

1）对于防止土方坍塌或滑坡、隧道开挖的安全施工、高空坠落、高支模、各种洞口落人落物、机械伤人、装饰涂料中毒等事故的安全措施是否符合要求？

2）临时用电、脚手架、安全网等是否搭设合理？

3）操作工人的安全帽、防护用品、劳动保护用品是否按规定配置、进场验收和正确使用？

4）大型机械设备的安全运转、信号和制动系统、防雷、防风等是否符合要求？

5）构配件和设备吊装措施是否落实？

（2）现场生产、生活区域的消防、保卫、卫生等是否符合各项文明施工的要求？

（3）是否具备应取得的各种有关安全、文明施工的许可证（如：现场食堂是否有食品卫生许可证，垃圾渣土准运证，现场焊接等明火的动火证等）的条件？

（4）场容、场貌是否整洁、卫生，宿舍等是否符合文明施工的要求？

(5) 是否有现场的环境保护措施？对粉尘、噪声、污水、废气、废物、振动等的产生进行控制和处理？

对上述（1）、（2）、（3）、（4）、（5）的控制要求，内审员应学习和掌握《建筑施工现场环境与卫生标准》JGJ 146—2004 和《建筑施工安全检查标准》JGJ 59—99 及现行的临电、起重机械等有关的法规和标准内容。

3. 有关机械设备的内容：

(1) 现场机械设备的布置是否合理、机械设备是否按规定经过必要的进场验收和报验（包括机械设备的拆装方案的审批和执行）？

(2) 操作人员是否按照规程操作，并对机械设备进行了规定的维护、保养和检修、检测？

(3) 机械设备是否定机、定人、定岗？

(4) 工作场地是否符合安全运行要求，夜晚施工是否配置了足够的现场照明？

(5) 是否配备了必要的安全防护设备或设施，是否根据需要配置了必要的降温、保暖、降尘、通风等装置？

(6) 操作人员是否按照规定填写运行及维护、保养和检修、检测等管理记录？

(7) 操作人员是否经过培训并持证上岗？

(注：上述审核内容也包括对租赁的和分包自有的机械设备的控制)。

4. 有关检测设备的内容：

(1) 使用人员是否按照操作要求使用检测设备？

(2) 所使用的检测设备是否保存了定检的合格标识，证明检测设备处于校准合格状态？

(3) 检测设备在使用过程中是否能按照要求进行保护？

(4) 现场的检测设备是否有良好的存放条件？

(5) 是否有误调整和误操作的情况发生？

5. 有关物资管理的内容：

(1) 现场、库房物资的堆放是否整齐，是否有状态标识，是否存在将不合格材料与合格材料混放的情况？

(2) 物资的存放的环境是否做到了防潮、防火、防压等要求？

(3) 物资的码放是否符合要求？

(4) 各类型号、规格相近的物资是否有混放在一起的情况？

(5) 物资的管理人员是否掌握建筑材料、构配件和设备的有关规定？

(6) 是否建立了物资入库和出库的规定（或制度），实际入库、出库的物资是否严格执行和落实了规定的要求？记录是否清楚？

(7) 库房和场地存放的物资数量与物资台账中记载的物资数量是否一致？

(8) 现场存放的化学危险品是否做到了单独和隔离存放，标识是否醒目？是否收集了化学危险品的 MSDS《×××化学品安全技术说明书》，并按要求落实了各项控制内容？

第6章 《规范》引申的相关法规要求

《规范》第1.0.4条规定:"施工企业的质量管理活动,除执行本规范外,还应执行国家现行有关标准规范的规定"。因此,施工企业在贯彻《规范》时,不能孤立看待规范各个条款及其要求,而应将《规范》与其所涉及的其他要求有机结合在一起,全面、系统地理解与贯彻。

对应于《规范》所要求的国家现行有关标准规范的要求及工程建设行业应知应会的管理与技术背景知识称为"《规范》引申的相关法规要求",本附录中对《规范》中各章节对应的适用法规要求进行了归类整理,并对每章节适用法规的具体要求的要点进行了重点摘引,以进一步增进读者对《规范》内涵要求的理解。

6.1 《规范》章节中涉及的相关法规、标准要求

《规范》章节中涉及的相关法规、标准要求见表6-1。

《规范》章节中涉及的相关法规、标准要求   表6-1

章号	名称	涉及的主要法规	备注
3	QM基本要求	1.《建筑法》; 2.《建设工程质量管理条例》等	
4	组织机构和职责	1.《建筑法》; 2.《建筑业企业资质管理规定》; 3.《建设工程质量管理条例》; 4.《建设工程安全生产管理条例》; 5.《建造师执业资格制度暂行规定》; 6.《建设工程项目管理规范》	
5	人力资源管理	1.《建筑业企业资质管理规定》; 2.《建设工程质量管理条例》; 3.《建设工程安全生产管理条例》; 4.《建造师执业资格制度暂行规定》; 5.《特种作业人员安全技术考核管理规则》GB 5036—1985; 6.《特种作业人员安全技术培训考核管理》	
6	施工机具管理	1.《招标投标法》; 2.《合同法》; 3.《建设工程安全生产管理条例》; 4.《特种作业人员安全技术考核管理规则》(GB 5036—1985); 5.《特种作业人员安全技术培训考核管理规定》(安监总局令30号)	6.2.3要求企业依法与供方订立采购合同

续表

章号	名称	涉及的主要法规	备注
7	投标及合同管理	1.《建筑法》； 2.《建筑业企业资质管理规定》； 3.《招标投标法》； 4.《标准施工招标资格预审文件》； 5.《合同法》； 6.《标准施工招标文件》； 7.《工程项目招标范围和规模标准规定》； 8.《工程建设项目施工招标投标办法》； 9.《关于审理建设工程施工合同纠纷案件适用法律问题的解释》	7.1.2 要求企业依法进行投标与签约活动 7.2.2 要求企业依法进行投标及签约
8	建筑材料、构配件和设备管理	1.《建筑法》； 2.《招标投标法》； 3.《合同法》； 4.《建设工程质量管理条例》； 5.《建设工程安全生产管理条例》	
9	分包管理	1.《建筑法》； 2.《招标投标法》； 3.《合同法》； 4.《建设工程质量管理条例》； 5.《建设工程安全生产管理条例》	9.2.1 要求企业经评价依法选择合适的分包方； 9.2.2 要求企业依法订立分包合同。
10	工程项目施工质量管理	1.《建筑法》； 2.《建设工程质量管理条例》； 3.《建设工程安全生产管理条例》； 4.《建设工程文件归档整理规范》； 5.《建设工程监理规范》； 6. 其他各类标准、规范、规程等	涉及 GB 50300—2001 系列标准及其他《强制性条文》较多
11	施工质量检查与验收	1.《建筑法》； 2.《建设工程质量管理条例》； 3.《建筑工程施工质量验收统一标准》； 4.《工程建设标准强制性条文》； 5.《建设工程文件归档整理规范》	涉及 GB 50300—2001 系列标准及《强制性条文》较多
12	质量管理自查与评价	1.《建筑法》； 2.《建设工程质量管理条例》等	
13	质量信息和质量管理改进	1.《建筑法》； 2.《建设工程质量管理条例》等	

6.2 适用于《规范》中"过程管理"的有关法规条文

6.2.1 适用"组织机构和职责"的相关法规条文

施工总承包企业资质等级标准

规定有"房屋建筑工程施工总承包"等12类施工总承包资质，"地基与基础工程专业承包"等 60 类施工专业承包资质和 13 种"砌筑作业分包"劳务分包资质等内容。

建筑业企业资质管理规定

第三条 建筑业企业应当按照其拥有的注册资本、专业技术人员、技术装备和已完成的建筑工程业绩等条件申请资质,经审查合格,取得建筑业企业资质证书后,方可在资质许可的范围内从事建筑施工活动。

第五条 建筑业企业资质分为施工总承包、专业承包和劳务分包三个序列。

第六条 取得施工总承包资质的企业(以下简称施工总承包企业),可以承接施工总承包工程。施工总承包企业可以对所承接的施工总承包工程内各专业工程全部自行施工,也可以将专业工程或劳务作业依法分包给具有相应资质的专业承包企业或劳务分包企业。

取得专业承包资质的企业(以下简称专业承包企业),可以承接施工总承包企业分包的专业工程和建设单位依法发包的专业工程。专业承包企业可以对所承接的专业工程全部自行施工,也可以将劳务作业依法分包给具有相应资质的劳务分包企业。

取得劳务分包资质的企业(以下简称劳务分包企业),可以承接施工总承包企业或专业承包企业分包的劳务作业。

施工总承包企业特级资质标准

申请特级资质,必须具备以下条件:

一、企业资信能力

1. 企业注册资本金 3 亿元以上。
2. 企业净资产 3.6 亿元以上。
3. 企业近三年上缴建筑业营业税均在 5000 万元以上。
4. 企业银行授信额度近三年均在 5 亿元以上。

二、企业主要管理人员和专业技术人员要求

1. 企业经理具有 10 年以上从事工程管理工作经历。
2. 技术负责人具有 15 年以上从事工程技术管理工作经历,且具有工程序列高级职称及一级注册建造师或注册工程师执业资格;主持完成过两项及以上施工总承包一级资质要求的代表工程的技术工作或甲级设计资质要求的代表工程或合同额 2 亿元以上的工程总承包项目。
3. 财务负责人具有高级会计师职称及注册会计师资格。
4. 企业具有注册一级建造师(一级项目经理)50 人以上。
5. 企业具有本类别相关的行业工程设计甲级资质标准要求的专业技术人员。

三、科技进步水平

1. 企业具有省部级(或相当于省部级水平)及以上的企业技术中心。
2. 企业近三年科技活动经费支出平均达到营业额的 0.5% 以上。
3. 企业具有国家级工法 3 项以上;近五年具有与工程建设相关的,能够推动企业技术进步的专利 3 项以上,累计有效专利 8 项以上,其中至少有一项发明专利。
4. 企业近十年获得过国家级科技进步奖项或主编过工程建设国家或行业标准。
5. 企业已建立内部局域网或管理信息平台,实现了内部办公、信息发布、数据交换的网络化；已建立并开通了企业外部网站；使用了综合项目管理信息系统和人事管理系统、工程设计相关软件，实现了档案管理和设计文档管理。

建筑企业一级资质标准

1. 企业近 5 年承担过下列 6 项中的 4 项以上工程的施工总承包或主体工程承包，工程质量合格。

（1）25 层以上的房屋建筑工程；

（2）高度 100 米以上的构筑物或建筑物；

（3）单体建筑面积 3 万平方米以上的房屋建筑工程；

（4）单跨跨度 30 米以上的房屋建筑工程；

（5）建筑面积 10 万平方米以上的住宅小区或建筑群体；

（6）单项建安合同额 1 亿元以上的房屋建筑工程。

2. 企业经理具有 10 年以上从事工程管理工作经历或具有高级职称；总工程师具有 10 年以上从事建筑施工技术管理工作经历并具有本专业高级职称；总会计师具有高级会计职称；总经济师具有高级职称。

企业有职称的工程技术和经济管理人员不少于 300 人，其中工程技术人员不少于 200 人；工程技术人员中，具有高级职称的人员不少于 10 人，具有中级职称的人员不少于 60 人。企业具有的一级资质项目经理不少于 12 人。

3. 企业注册资本金 5000 万元以上，企业净资产 6000 万元以上。

4. 企业近 3 年最高年工程结算收入 2 亿元以上。

5. 企业具有与承包工程范围相适应的施工机械和质量检测设备。

建造师执业资格制度暂行规定

第二十一条 建造师执业资格注册有效期一般为 3 年，再次注册者，除应符合本规定第十八条规定外，还须提供接受继续教育的证明。

第二十四条 建造师经注册后，有权以建造师名义担任建设工程项目施工的项目经理及从事其他施工活动的管理。

第二十九条 按照建设部颁布的《建筑业企业资质等级标准》，一级建造师可以担任特级、一级建筑业企业资质的建设工程项目施工的项目经理；二级建造师可以担任二级及以下建筑业企业资质的建设工程项目施工的项目经理。

6.2.2 适用"人力资源管理"的相关法规条文

建设工程质量管理条例

第二十六条 施工单位对建设工程的施工质量负责。施工单位应当建立质量责任制，确定工程项目的项目经理、技术负责人和施工管理负责人。建设工程实行总承包的，总承包单位应当对全部建设工程质量负责。

第三十三条 施工单位应当建立、健全教育培训制度，加强对职工的教育培训；未经教育培训或者考核不合格的人员，不得上岗作业。

建 筑 法

第十四条 从事建筑活动的专业技术人员，应当依法取得相应的执业资格证书，并在执业资格证书许可的范围内从事建筑活动。

安全生产管理条例

第二十五条 垂直运输机械作业人员、安装拆卸工、爆破作业人员、起重信号工、登高架设作业人员等特种作业人员，必须按照国家有关规定经过专门的安全作业培训，并取得特种作业操作资格证书后，方可上岗作业。

第三十六条 施工单位的主要负责人、项目负责人、专职安全生产管理人员应当经建设行政主管部门或者其他有关部门考核合格后方可任职。

第三十七条 作业人员进入新的岗位或者新的施工现场前，应当接受安全生产教育培训。未经教育培训或者教育培训考核不合格的人员，不得上岗作业。

施工单位在采用新技术、新工艺、新设备、新材料时，应当对作业人员进行相应的安全生产教育

注册建造师管理规定

第三条 本规定所称注册建造师，是指通过考核认定或考试合格取得中华人民共和国建造师资格证书（以下简称资格证书），并按照本规定注册，取得中华人民共和国建造师注册证书（以下简称注册证书）和执业印章，担任施工单位项目负责人及从事相关活动的专业技术人员。

未取得注册证书和执业印章的，不得担任大中型建设工程项目的施工单位项目负责人，不得以注册建造师的名义从事相关活动。

第五条 注册建造师实行注册执业管理制度，注册建造师分为一级注册建造师和二级注册建造师。取得资格证书的人员，经过注册方能以注册建造师的名义执业。

第十条 注册证书和执业印章是注册建造师的执业凭证，由注册建造师本人保管、使用。注册证书与执业印章有效期为3年。

第二十二条 建设工程施工活动中形成的有关工程施工管理文件，应当由注册建造师签字并加盖执业印章。施工单位签署质量合格的文件上，必须有注册建造师的签字盖章。

特种作业人员安全技术考核管理规则

1.1 特种作业。对操作者本人，尤其对他人和周围设施的安全有重大危害因素的作业，称特种作业。

1.2 特种作业人员。直接从事特种作业者，称特种作业人员。

2 特种作业范围

2.1 电工作业；

2.2 锅炉司炉；

2.3 压力容器操作；

2.4 起重机械作业；

2.5 爆破作业；

2.6 金属焊接（气割）作业；

2.7 煤矿井下瓦斯检验；

2.8 机动车辆驾驶；

2.9 机动船舶驾驶、轮机操作；

2.10 建筑登高架设作业；

2.11 符合本标准基本定义的其他作业。

5.1 特种作业人员经安全技术培训后，必须进行考核。经考核合格取得操作证者，准予独立作业。

6.2 复审期限，除机动车辆驾驶和机动船舶驾驶、轮机操作人员，按国家有关规定执行外，其他特种作业人员两年进行一次。

建筑施工特种作业人员管理规定

第三条 建筑施工特种作业包括：

（一）建筑电工；

（二）建筑架子工；

（三）建筑起重信号司索工；

（四）建筑起重机械司机；

（五）建筑起重机械安装拆卸工；

（六）高处作业吊篮安装拆卸工；

（七）经省级以上人民政府建设主管部门认定的其他特种作业。

第十七条 建筑施工特种作业人员应当参加年度安全教育培训或者继续教育，每年不得少于 24 小时。

第二十二条 资格证书有效期为两年

特种作业人员安全技术培训考核管理规定

特种作业目录

1. 电工作业

2. 焊接与热切割作业

3. 高处作业

4. 制冷与空调作业

5. 煤矿安全作业

6. 金属非金属矿安全作业

7. 石油天然气安全作业

8. 冶金（有色）生产安全作业

9. 危险化学品安全作业

10. 烟花爆竹安全作业

第二十一条 特种作业操作证每 3 年复审 1 次。特种作业人员在特种作业操作证有效期内，连续从事本工种 10 年以上，严格遵守有关安全生产法律法规的，经原考核发证机关或者从业所在地考核发证机关同意，特种作业操作证的复审时间可以延长至每6年1次。

6.2.3 适用"施工机具管理"的相关法规条文

《合同法》第十二条合同的内容由当事人约定，一般包括以下条款：
（一）当事人的名称或者姓名和住所；
（二）标的；
（三）数量；
（四）质量；
（五）价款或者报酬；
（六）履行期限、地点和方式；
（七）违约责任；
（八）解决争议的方法。
当事人可以参照各类合同的示范文本订立合同。

第一百三十一条　买卖合同的内容除依照本法第十二条的规定以外，还可以包括包装方式、检验标准和方法、结算方式、合同使用的文字及其效力等条款。

建设工程安全生产管理条例

第二十五条　垂直运输机械作业人员、安装拆卸工、爆破作业人员、起重信号工、登高架设作业人员等特种作业人员，必须按照国家有关规定经过专门的安全作业培训，并取得特种作业操作资格证书后，方可上岗作业。

第三十四条　施工单位采购、租赁的安全防护用具、机械设备、施工机具及配件，应当具有生产（制造）许可证、产品合格证，并在进入施工现场前进行查验。

第三十五条　施工单位在使用施工起重机械和整体提升脚手架、模板等自升式架设设施前，应当组织有关单位进行验收，也可以委托具有相应资质的检验检测机构进行验收；使用承租的机械设备和施工机具及配件的，由施工总承包单位、分包单位、出租单位和安装单位共同进行验收。验收合格的方可使用。

《特种设备安全监察条例》规定的施工起重机械，在验收前应当经有相应资质的检验检测机构监督检验合格。

施工单位应当自施工起重机械和整体提升脚手架、模板等自升式架设设施验收合格之日起30日内，向建设行政主管部门或者其他有关部门登记。登记标志应当置于或者附着于该设备的显著位置。

特种设备安全监察条例

第二条　本条例所称特种设备是指涉及生命安全、危险性较大的锅炉、压力容器（含气瓶，下同）、压力管道、电梯、起重机械、客运索道、大型游乐设施。

第三条　特种设备的生产（含设计、制造、安装、改造、维修，下同）、使用、检验检测及其监督检查，应当遵守本条例，但本条例另有规定的除外……房屋建筑工地和市政工程工地用起重机械的安装、使用的监督管理，由建设行政主管部门依照有关法律、法规的规定执行。

<h3 style="text-align:center">建筑起重机械安全监督管理规定</h3>

第四条 出租单位出租的建筑起重机械和使用单位购置、租赁、使用的建筑起重机械应当具有特种设备制造许可证、产品合格证、制造监督检验证明。

第六条 出租单位应当在签订的建筑起重机械租赁合同中，明确租赁双方的安全责任，并出具建筑起重机械特种设备制造许可证、产品合格证、制造监督检验证明、备案证明和自检合格证明，提交安装使用说明书。

第十条 从事建筑起重机械安装、拆卸活动的单位（以下简称安装单位）应当依法取得建设主管部门颁发的相应资质和建筑施工企业安全生产许可证，并在其资质许可范围内承揽建筑起重机械安装、拆卸工程。实行施工总承包的，施工总承包单位应当与安装单位签订建筑起重机械安装、拆卸工程安全协议书。

第十四条 建筑起重机械安装完毕后，安装单位应当按照安全技术标准及安装使用说明书的有关要求对建筑起重机械进行自检、调试和试运转。自检合格的，应当出具自检合格证明，并向使用单位进行安全使用说明。

第十六条 建筑起重机械安装完毕后，使用单位应当组织出租、安装、监理等有关单位进行验收，或者委托具有相应资质的检验检测机构进行验收。建筑起重机械经验收合格后方可投入使用，未经验收或者验收不合格的不得使用。建筑起重机械在验收前应当经有相应资质的检验检测机构监督检验合格。

第十七条 使用单位应当自建筑起重机械安装验收合格之日起 30 日内，将建筑起重机械安装验收资料、建筑起重机械安全管理制度、特种作业人员名单等，向工程所在地县级以上地方人民政府建设主管部门办理建筑起重机械使用登记。登记标志置于或者附着于该设备的显著位置。

第十九条 使用单位应当对在用的建筑起重机械及其安全保护装置、吊具、索具等进行经常性和定期的检查、维护和保养，并做好记录。

第二十一条 施工总承包单位应当履行下列安全职责：

（一）向安装单位提供拟安装设备位置的基础施工资料，确保建筑起重机械进场安装、拆卸所需的施工条件；

（二）审核建筑起重机械的特种设备制造许可证、产品合格证、制造监督检验证明、备案证明等文件；

（三）审核安装单位、使用单位的资质证书、安全生产许可证和特种作业人员的特种作业操作资格证书；

（四）审核安装单位制定的建筑起重机械安装、拆卸工程专项施工方案和生产安全事故应急救援预案；

（五）审核使用单位制定的建筑起重机械生产安全事故应急救援预案；

（六）指定专职安全生产管理人员监督检查建筑起重机械安装、拆卸、使用情况；

（七）施工现场有多台塔式起重机作业时，应当组织制定并实施防止塔式起重机相互碰撞的安全措施。

第二十五条 建筑起重机械安装拆卸工、起重信号工、起重司机、司索工等特种作业人员应当经建设主管部门考核合格，并取得特种作业操作资格证书后，方可上岗作业。

其他适用法规、规范和其他要求主要有：
1)《建筑机械使用安全技术规程》JGJ 33—2001
2)《龙门架及井架物料提升机安全技术规范》JGJ 88—2010
3)《施工现场临时用电安全技术规范》JGJ 46—2005
4)《常用建筑机械使用安全技术规程》
5)《吊笼有垂直导向的人货两用施工升降机》GB 26557—2011
6)《塔式起重机安全规程》GB 5144—2006
7)《手持式电动工具的管理、使用、检查和维修安全技术规程》GB 3787—1983
8)《施工现场安全防护用具及机械设备使用监督管理规定》建建（1998）164号
9)《起重机械安全监察规定》质监局令 第13号

6.2.4 适用"投标与合同管理"的相关法规条文

工程建设项目施工招标投标办法

第三十六条 投标人应当按照招标文件的要求编制投标文件。投标文件应当对招标文件提出的实质性要求和条件作出响应。

投标文件一般包括下列内容：
（一）投标函；
（二）投标报价；
（三）施工组织设计；
（四）商务和技术偏差表。

中华人民共和国合同法

第二百七十二条 发包人可以与总承包人订立建设工程合同，也可以分别与勘察人、设计人、施工人订立勘察、设计、施工承包合同。发包人不得将应当由一个承包人完成的建设工程肢解成若干部分发包给几个承包人。总承包人或者勘察、设计、施工承包人经发包人同意，可以将自己承包的部分工作交由第三人完成。第三人就其完成的工作成果与总承包人或者勘察、设计、施工承包人向发包人承担连带责任。承包人不得将其承包的全部建设工程转包给第三人或者将其承包的全部建设工程肢解以后以分包的名义分别转包给第三人。禁止承包人将工程分包给不具备相应资质条件的单位。禁止分包单位将其承包的工程再分包。建设工程主体结构的施工必须由承包人自行完成。

第二百七十五条 施工合同的内容包括工程范围、建设工期、中间交工工程的开工和竣工时间、工程质量、工程造价、技术资料交付时间、材料和设备供应责任、拨款和结算、竣工验收、质量保修范围和质量保证期、双方相互协作等条款。

建设工程施工合同（示范文本）之六

组成本合同的文件包括：
1. 本合同协议书

2. 中标通知书

3. 投标书及其附件

4. 本合同专用条款

5. 本合同通用条款

6. 标准、规范及有关技术文件

7. 图纸

8. 工程量清单

9. 工程报价单或预算书

双方有关工程的洽商、变更等书面协议或文件视为本合同的组成部分。

6.2.5 适用"建筑材料、构配件和设备管理"的相关法规条文

建设工程质量管理条例

第二十九条 施工单位必须按照工程设计要求、施工技术标准和合同约定,对建筑材料、建筑构配件、设备和商品混凝土进行检验,检验应当有书面记录和专人签字;未经检验或者检验不合格的,不得使用。

第三十一条 施工人员对涉及结构安全的试块、试件以及有关材料,应当在建设单位或者工程监理单位监督下现场取样,并送具有相应资质等级的质量检测单位进行检测。

建设工程监理规范

5.4.6 专业监理工程师应对承包单位报送的拟进场工程材料、构配件和设备的工程材料/构配件/设备报审表及其质量证明资料进行审核,并对进场的实物按照委托监理合同约定或有关工程质量管理文件规定的比例采用平行检验或见证取样方式进行抽检。

对未经监理人员验收或验收不合格的工程材料、构配件、设备,监理人员应拒绝签认,并应签发监理工程师通知单,书面通知承包单位限期将不合格的工程材料、构配件、设备撤出现场。

房屋建筑工程和市政基础设施工程实行见证取样和送检的规定

第三条 本规定所称见证取样和送检是指在建设单位或工程监理单位人员的见证下,由施工单位的现场试验人员对工程中涉及结构安全的试块、试件和材料在现场取样,并送至经过省级以上建设行政主管部门对其资质认可和质量技术监督部门对其计量认证的质量检测单位(以下简称"检测单位")进行检测。

第五条 涉及结构安全的试块、试件和材料见证取样和送检的比例不得低于有关技术标准中规定应取样数量的30%。

第六条 下列试块、试件和材料必须实施见证取样和送检:

(一)用于承重结构的混凝土试块;

(二)用于承重墙体的砌筑砂浆试块;

(三)用于承重结构的钢筋及连接接头试件;

(四)用于承重墙的砖和混凝土小型砌块;

（五）用于拌制混凝土和砌筑砂浆的水泥；

（六）用于承重结构的混凝土中使用的掺加剂；

（七）地下、屋面、厕浴间使用的防水材料；

（八）国家规定必须实行见证取样和送检的其他试块、试件和材料。

6.2.6 适用"分包管理"的相关法规条文

中华人民共和国建筑法

第二十九条 建筑工程总承包单位可以将承包工程中的部分工程发包给具有相应资质条件的分包单位；但是，除总承包合同中约定的分包外，必须经建设单位认可。施工总承包的，建筑工程主体结构的施工必须由总承包单位自行完成。

建筑工程总承包单位按照总承包合同的约定对建设单位负责；分包单位按照分包合同的约定对总承包单位负责。总承包单位和分包单位就分包工程对建设单位承担连带责任。

禁止总承包单位将工程分包给不具备相应资质条件的单位。禁止分包单位将其承包的工程再分包。

第五十五条 建筑工程实行总承包的，工程质量由工程总承包单位负责，总承包单位将建筑工程分包给其他单位的，应当对分包工程的质量与分包单位承担连带责任。分包单位应当接受总承包单位的质量管理。

建设工程质量管理条例

第二十七条 总承包单位依法将建设工程分包给其他单位的，分包单位应当按照分包合同的约定对其分包工程的质量向总承包单位负责，总承包单位与分包单位对分包工程的质量承担连带责任。

建设工程安全生产管理条例

第二十四条 建设工程实行施工总承包的，由总承包单位对工现场的安全生产负总责。总承包单位应当自行完成建设工程主体结构的施工。

总承包单位依法将建设工程分包给其他单位的，分包合同中应当明确各自的安全生产方面的权利、义务。总承包单位和分包单位对分包工程的安全生产承担连带责任。

分包单位应当服从总承包单位的安全生产管理，分包单位不服从管理导致生产安全事故的由分包单位承担主要责任。

中华人民共和国合同法

第二百七十条 建设工程合同应当采用书面形式。

第二百七十二条 施工承包人经发包人同意，可以将自己承包的部分工作交由第三人完成。第三人就其完成的工作成果与总承包人或者勘察、设计、施工承包人向发包人承担连带责任。承包人不得将其承包的全部建设工程转包给第三人或者将其承包的全部建设工程肢解以后以分包的名义分别转包给第三人。禁止承包人将工程分包给不具备相应资质条件的单位。禁止分包单位将其承包的工程再分包。建设工程主体结构的施工必须由承包人自行完成。

建设工程监理规范

5.2.5 分包工程开工前，专业监理工程师应审查承包单位报送的分包单位资格报审表和分包单位有关资质资料，符合有关规定后，由总监理工程师予以签认。

房屋建筑和市政基础设施工程施工分包管理办法

第五条 房屋建筑和市政基础设施工程施工分包分为专业工程分包和劳务作业分包。

本办法所称专业工程分包，是指施工总承包企业（以下简称专业分包工程发包人）将其所承包工程中的专业工程发包给具有相应资质的其他建筑业企业（以下简称专业分包工程承包人）完成的活动。

本办法所称劳务作业分包，是指施工总承包企业或者专业承包企业（以下简称劳务作业发包人）将其承包工程中的劳务作业发包给劳务分包企业（以下简称劳务作业承包人）完成的活动。

第九条 专业工程分包除在施工总承包合同中有约定外，必须经建设单位认可。专业分包工程承包人必须自行完成所承包的工程。

劳务作业分包由劳务作业发包人与劳务作业承包人通过劳务合同约定。劳务作业承包人必须自行完成所承包的任务。

第十四条 禁止将承包的工程进行违法分包。下列行为，属于违法分包：

（一）分包工程发包人将专业工程或者劳务作业分包给不具备相应资质条件的分包工程承包人的；

（二）施工总承包合同中未有约定，又未经建设单位认可，分包工程发包人将承包工程中的部分专业工程分包给他人的。

第十六条 分包工程承包人应当按照分包合同的约定对其承包的工程向分包工程发包人负责。分包工程发包人和分包工程承包人就分包工程对建设单位承担连带责任。

第十七条 分包工程发包人对施工现场安全负责，并对分包工程承包人的安全生产进行管理。专业分包工程承包人应当将其分包工程的施工组织设计和施工安全方案报分包工程发包人备案。

6.2.7 适用"工程项目施工质量管理"相关法规条文

建设工程监理规范

5.2.3 工程项目开工前总监理工程师应组织专业监理工程师审查承包单位报送的施工组织设计（方案）报审表提出审查意见并经总监理工程师审核签认后报建设单位

5.2.8 专业监理工程师应审查承包单位报送的工程开工报审表及相关资料具备以下开工条件时由总监理工程师签发并报建设单位：

1. 施工许可证已获政府主管部门批准
2. 征地拆迁工作能满足工程进度的需要
3. 施工组织设计已获总监理工程师批准

4. 承包单位现场管理人员已到位机具施工人员已进场主要工程材料已落实

5. 进场道路及水电通信等已满足开工要求

5.4.1 在施工过程中,当承包单位对已批准的施工组织设计进行调整补充或变动时应经专业监理工程师审查并应由总监理工程师签认

5.4.5 专业监理工程师应从以下五个方面对承包单位的试验室进行考核

1. 试验室的资质等级及其试验范围
2. 法定计量部门对试验设备出具的计量检定证明
3. 试验室的管理制度
4. 试验人员的资格证书
5. 本工程的试验项目及其要求

5.4.10 专业监理工程师应对承包单位报送的分项工程质量验评资料进行审核符合要求后予以签认的总监理工程师应组织监理人员对承包单位报送的分部工程和单位工程质量验评资料进行审核和现场检查符合要求后予以签认

建 筑 法

第六十条 建筑物在合理使用寿命内,必须确保地基基础工程和主体结构的质量。

建筑工程竣工时,屋顶、墙面不得留有渗漏、开裂等质量缺陷;对已发现的质量缺陷,建筑施工企业应当修复。

建设工程质量管理条例

第十六条 建设单位收到建设工程竣工报告后,应当组织设计、施工、工程监理等有关单位进行竣工验收。

建设工程竣工验收应当具备下列条件:

(一)完成建设工程设计和合同约定的各项内容;

(二)有完整的技术档案和施工管理资料;

(三)有工程使用的主要建筑材料、建筑构配件和设备的进场试验报告;

(四)有勘察、设计、施工、工程监理等单位分别签署的质量合格文件;

(五)有施工单位签署的工程保修书。

第四十条 在正常使用条件下,建设工程的最低保修期限为:

(一)基础设施工程、房屋建筑的地基基础工程和主体结构工程,为设计文件规定的该工程的合理使用年限;

(二)屋面防水工程、有防水要求的卫生间、房间和外墙面的防渗漏,为5年;

(三)供热与供冷系统,为2个采暖期、供冷期;

(四)电气管线、给排水管道、设备安装和装修工程,为2年。

其他项目的保修期限由发包方与承包方约定。

建设工程的保修期,自竣工验收合格之日起计算。

建筑工程安全生产管理条例

第二十六条 施工单位应当在施工组织设计中编制安全技术措施和施工现场临时用电

方案，对下列达到一定规模的危险性较大的分部分项工程编制专项施工方案，并附具安全验算结果，经施工单位技术负责人、总监理工程师签字后实施，由专职安全生产管理人员进行现场监督；

(1) 基坑支护与降水工程；

(2) 土方开挖工程；

(3) 模板工程；

(4) 起重吊装工程；

(5) 脚手架工程；

(6) 拆除、爆破工程；

(7) 国务院建设行政主管部门或者其他有关部门规定的其他危险性较大的工程。

(8) 对前款所列工程中涉及深基坑、地下暗挖工程、高大模板工程的专项施工方案，施工单位还应当组织专家进行论证、审查。

实施工程建设强制性标准监督规定

第三条 本规定所称工程建设强制性标准是指直接涉及工程质量、安全、卫生及环境保护等方面的工程建设标准强制性条文。

第十八条 施工单位违反工程建设强制性标准的，责令改正，处工程合同价款2%以上4%以下的罚款；造成建设工程质量不符合规定的质量标准的，负责返工、修理，并赔偿因此造成的损失；情节严重的，责令停业整顿，降低资质等级或者吊销资质证书。

第二十条 违反工程建设强制性标准造成工程质量、安全隐患或者工程事故的，按照《建设工程质量管理条例》有关规定，对事故责任单位和责任人进行处罚。

6.2.8 适用"施工质量检查与验收"有关要求

中华人民共和国建筑法

第四十五条 施工现场安全由建筑施工企业负责。实行施工总承包的，由总承包单位负责。分包单位向总承包单位负责，服从总承包单位对施工现场的安全生产管理。

第五十九条 建筑施工企业必须按照工程设计要求、施工技术标准和合同的约定，对建筑材料、建筑构配件和设备进行检验，不合格的不得使用。

建设工程质量管理条例

第二十九条 施工单位必须按照工程设计要求、施工技术标准和合同约定，对建筑材料、建筑构配件、设备和商品混凝土进行检验，检验应当有书面记录和专人签字；未经检验或者检验不合格的，不得使用。

第三十条 施工单位必须建立、健全施工质量的检验制度，严格工序管理，作好隐蔽工程的质量检查和记录。隐蔽工程在隐蔽前，施工单位应当通知建设单位和建设工程质量监督机构。

第三十一条 施工人员对涉及结构安全的试块、试件以及有关材料，应当在建设单位或者工程监理单位监督下现场取样，并送具有相应资质等级的质量检测单位进行检测。

6.2 适用于《规范》中"过程管理"的有关法规条文

《建设工程质量检测管理办法》建设部令 第141号

第十三条 质量检测试样的取样应当严格执行有关工程建设标准和国家有关规定,在建设单位或者工程监理单位监督下现场取样。提供质量检测试样的单位和个人,应当对试样的真实性负责。

建筑工程施工质量验收统一标准

3.0.3 建筑工程施工质量应按下列要求进行验收:
1. 建筑工程施工质量应符合本标准和相关专业验收规范的规定。
2. 建筑工程施工应符合工程勘察、设计文件的要求。
3. 参加工程施工质量验收的各方人员应具备规定的资格。
4. 工程质量的验收均应在施工单位自行检查评定的基础上进行。
5. 隐蔽工程在隐蔽前应由施工单位通知有关单位进行验收,并应形成验收文件。
6. 涉及结构安全的试块、试件以及有关材料,应按规定进行见证取样检测。
7. 检验批的质量应按主控项目和一般项目验收。
8. 对涉及结构安全和使用功能的重要分部工程应进行抽样检测。
9. 承担见证取样检测及有关结构安全检测的单位应具有相应资质。
10. 工程的观感质量应由验收人员通过现场检查,并应共同确认。

5.0.1 检验批合格质量应符合下列规定:
1. 主控项目和一般项目的质量经抽样检验合格。
2. 具有完整的施工操作依据、质量检查记录。

5.0.2 分项工程质量验收合格应符合下列规定:
1. 分项工程所含的检验批均应符合合格质量的规定。
2. 分项工程所含的检验批的质量验收记录应完整。

5.0.3 分部(子分部)工程质量验收合格应符合下列规定:
1. 分部(子分部)工程所含分项工程的质量均应验收合格。
2. 质量控制资料应完整。
3. 地基与基础、主体结构和设备安装等分部工程有关安全及功能的检验和抽样
4. 检测结果应符合有关规定。
5. 观感质量验收应符合要求。

5.0.4 单位(子单位)工程质量验收合格应符合下列规定:
1. 单位(子单位)工程所含分部(子分部)工程的质量均应验收合格。
2. 质量控制资料应完整。
3. 单位(子单位)工程所含分部工程有关安全和功能的检测资料应完整。
4. 主要功能项目的抽查结果应符合相关专业质量验收规范的规定。
5. 观感质量验收应符合要求。

5.0.6 当建筑工程质量不符合要求时,应按下列规定进行处理:
1. 经返工重做或更换器具、设备的检验批,应重新进行验收。
2. 经有资质的检测单位检测鉴定能够达到设计要求的检验批,应予以验收。

3. 经有资质的检测鉴定达不到设计要求、但经原设计单位核算认可能够满足结构安全和使用功能的检验批，可予以验收。

4. 经返修成加固处理的分项、分部工程，虽然改变外形尺寸但仍能满足安全使用要求，可按技术处理方案和协商文件进行验收。

5.0.7 通过返修或加固处理仍不能满足安全使用要求的分部工程、单位（子单位）工程，严禁验收。

建设工程监理规范

5.7.1 总监理工程师应组织专业监理工程师依据有关法律法规工程建设强制性标准设计文件及施工合同对承包单位报送的竣工资料进行审查并对工程质量进行竣工预验收对存在的问题应及时要求承包单位整改完毕由总监理工程师签署工程竣工报验单并应在此基础上提出工程质量评估报告工程质量评估报告应经总监理工程师和监理单位技术负责人审核签字

5.7.2 项目监理机构应参加由建设单位组织的竣工验收并提供相关监理资料对验收中提出的整改问题项目监理机构应要求承包单位进行整改工程质量符合要求由总监理工程师会同参加验收的各方签署竣工验收报告

建设工程文件归档整理规范

3.0.2.6 对列入城建档案馆（室）接收范围的工程，工程竣工验收后3个月内，向当地城建档案馆（室）移交一套符合规定的工程移交。

3.0.3 勘察、设计、施工、监理等单位应将本单位形成的工程文件立卷后向建设单位移交。

5.3.4.8 保管期限分为永久、长期、短期三种期限。永久是指工程档案需永久保存。长期是指工程档案的保存期限等于该工程的使用寿命。短期是指工程档案保存20年以下。密级分为绝密、机密、秘密三种。同一案卷内有不同密级的文件，应以高密级为本卷密级。

6.0.4 工程档案一般不少于两套，一套由建设单位保管，一套（原件）移交当地城建档案馆（室）。

7.0.1 列入城建档案馆（室）档案接收范围的工程，建设单位在组织工程竣工验收前，应提请城建档案管理机构对工程档案进行预验收。建设单位未取得城建档案管理机构出具的认可文件，不得组织工程竣工验收。

关于做好房屋建筑和市政基础设施工程质量事故报告
和调查处理工作的通知

一、工程质量事故

是指由于建设、勘察、设计、施工、监理等单位违反工程质量有关法律法规和工程建设标准，使工程产生结构安全、重要使用功能等方面的质量缺陷，造成人身伤亡或者重大经济损失的事故。

二、事故等级划分

根据工程质量事故造成的人员伤亡或者直接经济损失,工程质量事故分为4个等级:

(一)特别重大事故。是指造成30人以上死亡,或者100人以上重伤,或者1亿元以上直接经济损失的事故;

(二)重大事故。是指造成10人以上30人以下死亡,或者50人以上100人以下重伤,或者5000万元以上1亿元以下直接经济损失的事故;

(三)较大事故。是指造成3人以上10人以下死亡,或者10人以上50人以下重伤,或者1000万元以上5000万元以下直接经济损失的事故;

(四)一般事故。是指造成3人以下死亡,或者10人以下重伤,或者100万元以上1000万元以下直接经济损失的事故。

三、事故报告

工程质量事故发生后,事故现场有关人员应当立即向工程建设单位负责人报告;工程建设单位负责人接到报告后,应于1小时内向事故发生地县级以上人民政府住房和城乡建设主管部门及有关部门报告。

四、事故调查

……事故调查组对事故进行调查,并履行下列职责:

1. 核实事故基本情况,包括事故发生的经过、人员伤亡情况及直接经济损失;

2. 核查事故项目基本情况,包括项目履行法定建设程序情况、工程各参建单位履行职责的情况;

3. 依据国家有关法律法规和工程建设标准分析事故的直接原因和间接原因,必要时组织对事故项目进行检测鉴定和专家技术论证;

4. 认定事故的性质和事故责任;

5. 依照国家有关法律法规提出对事故责任单位和责任人员的处理建议;

6. 总结事故教训,提出防范和整改措施;

7. 提交事故调查报告。

五、事故处理

住房和城乡建设主管部门应当依据有关法律法规的规定,对事故负有责任的建设、勘察、设计、施工、监理等单位和施工图审查、质量检测等有关单位分别给予罚款、停业整顿、降低资质等级、吊销资质证书其中一项或多项处罚,对事故负有责任的注册执业人员分别给予罚款、停止执业、吊销执业资格证书、终身不予注册其中一项或多项处罚。

第7章 标准和《规范》理解练习

为帮助大家学习理解 GB/T 19001 标准、GB/T 50430《规范》，我们特别编写了本章内容，设计了判断题、选择题、案例题和标准判别题供大家在学习过程中进行练习，以便准确理解、判断标准、《规范》条款的要求：

一、**判断题**（在题目前正确的打上"√"，错误的打上"×"）

（√）1.《工程建设施工企业质量管理规范》是施工企业质量管理的基本要求。

（×）2. 施工企业必须严格物资管理，要对所有采购都要签订合同。

（√）3.《工程建设施工企业质量管理规范》中的要求覆盖了企业各个层次的各项质量活动，而不仅是工程项目的质量管理工作。

（×）4. 施工机具是最重要的质量管理因素和资源。

（×）5. 施工质量问题的处理方式包括返工处理、返修处理、降级处理和不作处理。

（√）6. 实行施工总承包的，建筑工程主体结构的施工必须由总承包单位自行完成，分包单位不得将分包工程再分包给其他专业分包，但可以进行劳务分包。

（√）7. 质量管理创新是企业的核心竞争力之一。

（×）8. 质量方针必须形成文字，且必须单独发布。

（×）9. 施工企业的质量管理体系策划工作由管理者代表负责。

（√）10. 不能以传统的施工组织设计代替质量管理策划文件。

（√）11. 施工企业质量管理的组织机构要与项目管理的组织机构相一致，最终目标是保证项目质量目标的实现。

（√）12. 施工企业在必要时可对施工机具供应方进行再评价。

（×）13. 施工企业应向高、中级管理层进行合同交底。

（√）14. 为了保证对分包方的施工或服务条件符合分包工程的需要，总包方必须确认分包方从业人员的资格与能力，验证分包方的主要材料、设备和设施的要求。

（×）15. 工程移交期间的防护由施工企业的公司级负责实施。

（√）16. 施工质量检查从检查方式上可以分为日常检查、跟踪检查、专项检查、综合检查和监督检查等。

（√）17. 施工现场的施工起重机械安装完毕启用前必须经专业管理部门的验收，验收合格后方可使用。

（×）18. 施工企业在确认项目施工已具备开工条件后，向发包方或监理方提出开工申请。开工报告由发包方项目负责人签发。

（×）19. 单位工程竣工验收是由质量监督站组织建设单位、勘察、设计、施工、监理各方而进行的最终验收。

（√）20. 施工企业的年度审核可以集中进行，也可以分阶段进行。

二、单项选择题（每题的备选项中，只有1个最符合题意）

1. 和质量目标是质量管理体系文件（A）。
   A. 质量方针　　　　　　　　B. 质量策划
   C. 质量管理活动的记录　　　D. 程序文件

2. 关于建筑工程的发包、承包方式，以下说法正确的是（C）。
   A. 建筑工程依法实行招标发包，对不适用于招标发包的可以实行邀请招标和直接发包
   B. 大型建筑工程，应当接受联合体投标
   C. 发包单位有权将项目的勘察、设计、施工、设备采购一并发包给一个总承包单位
   D. 发包单位有权将地基基础、主体结构、屋面工程分别发包给具有相应资质的承包单位

3. 某建设单位于2006年3月1日领取了施工许可证，由于某种原因工程未能按期开工，该建设单位按照《建筑法》的规定向发证机关多次办理了申请延期手续，该工程最迟应当在（D）开工。
   A. 2006年5月1日　　　　　B. 2006年6月1日
   C. 2006年9月1日　　　　　D. 2006年12月1日

4. 建筑工程，可以接受联合体承包（C）。
   A. 大中型　　　　　　　　B. 结构特别的
   C. 结构复杂的　　　　　　D. 涉及专利技术的

5. 在某施工合同履行中，由于监理工程师指令错误给施工单位造成5万元损失，该损失由（D）承担。
   A. 监理工程师　　B. 总监理工程师　　C. 监理单位　　D. 建设单位

6. 培训，是员工知识能得到不断更新、补充、拓宽和提高，完善其知识结构，提高管理能力的专业技能的重要手段（C）。
   A. 意识及行为准则　　　　B. 专业技能
   C. 继续教育　　　　　　　D. 法律法规

7. 按照合同约定，建筑材料、建筑构配件和设备由工程承包单位采购的，（C）不得指定承包单位购入用于工程的建筑材料、建筑构配件和设备或者指定生产厂、供应商。
   A. 监理单位　　B. 设计单位　　C. 发包单位　　D. 质量监督单位

8. 负责组织、监督和检查勘察、设计、施工、监理等单位的工程文件的形成、积累和立卷归档工作，是（C）应履行的职责。
   A. 城建档案馆　　　　　　B. 建设行政主管部门
   C. 建设单位　　　　　　　D. 质量监督单位

9. 工程总承包企业承担建设项目工程总承包，一般宜采用（C）管理。项目部由项目经理领导，并接受企业职能部门指导、监督、检查和考核。
   A. 直线式　　B. 职能式　　C. 矩阵式　　D. 直线职能式

10. 下列关于建筑材料检验的说法，正确的是（C）。
    A. 对于建设单位提供的建筑材料，施工单位不必进行检验
    B. 检验合格的建筑材料未经总监理工程师签字，不得在工程上使用

C. 施工单位应当按合同约定对建筑材料进行检查

D. 设计单位应当对推荐的建筑材料负责检验

11. 利用施工图改绘竣工图，必须标明变更修改依据；凡施工图结构、工艺、平面布置等有重大改变，或变更部分超过图面（B）的，应当重新绘制竣工图。

A. 1/2　　　　B. 1/3　　　　C. 1/4　　　　D. 1/5

12. 某酒店项目经公开招标，由某施工单位承建，包工包料。施工过程中，建设单位提出为确保外墙涂层质量，将施工单位已订购的某小厂生产的涂料更换为另一物美价廉的著名进口涂料。根据《建筑法》及其他有关规定，（C）。

A. 建设单位通知设计单位修改设计文件后，可以更换

B. 建设单位通过监理工程师签字认可后，可以更换

C. 施工单位有权拒绝更换

D. 如施工单位同意更换，新外墙涂料应由建设单位负责检验

13. 甲施工单位与乙施工单位联合承包某市政工程，双方约定甲施工单位承担基础施工，乙施工单位承担路面施工，并要求各方对自己施工的工程质量承担全部责任。现甲施工单位的工作任务已通过验收并已退场，在后续施工过程中，乙公司发生质量事故给建设单位造成 50 万元损失，建设单位竟要求甲施工单位承担全部损失。本案中，正确的表述是（D）。

A. 由于基础工程已通过验收，甲有权拒绝建设单位的无理要求

B. 建设单位应首先要求乙赔偿，不足部分才可以要求甲施工单位承担连带赔偿责任

C. 甲施工单位有权申请事故鉴定，然后按责任比例承担损失

D. 甲施工单位应向建设单位先行赔付全部损失

14. 下列行为不属于违法分包的是（B）。

A. 承包单位将其承包工程肢解以后以分包的名义分别转给其他单位承包

B. 总承包单位将主体结构中的混凝土浇筑任务分包给某公司

C. 分包单位将部分工程分包给某公司

D. 分包商不具备相应资质条件而以他人名义承接分包工程

15. 某工程已具备竣工条件，2009 年 3 月 2 日施工单位向建设单位提交竣工验收报告，3 月 7 日经验收不合格，施工单位返修后于 3 月 20 日再次验收合格，3 月 31 日，建设单位将有关材料报送建设行政主管部门备案，4 月 15 日，工程交付使用。5 月 1 日，双方办理竣工结算。则施工单位出具质量保修书的时间是（A）。

A. 2009 年 3 月 2 日　　　　B. 2009 年 3 月 20 日

C. 2009 年 3 月 31 日　　　　D. 2009 年 5 月 1 日

16. 施工单位升降机安装后，不属于安装单位义务的是（D）。

A. 编制拆、装方案　　　　B. 出具自检合格证明

C. 办理验收手续并签字　　　　D. 定期检测

17. 建设工程项目实行总承包的，（D）负责收集、汇总各分包单位形成的工程档案，并应及时向建设单位移交；各分包单位应将本单位形成的工程文件整理、立卷后及时移交（D）。

A. 监理单位　　　B. 建设单位　　　C. 监理单位　　　D. 总包单位

18. 工程总承包企业承担建设项目工程总承包，应实行（C）责任制。
   A. 法定代表人　　B. 总经理　　　C. 项目经理　　　D. 企业主要负责人
19. 施工企业对于（B）分包方的选择可重点考查其资质、服务人员的资格、设备完好程、提供技术资料的承诺等。
   A. 专业承包　　　　　　　　　B. 设备租赁和技术服务
   C. 劳务作业　　　　　　　　　D. 设备安装
20. 依据《建设工程质量管理条例》关于见证取样的规定，（D）无需取样送检，即可用于工程。
   A. 水泥　　　　B. 焊剂　　　　C. 防水卷材　　　D. 钢筋垫块
21. 根据《中华人民共和国建筑法》规定，除国务院建设行政主管部门确定的限额以下的小型工程外，建设工程开工前，建设单位应当按照国家有关规定向（A）级以上人民政府建设行政主管部门申请领取施工许可证。
   A. 建设单位所在地县　　　　　B. 工程所在地县
   C. 建设单位所在地市　　　　　D. 工程所在地市
22. 邀请招标必须向（B）以上具备承担招标项目的能力、资信良好的特定法人或其他组织发出投标邀请书。
   A. 2个　　　　B. 3个　　　　C. 4个　　　　D. 5个
23. 按不同工程性质划分的、有独立的设计图纸，可以独立组织施工、但建成后一般不能独立发挥生产能力或效益的工程是（B）。
   A. 单项工程　　B. 单位工程　　C. 分部工程　　D. 分项工程
24. 房屋建筑按高度分类7～9层应定为（B）建筑。
   A. 低层　　　　B. 中高层　　　C. 多层　　　　D. 超高层
25. 水泥强度是指采用（B）的测定来检验强度。
   A. 水泥净浆　　B. 水泥胶砂　　C. 水泥胶浆　　D. 水泥砂浆
26. 硅酸盐水泥初凝时间不得早于（B）。
   A. 40min　　　B. 45min　　　C. 50min　　　D. 55min
27. 关于分包单位的分包，如下表述正确的是（A）。
   A. 禁止分包单位将其承包的工程再分包
   B. 允许分包单位将其承包的工程再转包
   C. 允许分包单位将其承包的工程再分包给具有相应资质条件的单位
   D. 允许分包单位将其承包的工程部分分包给具有相应资质条件的单位
28. 工程监理人员发现工程设计不符合建筑工程质量标准或者合同约定的质量要求的，应当（B）。
   A. 联系设计单位征求其意见
   B. 报告建设单位要求设计单位改正
   C. 要求施工单位联系设计单位
   D. 不采取特别措施
29. 施工过程的质量验收是以（C）施工质量作为基本的验收单元。
   A. 分部工程　　　　　　　　　B. 分项工程

C. 检验批　　　　　　　　　　　D. 单位工程

30. 《工程建设标准强制性条文》是（A）的配套文件。
　　A. 建筑法　　　　　　　　　　B. 建设工程质量管理条例
　　C. 建设工程安全生产管理条例　　D. 环境影响评价法

31. 工程建设标准划分为强制性标准和推荐性标准的根据是（B）。
　　A. 标准的约束性　　　　　　　B. 标准的内容
　　C. 标准的属性　　　　　　　　D. 标准的分级

32. 根据《建筑业企业资质管理规定》，建筑业企业资质中施工总承包序列企业资质设（D）。
　　A. 特级　　　　　　　　　　　B. 一级
　　C. 二级　　　　　　　　　　　D. 三级

33. 招标代理机构与行政机关和其他国家机关不得存在（B）。
　　A. 管辖关系　　　　　　　　　B. 隶属关系或其他利益关系
　　C. 监督关系　　　　　　　　　D. 服务关系

34. 根据《招标投标法》的有关规定，评标委员会完成评标后，应当（D）。
　　A. 向招标人提出口头评标报告，并推荐合格的中标候选人
　　B. 向招标人提出书面评标报告，并决定合格的中标候选人
　　C. 向招标人提出口头评标报告，并决定合格的中标候选人
　　D. 向招标人提出书面评标报告，并推荐合格的中标候选人

35. 根据《建设工程质量管理条例》关于质量保修制度的规定，电气管线、给排水管道、设备安装和装修工程的最低保修期为（C）。
　　A. 6个月　　　B. 1年　　　　C. 2年　　　　D. 5年

36. 根据《工程建设标准强制性条文》，对建设项目在某个方面或某个专项强制性标准情况进行检查是（D）。
　　A. 重点检查　　　　　　　　　B. 突击检查
　　C. 抽查　　　　　　　　　　　D. 专项检查

37. 《建筑工程施工质量验收统一标准》（GB 50300—2001）。对于通过翻修可以解决质量缺陷的检验批，应（A）。
　　A. 按验收程序重新进行验收
　　B. 按技术处理方案和协商文件进行验收
　　C. 经检测单位检测鉴定后予以验收
　　D. 经设计单位复核后予以验收

38. 在招标活动的基本原则中，招标人不得以任何方式限制或者排斥本地区、本系统以外的法人或者其他组织参加投标，体现了（B）。
　　A. 公开原则　　B. 公平原则　　C. 公正原则　　D. 诚实信用原则

39. 在招标活动的基本原则中，与投标人有利害关系的人员不得作为评标委员会的成员，体现了（C）。
　　A. 公开原则　　B. 公平原则　　C. 公正原则　　D. 诚实信用原则

40. 工程项目总进度目标的控制是（B）项目管理的任务。

A. 施工方　　　　B. 业主方　　　　C. 设计方　　　　D. 供货方

41. 根据建设工程监理规范，施工组织设计在经监理工程师审核，签认后还应报（A）。

A. 建设单位　　　　　　　　B. 工程质量监督机构
C. 设计单位　　　　　　　　D. 当地建设行政主管部门

42.《建设工程施工合同（示范文本）》，承包人在工程变更确定后（A）天内，可提出变更涉及的追加合同价款要求的报告，经工程师确认后应调整合同价款。

A. 14　　　　B. 21　　　　C. 28　　　　D. 30

43. 根据组织论的观点，（D）组织结构的每一个工作部门的指令源都是唯一的。

A. 职能　　　　B. 线性　　　　C. 矩阵　　　　D. 直线职能

44. 某建设工程项目的规模不大，参与单位不多，为提高管理效率，避免出现矛盾指令，宜采用（A）模式。

A. 线性组织结构　　　　　　B. 混合组织结构
C. 矩阵组织结构　　　　　　D. 职能组织结构

45. 从事工程建设项目招标代理业务的招标代理机构，其资格由（D）认定。

A. 县级以上人民政府的建设行政主管部门
B. 市级以上人民政府的建设行政主管部门
C. 省级人民政府的建设行政主管部门
D. 国务院或者省、自治区、直辖市人民政府的建设行政主管部门

46. 选用水泥的主要技术指标是（C）。

A. 硬度　　　　B. 坍落度　　　　C. 强度　　　　D. 体积安全性

47. 现浇钢筋混凝土导墙施工工艺流程中在"绑扎钢筋"之后应进行（C）工作。

A. 浇筑混凝土　　　　　　　B. 测量定位
C. 支模板　　　　　　　　　D. 挖槽及处理弃土

48. 建设工程质量事故的处理方案有返工，返修和（C）三种。

A. 停工　　　　B. 更换　　　　C. 不做处理　　　　D. 直接回用

49. 工程管理人员（C），才能以建造师名义从事建设工程施工项目的管理工作。

A. 不需取得建造师执业资格，但必须经注册
B. 要取得建造师执业资格，但不必经注册
C. 要取得建造师执业资格，并经注册后
D. 要具有一级项目经理的资格，并担任过大型建设项目的项目经理

50. 根据《建筑法》，下列不属于领取施工许可证的条件是（D）。

A. 建设资金已经落实
B. 有保证工程质量和安全的具体措施
C. 已经确定施工企业
D. 拆迁工作已经完成

51. 大中型建设工程项目立项批准后，建设单位应按照（D）顺序办理相应手续。

A. 工程发包、报建登记、签订施工承包合同、申领施工许可证
B. 报建登记、申领施工许可证、工程发包、签订施工承包合同

C. 申领施工许可证、工程发包、签订施工承包合同、报建登记

D. 报建登记、工程发包、签订施工承包合同、申领施工许可证

52. 下列选项中（A）符合《建设工程安全生产管理条例》关于机械设备、施工机具和配件出租单位安全责任的规定。

 A. 出租的机械设备和施工工具及配件，应当具有生产（制造）许可证，产品合格证

 B. 出租单位不必对出租的机械设备的安全性能进行检测

 C. 禁止出租检测不合格的机械设备

 D. 禁止出租检测不合格的施工工具及配件

 E. 在签订租赁协议时，出租单位可以应租赁方的要求出具检测证明

53. 关于共同投标协议，说法错误的是（C）。

 A. 共同投标协议属于合同关系

 B. 共同投标协议必须详细、明确，以免日后发生争议

 C. 共同协议不应同投标文件一并提交招标人

 D. 联合体内部各方通过共同投标协议，明确约定各方在中标后要承担的工作和责任

54. 在建设工程安全生产管理基本制度中，（C）是对广大建筑干部职工进行安全教育培训，提高安全意识，增加安全知识和技能的制度。

 A. 安全生产责任制度

 B. 群防群治制度

 C. 安全生产教育培训制度

 D. 安全责任追究制度

55. 根据《建设工程安全生产管理条例》，施工单位的主要负责人、项目负责人、专职安全生产管理人员应当经（D）考核合格后方可任职。

 A. 县级以上人民政府

 B. 安全生产管理部门

 C. 市级以上人民政府

 D. 建设行政主管部门或者其他有关部门

56. 根据《建设工程安全生产管理条例》，施工现场从事危险作业的人员意外伤害保险的保险费由（B）支付。

 A. 建设行政主管部门   B. 施工单位

 C. 市级以上人民政府   D. 建设单位

57. 根据《建设工程安全生产管理条例》，（D）因建设工程施工可能造成损害的毗邻建筑物、构筑物和地下管线等，应当采取专项保护措施。

 A. 设计单位   B. 施工单位

 C. 监理单位   D. 建设单位

58. 根据《建设工程安全生产管理条例》，施工单位应当在危险部位设置明显的安全警示标志。安全警示标志必须符合（A）标准。

 A. 国家 B. 地区 C. 行业 D. 部门

59. 施工现场暂时停止施工的，施工单位应当做好现场防护，所需费用由（C）承担，或按照合同约定执行。

A. 项目负责人　　　B. 施工单位　　　C. 责任方　　　D. 建设单位

60. 在建设工程安全生产管理基本制度中，（A）是建筑生产中最基本的安全管理制度，是所有安全规章制度的核心。

　　A. 安全生产责任制度　　　　　B. 群防群治制度
　　C. 安全生产教育培训制度　　　D. 安全责任追究制度

61. 根据《建设工程安全生产管理条例》，下列选项中（C）不属于施工单位安全生产基本保障措施。

　　A. 安全生产费用应当专款专用
　　B. 施工单位应当设立安全生产管理机构，配备专职安全生产管理人员
　　C. 特种作业人员应当接受培训并持证上岗
　　D. 编制安全技术措施及专项施工方案

62. 下列排序符合《招标投标法》和《工程建设项目施工招标投标办法》规定的招标程序的是（D）①发布招标公告②资质审查 ③接受投标书④开标、评标

　　A. ①②③④　　　B. ②①③④　　　C. ①③④②　　　D. ①③②④

63. 从事建筑工程活动的企业或单位申请建筑业企业资格证书，应由（C）审查。

　　A. 工商行政主管部门
　　B. 环境保护行政主管部门
　　C. 建设行政主管部门
　　D. 建筑业协会

64. 国家推行建筑工程监理制度，（C）可以规定实行强制监理的建筑工程的范围。

　　A. 建设部　　　　　　　　B. 国家发展和改革委员会
　　C. 国务院　　　　　　　　D. 市级以上人民政府

65. 工程质量监督机构应当在工程竣工验收之日起（A）日内，向备案机关提交工程质量监督报告。

　　A. 5　　　B. 10　　　C. 15　　　D. 20

66. 工程监理人员发现工程设计不符合建筑工程质量标准或者合同约定的质量要求的，应当（B）。

　　A. 联系设计单位征求其意见
　　B. 报告建设单位要求设计单位改正
　　C. 要求施工单位联系设计单位
　　D. 不采取特别措施

67. 招标人和中标人应当自中标通知书发出之日起（B）日内，按照招标文件和中标人的投标文件订立书面合同。

　　A. 20　　　B. 30　　　C. 45　　　D. 60

68. 招标人自行办理招标事宜所应当具备的具体条件包括（D）。

　　A. 不要求招标单位具有项目法人资格
　　B. 招标单位应当拥有专家库
　　C. 应当拥有至少2名专职招标业务人员
　　D. 具有与招标项目规模和复杂程度相适应的工程技术、管理等专业技术力量

69. 我国建设工程施工公开招标过程的工作中，首先应进行的是（C）。
   A. 资格预审   B. 投标预备会
   C. 编制招标文件   D. 勘察现场

70. 评标委员会专家应从相关领域工作满（C）年。
   A. 3   B. 5   C. 8   D. 10

71. 投标人投标保证金被没收的条件有（D）。
   A. 投标人在招标文件规定的提交投标截止日期前撤回其投标文件
   B. 投标人在招标文件规定的提交投标截止日期前修改其投标文件
   C. 投标人在投标有效期内澄清、说明、补正其投标文件
   D. 中标未能在规定期限内提交履约保证金或签署合同协议

72. 《建设工程质量管理条例》规定，装修工程和主体结构工程的最低保修期限为（D）。
   A. 2年和3年   B. 5年和合理使用年限
   C. 2年和5年   D. 2年和合理使用年限

73. 《招标投标法》规定，投标人以向招标人行贿的手段谋取中标的，其法律责任是（B）。
   A. 情节严重的取消其5年以上参加投标的资格并予以公告
   B. 处中标项目金额5‰以上10‰以下的罚款
   C. 对单位直接负责人处中标项目金额1‰以上5‰以下的罚款
   D. 情节严重的，可由工商行政管理机关吊销营业执照

74. 根据《建设工程安全生产管理条例》的规定，为施工现场从事危险作业的人员办理意外伤害保险的单位应当是（C）。
   A. 设计单位   B. 建设单位   C. 施工单位   D. 监理单位

75. 某工程已具备竣工条件，2009年3月2日施工单位向建设单位提交竣工验收报告，3月7日经验收不合格，施工单位返修后于3月20日再次验收合格，3月31日，建设单位将有关材料报送建设行政主管部门备案，4月15日，工程交付使用。5月1日，双方办理竣工结算。则施工单位出具质量保修书的时间是（B）。
   A. 2009年3月2日   B. 2009年3月20日
   C. 2009年3月31日   D. 2009年5月1日

76. 根据《招标投标法》，两个以上法人或者其他组织组成一个联合体，以一个投标人的身份共同投标是（A）。
   A. 联合投标   B. 共同投标   C. 合作投标   D. 协作投标

77. 下列工程质量统计分析方法中，可用来判别施工质量是否属于正常状态的方法是（D）。
   A. 分层法   B. 因果分析图法   C. 排列图法   D. 直方图法

78. 房屋结构外墙，如果使用时出现渗水现象，施工单位应在竣工验收合格之日起（C）内对其进行保修。
   A. 一年   B. 三年   C. 五年   D. 七年

79. 工程常用检测方法有目测法，量测法和（A）三种。

A. 试验法　　　　B. 探伤法　　　　C. 回弹法　　　　D. 理化试验

80. 工程结构实行保修制，保修期限从工程（D）算起。
A. 开工之日　　　　　　　　　　B. 竣工之日
C. 竣工验收之日　　　　　　　　D. 竣工验收合格之日

81. 评标委员会由招标人或其委托的招标代理机构熟悉相关业务的代表，以及有关技术、经济等方面的专家组成，成员人数为（D）。
A. 3 人以上双数　　　　　　　　B. 3 人以上单数
C. 5 人以上双数　　　　　　　　D. 5 人以上单数

82. 《建筑法》规定，取得开工报告的建筑工程，因故不能按期开工时，建设单位应当及时向批准机关报告情况。如果因故不能按期开工超过（C）的，应当重新办理开工报告的批准手续。
A. 1 个月　　　B. 3 个月　　　C. 6 个月　　　D. 12 个月

83. 单层钢结构安装工程中，基础顶面直接作为柱的支承面和基础顶面预埋钢板或支座作为柱的支承面时，地脚螺栓（锚栓）的螺栓中心偏移的允许偏差为（A）。
A. 5.0mm　　　B. 3.0mm　　　C. ±5.0mm　　　D. ±3.0mm

84. 一级项目经理部管理人员人数为（B）人。
A. 45～60　　　B. 30～45　　　C. 20～30　　　D. 15～20

85. 属于工程建设项目招标范围的工程建设项目，施工单项合同估算价在（D）人民币以上的，必须进行招标。
A. 50 万元　　　B. 100 万元　　　C. 150 万元　　　D. 200 万元

86. 建材供应商向建筑公司发出一份建材销售广告，其内容为介绍建材的规格，价格和性能，则此广告属于（B）性质。
A. 要约　　　B. 要约邀请　　　C. 承诺　　　D. 合同

87. 某商店橱窗内展示的商品上标明"正在出售"，并标示了价格，则"正在出售"的标示视为（C）。
A. 要约　　　B. 承诺　　　C. 既是要约又是承诺

88. 根据《建设工程施工合同（示范文本）》对材料设备的检验或实验，正确的做法是（B）。
A. 发包人供应的材料设备使用前应由发包人负责检验或实验，费用由发包人负责
B. 发包人供应的材料设备使用前应由承包人负责检验或实验，费用由发包人负责
C. 发包人供应的材料设备使用前应由承包人负责检验或实验，费用由承包人负责
D. 承包人供应的材料设备使用前应由发包人负责检验或实验，费用由承包人负责
E. 承包人供应的材料设备使用前应由承包人负责检验或实验，费用由承包人负责

89. 建设单位应当自领取施工许可证之日起 3 个月内开工，因故不能按期开工的，应当向发证机关申请延期，（D）。
A. 延期以 1 次为限，不超过 3 个月
B. 延期以 1 次为限，不超过 6 个月
C. 延期以 2 次为限，每次不超过 1 个月
D. 延期以 2 次为限，每次不超过 3 个月

90. 下列不属于违法分包的行为是（D）。
    A. 专业工程分包包单位将所包的部分建设工程再分包给具备相应资质条件的单位
    B. 建设工程总承包合同中未有约定，又未经建设单位认可，承包单位将其承包的部分建设工程交由其他单位完成
    C. 施工总承包单位将建设工程主体结构的施工分包给其他单位
    D. 分包单位将其承包的建设工程劳务再分包给劳务承包单位

91. 根据《建筑法》的规定，（A）可以规定实行强制监理的建筑工程的范围。
    A. 国务院   B. 县级以上人民政府
    C. 市级以上人民政府   D. 省级以上人民政府

92. 招标投标活动应当遵循的原则是（C）。
    A. 公开、公平、公正和最低价中标
    B. 自愿、公平、公正和等价有偿
    C. 公开、公平、公正和诚实信用
    D. 自愿、公平、等价有偿和诚实信用

93. 根据《建设工程质量管理条例》，建设工程承包单位在向建设单位提交竣工验收报告时，应当向建设单位出具（A）。
    A. 质量保修书   B. 质量保证书
    C. 质量维修书   D. 质量保函

94. 根据《建设工程质量管理条例》，建设单位应当在工程竣工验收合格后的（B）内到县级以上人民政府建设行政主管部门或其他有关部门备案。
    A. 10 日   B. 15 日   C. 30 日   D. 60 日

95. 根据《建设工程质量管理条例》关于质量保修制度的规定，供热与供冷系统的最低保修期为（D）。
    A. 6 个月   B. 一个采暖期、供冷期
    C. 3 年   D. 两个采暖期、供冷期

96. 根据《建设工程质量管理条例》，下列选项中（B）不属于工程质量监督管理部门。
    A. 工程质量监督机构   B. 建筑业协会
    C. 国家发展与改革委员会 D. 建设行政主管部门及有关专业部门

97. 根据《建设工程质量管理条例》关于质量保修制度的规定，电气管线、给排水管道、设备安装和装修工程的最低保修期为（C）。
    A. 6 个月   B. 1 年   C. 2 年   D. 5 年

98. 根据《建设工程质量管理条例》关于质量保修制度的规定，屋面防水工程、有防水要求的卫生间、房间和外墙面防渗漏的最低保修期为（D）。
    A. 6 个月   B. 1 年   C. 3 年   D. 5 年

99. 《建设工程质量管理条例》强调了工程质量必须实行（A）监督管理。
    A. 政府   B. 企业   C. 社会   D. 行业

100. 根据《建设工程质量管理条例》，下列选项中（B）不符合施工单位质量责任和义务的规定。

A. 施工单位应当在其资质等级许可的范围内承揽工程

B. 施工单位不得转包工程

C. 施工单位不得分包工程

D. 总承包单位与分包单位对分包工程的质量承担连带责任

101. 根据《建设工程质量管理条例》,(A)应按照国家有关规定组织竣工验收,建设工程验收合格的,方可交付使用。

A. 建设单位　　　B. 施工单位　　　C. 监理单位　　　D. 设计单位

102. 根据《建设工程质量管理条例》,建设单位应当依法对工程建设项目的勘察、设计、施工、监理以及与工程建设有关的重要设备、材料等的采购进行(C)。

A. 指定购买　　　B. 合约购买　　　C. 招标　　　　D. 关联交易

103. 根据《工程建设标准强制性条文》,对工程建设强制性标准实施情况进行监督检查的方式中,对建设项目在某个方面或某个专项执行强制性标准情况进行的检查是(D)。

A. 重点检查　　　B. 突击检查　　　C. 抽查　　　　D. 专项检查

104. 《建筑法》规定,建筑施工企业允许他人以本企业名义承揽工程的,要承担下列法律责任:(C)。

A. 取消1~2年投标资格　　　B. 取消1~3年投标资格

C. 承担连带赔偿责任　　　　D. 吊销营业执照

105. 在下列表述中,正确的是(C)。

A. 招标人可以完全按自己的意愿确定中标人

B. 对投标人报价进行评审时应当参考标底

C. 评标过程必须保密

D. 招标人与投标人可就投标价格以外的内容进行谈判

三、多选题(每题的A、B、C、D、E五个备选项中,有2个或2个以上符合题意)

1. 《工程建设施工企业质量管理规范》是施工企业质量管理的标准,也是对施工企业质量管理的(ABD)依据。

A. 监督　　　　　　　　　B. 检查

C. 持续改进　　　　　　　D. 评价

E. 管理创新

2. 施工企业应在投标及签约前,明确工程项目的要求。包括:(ABDE)。

A. 发包方明示的要求

B. 发包方未明示、但应满足的要求

C. 上级建设行政主管部门的要求

D. 与工程施工、验收和保修等有关的法律、法规和标准规范的要求

E. 其他要求

3. 在招标程序中,(ABC)等将作为未来合同文件的组成部分。

A. 招标文件

B. 中标人的投标文件

C. 中标函

D. 未发中标通知书前双方协商对投标价格的修改

E. 发出中标通知书后双方协商对投标价格的修改

4. 施工机具按其来源不同，一般可分为：

A. 施工自有设备　　　　　　　　B. 重新采购设备

C. 外部租赁设备　　　　　　　　D. 分包方提供设备

E. 业主提供的设备

5. 生产经营单位保证安全生产必需的资金由（ABC）予以保证，并对由于安全生产所需的资金投入不足导致的后果承担责任。

A. 公司董事会　　　　　　　　　B. 公司法定代表人

C. 个人经营的投资人　　　　　　D. 公司股东

E. 公司工会

6. 某高层住宅工程结构设计合理使用年限 50 年，屋面防水为一级、设计使用年限 15 年。该工程于 2004 年 12 月 15 日竣工验收合格并交付使用。该工程所在地区的采暖期从每年 11 月 15 日起到次年 3 月 15 日止。施工单位出具的工程质量保修书中，符合法律要求的有（ABCD）。

A. 地基基础工程和主体结构工程：50 年

B. 屋面防水工程：15 年

C. 卫生间、厨房防水：5 年

D. 消防工程：2 年

7. 某项目甲、乙、丙参加投标。2007 年 3 月 1 日招标人确定甲为中标人，并于 3 月 2 日向甲发出中标通知书，3 月 4 日甲收到中标通知书，则下列说法正确的是（AD）。

A. 中标通知书属于承诺

B. 合同生效时间是 2007 年 3 月 4 日

C. 招标人应在 2007 年 3 月 6 日前向乙、丙退还投标保证金

D. 招标人应在 2007 年 3 月 31 日前与甲订立书面合同

E. 招标人应在 2007 年 3 月 31 日前提交招标情况的书面报告

8. 由于供货商未能按期交货，买方要求解除材料采购合同。按照《合同法》的规定，合同解除后，合同中约定的（BC）条款仍然有效。

A. 质量　　　　　　　　　　　　B. 结算

C. 仲裁　　　　　　　　　　　　D. 违约责任

E. 担保

9. 施工企业可以通过（ABCD）多种方式评审与改进质量管理体系的适宜性和有效性。

A. 召开研讨会　　　　　　　　　B. 检查

C. 发放调查表　　　　　　　　　D. 审核

E. 电话询问

10. 某项目施工合同中约定，误期损害赔偿费为 X 元/天，合同争议的解决方式为仲裁。现工期拖延给业主造成的损失为 Y 元/天。若由于施工单位原因造成工期拖延 N 天，则下列关于施工单位应承担的违约责任的表述中正确的是（BCD）。

A. 施工单位应赔偿业主（X+Y）×N 元

B. 若 X>Y，施工单位应赔偿业主 X×N 元

C. 若 X<Y，施工单位应赔偿业主 Y×N 元

D. 若 X 过分高于 Y，施工单位可以请求仲裁机构予以适当减少

E. 若 Y 过分高于 X，施工单位可以请求仲裁机构予以适当减少

11. 下列行为不属于违法分包的是（BE）。

A. 承包单位将其承包工程肢解以后以分包的名义分别转给其他单位承包（转包）

B. 总承包单位将主体结构中的混凝土浇筑任务分包给某公司

C. 分包单位将部分工程分包给某公司

D. 分包商不具备相应资质条件而以他人名义承接分包工程

E. 总承包合同中约定，承包单位可将地板采暖工程分包

12. 甲建设单位发包某大型工程项目，乙是总承包单位，丙是具有相应专业承包资质的施工单位，丁是具有劳务分包资质的施工单位，下列关于该项目发包、分包的说法中，正确的有（ABCD）。

A. 乙可以将专业工程分包给丙

B. 丙可以将劳务作业分包给丁

C. 乙可以将劳务作业分包给丁

D. 甲可以将专业工程发包给丙

E. 甲可以将劳务作业分包给丁

13. 施工单位必须按照工程设计要求、施工技术标准和合同约定，对（ACDE）进行检验，未经检验或检验不合格的不得使用。

A. 建筑材料　　　　　　　　B. 周转材料

C. 建筑构配件　　　　　　　D. 设备

E. 商品混凝土

14. 以下（BC）应认定为无效合同。

A. 某一级资质总承包企业超越资质等级承揽了某大型汽配厂项目，但竣工前已晋升为特级总承包资质

B. 某一级总承包资质企业未经招标，承揽了某大型水利项目

C. 某二级安装资质企业中标承揽了某机电安装项目，随后转包给另一一级总承包资质企业

D. 某二级劳务分包企业超越经营范围，将工地现场的废渣、废料出售给废品收购站

E. 某一级装修企业与建设单位约定垫资承包某办公楼外墙装修

15. 《建设工程质量管理条例》要求施工单位在施工过程中，必须按照工程设计图纸和施工技术标准施工，不得（AE）。

A. 偷工减料

B. 变更施工工艺

C. 改变施工方法

D. 与商品混凝土厂家协商改变混凝土设计配合比参数

E. 擅自修改设计

16. 工程建设项目招标范围包括（ACE）。

A. 大型基础设施、公用事业等关系社会公共利益、公众安全的项目
B. 一切工程项目
C. 全部或者部分使用国有资金投资或者国家融资的项目
D. 一切大中型工程项目
E. 使用国际组织或者外国政府贷款、援助资金的项目

17. 质量检验的三检制度指的是（BDE）。
A. 检验   B. 自检
C. 验收   D. 互检
E. 专检

18. 建设工程施工技术方案包括对建设工程（ABE）的确定。
A. 施工方法   B. 工艺顺序
C. 施工流向   D. 施工时间
E. 施工工艺

19. 根据《建设工程质量管理条例》，下列选项中（BC）不是建设单位质量责任和义务的规定。
A. 建设单位应当将工程发包给具有相应资质等级的单位
B. 建设单位不得对承包单位的建设活动进行不合理干预
C. 施工图设计文件未经审查批准的，建设单位不得使用
D. 涉及建筑主体和承重结构变动的装修工程，施工单位要有设计方案

20. 以下不属于不宜进行公开招标的项目是（ABC）。
A. 涉及国家安全、国家秘密的项目
B. 抢险救灾项目
C. 属于利用扶贫资金实行以工代赈需要使用农民工的项目
D. 生态环境保护项目

21. 下列选项中（ACD）不符合《工程建设标准强制性条文》规定的对工程建设强制性标准监督检查的内容。
A. 对建设单位、设计单位、施工单位和监理单位是否组织有关工程技术人员对工程建设强制性标准的学习和考核进行监督检查
B. 对本行政区域内的建设工程项目，根据各建设工程项目实施的不同阶段，分别对其规划、勘察、设计、施工和验收等阶段监督检查
C. 对建设工程项目采用的建筑材料和设备，必须按强制性标准的规定进行进场验收，以符合合同约定和设计要求
D. 在建设工程项目的整个建设过程中，严格执行工程建设强制性标准，确保工程项目的按期完成和质量，施工单位作为责任主体，负责对工程建设各个环节的综合管理工作　第十条　强制性标准监督检查的内容包括：
1）有关工程技术人员是否熟悉、掌握强制性标准；
2）工程项目的规划、勘察、设计、施工、验收等是否符合强制性标准的规定；
3）工程项目采用的材料、设备是否符合强制性标准的规定；
4）工程项目的安全、质量是否符合强制性标准的规定；

5) 工程中采用的导则、指南、手册、计算机软件的内容是否符合强制性标准的规定。

22. 以下属于招标投标活动的基本原则的是（BC）。
   A. 正义原则
   B. 平等原则
   C. 诚实信用原则
   D. 公序良俗原则

23. 下列各项中，关于建设工程质量保修说法不正确的是（AB）。
   A. 在保修期内，施工单位应对质量缺陷负责维修、返工或更换，并承担赔偿责任
   B. 质量保修书的提交时间应为向建设单位提交竣工验收报告时
   C. 基础设施工程的法定保修期限为该工程的合理使用年限
   D. 建设工程的质量保修期，自竣工验收合格之日起计算

24. 以下关于评标委员会的说法中，正确的有（ABDE）。
   A. 评标委员会由招标人依法组建
   B. 招标人的代表可成为评标委员会的成员
   C. 招标人对评标委员会专家的选择应限于省、自治区或直辖市以上人民政府有关部门提供的专家名册确定的人员
   D. 评标委员会专家应采取随机抽取的方式确定
   E. 评标委员会专家的名单在中标结果确定前应保密

25. 以下属于申请领取建筑工程施工许可证应具备的条件的有（ACE）。
   A. 已经办理该建筑工程用地批准手续
   B. 已经委托监理企业
   C. 满足施工需要的施工图纸及技术资料
   D. 拆迁工作已经完成
   E. 建设资金已经落实

26. 施工企业应对质量管理体系实施年度（AC）和评价。
   A. 定期检查　　B. 考核　　C. 审核　　D. 分析

27. 施工企业对（BCD）专项施工方案，应组织专家论证、审查。
   A. 施工现场临时用电工程
   B. 起重吊装工程
   C. 高大模板工程
   D. 土方开挖工程

28. 根据《建设工程质量管理条例》中的相关规定，建设单位办理工业工程验收备案应提交的材料有（ACD）。
   A. 工程竣工验收备案表
   B. 住宅质量保证书
   C. 工程竣工验收报告
   D. 施工单位签署的工程质量保修书
   E. 住宅使用说明书

29. 以下关于开标程序，说法正确的有（ABCE）。
   A. 开标应在招标文件确定的提交投标文件截止时间的同一时间公开进行
   B. 开标地点应为招标文件中预先确定的地点
   C. 开标由招标人主持
   D. 开标应由投标人委托的公证机构检查并公证

E. 开标过程应记录并存档

30. 以下关于联合体投标，说法正确的有（ABC）。
    A. 联合体投标的，按照资质等级较低的单位确定资质等级
    B. 联合体各方应签订共同投标协议，明确各方的权利义务
    C. 共同投标协议应同投标文件一并提交招标人
    D. 联合体各方按照共同投标协议约定的份额对招标人承担责任
    E. 联合体中标后不履行合同应赔偿招标人，赔偿额以履约保证金为限

31. 根据《建设工程勘察设计企业资质管理规定》，我国设计资质分为（ACD）。建设工程勘察设企业资质管理条例第七条。
    A. 综合资质   B. 专业资质
    C. 行业资质   D. 专项资质
    E. 劳务资质

32. 根据国务院《建设工程质量管理条例》规定，下列项目中必须实行监理的是（ACD）。
    A. 对国民经济和社会发展有重大影响的项目
    B. 总投资2800万元的新能源项目
    C. 总投资800万元的学校
    D. 成片开发的总面积在6万平方米的住宅小区
    E. 小型公用事业工程

33. 专属于《工程建设项目施工招标投标办法》规定的招标文件内容包括（ABCD）。
    A. 投标邀请书   B. 投标文件格式
    C. 设计图纸   D. 投标辅助材料
    E. 工程量清单

34. 根据《建筑业企业资质管理规定》，建筑业企业资质分为（ABD）三个序列。
    A. 施工总承包   B. 专业承包
    C. 专业分包   D. 劳务分包
    E. 劳务承包

35. 根据《建设工程安全生产管理条例》，建设单位应当在拆除工程施工15日前，将（ABCD）报送建设工程所在地的县级以上地方人民政府主管部门或者其他有关部门备案。
    A. 施工单位资质等级证明
    B. 拟拆除建筑物、构筑物及可能危及毗邻建筑的说明
    C. 拆除施工组织方案
    D. 堆放、清除废弃物的措施
    E. 监理单位资质等级证明

36. 最高管理者应对质量管理体系进行策划，策划的内容应包括：（ABCD）。
    A. 质量管理活动及活动顺序
    B. 质量管理组织机构
    C. 质量管理制度
    D. 质量管理所需的资源

37. 施工企业质量管理活动内容一般包括：（ABCDE）。
   A. 质量方针和质量目标管理　　　　B. 人力资源管理
   C. 分包管理　　　　　　　　　　　D. 施工质量检查与验收
   E. 合同管理

38. 竣工验收应当具备下列条件（ABC）。
   A. 完成建设工程设计和合同约定的各项内容
   B. 有完整的技术档案和施工管理资料
   C. 有工程使用的主要建筑材料、建筑构配件和设备的进场试验报告
   D. 有由工程监理单位独立签署的质量合格文件
   E. 有施工和监理单位共同签署的工程保修书

39. 施工现场质量检查方法包括（BDE）。
   A. 工序间交接检法　　　　　　　　B. 目测法
   C. 复测法　　　　　　　　　　　　D. 实测法
   E. 试验法

四、案例题（根据背景材料回答问题）

【案例 1】

某大厦是一座现代化的智能型建筑，框架－剪力墙结构，地下 3 层，地上 28 层，建筑面积 5.8 万 m²，施工总承包单位是该市第三建筑公司，由于该工程设备先进，要求高，因此，该公司将机电设备安装工程分包给具有相应资质的某大型安装公司。审核员在审核中发现在工程档案归档中，发生以下事件：

事件 1：安装公司将机电设备分包部分的竣工资料直接交给监理单位。

事件 2：发包人要求设计、监理及施工总承包单位将工程档案直接移交给市档案馆。

问题：
1）事件一做法是否妥当？为什么？
2）事件二做法是否妥当？为什么？

答案：

1）不妥。因为，建设工程项目实行总承包的，总包单位负责收集、汇总各分包单位形成的工程档案，并应及时向建设单位移交；各分包单位应将本单位形成的工程文件，整理、立卷后及时移交总包单位。

2）不妥。因为，建设单位应收集和汇总勘察、设计、施工、监理等单位立卷归档的工程档案，并向当地档案馆（室）移交一套符合规定的工程档案。

【案例 2】

某综合体育馆工程是市属重点工程。该项目采用设计－施工总承包模式进行招标，要求投标方须具有甲级设计资质及房屋建筑工程施工总承包一级资质。某施工企业虽然施工资质能满足招标要求，但不具备设计资质，因此与另外一家甲级设计单位组成联合体共同投标。审核员在查阅该项目的投标文件时，发现招标文件要求的竣工时间为 2008 年 10 月 30 日，而技术标所附的施工总进度计划中显示的竣工日期则为 2009 年 4 月 30 日。该项目投标负责人解释说：招标人要求的工期太紧，该项目正常定额工期应为 3 年半，而招标方要求我们两年半就完成，我们报的工期实际为三年，虽然比招标文件要求的工期晚了半

年，但已比正常工期提前了半年，关键是对确保工程质量有好处。请说明投标方上述做法的正确与否。

答案：

1) 该联合体成员资质不需要是同一专业，施工企业可以与另外一家甲级设计单位组成联合体共同投标，以满足招标文件中对投标方关于资质的要求。

2) 招标文件要求的竣工时间为2008年10月30日，而技术标所附的施工总进度计划中显示的竣工日期则为2009年4月30日。无论投标方有多少理由解释这样考虑总工期，能使施工总进度计划安排的更合理，都应以施工总进度计划不满足招标文件的要求，属重大偏差而予以否认。因为招标文件是具有法律效力的，投标单位必须满足招标文件的各项条款。

【案例3】

某体育馆工程，经过施工招标，业主选定A工程公司为中标单位。在施工合同中双方约定，A工程公司将设备安装、配套工程和桩基础工程的施工分别分包给B、C和D三家专业工程公司，业主负责采购设备。该工程在施工招标和合同履行过程中发生了出现了以下事件：

事件1：施工招标过程中共有6家公司竞标，其中F工程公司的投标文件在招标文件要求提交投标文件的截止时间后半小时送达；G工程公司的投标文件未密封。

问题1：评标委员会是否应该对这两家公司的投标文件进行评审？为什么？

事件2：桩基础工程施工完毕，已按国家有关规定和合同约定作了检测验收。监理工程师对其中5号桩的混凝土质量有怀疑。建议业主采用钻孔取样方法进一步检验。D公司不配合，总监理工程师要求A公司给予配合，A公司以桩基础为D公司施工为由拒绝。

问题2：A公司的做法妥当否？为什么？

事件3：若桩钻孔取样检验合格，A公司要求该监理公司承担由此发生的全部费用，赔偿其窝工损失，并顺延所影响的工期。

问题3：A公司的要求合理吗？为什么？

答案：

1) 评标委员会不应该对这两家公司的投标文件进行评审，而应以未在规定时间内送达标书和未对投标文件进行密封，认定为废标。

2) A公司的做法不妥当。因为分包工程是总包工程的重要组成部分，总分包条件下的分包工程质量由总包方承担相关责任。

3) A公司的要求不合理。因为由于桩钻孔取样检验而发生了相关费用，造成施工方的窝工，且延误了工期。监理公司是与业主单位有委托合同的，施工单位是与业主单位有合同关系的，所以应由A公司向业主单位提出费用和工期索赔，而不应向监理公司提出。

【案例4】

某酒店对客房进行改造装修，装修面积4000m²。某施工单位根据领取的招标文件和全套施工图，利用低价投标策略并中标。该施工单位（承包商）于2004年11月18日与业主（发包方）签订了固定总价施工合同，总价包干，合同工期为90天（日历天）。合同造价为248万元，其中已包含风险费。主要装修材料由业主提供，并运至施工现场。合同规定工程发生设计变更、现场条件变化和工程量增减都不得调整合同价格。

施工单位于 2004 年 11 月 25 日按照业主的开工指令进场施工，开工后 10 天，业主对客房的装修设计进行较大变更，并增加了客房衣柜与窗套施工，并以设计变更形式发给施工单位。该施工单位收到设计变更后，对设计变更引起的工程造价进行预算，增加工程造价约 30 万元。该施工单位及时向业主提出 30 万元的索赔要求。工程进行了一个月后，业主因资金不到位，不能按期支付工程进度款，口头要求承包商暂停施工 20 天，承包商也口头答应。恢复施工后不久，2005 年元月 14 日至 21 日，因罕见的暴风雪导致交通受阻，定购的几种主要装修材料滞留在运输途中，不能按时进场，导致停工 7 天。施工单位春节期间按有关规定放假 7 天，没有施工。施工单位向业主提出顺延工期 34 天。

问题：

(1) 该工程采用固定总价合同是否合适？为什么？

(2) 该合同的变更形式是否妥当？为什么？

(3) 因设计变更引起造价增加承包商提出的索赔要求是否合理？说明原因。

(4) 承包商可以提出的工期索赔应为多少天？说明理由。

答案：

(1) 该工程项目采用固定总价合同是合适的。固定总价合同适用于工程量不大且能够按标准计算、设计图纸完备、工期较短、技术不太复杂、风险不大的项目，该工程基本符合这些条件。

(2) 该合同变更形式不妥。根据《中华人民共和国合同法》的有关规定，建设工程合同应当采取书面形式，合同变更亦应当采取书面形式。本案例中业主口头要求临时停工，承包商也口头答应，是双方的口头协议，且事后并未以书面的形式确认，所以该合同变更形式不妥。

(3) 因设计变更提出的索赔要求不合理，原因是：

1) 承包商应该对自己就合同文件的解释负责；

2) 承包商应该对自己报价的正确性和完备性负责；

3) 该施工合同为固定总价合同，合同约定因设计变更、现场条件变化，工程量增减都不得调整合同价格，因设计变更引起工程造价增加，其相关风险应由承包商承担。

(4) 承包商可以提出的工期索赔为 27 天，原因是：

1) 因业主资金不到位，不能按期支付工程进度款，要求停工 20 天，业主对停工承担责任，顺延工期是合理的。

2) 罕见的暴风雪属于双方共同的风险，应延长工期 7 天。

3) 春节期间已包含在合同工期内，春节放假是有经验的承包商能够预见的，是承包商应承担的风险，不应考虑其延长工期要求。

【案例 5】

某建筑公司工程技术部，负责公司工程施工、质量检查的职责实施。2009 年，该公司承建的 5 项工程均交付竣工验收。目前有 3 个在建施工项目正在施工。

问题：

1) 审核员询问如何对项目部进行项目交底时，王经理说：副总主持召开了一次会议，讲了讲保证安全、保证质量、项目经理全权负责等要求。审核员提出查看会议记录时，王经理说：没有记录，几个人在副总办公室简单说了说。

2）审核员询问如何进行工程验收，刘工说：一般项目部自己进行，项目部参加甲方的竣工验收，验收提出的问题项目部自己处理。公司安排我参加项目验收，但我比较忙，项目检查、投标等事多。去年几个项目验收都没去。但我们有完整的工程技术资料，在当地我们是最好的。

3）审核员询问，去年完工的项目都是一次验收通过的吗，验收各方有没有提出整改的问题。刘工说：验收这些人哪能让你一次过，我们还好，80%都一次过。但会有问题要整改。审核员提出，看看去年竣工的 5 项工程验收时验收各方提出的问题，刘工只找到 2 个项目的。审核员询问，如何看待这些问题，是否向主管领导汇报。刘工说：整改通过了就行，验收这事，领导都清楚。

答案：

1）不符合规范 GB/T 50430 中 10.4.3 施工企业应按照规定将策划的结果向项目部进行交底，并保存记录。交底的内容应是：质量要求和目标施工部位工艺流程以及标准验收标准使用的材料施工机具等。该项目部没有项目交底记录，交底的相应内容也不符合要求。

2）不符合规范 11.3.2 施工企业应在竣工验收前，进行内部验收，并按规定参加工程竣工验收。理由是公司安排刘工参加项目验收，但刘由于工作忙，几个项目验收都没去。

3）不符合规范 11.4.4，不符合规范 11.4.4 企业应保存质量问题处理和验收的记录，建立质量事故责任追究制度而去年竣工的 5 项工程验收，刘工只找到 2 个项目的验收记录，其余 3 个项目的记录无法提供。

【案例 6】

某工业厂房工程，桩基础采用预制钢筋混凝土管桩，主体结构采用钢筋混凝土框架结构。业主通过招标选择了某监理单位。沉桩施工任务由业主单独发包。土建及机电安装工程由 A 施工单位承包，并在施工合同中明确机电安装工程由 A 施工单位通过招标另行发包。管桩由业主选定的供应单位负责运抵现场。

问题：

1）管桩运抵施工现场，可否视为"甲供构件"？为什么？简要回答如何组织检查验收。

2）如果现场检查出管桩不合格或管桩延期供货对正常施工进度造成影响，试指出可能会出现哪些主体间的索赔。

3）A 施工单位应何时对机电安装分包单位进行考核？考核的主要内容是什么？

4）施工过程中 A 施工单位是否需要对机电安装工程的施工质量进行检查验收？为什么？

5）整个工程竣工预验收由哪家单位提出申请？试述竣工预验收程序。

答案：

1）可视为"甲供材料"。因业主负责选定管桩供应单位，沉桩施工单位与管桩供应单位没有合同关系。

应由沉桩施工单位负责组织验收，业主、管桩供应单位及监理单位参加，共同检查管桩质量、数量以及相关质量证明材料，符合要求后予以验收。

2) 可能出现的主体间的索赔有：

沉桩施工单位与业主之间的索赔；业主与管桩供应单位之间的索赔；A施工单位与业主之间的索赔；机电安装分包单位与A施工单位之间的索赔。

3) 在机电安装工程招标阶段进行考核。考核的主要内容：

相应的资质等级；满足工程需要的施工技术装备；合理的人员配置；完善的质保体系；良好的业绩和社会信誉。

4) 是。因为A施工单位是总包单位，机电安装单位是分包单位，总包单位必须对机电安装分包工程施工质量向业主负责并承担连带责任，所以A施工单位必须对分包单位的施工质量进行检查验收。

5) 提出申请单位：A施工单位。

预验收程序：当工程达到竣工验收条件后，A施工单位填写工程竣工报验单，并将全部竣工资料报送监理单位，申请竣工预验收。对监理单位提出的问题及时整改，合格后报监理单位，直至竣工资料及工程实体符合竣工要求。预验收合格后，A施工单位向业主提出正式竣工验收。

【案例7】

某化工管道工程建设项目，在施工过程中未经监理工程师事先同意，施工单位根据业主的建议在某销售单位订购了一批钢管。钢管运抵施工现场后，经监理人员检验发现，钢管质量存在下列问题：

1) 施工单位未能提交产品合格证、质量保证书和检验证明材料；

2) 钢管外观粗糙、标识不清，并且存在锈斑。

3) 施工单位已经取样送检，经具有实验资质的单位试验质量合格，并出具了试验报告。

问题：

1) 对上述问题应如何处理？

2) 如果管材不合格进行退场等损失如何处理？

答案：

1) 由于该批钢管是由施工单位采购的，经监理理工程师检验发现该批钢管外观不良，标识不清，且无产品合格证等资料。监理工程师应书面通知施工单位不得将该批钢管用于本工程项目，并抄送业主备案。

2) 监理工程师应要求施工单位提交该批钢管的产品合格证、质量保证书、材质化验单、技术指标报告和生产厂家许可证等资料，以备监理工程对生产厂家和材料保证等方面进行书面资料的审查。

3) 如果施工单位提交了上述资料，经监理工程师审查符合要求，则施工单位应按技术规范要求对该产品进行有见证员签证的取样送检，自行取样送检是无效的。监理工程师不能同意使用该批钢材。如果经见证抽样并检测后，证明材料质量符合技术规范、设计文件和工程承包合同要求，则监理工程师方可进行质量签证，并书面通知施工单位。

4) 如果施工单位不能提供第二条所述的资料，或虽提供了上述资料，但经见证抽样检测后质量不符合技术规范、设计文件或工程承包合同要求，则监理工程师应书面通知施工单位不得将该批钢管用于本项工程，并要求施工单位将该批钢管运出施工现场。

5）监理工程师应将处理结果书面通知业主。工程材料的检测费用由施工单位承担。

6）在购买过程中，业主只是建议某单位买钢管，并没有直接参与买卖，因此，购买、运输、退场等全部损失应由施工单位承担，施工方与供货商之间的经济、法律等问题，由他们双方根据供货合同解决。

【案例 8】

某大型建筑综合楼项目，建筑面积 138000m^2。某建筑公司以工程施工总承包合同承包了该项目。公司十分重视，选派了一位优秀支部书记任项目经理，该同志没有项目经理证书，也未从事过项目施工管理。项目经理个人选定了一家分包单位承包该工程，采用以包代管的管理方案。分包单位又将机电设备安装工程转给某安装工程公司，将装饰装修工程转给某装饰公司。

问题：

1）该项目经理上岗是否恰当？说明理由。

2）该工程机电和装饰分包的做法是否恰当？说明理由。

3）该工程总包单位管理方案是否合理？说明理由。

答案：

1）不恰当。项目经理无项目经理证书，不符合国家关于建筑业企业项目经理资质管理制度对项目经理资质要求的规定；且项目经理没有类似项目的管理经验。

2）不恰当。分包单位将机电设备安装工程转给某安装工程公司，将装饰装修工程转给某装修公司，其做法是一种转包行为，转包是违法分包行为。（转包是指承包单位承包工程后，不履行合同约定的责任和义务，将其承包的全部建设工程转给他人或者将其承包的全部工程肢解后以分包的名义分别转给他人的行为。）

3）不合理。违背了工程施工总承包的相关规定，建筑主体结构的施工必须由总承包单位自行完成。此外，总包对项目管理的程序，应体现在每一管理过程都有计划、实施、检查、处理的持续改进过程，而不是以包代管。

【案例 9】

A、B 两栋相同的住宅项目，总建筑面积 86000m^2。施工时分 A、B 分区，项目经理下分设 2 名栋号经理，每人负责一个分区，每个分区又安排了一名专职安全员。项目经理认为，由栋号经理负责每个栋号的安全生产，自己就可以不问安全的事了。A 区地下一层结构施工时，业主修改首层为底商，因此监理工程师通知地下一层顶板不能施工，但是墙柱可以施工。为了减少人员窝工，项目经理安排劳务分包 200 人退场，向 B 区转移剩余人员 50 人。A 区墙柱施工完成后 3 个月复工，项目经理又安排 200 人进场。向业主索赔时，业主说，A 区虽然停工了，但是 B 区还在施工，也没有人员窝工，因此只同意 A 区工期延长 3 个月。工程竣工后，项目经理要求质量监督站组织竣工验收。

问题：

1）该项目经理对安全的看法是否正确？为什么？

2）项目经理向质量监督站要求竣工验收的做法是否恰当？为什么？

答案：

1）不正确。《建设工程安全生产管理条例》规定：施工单位的项目负责人应对建设工程项目的安全施工负责，落实安全生产负责制度、安全生产规章制度和操作规程。项目经理不能只安排了人员管理安全工作，就认为自己可以不对安全负责，应对整个合同项目内的安全负全面领导责任。

2）不恰当。因为，竣工验收应由施工单位先自行组织有关人员进行检查评定，合格后，向建设单位提交工程竣工验收申请报告及相关资料；建设单位收到工程验收申请报告后，应由建设单位（项目）负责人组织施工（含分包单位）、设计、监理等单位（项目）负责人进行单位工程验收；当参加验收各方对工程质量验收不一致时，可请当地建设行政主管部门或工程质量监督机构协调处理。

【案例 10】

某建设项目，地下 1 层，地上 18 层，总建筑面积 28000m^3，全现浇钢筋混凝土框架结构。属于激烈的市场竞争，总承包企业报价时进行了较大幅度的让利，中标后签订了工程施工总承包合同。

该企业有采购管理制度、工作程序。由于工期紧，项目经理直接指定了自己的一位亲戚作为钢材供应商，合同约定该工程主体结构的全部钢筋由其供应，价格按当月造价信息公布的价格取季节最高价为依据，数量按其提供的发票数量结算。

项目经理部按企业的管理制度组织了 5 家商品混凝土搅拌站投标，通过公开招标选定了一家供应能力和质量保证能力好、价格较低的混凝土搅拌站供应商品混凝土。

项目经理指定了一个木工队、一个钢筋队、一个力工队伍作结构工程劳务分包。由于当地人工费比预算定额单价高，因此，人工费按建筑面积平方米单项含辅料包干。除主体结构工程外，其余工程全部采用分包。

基础底板钢筋施工过程中，由于钢筋队没有作业分包资质，被监理工程师停工。整个工程竣工后发生亏损。经过调查发现，仅主体结构按与业主签订的总承包合同计算：人工费亏损 200 多万，钢材亏损 100 多万。

问题：

1）该项目主体结构工程亏损巨大，主体结构工程是否可以也分包？说明理由。

2）该项目钢材供应商的选择是否恰当？说明理由。

3）该工程商品混凝土供应商的选择是否恰当？说明理由。

4）该项目钢筋队劳务作业分包的选择是否合理？说明理由。

答案：

1）不可以。根据《建筑工程质量管理条例》规定，施工单位不得违法分包工程。建设工程总承包单位将建设工程主体结构的施工分包给其他单位的，属于违法分包。

2）不恰当。选择的钢材供应商不符合企业的管理规定。价格不合理，结算数量按其提供发票上的数量存在漏洞。选择时违背了公平、公开、公正的原则。

3）恰当。执行了企业的管理规定。经过公开招标。选择了供应能力和质量保证能力好、价格较低的合格混凝土搅拌站供应商品混凝土。

4）不合理。《建筑法》第 29 条和《合同法》第 272 条同时规定，禁止（总）承包人将工程分包给不具备相应资质条件的单位，本项目钢筋队没有钢筋作业分包资质。因此，不合理。

五、标准判断题

1. 如果施工企业违法投标、并签约。

不符合 7.1.2 条款：施工企业应依法进行工程项目投标及签约活动，并对合同履行情况进行监控。

2. 审核员现场巡视，按照对混凝土养护要求，应每隔两小时洒水两次，并用稻草遮盖，但在现场，未能见有稻草遮盖的现象。

不符合 10.5.1 条款："按规定施工并及时检查、监测"的要求。

3. 审核员抽查钢材试验报告，对方相关人员说，由于工作忙，报告已出来，但我们一直没有去拿，所以导致 2 个月都还无报告，在后来的审核中，审核员跟踪其审核，受审核方一直未能提供此报告。

不符合 8.3.1 条款："验收的过程、记录和标识应符合有关规定"的要求。

4. A 公司中标一高速公路工程，开工时由于投标时的项目经理在其他工程不能进行该工程的管理，于是由另一项目经理主持，该项目经理注册为 B 公司，是一级市政工程建造师。

不符合 5.2.2 条款的要求："项目经理、施工质量检查人员、特种作业人员等应按着国家法律法规的要求持证上岗"的要求。

5. 2010 年 10 月 20 日，审核员在项目经理部审核时，抽查了一份 2010 年 5 月 18 日的设计变更单。设计变更单经总监理工程师李斌签署，但未见项目经理部人员签署。经询问，改设计变更已于 6 月 8 日施工完毕。

不符合 7.3.2 条款的要求：施工企业对施工过程中发生的变更，应以书面形式签认，并作为合同的组成部分。施工企业对合同变更信息的接收、确认和处理的职责、流程、方法应符合相关规定，与合同变更有关的文件应及时进行调整并实施。

6. 三层楼地面当年十二月浇筑完，第二年开春后，就发生裂缝、跑沙的现象。

不符合 10.5.1 条款的要求：项目经理部应对施工过程质量进行控制。

7. 审核员现场审核时发现，项目部正在进行四层柱钢筋电渣压力焊。当抽查电焊人员焊工证时，焊工讲没有。工长忙说，钢筋焊接前已进行了过程能力确认，由于原来电焊的焊工家里有事回去了，工期又紧，故由他们进行焊接，他们的焊接质量已经检验，合格。

不符合 5.2.2 条款的要求：特种作业人员等应按照国家法律、法规的要求持证上岗。

8. 工程因扰民问题工期不能按时完成，在签订合同时也考虑了这个问题，但为了拿下这个项目，也就没有太多的考虑这事，所以才导致今天的问题。

不符合 7.2.2 的要求：施工企业应通过评审在确认具备满足工程项目能力要求后，依法进行投标及签约。

9. 查某工程油工正在刷踢脚油漆，临近已完工的地面墙面都有污染，询问操作人员为什么不采取保护措施，操作人员说：干完后再清理吧，上面也没有明确要求过，进一步查技术交底，只是作了简单的要求，没有明确具体要求。

不符合 10.5.1 的要求：采取半成品、成品保护措施并监督实施。

10. 内审员询问质管部经理："你们是怎样进行企业内部沟通的?"质管部经理说："我们通过召开质量例会、内审、管理评审等方式进行内部沟通。"内审员："还有一些其他的什么方式沟通?"质管部经理："有时间就到各部门，尤其是项目部走走，了解一些情况。"

在生产部、技术部和供应部，内审员也询问了关于内部沟通的方式，这些部门经理的回答显得很随意，都是一般的回答，看不出有什么制度化的沟通方式。

在内审员询问了项目部经理："公司里管理部门的人员经常下来检查工作吗？"

项目部经理说："我们只干自己的活，叫干啥就干啥。但是生产部的生产计划经常脱离实际，不管你完不完成，工人人手够不够。结果只好延长工期。"

不符合4.3.2条款的要求。

11. 工地于某年某月某日编制了雨季施工方案，并于某年某月某日～某日进行了交底，但执行该方案规定的施工员却未见到雨季施工方案，且也未提供出相应的排水工作记录。

不符合3.5.2条款的要求：确保各岗位员工明确其活动所依据的文件。

12. 某工地现场浇筑1238m³的C35商品混凝土，但现场只作了6次坍落度的抽样试验，试验次数不够。

不符合11.2.3条款的要求："项目部应根据策划的安排和施工质量验收标准实施检查"。

13. 审核员在项目经理部审核时，抽查了一份钢材报审记录。2010年6月10日进场Φ20热轧钢筋100t；见证取样记录：样件4个，分别进行拉伸和冷弯试验。后附钢筋质量证明书、复试检验报告等资料。

不符合8.3.1条款的要求。

14. 审核员在项目部审核时发现，项目经理部依法实施了劳务作业分包，项目开工已三个月。但询问项目部有关人员，劳务作业人员有多少，持证上岗人有多少时，负责人回答不出，也提供不出书面资料。

不符合9.3.1条款的要求。

15. 项目部上个月刚买了一台电子全站仪，审核员请总包项目部的一名专职测量放线员演示一下，回答说："我不会使用这台全站仪，项目部只有项目技术负责人会用此全站仪器放线，他因病住院了"。

不符合11.5.1/5条款的要求：设备的使用、管理人员应经过培训。

16. 在建筑公司设备部仓库，审核员看到在露天场地整齐地摆放着许多由建筑工地撤回来的工具，如模板、脚手架等。在场地东南角还摆放着10台搅拌机。审核员走过去查看这些搅拌机，看到有些搅拌机的零件已经不全，传动部位有的地方已经生锈，有的地方污垢很厚。审核员问仓库保管员："对于这些设备你们有什么保养规定吗？"仓库保管员说："没什么规定，因为是从工地撤回来的设备，肯定很脏。使用时，检查修理一下，不会耽误使用的。"

不符合6.1.1条款的要求：对施工机具的验收、安装调试、使用维护等作出规定。

17. 在构件厂质检科，审核员看到3月8日和5月1日的两张《纠正措施处理单》，第一张单子上对不合格事实的陈述为：当日生产的构件出现10件的批量不合格，主要是构件尺寸不对。原因是模型工将模型尺寸看错所致；第二张单子上的不合格事实陈述与第一张的事实差不多，也是将模型尺寸看错导致产品出现批量的不合格。而两张单子上采取的纠正措施都是"已经返工，并且再检验合格。"审核员问构件厂有关人员："为什么两次出现的错误都一样？"主任回答："对于模型工序我们没有专职检验员，都是模型工对照图纸自检。可能工人自己干活时间长了，脑子疲劳造成看图错误"。

不符合 13.3.1 条款的要求：分析质量管理活动中存在问题的原因，采取适当的措施，并验证措施的有效性。

18. 项目部 2010 年 11 月 12 日编制的冬施方案中热工计算对混凝土入模温度的要求为 15℃，但冬施方案中的温度控制则要求入模温度却为 12℃，前后矛盾。

不符合 10.2.3、6 条款的要求：施工企业应按照规定的职责实施工程项目质量管理策划，包括影响施工质量的因素分析及其控制措施。

19. 审核员在办公室审核时，办公室提供了各部门和项目经理的培训需求。办公室负责人说，公司年度培训就按照领导确认的上述培训需求实施培训。

不符合 5.3.1 条款的要求。

20. 审核员在项目经理部审核时，项目部提供了塔吊的生产（制造）许可证、产品合格证、安装自检证明、各方验收记录、检验检测机构的合格证明。审核员认为符合控制要求。

不符合 6.2.4 条款的要求：施工企业应依法对施工机具进行验收，并保存验收记录。

21. 审核员在计划部审核时，询问合同要求传递的实施，合同管理人员提供了合同副本发放记录。部门负责人说：把合同发放到有关部门，各部门根据职责了解合同相关要求。

不符合 7.3.1 条款的要求：施工企业应使相关部门及人员掌握合同的要求，并保存相关记录。

22. 最高管理者未参加质量管理策划，理由是他很忙，只好委托管理者代表参加了。

不符合 3.3.1 条款的要求："最高管理者应对质量管理体系进行策划。"的规定。

23. 施工现场急需电焊机，为了应急，来不及对租赁方进行评价，直接租用了三台电焊机，其中有两台是坏的，不能使用。

不符合 6.2.2 条款的要求："……在采购或租赁前对其进行评价，……"的规定。

24. 人力资源部和项目经理合伙与有关持证上岗人员弄虚作假，骗取证件年度注册。

不符合 5.2.2 条款的要求：……特种作业人员等应按照国家法律法规的要求持证上岗的规定。

25. 一家一级建设施工企业计划在 2005 年将企业资质升至特级，但其人力资源规划不能满足企业资质升级计划。

不符合 5.1.2 条款的要求：施工企业应根据质量管理长远目标制定人力资源发展规划。

26. 查一家建设施工企业，未能提供一年中的内审和监督检查记录。

不符合 12.2.5 条款的要求："施工企业应建立和保存监督检查和审核的记录"。

27. 由于电脑故障，项目部未及时上报施工进度计划。

不符合 10.2.5 条款的要求：施工企业应根据施工要求对工程项目质量管理策划的结果实行。

28. 某建筑公司在开发区重点工程开工前，针对质量通病的防治制定了措施，并要求项目部严格按照执行，对于效果如何，则再未过问。

不符合 12.2.2 条款的要求：施工企业应对项目经理部的质量管理活动进行监督检查，

内容包括"项目质量管理策划结果的实施",有策划,没有对策划结果监督检查。

29. 工地监理例会记录显示,项目的工程进度不符合总计划控制要求,监理提出了加快进度的要求,但项目部未采取相关措施。

不符合 10.5.1/7 条款的要求:合理安排进度要求。

30. 某建筑公司对体系中所列的表格进行控制,未对行业要求的记录表格进行控制。

不符合 3.5.3 条款的要求。

31. 查看某建筑公司的资料室,工程档案码了两排,问及有几个工程的,都是哪年存档的,管理员立即认真地回想了起来,说大概是去年和前年的,好在都是体系文件发布前的,进一步查看,均无编号及归档日期。

不符合 11.3.3 条款的要求。

32. 2010 年 6 月 9 日编写的材料申请计划要求 6 月 18 日以前购进 32.5 水泥 188t,计划得到审批准备执行。工程科负责对进货检验监督管理,询问负责人,哪些需要复试,如何取样,回答说:工地的人都清楚,有监理呢,错了监理也不干,所以我们也就不清楚了。

不符合 8.3.1 条款的要求:未经验收的建筑材料、构配件和设备不得用于工程施工。负责进货检验监督管理负责人不清楚检验,不符合该条款规定。

33. 查某项目工程的 6 号洽商记录,项目经理部提供不出针对该洽商给施工班组的交底记录。

不符合《规范》10.4.3/10.5.5 条款的要求。

34. 现场审核发现,项目部用 1 号吊车吊管桩预制件,采用的方法是用钢丝绳捆绑在预制件的中间部位起吊,导致预制件受力不均,预制件有裂纹。

不符合 8.4.3 条款的要求:"施工企业应明确对建筑材料、构配件和设备的搬运及防护要求"。

35. 抽 22 层梁轴号为 33—14 模板安装检验批质量检验评定情况,其检验批组成与相关要求不符,且抽样数也不符合规定要求。

不符合 11.3.1 条款的要求:"施工企业应按规定策划并实施施工质量验收"。

36. 查 9 月 28 日工程部对项目部的检查单,发现在该记录中有三次违反工艺要求操作,在项目部整改回执单中,注明了整改的完成情况。

不符合 13.3.1 条款的要求:分析工程质量、质量管理活动中存在或潜在问题的原因,采取适当的措施,并验证措施的有效性。

37. 审核员在对某项目部审核时,查阅了总包项目部与一家有资质的劳务单位签订的钢筋工程劳务分包合同,代表总包单位在该合同上签字的是总包单位项目经理。但审核员在前一天审核该项目部所在的分公司时,曾询问了解到该分公司经理是受企业法定代表人授权的在工程所在城市的委托代理人,全权代表企业负责签署该市场所发生的所有总包、分包、劳务合同。

不符合 9.2.2 条款的要求。

38. 现场查《顾客满意度调查表》发现:实际调查内容及调查结果统计方法与文件规定不一致。

不符合 12.2.6 条款的要求:施工企业应收集工程建设有关方的满意情况的信息。

39. 在质安部现场审核抽查检测设备有关检定和校准证书发现：仅出具了电子经纬仪2010年的检定证书，不能出具全站仪、水准仪、电阻测试仪的2010年有关检定和校准证书。

不符合11.5.1/3条款的要求：检测设备管理应符合下列规定，……按照规定的周期校准检测设备，标识其校准状态并保持清晰，确保其在有效检定周期内方可用于施工质量检测，校准记录应予以保存。

40. 在房屋项目部的现场审核时发现：缺少施工临时用电的安全技术交底记录。

不符合10.4.3条款的要求：施工企业应按规定将质量管理策划的结果向项目经理部进行交底，并保存记录。

41. 审核员询问，去年完工的项目都是一次验收通过的吗，验收各方有没有提出整改的问题。刘工说：验收这些人哪能让你一次过，我们还好，80%都一次过。但会有问题要整改。审核员提出，看看去年竣工的5项工程验收时验收各方提出的问题，刘工只找到2个项目的。审核员询问，如何看待这些问题，是否向主管领导汇报。刘工说：整改通过了就行，验收这事，领导都清楚。

不符合11.4.4条款的要求：关于"施工企业应保存质量问题的处理和验收记录……"的规定。

42. 审核员在对某项目部审核时，查阅了总包项目部与一家有资质的劳务单位签订的钢筋工程劳务分包合同，代表总包单位在该合同上签字的是总包单位项目经理。但审核员在前一天审核该项目部所在的分公司时，曾询问了解到该分公司经理是受企业法定代表人授权的在工程所在城市的委托代理人，全权代表企业负责签署该市场所发生的所有总包、分包、劳务合同。

不符合9.2.2条款的要求：施工企业应按照总包合同的约定，依法订立合同。而背景材料中劳务分包合同的总包单位签署人未得到授权，签署的合同无效。

43. 在审核某一施工企业总公司市场开发部时，审核员问市场开发部经理如何来评估顾客满意度，销售部经理犹豫了一下回答："我们目前还没有统一规定评估顾客满意度的方法，但是顾客每一次投诉，我们都及时作出处理，顾客对处理的结果均表示满意，且顾客投诉很少，这就表示顾客很满意"。

不符合10.6.2/12.2.6条款的要求：施工企业首先要建立服务规章制度，按规定的职责对工程项目的服务进行策划，并组织实施。而背景材料中该施工企业还没有建立规定评估顾客满意度的方法。

44. 在某工程项目质检部，审核员抽查质检查员对钢筋直螺纹接头的抽样记录，发现Φ20的一批直螺纹接头的抽检数量，少于项目部编制的钢筋滚压直螺纹连接作业指导书中规定的按每批连接钢筋接头的15%抽样检查的要求。审核员就此询问质检员，质检员说："项目部现在Φ20的钢筋直螺纹连接接头的质量很稳定，再说每天的接头数量很大，都按标准抽检那么多肯定忙不过来。"

不符合11.3.1条款的要求：施工企业应按规定策划并实施施工质量验收。项目经理部的质检员必须按照施工质量验收标准和经批准的作业指导书进行工程质量检查验收，不能以每天的钢筋接头数量多，抽检忙不过来，而对产品进行放行。

45. 审核员在审核某一项目的临时用电施工组织设计时，在编制依据里，将《施工现场临时用电安全技术规范》JGJ 46—2005 作为编制依据，查阅项目部资料员的有效文件版本清单，资料员也做到了将《施工现场临时用电安全技术规范》JGJ 46—2005 列在项目部清单范围内。但却发现，保存在资料员的文件柜内的项目部的规范、标准、规程等书籍，《施工现场临时用电安全技术规范》是 JGJ 46—88 版。资料员说："忘记没有做作废的标记"。

不符合 3.5.2 条款的要求：施工企业对于文件管理要做到及时将作废文件撤出使用场所或加以标识。项目部资料员没有能做到将《施工现场临时用电安全技术规范》JGJ 46—88 版本撤出项目部使用场所或加以标识。

46. 在项目部审核员想了解合同的执行情况。审核员问项目经理："今年有没有发生业主对合同的要求发生变更的情况？"经理说："这种事情上个月就发生了一次，业主要求将 1 号楼的外墙外保温从总包项目内单独拿出来分包。为了和业主处好关系，同时考虑到 1 号楼的外墙外保温造价也不是很高，我们就及时满足了业主的要求，由业主单独再发包了。由于最近一段时间项目上很忙，还没有及时对这一变更向分公司汇报"。

不符合 7.3.2 条款的要求：施工企业对合同变更信息的接收、确认和处理的职责、流程、方法应符合相关规定，与合同变更有关的文件应及时进行调整并实施。而背景材料里，项目部"业主将 1 号楼的外墙外保温从总包项目内单独拿出来分包"这一合同变更没有及时进行评审、确认和处理，特别是项目经理没有尽到应有的职责。

47. 项目部上个月刚买了一台电子全站仪，审核员请总包项目部的一名专职测量放线员演示一下，回答说："我不会使用这台全站仪，项目部只有项目技术负责人会用此全站仪器放线，他因病住院了"。

不符合 5.1.1 条款的要求：施工企业的人力资源管理应满足质量管理的需要，施工企业应通过有效的管理活动，获得具有一定教育、培训、技能和经验背景并能满足质量管理需要的人力资源。作为一名总包项目部的专职测量放线员，不会使用全站仪，显然是不胜任的。

48. 在项目部物资供应部看到采购物资单上列有 48 种采购物资，审核员在查看合格供方名单时，看到已评定的合格供方只能覆盖采购物资中的 43 种，有 5 种物资没有相应合格的供方。审核员问："为什么这 5 种物资没有相应合格的供方？这 5 种物资如何采购？"供应部长答："这 5 种物资用量很少，我们需要时到市场上采购，回来逐件检验，合格的才允许使用。"但是却又提供不了逐件检验的记录。

不符合 8.2.2 条款的要求：施工企业应对供应方进行评价，合理选择建筑材料、构配件和设备的供应方。通过对供应方的评价选择，确保企业选择的建筑材料、构配件和设备供应方的供货能力和服务能满足施工质量的要求。而背景材料中，项目部物资供应部有 5 种物资没有相应合格的供方名称。

49. 审核员在一分公司审核，看到工程部记载了近三个月内对某一工程已有多家小业主投诉，反映的都是外窗渗水问题。审核员问工程部经理："你们是如何处理的？"经理说："我们接到业主投诉后都作了详细的记录，每次我都亲自带人去，给业主进行维修，并向他们道歉。业主对我们的处理结果还是满意的。如果以后再发生，我们还要继续这样处理"。

不符合 13.3.1 条款的要求：施工企业应分析工程质量、质量管理活动中存在或潜在问题的原因，采取适当的措施，以消除不合格的原因，防止不合格的再发生，并验证措施的有效性。背景材料中分公司工程部没有能对外窗渗水这一问题采取纠正措施，防止不合格的再发生。

50. 审核员查看到项目部在用的两台水准仪，其中，有一台经计量部门校准合格并有校准证书和标识，且校准证书在有效期内。但另外一台只有出厂合格证，而无检定校准证书。施工员说，因该台水准仪十天前才购入，制造厂已经校准，且有出厂合格证，所以未经计量部门校准就直接使用了。

不符合11.5.1条款的要求：施工企业应按照要求配备检测设备，且按照规定的周期校准检测设备，标识其校准状态并保持清晰，确保其在有效检定周期内方可用于施工质量检测，校准记录应予以保存。背景材料里的一台水准仪虽有出厂合格证，但在使用前项目部没有进行校准检测，不能确保其校准状态。

51. 审核员现场审核时发现，各个部门都拥有电脑，并且公司有统一电子信息系统，如生产计划部门排生产计划时从电脑系统中查仓库的库存品数量，采购从电脑系统中查采购物资回公司质量部门检验的结果，各部门日常工作联系都是通过内部网络，人力资源部门利用电脑系统建立人事档案等，但公司的IT信息主管部门没有纳入质量管理体系，问及如何进行IT信息系统管理，谈到有部门联系电脑有问题，就协助处理，故该部门没有对IT网络采取切实有效的管理，存在电脑系统瘫痪、资料外泄等隐患。

不符合6.1.1条款的要求：施工企业施工企业应建立机具管理制度，对施工机具的配备、验收、安装调试、使用维护等作出规定，明确各管理层次及有关岗位在施工机具管理中的职责。背景材料中公司的IT信息主管部门没有纳入质量管理体系、该部门没有对IT网络采取切实有效的管理，IT信息主管部门没有相应的职责。

52. 现场审核发现，项目部用1号吊车吊管桩预制件，采用的方法是用钢丝绳捆绑在预制件的中间部位起吊，导致预制件受力不均，预制件有裂纹。

不符合《规范》8.4.3条款的要求：按照8.4.3"施工企业应明确对建筑材料、构配件和设备的搬运及防护要求"要求，施工企业应明确相关的搬运和防护要求，但管桩预制件起吊采用钢丝绳捆绑在预制件的中间部位，导致预制件受力不均，预制件有裂纹。

53. 抽22层梁轴号为33—14模板安装检验批质量检验评定情况，其检验批组成与相关要求不符，且抽样数也不符合规定要求。

不符合11.3.1条款的要求："11.3.1 施工企业应按规定策划并实施施工质量验收"（规定：是指的相关的法规及规范的规定，此题不符合50300规定）检验批组成与相关要求不符，且抽样数也不符合规定要求。

54. 查9月28日工程部对项目部的检查单，发现在该记录中有三次违反工艺要求操作，在项目部整改回执单中，注明了整改的完成情况。

不符合13.3.1条款的要求：施工企业应根据对质量管理体系的分析和评价，提出改进目标，制定和实施改进措施，跟踪改进的效果；分析工程质量、质量管理活动中存在或潜在问题的原因，采取适当的措施，并验证措施的有效性。项目部有三次违反工艺要求操作的记录，在项目部整改回执单中，仅注明了整改的完成情况，没有对违反工艺要求的行为采取适当的措施，以防止类似行为的再发生。

55. 2010年10月20日，审核员在项目经理部审核时，抽查了一份2010年5月18日的设计变更单。设计变更单经总监理工程师李斌签署，但未见项目经理部人员签署。经询问，改设计变更已于6月8日施工完毕。

不符合7.3.2条款的要求：施工企业对施工过程中发生的变更，应以书面形式签认，并作为合同的组成部分。施工企业对合同变更信息的接收、确认和处理的职责、流程、方法应符合相关规定，与合同变更有关的文件应及时进行调整并实施。设计变更单经总监理工程师李斌签署，但未见项目经理部人员签署。

不符合10.3.3条款的要求：施工企业在明确设计变更及其批准方式和要求，规定变更所需的评审、验证和确认程序；而2010年5月18日的设计变更单仅经过了总监理工程师签署，未见项目经理部人员签署和其他人员的评审、验证和确认。且设计变更已于6月8日施工完毕。

56. 审核员在项目经理部审核时，抽查了一份钢材报审记录。2010年6月10日进场Φ20热轧钢筋100t；见证取样记录：样件4个，分别进行拉伸和冷弯试验。后附钢筋质量证明书、复试检验报告等资料。

不符合规范831条款的要求：施工企业应对建筑材料、构配件和设备进行验收。验收的过程、记录和标识应符合有关规定，根据热轧钢筋拉伸和冷弯试验标准取样要求标准规定每60t取4个样品，进货100t，应取6个样品进行拉伸和冷弯试验以100t为一批取样方法不对。

57. 审核员对某省歌舞剧院及综合楼工程项目部现场检查发现，主楼6层正进行散热器安装作业，询问作业人员了解到，未进行散热器打压试验；继续查水暖分部管道安装分项技术交底记录时发现，未对采暖系统打压及散热器打压活动及相关试验参数进行交底，同时也提供不出相应的打压试验记录。

不符合10.4.3条款的要求：施工企业应按规定将策划的结果向项目经理部进行交底，并保存记录，施工企业根据项目管理的需要确定交底的层次和阶段及相应的职责、内容和方式。而项目经理部未对采暖系统打压及散热器打压活动及相关试验参数进行交底，同时也提供不出相应的打压试验记录。

58. 审核员在项目经理部审核时，项目部提供了塔吊的生产（制造）许可证、产品合格证、安装自检证明、各方验收记录、检验检测机构的合格证明。

不符合6.2.4条款的要求：施工企业应对施工机具进行验收，根据规定施工机具需确定安装或拆卸方案时，该方案应经批准后实施，安装后的施工机具经验收合格后方可使用。根据《规范》和《施工安全管理条例》塔吊安拆需编制安拆方案制定安全措施并经批准后实施项目部未提供安拆方案。

59. 审核员询问，去年完工的项目都是一次验收通过的吗，验收各方有没有提出整改的问题。刘工说：验收这些人哪能让你一次过，我们还好，80%都一次过。但会有问题要整改。审核员提出，看看去年竣工的5项工程验收时验收各方提出的问题，刘工只找到2个项目的。审核员询问，如何看待这些问题，是否向主管领导汇报。刘工说：整改通过了就行，验收这事，领导都清楚。

不符合规范11.4.4条款的要求：企业应保存质量问题处理和验收的记录，建立质量事故责任追究制度，而去年竣工的5项工程验收，刘工只找到2个项目的验收记录，其余3个项目的记录无法提供。

60. 项目部上个月刚买了一台电子全站仪，审核员请总包项目部的一名专职测量放线员演示一下，回答说："我不会使用这台全站仪，项目部只有项目技术负责人会用此全站仪器放线，他因病住院了。"

不符合11.5.1条款的要求：施工企业应按照要求配备检测设备。检测设备管理应符合下列规定：对设备进行必要的维护和保养，保持其完好状态。设备的使用、管理人员应经过培训；项目部专职测量员不会使用全站仪。

61. 在某项目经理部审核，该项目经理部的施工组织设计经过相关人员审批。但发现其中的施工防护没有得到实施，请问不符合哪个条款？理由？

不符合规范10.5.1条款的要求：项目经理部应对施工过程质量进行控制，包括采取对半成品、成品保护措施并监督实施；而该项目经理部的施工防护没有得到实施。

62. 审核员在审核某建筑公司项目经理部时，看到技术交底和检验记录填写的笔体非常相似，于是询问项目经理："技术交底和检验记录是由谁填写的？"项目经理说："是资料员填写的。"审核员问："资料员有技术员和检验员的上岗证吗？"项目经理说："由于工地人手少，只好由资料员代劳了，好在质检站对此也没有提出异议。"（当地政府主管部门规定："技术交底应由具有资质的技术员或技术队长负责，检验工作应由具有资质的检验员负责。"）请问该案例不符合标准的哪一个条款？

不符合《规范》5.2.2条款的要求：施工企业应按照岗位任职条件配置相应的人员。项目经理、施工质量检查人员、特种作业人员等应按照国家法律法规要求持证上岗。

63. 企业与设备租赁方签订合同，由租赁方提供2台电焊机。在施工方施工中，正需要多台电焊机时，租赁方只提供了1台，说另1台提供不出来。

不符合《规范》6.2.2条款的要求：施工企业应明确施工机具供应方的评价方法，在采购或租赁前对其进行评价，并收集相应的证明资料和保存评价记录。评价的内容包括：供货能力的要求；而该企业设备租赁方在施工方施工正需要多台电焊机时，只提供了1台，说另1台提供不出来。

64. 企业的某建造师证件过期，在企业上报资质时，办公室让其把证件的复印件改动一下，重新上报，以免影响企业资质。

不符合《规范中》5.2.2条款的要求：应按岗位任职条件配置相应的人员，项目经理持证上岗。建造师证件已经过期，不具备上岗条件。

不符合《规范》5.1.2条款的要求：施工企业应根据质量管理长远目标制定人力资源发展规划的要求。改企业在上报资质时，由于某建造师证件过期，办公室改动其证件的复印件。

附录1：

关于在建筑施工领域质量管理体系认证中应用《工程建设施工企业质量管理规范》的公告

为进一步提高建筑施工企业质量管理水平，为社会提供优质建筑，满足建筑施工领域质量管理工作专业性强的需求，国家认证认可监督管理委员会与住房和城乡建设部决定在建筑施工领域质量管理体系认证中应用《工程建设施工企业质量管理规范》GB/T 50430—2007（以下简称《规范》）。现将有关事项公告如下，请各相关单位遵照执行：

一、自2010年8月1日起，在建筑施工领域质量管理体系认证中，应依照《质量管理体系 要求》GB/T 19001—2008和《规范》执行。

二、从事建筑工程活动的施工企业应贯彻《规范》的所有要求，鼓励采用符合条件的第三方认证，其认证的内容应同时包括《质量管理体系 要求》和《规范》的要求，鼓励相关部门采信其结果。

三、各认证机构自2010年11月1日起，在中国境内对建筑施工企业实施质量管理体系认证时，应当依据《质量管理体系 要求》和《规范》开展认证审核活动。

四、中国合格评定国家认可中心应结合《规范》的要求，重新修订对于建筑施工专业范围的认可要求，从2010年9月1日起对具有建筑施工专业范围的认证机构进行重新评定确认，符合条件的继续给予相应的认可资格。

五、经过重新核定具备建筑施工专业范围认可的认证机构对按照《质量管理体系 要求》标准已获得质量管理体系认证的企业，在到期换证时，应增加《规范》要求审核后完成认证证书转换工作；逾期未完成转换的认证证书均属无效，认证机构应对无效证书作出相应处理。

六、依据《质量管理体系 要求》和《规范》标准实施的认证活动，认证证书标注的认证依据标准应为：GB/T 19001—2008/ISO 9001：2008和GB/T 50430—2007。

特此公告。

国家认证认可监督管理委员会
住 房 和 城 乡 建 设 部
2010年6月10日

附录2：

《工程建设施工企业质量管理规范》GB/T 50430—2007

中华人民共和国国家标准

GB/T 50430—2007

工程建设施工企业质量管理规范

Code for quality management of engineering construction enterprises

目 次

1 总则 ······ 406
2 术语 ······ 406
3 质量管理基本要求 ······ 407
　3.1 一般规定 ······ 407
　3.2 质量方针和质量目标 ······ 407
　3.3 质量管理体系的策划和建立 ······ 407
　3.4 质量管理体系的实施和改进 ······ 408
　3.5 文件管理 ······ 408
4 组织机构和职责 ······ 408
　4.1 一般规定 ······ 408
　4.2 组织机构 ······ 408
　4.3 职责和权限 ······ 409
5 人力资源管理 ······ 409
　5.1 一般规定 ······ 409
　5.2 人力资源配置 ······ 409
　5.3 培训 ······ 409
6 施工机具管理 ······ 410
　6.1 一般规定 ······ 410
　6.2 施工机具配备 ······ 410
　6.3 施工机具使用 ······ 410
7 投标及合同管理 ······ 410
　7.1 一般规定 ······ 410
　7.2 投标及签约 ······ 410
　7.3 合同管理 ······ 411
8 建筑材料、构配件和设备管理 ······ 411
　8.1 一般规定 ······ 411
　8.2 建筑材料、构配件和设备的采购 ······ 411
　8.3 建筑材料、构配件和设备的验收 ······ 411
　8.4 建筑材料、构配件和设备的现场管理 ······ 411
　8.5 发包方提供的建筑材料、构配件和设备 ······ 412
9 分包管理 ······ 412
　9.1 一般规定 ······ 412
　9.2 分包方的选择和分包合同 ······ 412

9.3　分包项目实施过程的控制 …………………………………… 412
10　工程项目施工质量管理 …………………………………………… 413
　　10.1　一般规定 ……………………………………………………… 413
　　10.2　策划 …………………………………………………………… 413
　　10.3　施工设计 ……………………………………………………… 413
　　10.4　施工准备 ……………………………………………………… 414
　　10.5　施工过程质量控制 …………………………………………… 414
　　10.6　服务 …………………………………………………………… 414
11　施工质量检查与验收 ……………………………………………… 415
　　11.1　一般规定 ……………………………………………………… 415
　　11.2　施工质量检查 ………………………………………………… 415
　　11.3　施工质量验收 ………………………………………………… 415
　　11.4　施工质量问题的处理 ………………………………………… 415
　　11.5　检测设备管理 ………………………………………………… 415
12　质量管理自查与评价 ……………………………………………… 416
　　12.1　一般规定 ……………………………………………………… 416
　　12.2　质量管理活动的监督检查与评价 …………………………… 416
13　质量信息和质量管理改进 ………………………………………… 417
　　13.1　一般规定 ……………………………………………………… 417
　　13.2　质量信息的收集、传递、分析与利用 ……………………… 417
　　13.3　质量管理改进与创新 ………………………………………… 417

1　总　　则

1.0.1　为加强工程建设施工企业（以下简称"施工企业"）的质量管理工作，规范施工企业质量管理行为，促进施工企业提高质量管理水平，制定本规范。
1.0.2　本规范适用于施工企业的质量管理活动。
1.0.3　本规范是施工企业质量管理的标准，也是对施工企业质量管理监督、检查和评价的依据。
1.0.4　施工企业的质量管理活动，除执行本规范外，还应执行国家现行有关标准规范的规定。

2　术　　语

2.0.1　质量管理活动　quality management action
　　为完成质量管理要求而实施的行动。
2.0.2　质量管理制度　quality management statute
　　按某些质量管理要求建立的、适用于一定范围的质量管理活动要求。质量管理制度应规定质量管理活动的步骤、方法、职责。质量管理制度一般应形成文件。需要时,质量管理制度可由更加详细的文件要求加以支持。

2.0.3 质量信息　quality information

反映施工质量和质量活动过程的记录。

2.0.4 质量管理创新　quality management innovation

在原有质量管理基础上,为提高质量管理效率、降低质量管理成本而实施的质量管理制度、活动、方法的革新。

2.0.5 施工质量检查　quality inspection

施工企业对施工质量进行的检查、评定活动。

3 质量管理基本要求

3.1 一般规定

3.1.1 施工企业应结合自身特点和质量管理需要,建立质量管理体系并形成文件。

3.1.2 施工企业应对质量管理体系中的各项活动进行策划。

3.1.3 施工企业应检查、分析、改进质量管理活动的过程和结果。

3.2 质量方针和质量目标

3.2.1 施工企业应制定质量方针。质量方针应与施工企业的经营管理方针相适应,体现施工企业的质量管理宗旨和方向。包括:

  1 遵守国家法律、法规,满足合同约定的质量要求;

  2 在工程施工过程中及交工后,认真服务于发包方和社会,增强其满足程度,树立施工企业在市场中的良好形象;

  3 追求质量管理改进,提高质量管理水平。

3.2.2 施工企业的最高管理者应对质量方针进行定期评审并作必要的修订。

3.2.3 施工企业应根据质量方针制定质量目标,明确质量管理和工程质量应达到的水平。

3.2.4 施工企业应建立并实施质量目标管理制度。

3.3 质量管理体系的策划和建立

3.3.1 最高管理者应对质量管理体系进行策划。策划的内容应包括:

  1 质量管理活动、相互关系及活动顺序;

  2 质量管理组织机构;

  3 质量管理制度;

  4 质量管理所需的资源。

3.3.2 施工企业应根据质量管理体系的范围确定质量管理内容。施工企业质量管理内容一般包括:

  1 质量方针和目标管理;

  2 组织机构和职责;

  3 从略资源管理;

  4 施工机具管理;

  5 投票及合同管理;

  6 建筑材料、构配件和设备管理；
  7 分包管理；
  8 工程项目施工质量管理；
  9 施工质量检查与验收；
  10 工程项目竣工交付使用后的服务；
  11 质量管理自查与评价；
  12 质量信息管理和质量管理改进。

3.3.3 施工企业应建立文件货摊质量管理体系。质量管理体系文件应包括：
  1 质量方针和质量目标；
  2 质量管理体系的说明；
  3 质量管理制度；
  4 质量管理的各项记录。

3.4 质量管理体系的实施和改进

3.4.1 施工企业应确定并配备质量管理体系运行所需的人员、技术、资金、设备等资源。

3.4.2 施工企业应建立内部激进五笔字型电影片考核机制，确保质量管理制度有效执行。

3.4.3 施工企业应评审和改进质量管理体系的适宜性和有效性。

3.5 文 件 管 理

3.5.1 施工企业应建立并实施文件管理制度，明确文件管理的范围、职责、流程和方法。

3.5.2 施工企业的文件管理应符合下列规定：
  1 文件在发布之前经过批准；
  2 根据管理的需要对文件的适用性进行评审，必要时进行个性并重新批准发布；
  3 明确并及时获得质量管理活动所需的法律、法规和标准规范；
  4 及时获取所需文件的适用版本；
  5 文件的内容清晰明确；
  6 确保各岗位员工明确其活动所依据的文件；
  7 及时将作废文件撤出使用场所或加以标识。

3.5.3 施工企业应建立并实施记录管理制度，明确记录的管理职责，规定记录填写、标识、收集、保管、检索、保存期限和处置等要求。对存档记录的管理的有关规定。

4 组织机构和职责

4.1 一 般 规 定

4.1.1 施工企业应明确质量管理体系的组织机构，配备相应质量管理人员，规定相应的职责和权限并形成文件。

4.2 组 织 机 构

4.2.1 施工企业应根据质量管理的需要，明确管理层次，设置相应的部门和岗位。

4.2.2 施工企业应在各管理层次中明确质量管理的组织直辖市部门或岗位,并规定其职责和权限。

4.3 职责和权限

4.3.1 施工企业最高管理者在质量管理方面的职责和权限应包括:
 1 组织制定质量方针和目标;
 2 建立质量管理的组织机构;
 3 培养和提高员工的质量意识;
 4 建立施工企业质量管理体系并确保其有效实施;
 5 确定和配备质量管理所需的资源;
 6 评价并改进质量管理体系。
4.3.2 施工企业应规定各级专职质量管理部门和岗位的职责和权限,形成文件并传递到各管理层次。
4.3.3 施工企业应规定其他相关职能部门和岗位的质量管理职责和权限,形成文件并传递到各管理层次。
4.3.4 施工企业应以文件的形式公布组织机构的变化和职责的调整,并对相关的文件进行更改。

5 人力资源管理

5.1 一般规定

5.1.1 施工企业应建立并实施人力资源管理制度。施工企业的人力资源管理应满足质量管理需要。
5.1.2 施工企业应根据质量管理长远目标制定人力资源发展规划。

5.2 人力资源配置

5.2.1 施工企业应以文件的形式确定与质量管理岗位相适应的任职条件,包括:
 1 专业技能;
 2 所接受的培训及所取得的岗位资格;
 3 能力;
 4 工作经历。
5.2.2 施工企业应按照岗位任职条件配置相应的人员。项目经理、施工质量检查人员、特种作业人员等应按照国家法律法规的要求持证上岗。
5.2.3 施工企业应建立员工绩效考核制度,规定考核的内容、标准、方式、频度,并将考核结果作为资源管理评价和改进的依据。

5.3 培 训

5.3.1 施工企业应识别培训需求,根据需要制定员工培训计划,对培训对象、内容、方式及时间作出安排。
5.3.2 施工企业对员工的培训应包括:
 1 质量管理方针、目标、质量意识;
 2 相关法律、法规和标准规范;

3 施工企业质量管理制度；
　　4 专业技能和继续教育。

5.3.3 施工企业应对培训效果进行评价，并保存相应的记录。评价结果应用于提高培训的有效性。

6 施工机具管理

6.1 一般规定

6.1.1 施工企业应建立施工机具管理制度。对施工机具的配备、验收、安装调试、使用维护等作出规定，明确各管理层次及有关岗位在施工机具管理中的职责。

6.2 施工机具配备

6.2.1 施工企业应根据施工需要配备施工机具，配备计划应按规定经审批后实施。

6.2.2 施工企业应明确施工机具供应方的评价方法，在采购或租赁前对其进行评价，并收集相应的证明资料和保存评价记录。评价的内容包括：
　　1 经营资格和信誉；
　　2 产品和服务的质量；
　　3 供货能力；
　　4 风险因素。

6.2.3 施工企业应依法与施工机具供应方订立合同，明确超消费施工机具质量及服务的要求。

6.2.4 施工企业应对施工机具进行验收，并保存验收记录。根据规定施工机具需确定安装或拆卸方案时，该方案应经批准后实施，安装后的施工机具经验收合作后方可使用。

6.3 施工机具使用

6.3.1 施工企业对施工机具的使用、技术和安全管理、维修保养等应符合相关规定的要求。

7 投标及合同管理

7.1 一般规定

7.1.1 施工企业应建立并实施工程项目投标及工程承包合同管理制度。

7.1.2 施工企业应依法进行工程项目投标及签约活动，并对合同改造情况进行监控。

7.2 投标及签约

7.2.1 施工企业应在投标及签约前，明确工程项目的要求，包括：
　　1 发包方明示的要求；
　　2 发包方未明示、但应满足的要求；
　　3 与工程施工、验收和保修等有关的法律、法规和标准规范的要求；
　　4 其他要求。

7.2.2 施工企业应通过评审在确认具备满足工程项目要求的能力后,依法进行投标及签约,并保存评审、投标和签约的相关记录。

7.3 合 同 管 理

7.3.1 施工企业应使相关部门及人员掌握合同的要求,并保存相关记录。

7.3.2 施工企业对施工过程中发生的变更,应以书面形式签认,并作为合同的组成部分。施工企业对合同变更信息的接收、确认和处理的职责、流程、方法应符合相关规定,与合同变更有关的文件应及时进行调整并实施。

7.3.3 施工企业应及时对合同履约情况进行分析和记录,并用于质量改进。

7.3.4 在合同改造的各阶段,应与发包方或其代表进行有效沟通。

8 建筑材料、构配件和设备管理

8.1 一 般 规 定

8.1.1 施工企业应根据施工需要建立并实施建筑材料、构配件和设备管理制度。

8.2 建筑材料、构配件和设备的采购

8.2.1 施工企业应根据施工需要确定和配备项目所需的建筑材料、构配件和设备,并应按照管理制度的规定审批各类采购计划。计划未经批准不得用于采购。采购应明确所采购产品的各类、规格、型号、数量、交付期、质量要求以及采购验证的具体安排。

8.2.2 施工企业应对供应方进行评价,合理选择建筑材料、构配件和设备的供应方。对供应方的评价内容应包括:
1 经营资格和信誉;
2 建筑材料、构配件和设备的质量;
3 供货能力;
4 建筑材料、构配件和设备的价格;
5 售后服务。

8.2.3 施工企业应在必要时对供应方进行再评价。

8.2.4 对供应方的评价、选择和再评价的标准、方法、和职责应符合管理制度的规定,并保存相应的记录。

8.2.5 施工企业应根据采购计划订立采购合同。

8.3 建筑材料、构配件和设备的验收

8.3.1 施工企业应对建筑材料、构配件和设备进行验收。必要时,应到供应方的现场进行验证。验收的过程、记录和标识应符合有关规定。未经验收的建筑材料、构配件和设备不得用于工程施工。

8.3.2 施工企业应按照规定的职责、权限和方式对验收不合格的建筑材料、构配件和设备符合有关职业健康、安全与环保的要求。

8.4 建筑材料、构配件和设备的现场管理

8.4.1 施工企业应在管理制度中明确建筑材料、构配件和设备的现场管理要求。

8.4.2 施工企业应对建筑材料、构配件和设备进行贮存、保管和标识，并按照规定进行检查，发现问题及时处理。

8.4.3 施工企业应明确对建筑材料、构配件和设备的搬运及防护要求。

8.4.4 施工企业应明确建筑材料、构配件和设备的发放要求，建立发放记录，并具有可追溯性。

8.5 发包方提供的建筑材料、构配件和设备

8.5.1 施工企业应按照有关规定和标准对发包方提供的建筑材料、构配件和设备进行验收。

8.5.2 施工企业对发包方提供的建筑材料、构配件和设备在验收、施工安装、使用过程中出现的问题，应做好记录并及时向发包方报告，按照规定处理。

9 分 包 管 理

9.1 一 般 规 定

9.1.1 施工企业应建立并实施分包管理制度，明确各管理层次和部门在分包管理活动中的职责和权限，对分包方实施管理。

9.1.2 施工企业应对分包工程承担相关责任。

9.2 分包方的选择和分包合同

9.2.1 施工企业应按照管理制度中规定的标准和评价办法，根据所需分包内容的要求，经评价依法选择合适的分包方，并保存评价和选择分包方的记录。对分包方的评价内容应包括：
　　1 经营许可和资质证明；
　　2 专业能力；
　　3 人员结构和素质；
　　4 机具装备；
　　5 技术、质量、安全、施工管理的保证能力；
　　6 工程业绩和信誉。

9.2.2 施工企业应按照总承包合同的约定，依法订立分包合同。

9.3 分包项目实施过程的控制

9.3.1 施工企业应在分包项目实施前对从事分包的有关人员进行分包工程施工或服务要求的交底，审核批准分包方编制的施工或服务方案，并据此对分包方的施工或服务条件进行确认和验证，包括：
　　1 确认分包方从业人员的资格与能力；
　　2 验证分包方的主要材料、设备和设施。

9.3.2 施工企业对项目分包管理活动的监督和指导应符合分包管理制度的规定和分包合同的内容的约定。施工企业应对分包方的施工和服务过程进行控制，包括：
　　1 对分包方的施工和服务活动进行监督检查，发现问题及时提出整改要求并跟踪复查；
　　2 依据规定的步骤和标准对分包项目进行验收。

9.3.3 施工企业应对分包方的履约情况进行评价并保存记录，作为重新评价、选择分包方和改进分包管理工作的依据。

10 工程项目施工质量管理

10.1 一般规定

10.1.1 施工企业应建立并实施工程项目施工质量管理制度,对工程项目施工质量管理策划、施工设计、施工准备、施工质量和服务予以控制。

10.1.2 施工企业应对项目经理部的施工质量管理进行监督、指导、检查和考核。

10.2 策 划

10.2.1 施工企业项目经理部应负责工程项目施工质量管理。项目经理部的机构设置和人员配备应满足质量管理的需要。

10.2.2 项目经理部应按规定接收设计文件,参加图纸会审和设计交底并超消费结果进行确认。

10.2.3 施工企业应按照规定的职责实施工程项目质量管理策划,包括:
 1 质量目标和要求;
 2 质量管理组织和职责;
 3 施工管理依据的文件;
 4 人员、技术、施工机具等资源的需求和配置;
 5 场地、道路、水电、消防、临时设施规划;
 6 影响施工质量的因素分析及其控制措施;
 7 进度控制措施;
 8 施工质量检查、验收及其控制措施;
 9 突发事件的应急措施;
 10 对违规事件的报告和处理;
 11 应收集的信息及其传递要求;
 12 与工程建设有关方的沟通方式;
 13 施工管理应形成的记录;
 14 质量管理和技术措施;
 15 施工企业质量管理的其他要求。

10.2.4 施工企业应将工程项目质量管理策划的结果形成文件并在实施前批准。策划的结果应按规定得到发包方或监理方的认可。

10.2.5 施工企业应工程项目质量管理策划的结果衽动态管理,及时调整相关文件并监督实施。

10.3 施 工 设 计

10.3.1 施工企业进行施工设计时,应明确职责,策划并实施施工设计的管理。施工企业应对其委托的施工设计活动进行控制。

10.3.2 施工企业应确定施工设计所需的评审、验证和确认活动,明确其程序和要求。

施工企业应明确施工设计的依据,并对其内容进行评审。设计结果应形成必要的文件,经审批后方可使用。

10.3.3 施工企业应明确设计变更及其批准方式和要求,规定变更所需的评审、验证和确认程序;对变更可能赞成的施工质量影响进行评审,并保存相关记录。

10.4 施 工 准 备

10.4.1 施工企业应依据工程项目质量管理策划的结果实施施工准备。

10.4.2 施工企业应按规定向监理方或发包方进行报审、报验。施工企业应确认项目施工已具备开工条件，按规定提出开工申请，经批准后方可开工。

10.4.3 施工企业应按规定将质量管理策划的结果向项目经理部进行交底，并保存记录。

施工企业应根据项目管理需要确定交底的层次和阶段以及相应的职责、内容、方式。

10.5 施工过程质量控制

10.5.1 项目经理部应对施工过程质量进行控制。包括：

1 正确使用施工图纸、设计文件，验收标准适用的施工工艺标准、作业指导书。适用时，对施工过程实施样板引路；
2 调配符合规定的操作人员；
3 按规定配备、使用建筑材料、构配件和设备、施工机具、检测设备；
4 按规定施工并及时检查、监测；
5 根据现场管理有关规定对施工作业环境进行控制；
6 根据有关要求采用新材料、新工艺、新技术、新设备，并进行相应的策划和控制；
7 合理安排施工进度；
8 采取半成品、成品保护措施并监督实施；
9 对不稳定和能力不足的施工过程、突发事件实施监控；
10 对分包方的施工过程实施监控。

10.5.2 施工企业应根据需要，事先对施工过程进行确认，包括：

1 对工艺标准和技术文件进行评审，并对操作人员上岗资格进行鉴定；
2 对施工机具进行认可；
3 定期或在人员、材料、工艺参数、设备发生变化时，重新进行确认。

10.5.3 施工企业应对施工过程及进度进行标识，施工过程应具有可追溯性。

10.5.4 施工企业应保持与工程建设有关方的沟通，按规定的职责、方式对相关信息进行管理。

10.5.5 施工企业应建立施工过程中的质量管理记录。施工记录应符合相关规定的要求。施工过程中的质量管理记录应包括：

1 施工日记和专项施工记录；
2 交底记录；
3 上岗培训和岗位资格证明；
4 施工机具和检验、测量及试验设备的管理记录；
5 图纸的接收和发放、设计变更的有关记录；
6 监督检查和整改、复查记录；
7 质量管理相关文件；
8 工程项目质量管理策划结果中规定的其他记录。

10.6 服 务

10.6.1 施工企业应按规定进行工程移交和移交期间的防护。

10.6.2 施工企业应按规定的职责对工程项目的服务进行策划，并组织实施。服务应包括：

1 保修；

2 非保修范围内的维修；
3 合同约定的其他服务。

10.6.3 施工企业应在规定的期限内对服务的需求信息作出响应，对服务质量应按照相关规定进行控制、检查和验收。

10.6.4 施工企业应及时有关信息，用于质量分析和改进。

11 施工质量检查与验收

11.1 一般规定

11.1.1 施工企业应建立并实施施工质量检查制度。施工企业应规定各管理层次对施工质量检查与验收活动进行监督管理的职责和权限。检查和验收活动应由具备相应资格的人员实施。施工企业应按规定做好对分包工程的质量检查和验收工作。

11.1.2 施工企业应配备和管理施工质量检查所需的各类检测设备。

11.2 施工质量检查

11.2.1 施工企业应对施工质量检查进行策划，包括质量检查的依据、内容、人员、时机、方法和记录。策划结果应按规定经批准后实施。

11.2.2 施工企业对质量检查记录的管理应符合相关制度的规定。

11.2.3 项目经理部应根据策划的安排和施工质量验收标准实施检查。

11.2.4 施工企业应对项目经理部的质量检查活动进行监控。

11.3 施工质量验收

11.3.1 施工企业应按规定策划并实施施工质量验收。施工企业应建立试验、检测管理制度。

11.3.2 施工企业应在竣工验收前，进行内部验收，并按规定参加工程竣工验收。

11.3.3 施工企业应对工程资料的管理进行策划，并按规定加以实施。工程资料的形成应与工程进度同步。施工企业就好按规定及时向有关方移交相应资料。归档的工程资料应符合档案管理的规定。

11.4 施工质量问题的处理

11.4.1 施工企业应建立并实施质量问题处理制度，规定对发现质量问题进行有效控制的职责、权限和活动流程。

11.4.2 施工企业应对质量问题的分类、分级报告流程作出规定，按照要求分别报告工程建设有关方。

11.4.3 施工企业应对各类质量问题的处理制定相应措施，经批准后实施，并应对质量问题的处理结果进行检查验收。

11.4.4 施工企业应保存质量问题的处理和验收记录，建立质量事故责任追究制度。

11.5 检测设备管理

11.5.1 施工企业应按照要求配备检测设备。检测设备管理应符合下列规定：
1 根据需要采购或租赁检测设备，并对检测设备供应方进行评价；

2 使用前对检测设备进行验收；

3 按照规定的周期校准检测设备，标识其校准状态并保持清晰，确保其在有效检定周期内方可用于施工质量检测，校准记录应予以保存；

4 对国家或地方没有校准标准的检测设备制定相应的校准标准；

5 对设备进行必要的维护和保养，保持其完好状态。设备的使用、管理人员经过培训；

6 在发现检测设备失准时评价已测结果的有效性，并采取相应的措施；

7 对检测设备所使用的软件在使用前的确认和再确认予以规定。

12 质量管理自查与评价

12.1 一 般 规 定

12.1.1 施工企业应建立质量管理自查与评价制度，对质量管理活动进行监督检查。施工企业应对监督检查的职责、权限、频度和方法作出明确规定。

12.2 质量管理活动的监督检查与评价

12.2.1 施工企业应对各管理层次的质量管理活动实施监督检查，明确监督检查的职责、频度和方法。对检查中发现的问题应及时提出书面整改要求，监督实施并验证整改效果。监督检查的内容包括：

1 法律、法规和标准规范的执行；

2 质量管理制度及其支持性文件的实施；

3 岗位职责的落实和目标的实现；

4 对整改要求的落实。

12.2.2 施工企业应对项目经理部的质量管理活动进行监督检查，内容包括：

1 项目质量管理策划结果的实施；

2 对本企业、发包方或监理方提出的意见和整改要求的落实；

3 合同的履行情况；

4 质量目标的实现。

12.2.3 施工企业应对质量管理体系实施年度宽盖审核和评价。施工企业应对审核中发现的问题及其原因提出书面整改要求，并跟踪其整改结果。质量管理审核人员的资格应符合相应的要求。

12.2.4 施工企业应策划质量管理活动监督检查和审核的实施。策划的依据包括：

1 各部门和岗位的职责；

2 质量管理中的薄弱环节；

3 有关的意见和建议；

4 以往检查的结果。

12.2.5 施工企业应建立和保存监督检查和审核的记录，并将所发现的问题及整改的结果作为质量管理改进的重要信息。

12.2.6 施工企业应收集工程建设有关方的满意情况的信息，并明确这些信息收集的职责、渠道、方式及利用这些信息的方法。

13 质量信息和质量管理改进

13.1 一 般 规 定

13.1.1 施工企业应采用信息管理技术,通过质量信息资源的开发和利用,提高质量管理水平。

13.1.2 施工企业应建立并实施质量信息管理和质量管理改进制度,通过对质量信息的收集和分析,确定改进的目标,制定并实施质量改进措施。

13.1.3 施工企业应明确各层次、各岗位的质量信息字处理和质量管理改进职责。

13.1.4 施工企业的质量管理改进活动应包括:质量方针和目标的管理、信息分析、质量管理卫星通信评价、纠正与预防措施等。

13.2 质量信息的收集、传递、分析与利用

13.2.1 施工企业应明确为正确评价质量管理水平所需收集的信息及其来源、渠道、方法和职责。收集的信息应包括:
1 法律、法规、标准规范和规章制度等;
2 工程建设有关方对施工企业的工程质量和质量管理水平的评价;
3 各管理层次工程质量管理情况及工程质量的检查结果;
4 施工企业质量管理监督检查结果;
5 同待业其他施工企业的经验教训;
6 市场需求;
7 质量回访和服务信息。

13.2.2 施工企业应总结项目质量管理策划结果的情况,并将其作为质量分析和改进的信息予以保存和利用。

13.2.3 施工企业保管理层次应按规定对质量信息进行分析,判断质量管理状况和质量目标实现的程度,识别需要改进的领域和机会,并采取改进措施。施工企业在分析过程中,应使用有效的分析方法。分析结果应包括:
1 工程建设有关方对施工企业的工程质量、质量管理水平的满意程度;
2 施工和服务质量达到要求的程度;
3 工程质量水平、质量管理水平、发展趋势以及改进的机会;
4 与供应方、分包方合作的评价。

13.2.4 施工企业最高管理者应按照规定的周期,分析质量管理体系运行的状况,提出改进目标和要求。质量管理体系的评价包括:
1 质量管理体系的适宜性、充分性、有效性;
2 施工和服务质量满足要求的程度;
3 工程质量、质量管理活动状况及发展趋势;
4 潜在问题的预测;
5 工程质量、质量管理水平改进和提高的机会;
6 资源需求及要求的程度。

13.3 质量管理改进与创新

13.3.1 施工企业应根据对质量管理卫星通信的分析和评价,提出改进目标,制定和实施改进措施,跟

踪改进的效果；分析工程质量、质量管理活动中存在或潜在问题的原因，采取适当的措施，并验证措施的有效性。

13.3.2 施工企业可根据质量管理分析、评价的结果，确定质量管理创新的目标及措施，并跟踪、反馈实施结果。

13.3.3 施工企业应按规定保存质量管理改进与创新记录。

附录3：

《工程建设施工企业质量管理规范》GB/T 50430—2007 与《质量管理体系 要求》GB/T 19001—2008 条款对照表

GB/T 50430—2007 规范条款		GB/T 19001—2008 标准条款
1 总则		1.1、1.2
2 术语		3
3 质量管理基本要求	3.1 一般规定	4.1
	3.2 质量方针和目标	5.3、5.4.1
	3.3 质量管理体系的策划和建立	4.1、4.2.1、4.2.2、5.4.2
	3.4 质量管理体系的实施和改进	4.1、5.6.1、6.1
	3.5 文件管理	4.2.3、4.2.4
4 组织机构和职责	4.1 一般规定	5.5.1
	4.2 组织机构	5.5.1
	4.3 职责和权限	5.1、5.5.1、5.5.2、5.5.3
5 人力资源管理	5.1 一般规定	6.2.1
	5.2 人力资源配置	6.2.2
	5.3 培训	6.2.2
6 施工机具管理	6.1 一般规定	6.3、7.4.1～7.4.3
	6.2 施工机具配备	6.3、7.4.1～7.4.3
	6.3 施工机具使用	6.3
7 投标及合同管理	7.1 一般规定	5.2、7.2.1～7.2.3
	7.2 投标及签约	7.2.1、7.2.2
	7.3 合同管理	7.2.2、7.2.3
8 建筑材料、构配件和设备管理	8.1 一般规定	7.4.1～7.4.3
	8.2 建筑材料、构配件和设备的采购	7.4.1、7.4.2
	8.3 建筑材料、构配件和设备的验收	7.4.3、8.2.4、8.3
	8.4 建筑材料、构配件和设备的现场管理	6.4、7.5.3、7.5.5
	8.5 发包方提供的建筑材料、构配件和设备	7.5.4
9 分包管理	9.1 一般规定	7.4.1～7.4.3
	9.2 分包方的选择和分包合同	7.4.1、7.4.2
	9.3 分包项目实施过程的控制	7.4.3、8.2.3

续表

GB/T 50430—2007 规范条款		GB/T 19001—2008 标准条款
10 工程项目施工质量管理	10.1 一般规定	7.1、8.2.3
	10.2 策划	6.3、7.1、7.2.3、7.5.1~7.5.5
	10.3 施工设计	7.3
	10.4 施工准备	7.5.1
	10.5 施工过程质量控制	6.4、7.2.3、7.5.1~7.5.5
	10.6 服务	7.5.1、7.5.4、7.5.5、8.2.1、8.4
11 施工质量检查与验收	11.1 一般规定	8.1
	11.2 施工质量检查	8.2.3
	11.3 施工质量验收	8.2.4
	11.4 施工质量问题的处理	8.3
	11.5 检测设备管理	7.6
12 质量管理自查与评价	12.1 一般规定	8.1
	12.2 质量管理活动的监督检查与评价	8.2.1、8.2.2、8.2.3
13 质量信息和质量管理改进	13.1 一般规定	5.5.3、8.1
	13.2 质量信息的收集、传递、分析与利用	5.2、5.6、8.2.1、8.4
	13.3 质量管理改进与创新	8.5.1、8.5.2、8.5.3

附录4：

《质量管理体系 要求》GB/T 19001—2008 与 《工程建设施工企业质量管理规范》GB/T 50430—2007 条款对照表

GB/T 19001—2008 标准条款		GB/T 50430—2007 规范条款
1 范围	1.1 总则	1 总则
	1.2 应用	1 总则
2 规范性引用文件	2 规范性引用文件	
3 术语和定义	3 术语和定义	2 术语
4 质量管理体系	4.1 总要求	3.1、3.3、3.4
	4.2 文件要求	3.3、3.5
5 管理职责	5.1 管理承诺	4.3
	5.2 以顾客为关注焦点	7.1、13.2
	5.3 质量方针	3.2
	5.4 策划	3.2、3.3
	5.5 职责、权限与沟通	4.1、4.2、4.3、13.1
	5.6 管理评审	3.4、13.2
6 资源管理	6.1 资源提供	3.4
	6.2 人力资源	5.1、5.2、5.3
	6.3 基础设施	6.1、6.2、6.3
	6.4 工作环境	8.4、10.5
7 产品实现	7.1 产品实现的策划	10.1、10.2
	7.2 与顾客有关的过程	7.1、7.2、7.3、10.2
	7.3 设计和开发	10.3
	7.4 采购	6.1、6.2、8.1、8.2、8.3、9.1、9.2、9.3
	7.5 生产和服务提供	8.4、8.5、10.2、10.4、10.5、10.6
	7.6 监视和测量设备的控制	11.5
8 测量、分析和改进	8.1 总则	11.1、12.1、13.1
	8.2 监视和测量	8.3、9.3、10.6、11.2、11.3、12.2、13.2
	8.3 不合格品控制	8.3、11.4
	8.4 数据分析	10.6、13.2
	8.5 改进	13.3